谨以此书献给恩师

陈同燮先生　杨向奎先生　蒋捷夫先生

孙思白先生　葛懋春先生　魏柏桐先生

鸣　谢

本书是青岛市委宣传部社科规划办社科重点项目最终成果

本书得到"青岛大学离退休老同志科研专项基金"资助

本书得到"亚伯环保科技有限公司"李翠雯先生资助

本书得到"山东呈元金石古籍博物馆"资助

山东粮食经济研究

唐致卿　著

上册

人民出版社

目　录

表 目 录

绪　论

《山东粮食经济研究》是《近代山东农村社会经济研究》（人民出版社2004年版）的姊妹篇。首先对全书的内容和笔者的思路与方法，做一个简略的介绍。

一、农业和粮食经济研究现状述评

国以民为本，民以食为天，粮食作为民食之重，是亘古不变的事实。粮食问题是民食的主要问题，也是国家战略问题，历史上把粮食视为民之司命，国家存亡之本。

20世纪二三十年代，受国内革命思潮影响，人们把民主革命之反封建任务归结为消灭封建地主阶级。当时政治界和学术界不论派别，都一致认为：中国作为一个农业大国，贫穷的原因在于农村经济落后，农村经济落后的原因在于占国内人口大多数的农民受封建剥削压迫，农村土地问题的症结在地权不均、贫富悬殊，占人口少数地主官僚垄断和占有85%以上的土地，而从事农业劳动的占人口85%以上的中贫农没有或很少有土地。这样的判断，自然引出革命的结论，就是要实行土地革命，消灭地主阶级，平均地权，实行耕者有其田。与地权不均相连接的，就是土地使用方面的租佃制度中有大量封建人身隶属人身奴役成分，地租太高，使农民没有生产兴趣；农村息借制度中高利贷深入农村，对农民进行敲骨吸髓的剥削。这就提出了最早的浙江的“二五减租”和抗日战争时期解放区的“减租减息”合理性的问题。学术界更深入地研究了土地、人口与粮食供给问题，跟对中国土地制度、租佃制度的判断一样，学术界对中国的粮食问题是很悲观的，认为土地有限，人口暴增，土地承载力超负荷，粮食生产和供给，也就是几亿人吃饭的大问题是难以解决的大事，搞得不好，能出现人吃人的可怖现象。

国内专门的粮食经济研究，肇始于20世纪30年代。冯柳堂1934年出版的《中国历代民食政策史》，是一部小型的中国粮食经济史。张培刚在整理晏阳初河北农村调查资料的基础上，于1935年年底完成《清苑的农家经济》研究，1938年写成《广西粮食问题》，1940年出版《浙江省食粮之运销》；同期，另有巫宝三等人的《福建省食粮之运销》。这些是20世纪少数区域研究性著作。许旋的《粮食问题》、尹以瑄的《国防与粮食问题》、梁庆椿的《世界粮食问题》、陆精治的《中国民食论》、邓云特的《中国救荒史》等，是20世纪30年代系统研究中国粮食经济的著作。

从日本侵华战争"七七事变"后直到20世纪80年代中期，大陆的粮食经济研究完全中断。1985年以后，山东省粮食厅编《山东革命根据地粮食史料选编》、《粮食史料选编》；有的地方在编写县市志时，单独编印出版了该地区的《粮食志》。粮食经济方面的资料集，主要有《当代中国粮食工作史料》（上、下卷）。现有的粮食经济著作，大多是有关粮食安全的对策研究。

90年代后出版的粮食经济著作，主要有《中国近代粮食经济史》和李全根的《中国粮食经济史》，是小而全的粮食史。台湾张玉法著《中国现代化的区域研究——山东省（1860—1916）》，及《山东的农政与农业：1916—1937》等论文，涉及山东粮食生产与粮食供应；从翰香主编的《近代冀鲁豫乡村》、吴慧著的《中国历代粮食亩产研究》、彭凯翔著的《清代以来的粮价》，是研究农村社会经济和粮食问题的较有深度的学术专著。在华北农村社会经济史研究方面，何炳棣著的《黄土与中国农业的起源》、《中国古今土地数字的考释与评价》都产生了较大影响。

张培刚的《二十世纪的中国粮食经济》，是对20世纪中国粮食经济的历史总结，是一部研究中国粮食经济史的开创性著作。美国学者布朗著的《谁来养活中国》，安德森著的《中国食物》，探讨了中国能否养活自己的问题，涉及中国粮食生产与安全。

总之，20世纪研究中国三农经济的著作，粮食征收被单独作为赋役制度研究，只有少数涉及粮食的生产与交换，更没有研究粮食加工和运销的著作，众多与粮食有关的著作，很少有专门的粮食经济著作。

百年来的粮食经济研究，表现出某些特点和时代的局限性：

其一，是国内粮食经济研究，尚未形成科学的理论体系。粮食经济的含义、粮食经济的研究范围、研究方法及中国作为农业大国粮食问题的特点，粮食的生产、征收、储存、运销、加工、粮食安全，都缺乏有深度的研究，有些方面，甚至还处于完全无研究的空白状态。已有的研究，也没有清楚的理论分野，粮食经济处在历史学与经济学的边缘，没有成为一个独立的研究领域。

其二，欧洲中心论偏向。主流观点把欧洲道路作为中国农业现代化的历史必由之路。在农业现代化研究方面，是透过欧洲视角，按欧洲模式立论，并以欧洲标准作为唯一正确的标准来评价中国农业经济；甚至以西方工业经济工业生产流程为标准，来衡量中国农业经济和农业生产。盛行一时的所谓“农业经济内卷化”理论，所谓清代土地垦殖到顶，户均土地减少，粮食亩产增产较少，总产量也就增加甚微的说法，都完全无法解释清中期后人口增长的历史事实。研究者使用满铁等不准确的片断资料，作出貌似精密的推论，这种研究结果距离现实很远，形同瞎子摸象，成为 20 世纪 30 年代农业危机论的主要根据。

其三，现有的粮食经济研究，理论方法落后。研究者满足于宏观定性分析的方法，缺少定量分析和统计分析；研究者更多的是注意土地所有权与生产关系，停留在人口与土地、粮食与人口压力的历史叙述上。在理论方法的运用上，显得过分拘泥于某种理论模式，而没有把粮食经济看作是一个有机体，没有全面系统地研究。有的研究者则离开生产力专门研究生产关系，而把生产关系看作是逐步升级的阶级斗争，看作是剥削与被剥削、压迫与被压迫和你死我活的关系。如果生产关系不是因生产而产生，为生产而存在，因互利而共生，那还算什么生产关系呢?

二、选题的意义

笔者认为，粮食经济研究的意义，至少可以有三个方面：

其一，将粮食经济从农业经济中分离出来，力求使之变成独立的研究领域。笔者自 1981 年发起编辑整理山东档案，其后的三十年，下力气摘抄自己拥有的大量档案、契约文书、田野调查等第一手资料。这些资料成就了笔者，使笔者能在撰成《近代山东农村社会经济研究》（人民出版社2004年出版）后，着力研究农业粮食相关的问题。前后有23年的时间主要摘抄资料，除前15年着力进行档案资料摘抄外，退休后则主要是摘抄山东各地县市志。笔者力求在大量拥有资料的基础上，以新的视角与方法，对山东的粮食经济，对各时期的粮食制度、粮食征收、仓廪制度、粮食调拨、粮食运输、粮食销售、粮食加工等制度变迁，粮食生产与人口区位化关系，以及粮食平衡和粮食安全等前瞻性问题，独辟蹊径，作深入的理论探讨，构建区域粮食经济的新的理论模式，将粮食经济从农业经济中分离出来，使之成为独立的研究领域。

其二，以该课题对近三百年山东农业粮食问题作一历史总结，推陈出新，推动三农问题的研究。三农问题的核心问题是粮食问题，粮食问题规定着农业生产的各种因素的盈缩消长，也强烈影响着国计民生的各个方面。中国的农业主要是种植业，而20世纪以前中国种植业的95%以上是粮食种植，种植业与土地有不可分割的关系。为了生产粮食和占有粮食，才发生了土地的占有与土地使用问题。对稀有资源土地的占有，占有的数量与方式，发生了农村的阶级关系；土地使用的调剂，发生了出租与入租的租佃关系；对农业劳动力的调剂，发生了劳动力的雇佣关系；国家的土地税主要是征收粮食，农业税的征收，形成各时代的赋役制度；国家对粮食的储备，形成仓廪制度。可以说，粮食生产、征收、运销过程，就是农业社会的主要形态。甚至可以说，每一个社会的政治、经济、文化与艺术的各个方面，都有粮食的影子和烙印。从根本上说，粮食的生产、征收、调配、储备、运销、粮食市场调控、粮食安全，都是国家的重大战略。

其三，借鉴已有研究成果，通过对近代山东八十余县市近两百个典型村庄的个案研究，将山东农业粮食问题放在全国的大背景下，进行多角度系统的研究。以自然生态、社会生态为基础，将全省划分为几大经济区，把农村粮食经济作为独立课题进行研究，揭示粮食经济的特点、演变及内在规律，提供前瞻性的理论分析。可以说，粮食问题的独立研究，是找到了一把打开山东三农问题的钥匙，使困扰学术界的农村社会经济问题得以迎刃而解，由此展现一个新的学术天地。

三、本书的学术价值和应用价值

笔者认为粮食经济的研究，具有重大的学术价值和现实应用价值。

（一）具有重大的学术价值

其一，山东是农业文化的发祥地，是北方的农业大省，是理解中国北方社会经济的一把钥匙。粮食问题是农业的核心，也是三农问题的中心。研究山东粮食问题及相关社会经济关系，具有重大学术理论意义。为历史学、经济史、社会学研究，提供了大量系统精确的珍贵档案史料，开拓了新的研究领域。

其二，山东是华北黄河流域最早开辟的古代农业区，到了近代也仍是北方主要的旱作粮食区，在北方具有相当的代表性。由于山东与其他北方省份有相当多的共同性与可比性，因而对山东农业粮食经济的探讨，其意义超出了一个省的区域史的范围。全面深入地研究山东粮食经济，对于认识近代中国经济与社会，特别是对未来粮食经济的发展和粮食安全，有重要的理论意义。

其三，传统农业粮食经济的历史经验，对当今仍有借鉴意义。近代农业的特点，仍应从传统农业经济中寻求根源与答案。以山东区域经济的个案研究，探求北方农村社会经济的规律，在理论上重构山东农村经济的模式；借鉴山东粮食经济的经验，以实现理论上的优化，具有重大意义。

（二）具有重要的现实借鉴意义和应用价值

其一，粮食经济的中心问题是资本与科技问题，如国家应该为农业提供现代科技，使农业生产得到生物科技之赐，致力于发展有价值的经济作物等。通过本课题的研究，可以认识山东粮食与社会经济甚至区域文化变迁演变的轨迹，为经济发展、社会稳定、粮食安全等问题的解决，提供启示与借鉴。

其二，本书运用历史比较方法，从纵横两方面，既从山东历史中的近四百年间粮食史，也从山东与河北、河南等邻省的比较中，探讨粮食经济中政策成败的相似性，力求避免粮食管理制度与价格政策失败的历史现象重演，这对全国的粮食经济也有借鉴作用。

其三，研究粮食经济，要回答两个迫切的现实问题：一是一省一地粮食生产供应能不能够养活自己，要如何成功保持粮食平衡和粮食安全。二是前瞻研究，即预测粮食经济未来将有何重大变化？工业进程将对粮食经济产生什么样的影响，在多大程度上影响农业结构的调整以及非农产业的发展？如何从国情和省情出发，制定切实可行的粮食发展战略。

四、本书研究的主要内容

（一）本书研究的思路与研究方法

一是新的视角。本书以新的视角，新研究模式，对山东粮食经济问题作出独到的、具有开拓意义的典型分析，揭示山东粮食经济发展的规律、地位与作用。从20世纪二三十年代起，国内研究者就依据当时的农村调查材料，众口一词地说中国正处于农业破产、农村危机中。80年代后，除重新发掘二三十年代的资料外，外国学者更重视利用日本满铁调查资料。学术界关于中国农业“衰退”、“停滞”、“有增长而无发展”以及“人口爆炸”、“过密化生产”等观点，成为主流观点。以往的研究，着眼点多停留在对粮食与土地关系、粮食与人口压力的历史叙述上，对粮食与社会经济文化的互动关系缺乏深入的探讨。大部分农业经济的研究者，都很少注意到美洲作物如玉米、花生、甘薯、土豆、棉花等，引进到中国所引起的农业经济的革命性变化，对发生在中国土地上的绿色农业革命都漠然视之，更谈不到研究种子革命的价值与意义。

本书在对山东粮食生产的资源、劳力、技术、资本四要素作全面综合理论分析的基础上，从农业生产力发展与粮食控制角度，从粮食生产之核心的资本与科技发展角度，把粮食生产中的人与自然的主体性内部结构问题作为切入点和视角，研究山东粮食。本书对近代和当代的粮食政策的演变作了梳理，对粮食与人口分布、粮食与行政管理制度、粮食与山东文化变迁的关系作了超越前人的探讨与实证研究。

二是研究方法。(1) 本书在研究方法上也有所创新。笔者以户和自然村作为单位和单位体制，从户和村的生产力状况入手进行微观研究。对各生产要素（资源、劳力、技术、资本四要素）及其相互联系作综合理论分析。本书采取实证的理性分析，描述农业劳动生产力提高的动力—途径—方式；从农业内部劳动生产率的分析（二熟制、家庭农场规模、劳动力分工）三位一体，探讨山东粮食经济的物质基础及其变化。(2) 主要采用文献档案资料与田野调查相结合的方法，采用区域经济史比较研究方法，将历史学、经济学、社会学等多学科的研究方法相互贯通，对山东粮食经济进行跨学科的综合研究。对山东特定时空内的粮食经济，通过对农业劳动生产率的变迁以及粮食供需控制分析，进行专门研究；同时，通过历史的纵比与横比，山东与相近地区河南、河北、安徽的比较，求同存异，对粮食经济现象给予理论的解释。

三是途径。在本书中，作者以大量档案文献资料和田野调查资料为依据，对近当代山东粮食生产、消费和运销的历史作了比较详细的论述，对相关问题提出理论探讨。笔者从两个方面即生产经营的集约化和资源利用的合理化入手，重点研究关键生产要素，如土地、气候、劳动力、农业技术等因素的相互作用，来论证山东粮食的发展。

四是目的。(1) 区域粮食经济研究的直接目的，是对山东粮食问题作出独到的、具有开拓意义的典型分析，揭示山东粮食经济的规律、地位与作用。本课题以全新的研究模式，通过研究特定区域、特定空间里粮食经济的历史特点，撰写出一部前所未有的山东粮食经济研究的著作。(2) 其间接目的，是通过对新中国成立 60 年来的计划经济及市场经济转轨时期，有关粮食经济历史与粮食制度史作出概略性的述论，为山东粮食经济发展、为粮食生产与粮食安全，提供启示和借鉴。(3) 在研究山东特殊性的基础上，寻求更大空间如北方数省的统一性，为更大区域乃至全国性的总体研究提供资料和理论参考。

（二）重点难点、基本观点和创新之处

重点。(1) 本书研究山东在三个朝代六个时期的粮政制度。影响山东长期粮食供给问题的关键，其一是耕地利用的粗放化和农产品供给的下降趋势；其二是耕地的流转和有效利用，与宏观结构改善的关系等，都成为本书

研究的重点。阐述山东粮食经济发展演变的历史进程，并对近代山东粮食问题生成的动因、特点、功能与性质作出自己的论述，重点探讨粮食与社会文化变迁的关系。(2) 重点研究关键生产要素。现实农业生产力是构成一切经济活动的物质基础，是考察和研究农村社会经济最重要的层面。生产力不是单一的，它是一个系统、一个总和，生产者是其中最活跃、最能动的因素；生产力具有基础和决定作用。考察生产关系的变迁要密切联系生产力的现实状况，没有生产力的根本性进步，新的生产关系就不会产生。(3) 以实证的理性分析，从对农业劳动生产率的分析，研究关键生产要素的相互作用。

难点。(1) 农业经济的起源、生长、发展、解体和转型，有其自身存在的条件和运行规律，不会因为上层建筑或某种政治历史事件而突变，不应以鸦片战争后中国社会性质的变化和政权的更替去分割农村经济史。(2) 在历史文献和旧方志中，由于是成于文人之手，没有科学与准确的统计资料，人口、资源、技术、资本都没有真实准确的统计资料，极为分散零碎。(3) 各地度量衡的混乱不统一，金融币制、自然亩制的不统一，地亩数及相应的亩产量、总产量的资料，难以稽考，更是农民不可告人的秘密，难以计算与统计。

三是基本观点。

(1) 自明朝中期以后，山东的农业粮食经济因为美洲作物、美洲粮食品种玉米、甘薯、土豆、花生的引进，事实上已悄悄地发生农业革命，我们可以称为种子革命。新品种的引进，引起了种植制度和种植结构的巨大变化，使粮食产量、粮食来源增加，在一定程度上解决了民食问题，有些粮食品种逐渐成为农民的主食。这个过程在迄今为止的四百多年间，因为战争和灾荒被打断，却也因为外来品种的优越性，而不可阻挡地在全国各地传播开来，使人口与土地关系得到相当的调适。

(2) 在没有重大技术改变的情况下，农业资源的合理利用，亦即资源配置上一定程度的优化是可能的，并能产生实际的绩效，我们不能用一成不变的观念看待人口、资源、技术、资本相关联的影响。

(3) 我们应该重新审视生产力的科学定义。在近四百年间，美洲作物种子是新的科学技术成果结晶，是当之无愧的新的生产力。不能教条主义地理解生产力，生产力可以以工具为标志，在一定时期，也可以是其他生产力要素成为生产力的标志，或称为首要的生产力。近代山东农业的基本生产要素的变化并未阻碍农业的发展。清代中期后山东粮食经济，在很多重要的传统农业技术的改进与推广方面的成果，新的品种与新的农业技术、资本投入，其对经济发展的积极影响绝不可低估。家庭经营在生产力合理使用上的优越性是无法否定的。

（4）以山东省的大量资料，重新审视山东的土地与人口的关系，亦即人们所说的人与土地及土地承载力的问题。笔者认为，土地承载力不是一个常数，而是一个历史现象，是随着物质、劳动、资本和技术的投入及配置而变通的。没有万古不变的生产力，也就没有万古不变的土地承载力。山东的土地，养活了山东土地上的人口，也养活了近三百年来大量增长的人口。说明在没有粮食进口的情况下，国内和省内的土地是可以养活增长的人口的。如果有一天人口出现负增长，那才是土地承载力的历史极限。研究山东和中国的土地经济问题，就得承认是山东的和全国的土地养活了本省和全国大量增长的人口，否则就无法解释近三百年人口持续增长又没有出现人吃人历史现象的原因。

（5）通过对山东人口、环境（气候）、农业技术等的系统研究，以及劳动力增长与在一定生产模式下劳动力需求关系的研究，确认近代以来山东农业中并不存在劳动力过剩，在某些生产模式转换时期还曾出现劳动力不足。所谓劳动力过剩是相对的、季节性、地区性的问题，并不成为大量移民的原因。

（6）在明清历史上，政府多次颁布畸零地荒废地免税政策，使农民手里有相当多的无税地。这些国家税地之外大量的无税地，成为农民事实上的土地储备，是农民垦种生产粮食的来源，成为农民经济的“蓄水池”。笔者认为，这些无税的畸零地荒废地，虽然零碎、低产，但却生产出了新增人口所需的口粮。这些土地，起到了农民经济“蓄水池”的作用。有这个“蓄水池”，农民的生活虽然低下，但可以加上糠菜半年粮而养活一家老小。如果农民没有这个土地储备，没有这个“蓄水池”，土地产出少于1959—1962年的水平，就不能保证新增人口的起码生存要求，也就不会有人口增殖。清中期后所谓的人口爆炸，是在粮食进口微不足道，土地开发基本完成后发生的。历史的事实是，山东省内的土地，生产出了几千万新增人口的口粮。

(7) 清中期后的人口大量增长，从反面证明农民的土地数量和土地的产出，可以支持新增人口和新增生产力，那种认为清中期后户均土地下降，产量略有增加甚至还略有降低的考证，都无法解释清中期后人口爆炸的粮食来源。那种所谓中国农业“过密化生产”、“有增长而无发展”、“农业内卷化”的理论是不成立的似是而非的理论。

四是本书创新程度。

(1) 首先是新研究领域的开拓，填补了省级粮食经济研究的空白。本书以大量第一手档案文献资料，80 余部县市志资料，全面研究山东粮食的历史；以山东区域史和粮食经济的若干个案研究，探索山东农业粮食经济的规律、地位与作用。这将为学术界提供农业与粮食经济的一系列新观点、新结论，和一种创新的理论模式，对统治学术界 80 年的传统观点进行了一次正本清源与除旧布新。

(2) 在研究方法上，以户和自然村作为单位和单位体制，从户和村的生产力状况入手进行微观研究。笔者把粮食问题作为打开山东社会经济大门的钥匙，三农问题中的各种盘根错节纠缠不清的问题都可迎刃而解。

(3) 在理论上重构山东农村经济的解析模式。借用李伯重先生的说法，笔者把“两年三熟制”、“一夫十亩”、“男耕女织”称为“三位一体的山东农民经济模式”。正是在这种模式下，劳动生产率达到最优水平。

(4) 确立以山东一个省的范围作为研究对象。张培刚先生的《二十世纪中国粮食经济》一书，以几十万字概括中国的粮食经济，难以周全细致。所以张培刚先生说，研究粮食经济，一个县的范围失之太小，一个国的研究失之笼统，最好能以有几十个县的建置省为研究对象进行研究，他希望将来有人能以包含几十个县的建置省为研究对象。本书正是响应张老的提议，以有上百个县市的山东省为研究对象的实践，最终成果将是国内第一部山东省粮食经济专著。

五是资料搜集情况。

本书所用的资料，首先是得益于前人和国内外学者的大量论著，是他们研究的启发，才得以有本书的研究。

笔者在拙著《近代山东农村社会经济研究》的后记中，详细讲到了作者到省档案馆搜集资料的情况。为了能在省档案馆拿到资料，提议与省档案馆一起编辑山东历史档案资料，这就是现在引用频率很高的24本的《山东革命历史档案资料选编》。在编选档案资料过程中，作者发现省档案馆中收藏着数量巨大的各县、区、乡、村的1923—1953年的原始田野调查的第一手资料，主要是1938—1949年的土地改革调查资料。这些田野调查资料是由当时各级政府工作人员挨村挨户调查所得，详细到一家一户有几个人，有几块地、几件农具、几只鸡，甚至一个集买了什么东西都一一记下。有的资料则是雇佣制、租佃制、息借制、农民负担的专门调查。与以往日本满铁调查资料以及胶济铁路调查资料有很大不同的是，也许这些调查者没有学历，没有学过农村社会学专业，但这是由中国人而不是由外国人对中国农村的调查，是由一批深切了解农村和农民生活的地方干部而不是仅有专业知识而实际并不了解农村的人对农村的调查，是一群深受百姓爱戴的人在农村与农民同吃、同住、同劳动，在农村蹲点几个月甚至几年间所做的挨户调查，而不是几个被视为侵略者的人住在县城对某村几个人的口头调查。有的典型村的调查资料，是几十个农村干部对一个村所做的长达半年的调查结果。因此，我个人认为，这些田野调查资料比日本满铁资料具有更大的真实性和科学性。调查材料有的追溯到19世纪后期，至少也是追记到1936年以前。因其时间跨度大，有很大的可比较性。这些调查资料大多是当事人用极差的纸张和墨水写成的，经历三五十年封存磨损后，字迹已难以辨认。有时为了辨认一个字，要颠来倒去看半个小时。

笔者用了15年的时间摘抄了这批档案资料，又用了8年的时间摘抄了70多部山东各地的县市志。笔者这部著作与已有的论著相比，在粮食经济的各个方面，诸如粮食生产、粮食征收、粮食储备、粮食运销、粮食加工等问题，以及在农村生产力等问题的研究上，如果说还有什么特点的话，便是以新资料见长。笔者的愿望是，为学术界提供千百条罕见的农村社会经济史资料。笔者在不少章节的处理上，故意不写结论部分，因为笔者相信事实是胜于雄辩的。

本书疏漏之处，自当不少，倘蒙师友教正，实作者之福。芹曝之献，敝帚之用，愿国内外贤能之士不吝赐教。

第一章　山东粮食生产的自然条件与社会条件

第一节　山东粮食生产的自然条件

山东位于中国东部，行政建置始于清初，以济南府为省治。因为山东在先秦时期曾是齐国、鲁国和曹、滕、卫国的旧地，所以山东又称齐鲁之邦，简称鲁。先秦时期齐地就是与华夏、苗蛮文化鼎足而立的东夷海岱文化的发源地。春秋战国时期的齐国即成为海洋文化的富国、强国。山东省地处中国东部沿海，黄河下游，位于北纬 34 度 22.9 分至 38 度 24.0 分，东经 114 度 47.5 分至 122 度 42.3 分之间，处于北半球温带中，有利于农作物生长。全省南北最长约 400 多公里，东西最宽约 700 多公里。土地总面积 15.72 万平方公里。山东东部为半岛，突出于黄海、渤海之间，隔海与辽东半岛遥遥对峙，控扼京津门户。沿海岛屿 296 个，海岸线蜿蜒曲折 3000 公里，多天然良港，可与世界七大洲通商通航；滩涂浅海广袤，利于发展渔业、盐业和海产加工业。域内光照和热量较充足，降水量中等，土壤类型多样，水资源适中，自然条件适于北方旱地作物种植，有发展农业的较好自然条件。

山东是中国海洋农业文明的发源地之一，历史上就是黄河流域的重要农业区。影响山东农作物的自然条件主要是地理位置和地形、地貌、气候、土壤和水源等。

西部为内陆，与冀、豫、皖、苏四省接壤。京杭大运河、京沪、京九铁路纵贯全省南北，胶济、新石铁路横穿全省东西。所以，山东省的地理位置对发展粮食生产及运销国内外市场，都具有十分重要的意义。

黄河自鲁西南流入山东省，流经鲁西、鲁北 6 个地市二十余个县，从垦利县黄河口入渤海，是鲁西南、鲁西、鲁北平原发展农业的重要水资源。[①]

因山东地理位置、气候、土壤总体宜于农业，山东为民国时期农业大省之一。农田面积、粮食作物、经济作物产量等在全国均占有相当比重。[②]

一、农业地理环境

（一）地形

纵观全省山川大势，南四湖和运河以东、小清河以南属于山地丘陵区，其总面积约占全省土地总面积的67%；西部和北部为黄泛平原及黄河三角洲，占全省土地总面积的33%。地势以中部山地丘陵区最高。全省有海拔高程超过1000米、相对高差超过700米的中山6座，其中除崂山在胶州湾以东外，其余5座（泰山、鲁山、沂山、蒙山、徂徕山）都在鲁中。泰、鲁、沂诸山在鲁中构成东西向分水岭，其外围多为海拔高程200—500米的低山丘陵。山地丘陵北侧过渡到山前平原以及小清河以北的黄泛平原；南侧过渡到沂沭平原；西侧与黄泛平原之间为南北向交接洼地，历史上依次排列南四湖、北五湖，现北五湖中仅存东平湖。鲁中山地丘陵以东的胶东半岛，以古老的剥蚀丘陵为主，高程相对较低。[③]

山东土地面积占全国土地面积的1.63%。面积虽不大，但地形、地貌比较复杂。概括起来是鲁中南丘陵、谷地间错，黄泛平原、山前平原和滨海平原分布四周。山东省地形比较复杂，在全省总面积中，山前及山间平原、黄泛平原、山地丘陵各约占三分之一，是比较好的农业区地貌。中部山地突起，中南部为山地丘陵，西部及北部属黄泛平原，低洼平坦，东部是半岛，缓丘起伏，形成以山地丘陵为骨架、平原盆地交错环列其间的地势。泰山海拔1545米，是全省最高点；黄河三角洲是全省最低处。

山东省人民政府实业厅在新中国成立初推算，全省的土地面积共为135290平方公里，折合202935千亩；耕地95279807市亩，占全省面积的

---

① 参见山东省农业科学院、李永孝主编：《山东大豆》，山东科学技术出版社1999年版，第1页。

② 参见张玉法：《中国现代化的区域研究·山东省（1860—1916）》，台湾“中央研究院”近代史研究所1982年版，第1457页。

③ 参见俞宽钟主编：《现代山东农业》，山东科学技术出版社2000年版，第15页。

46.9%。①

山东省委调研究室在1982年编成的资料显示：全省土地总面积为153788.12平方公里，约为23068.2万亩，耕地10862.07万亩。全省土地按地形分：平原为12608万亩，占总面积的54.7%；山地4726万亩，占20.5%；丘陵3417万亩，占14.8%；洼地2074万亩，占8.9%；湖泊河流为243万亩，占1.1%。按土地占用分：耕地面积占全省总面积的47.09%；林地2115万亩，占9.2%；桑果茶园柞岚550万亩，占2.4%，水产养殖200万亩，占0.9%；荒山荒地643万亩，占3%；其他8599万亩，占37.1%。其他项包括沟、渠、路、村、塘、河流、水库、湖泊和城市占有地，全省实有耕地面积为1.4亿余亩。②

全省海岸线为3024.4公里。全省有大面积的浅海滩涂和丰富的生物资源，是农业发展的良好条件。③ 黄河贯穿鲁西南和鲁北，形成大面积泛滥冲积平原；黄河入海口不断淤积延伸，构成黄河三角洲。

山东地势中部高，四周低，以泰、鲁、沂、蒙、徂徕等海拔千米以上的中山构成鲁中南山地主体，其中以泰山最高，海拔1532米。鲁山、沂山、徂徕山海拔也在1000米以上，统称泰沂山区。山脉西南东北走向，构成鲁南与鲁北的分水岭。向四周经海拔200—500米的低山丘陵，逐渐过渡到海拔40米以下的山前平原和黄泛平原，东营市特别是黄河三角洲地势最低，海拔仅2—3米。

山东地处我国地势第三级阶梯的东缘，地面海拔高度不大，但相对高度较大。中山地区，山顶虽多呈现浑圆状，但相对高度多在600米以上，坡度皆在25度—30度以上。低山地区，山顶平坦，但相对高度一般也在300米以上，山势陡峭。另外，山丘分割强烈，切割密度大，深沟幽谷多。台地、盆地山间平原间于其内，河川水流源于其中，鲁中南山地四周是黄泛平原、山前平原、滨海平原。④

---

① 参见鲁档：《山东省农业生产调查统计资料（1949—1952）》，内部资料1955年，第87页，原档案件编号为TD4-497-2。

② 参见山东省委调研究室：《山东省经济和社会发展研究资料》，内部资料，第5页。

③ 参见山东省农业合作化编委会编：《山东省农业合作化史料集》（下），山东人民出版社1990年版，第722—723页。

④ 参见山东省农业科学院、山东省计划委员会编：《山东省农业概况（1949—1990）》，山东科学技术出版社1993年版，第1—2页。

（二）地貌

山东地形复杂，地貌类型多样，有中山、低山、丘陵、台地、盆地、山间（山前）平原、黄河冲积扇、黄泛平原、黄河三角洲等九种地貌类型。在各类地貌中，以丘陵、平原为主，平原（包括台地、盆地、山间平原）约占全省总面积的55%，丘陵占14.9%，山地占20%，其他占10.1%。① 各种地貌类型，具有各自的气候、土壤、植被景观特征，为农业的区域化、专业化和多样化发展提供了特定的条件，也是山东农业发展不平衡，形成各种农业区的前提。地貌对各地交通和农业经营都会发生深刻的作用，对农业的开发利用，对农业的现代化、科学化，都有很大关系，这是应该好好研究利用的。

地质构造特点是地貌成因和地貌形态的基础。山东省属华北台地的一部分，依其构造和地质发育，又可分为鲁东地盾、鲁中南台背斜和鲁西北凹陷三个二级单元。可以分为几个地貌组合：一是以断裂带抬升和岩侵喷发为主的鲁东穹状低山丘陵；二是以断裂抬升和浅海沉积为主的鲁中南单面山、为山中低山丘陵；三是以凹陷并接受以黄河为主河流沉积物的鲁西北泛滥平原。②

山东境内有泰山、沂山、崂山等16座中山，面积3910平方公里，占全省土地总面积的2.56%。省内沟谷深切的中山地貌，植被被破坏，水土流失严重，形成岩石裸露的童秃荒山和土层浅薄的林地，利用难度较大。全省的低山地貌分布面积为17240平方公里，占全省总面积的11.26%。低山地貌因水土流失严重，土地瘠薄，除部分可发展果树外，其余只可栽树植草。省内丘陵面积约29250平方公里，占全省总面积的19.12%。砂石丘陵由于风化强烈，水土流失严重；青石丘陵沟谷宽而浅，岩溶水埋藏较深，地表水多转入地下，地表严重缺水。丘陵地貌多以梯田为主，宜于种植林果桑柞和花生、地瓜等作物。

台地在山东分布面积约4513平方公里，占全省总面积的2.95%。各种

---

① 参见山东史志编委会编：《山东各地概况》，山东人民出版社1986年版，第7页。

② 参见山东省农业区划委员会编：《山东省综合农业区划》，山东科学技术出版社1982年版，第12页。

剥蚀台地，平坦开阔，高于平原和盆地，土层瘠薄，含有大量砂砾石，土地利用以梯田为主，宜栽林果、种植花生、地瓜等。山东的盆地面积为 3584 平方公里，占全省总面积的 2.34%。盆地土壤主要是洪积、冲积物组成的松散沉积物，土质较厚，地下水埋藏较浅，便于开采利用。肥城盆地是石灰岩基岩，地下有丰富的岩溶水，水土资源好，多为粮食高产地区。

省内平原面积约 93103 平方公里，占全省总面积的 60.85%。包括河谷平原、山前平原、湖沼平原、黄泛平原。河谷平原分布于河流沿岸，由洪积、冲积物组成，土层深厚，肥力较高，水资源较丰富，排灌条件良好，适宜种植各种作物，是精种高产的土地。山前平原分布于济南至潍坊及湖东宁阳至滕县之间，表层由洪积、冲积物组成，土层厚度达几十米至百余米，地面平坦，土质肥沃，地下水埋藏较浅，水量丰富，排灌条件好，农业开发历史长，是山东粮食高产地区。湖沼平原，如胶莱、临郯苍等湖洼低地，土地表层由冲积、洪积和湖相沉积组成，土质黏重，排水不畅，易涝。新中国成立后，在济宁金乡和胶东莱西等地改种水稻成效显著。

山东海岸除黄河三角洲与莱州湾沿岸外，都是以断裂上升和海积作用为主的海岸。从荣成市成山角至日照市岚山头，岛屿罗列，港湾众多，为发展海洋渔业和海上运输业等提供了有利条件。成山角至蓬莱角，系岩沙质海岸，以沙质海岸为主，滨海平原宽 3—5 公里，有陆连岛、连岛沙坝、沙嘴等海积地貌，蓬莱角至大沽河口为河、海堆积海岸，海滩广阔，潮间带宽 5—10 公里，滩涂资源丰富，利于海产养殖和发展制盐业。①

1. 鲁中南山地丘陵区

鲁中南山地丘陵区位于沂沭大断裂带以西，胶济铁路以南、津浦铁路以东，是全省地势最高，山地面积最广（占全省中低山面积的 77%）的地区，主峰在千米以上的泰、鲁、沂、蒙诸山构成全区的脊梁，山体巍峨陡峻，雄伟壮观。因诸山偏踞北部，故北坡陡，南坡缓，中低山外缘，地势高度逐渐降低，为海拔 500—600 米的丘陵。山顶平坦的“方山”地形，是一种独特的地貌景观。成辐射状的河流把整个山地切割得千沟万壑，但由于受

---

① 参见山东省农业科学院、山东省计划委员会编：《山东省农业概况（1949—1990）》，山东科学技术出版社 1993 年版，第 3 页。

块状结构的影响，山岭谷地呈有规律的分布，有利于东南暖温气流进入。

地表倾斜的山前平原、山间平原、盆地为第四纪松散沉积物覆盖，土质肥沃，土层深厚，地下水资源较丰富，为山东重要的粮仓。①

2. 鲁东丘陵区

位于沭河、潍河谷地以东，三面环海。除海拔 700 米以上的崂山、昆嵛山、艾山等少数山峰外，其余大部为海拔 200—300 米的波状丘陵，地势起伏和缓，谷宽坡缓，土层较厚。

全区地势东北部和西南部较高，海拔 500—900 米，中部最低，海拔 100 米左右，呈断陷平原带，主要有胶莱平原、莱阳盆地。山丘走向主要是东北西南向，对温湿的东南气流有阻挡作用。沿海有宽度自数公里至十余公里不等的滨海平原，其中以蓬莱、龙口、莱州滨海平原面积最大。②

3. 鲁西北平原

鲁西北平原区南端位于京杭运河、南四湖以西，北端位于黄河、小清河以北，略呈月牙形，环绕鲁中南山地丘陵区西北两侧。全区地势低平，海拔大多在 50 米以下。西南部东明一带最高，海拔 70 米左右，向东北缓延至渤海湾，仅高出海面 2—3 米，比降 1/4000—1/10000。黄河三角洲呈扇形向东展开，东南至小清河口，西北至徒骇河入海口，前缘突出于渤海湾与莱州湾之间，三角洲每年向海里推进 2—3 公里，是山东重要的土地后备资源。③

4. 鲁北黄泛平原

黄泛平原主要在鲁西北地区，约占全省总面积的 34.64%，共达 53000 平方公里。由于历史上黄河改道泛滥，沉积物交错，微地貌差异较大，主要有河滩高地、缓平坡地、浅平洼地、背河槽状洼地、决口扇形地、黄河河口三角洲等微形地貌。河滩高地为古河道河水漫滩沉积而成，沿黄河古河道带状分布。土质为砂质或砂壤质，地表及地下径流排泄通畅，潜水埋藏较深，

① 参见山东省农业科学院、山东省计划委员会编：《山东省农业概况（1949—1990）》，山东科学技术出版社 1993 年版，第 2 页。

② 参见山东省农业科学院、山东省计划委员会编：《山东省农业概况（1949—1990）》，山东科学技术出版社 1993 年版，第 3 页。

③ 参见山东省农业科学院、山东省计划委员会编：《山东省农业概况（1949—1990）》，山东科学技术出版社 1993 年版，第 3 页。

浅层地下水质较好，涝、碱较少，适宜种植棉花，明代以来一直是山东棉花集中产地。缓平坡地的土壤以轻壤为主，耕性较好，适宜种植多种作物。但此种土质潜水埋藏较浅，排水不畅，易涝易碱。浅平洼地，为黄河泛滥尾闾的沉积，表层多铁黏质土。内涝是浅平洼地的特点，常形成毁灭性的涝灾。此种地区多行两年三作制，种植高粱、大豆。如能解决排涝和灌溉，发展粮食生产的潜力很大。背河槽状洼地，沿古黄河堤下呈带状分布，潜水埋藏浅，矿化度高，土壤多为砂壤土，极易返碱和成涝。决口扇形地，是黄河及大小河流历年决口洪积和冲沉而成，地势波动，常受风沙之害。黄河河口三角洲，是现代黄河河口地带新堆积的扇形平原，海拔10米以下，地表有1—4米的淡水层，其下为盐量极高的盐渍母质，土壤极易返碱。

5. 黄河三角洲

黄河三角洲原为徒骇河、大清河冲积而成。黄河在元朝至元年间之前，均流经山东西北部；元朝至元以后，自开封东南入淮河，不流经山东。1855年黄河在铜瓦厢决口，夺大清河故道，经山东平阴、长清、齐河、历城、济阳、章丘、齐东、惠民、蒲台、滨州、利津等县入海。①

黄河河水含沙量高，每年向河口输送12亿吨泥沙，鲁境黄河坡度只有千分之一，河流流带小，搬运力弱，泥沙在黄河最大流水线两侧沉积，使黄河三角洲每年向海里延伸二三公里，每年约增加50平方公里的淤地。②

分布于鲁中南山地的西侧和西南侧，有南四湖和北五湖的东平湖等湖泊，多是浅水富营养型湖泊，鱼类和经济植物资源丰富。

（三）海陆分布

山东的海洋领土有黄海和渤海，气候湿润，雨量集中，自然河流的平均密度在每平方公里0.7公里以上，区内有黄河自西向东入海，有京杭大运河贯穿南北，干流长10公里以上的河流多达1552条，在山东入海的有300多条。这些河流分属于海河流域、黄河流域、淮河流域和半岛诸小河四大水系。

---

① 参见张玉法：《中国现代化的区域研究·山东省（1860—1916）》，台湾“中央研究院”近代史研究所1982年版，第6页。

② 参见山东史志编委会编：《山东各地概况》，山东人民出版社1986年版，第8页。

山东半岛三面环海，海岸线3024公里，占全国大陆海岸线的六分之一。沿海滩涂面积约3000平方公里，15米等深线以内的浅海水域面积约13300平方公里，共占全省陆地面积的10.6%，对开发利用海洋资源大有可为。

山东的海岸，以莱州湾为界，以西至伏河口为泥沙平原岸；以东沿半岛向胶州湾走向，至棋子湾，为山地基岩港湾式海岸，沿岸有众多的港湾。省内重要港湾，集中于海岸沿线上。全省有近海海域17万平方公里，占渤海和黄海总面积的37%。近海海域中有大小296个岛屿，海岸线总长688.6公里，最大的是庙岛群岛的南长山岛，面积为12平方公里。①

山东的海岸，大致分为两种类型，自黄河口至莱州湾东岸虎头崖为泥沙平原岸，地势低平，滩涂广阔；自虎头崖至胶州湾南，是基岩港湾式海岸。胶东半岛北部岸线曲折，陆海相交处多是坡度较大的悬崖峭壁，胶州湾以南至绣针河口，属低缓夷平岸，岸线平直。沿海岬湾相间，形成天然港湾，有著名的六大渔港和重要的海港码头，为发展海洋捕捞和浅海养殖提供了良好条件。山东半岛的潮汐，青岛以南是正规的半日潮，其余是不规则半日潮，据测算，可利用的潮汐能高达4亿多度。②

二、农业气候资源

（一）气候特点

1. 气候特点

山东省具有优越的气候条件和丰富的气候资源，光照充足，气温适中，雨热同季，为工农业发展提供了有利条件。

东部半岛三面临海，地形复杂，气候属暖温带季风类型。但因受海洋、地形、纬度、季风等因素的影响，农业气候特别是水量的分布在全省的差别很大，山东西部呈大陆性气候，而半岛则是海洋性气候。就全省而论，春秋较短，夏冬较长，雨热同季，降水集中。

山东省属暖温带大陆性季风气候，其特点是冬季寒冷干燥，盛行偏北

① 参见山东史志编委会编：《山东各地概况》，山东人民出版社1986年版，第9—10页。

② 参见山东省农业区划委员会编：《山东省综合农业区划》，山东科学技术出版社1982年版，第12—17页。

风；夏季湿热多雨，盛行偏南风；气温年差较大。

山东东临太平洋，西连亚欧大陆，处于青藏高原东侧，受海洋和大陆的影响，季风气候显著。省境内地形复杂多样，气候差异明显。①

所谓季风气候，即夏季多东南风，冬季多西北风。竺可桢先生认为：季风方向的转变，主要是东亚高气压与低气压四大中心（蒙古、印度、太平洋、亚罗森群岛）及地形与风暴决定；地面风向，在1月为冬季风流行之期，7月为夏季风流行之期，4月和9月则是冬夏季风的交替期。②

竺先生论证东南季风与雨量关系和雨的成因，是由于含水汽的空气上升变冷，然后下降为雨。主要有地形雨、热雷雨、台风雨、飓风雨。山东鲁中内陆的高地，由于水气遇到泰山高峰，所以雨量丰沛。夏季6、7、8各月，因地面炎热，下层空气与地面接触温度升高，体积膨胀，热气升腾而与上面空气对流发生雷雨。山东的飓风雨，因冬季空气干燥，所以有飓风而无雨。4月以后，西伯利亚高气压带衰退，来自南海的东南季风长驱直入。温度速度悬殊的两种空气相遇，形成所谓不连续面。及至7月上旬，东南季风势力大增，地面风速加强，其前锋直达华北与蒙古，不连续面移至黄河流域，飓风增多，风暴多出现于黄河流域，华北雨量大增。东南季风减弱，与东北风相接触，风暴接踵而来，华北乃成荒旱。加之冬季西伯利亚高气压猛烈的影响，和秦岭山脉对季风的阻碍，遂形成华北的气候多旱的特点。③

气候与海洋也有重大关系，海洋温度随纬度增高而递减，受海陆形势影响，海洋温度在夏季低于大陆，而在冬季高于大陆，温度也与海洋面积、水深和远近相关，海洋气候还与海流与季风有很大关系，冬季寒流南侵，夏季暖流北进，形成所谓黑潮暖流，由台湾海峡而北上东海、黄海和渤海，提高山东陆地的雨量。

2. 干湿气候区

半岛东部到鲁南一带为湿润区，3—11月的干湿度小于1.0，1.0的等值线由威海经高密、沂南、费县、枣庄出境；半岛中部到鲁中山区和鲁中南为

① 参见山东史志编委会编：《山东省志 · 气象志》，山东人民出版社1994年版，第11—12页。

② 参见竺可桢：《中国气流之运行》，《科学》1933年第17卷第6期。

③ 参见竺可桢：《华北之干旱及其前因后果》，《地理学报》1934年第1卷第2期。

半湿润区，干燥度等于1.0—1.5，1.5等值线由福山经昌邑、青州、济南、鄄城，从东明出境；干燥度1.5等值线的西北面为半干燥区。

（二）农业气候区

按山东省主要农业气候条件的地域差异，分为3个一级区、13个二级区。

1. 鲁东南沿海湿润农业气候区

包括胶东半岛东端，东南沿海低山丘陵和临郯苍平原。

全区受海洋调节，降水较多而季节分布相对较均匀。但受地形影响，在四周高、中间低的沂沭河谷等地区，夏季易集水成涝，夏秋季每有台风。全区干燥度0.8—1.0，年降水量750毫米—900毫米，年降水日数80—90天。10℃期间的降水量470毫米—720毫米。年暴雨日数2.4—4.4天，一日最大降水量148毫米—475毫米。太阳辐射量116—124千卡/平方厘米·年，日照时数2300—2700小时/年，年日照百分率52%—60%。热量从东北到西南递增。除半岛东端及半岛中南部沿海必须套种才能保证一年两作正常成熟外，其余地方热量较允裕。

全区又分为半岛东端湿润温寒区、半岛中南部沿海湿润温冷区、胶灵沿海湿润温凉区、沭东丘陵湿润温和区、临郯平原湿润温暖区5个二级区。

2. 半岛中部、鲁中、鲁西南半湿润农业区

包括半岛中南部丘陵、大沽河中下游平原、胶莱河和潍河的中上游平原、鲁中山地丘陵区及鲁西南平原。

全区干燥度在1.0—1.5之间。春季降水比沿海少，升温快，蒸发量较大，呈现干旱或偏旱，一直持续到初夏。盛夏降雨较集中，低平处易受涝，秋季降水锐减，易旱。鲁中易有春霜冻害及春、夏冰雹。

全区年降水量600毫米—850毫米，降水日数70—100天，10℃期间降水量410毫米—600毫米，暴雨日数1.2—4.4天，一日最大降水量119.3毫米—370.8毫米。太阳辐射量117—130千卡/平方厘米·年，日照时数2370—2790小时/年，年日照百分率53%—65%。热量由东向西递增。

全区又分为半岛中部丘陵半湿润温冷区、胶莱平原半湿润温凉区、鲁中半湿润温和区、尼峄丘陵沿湖半湿润温暖区、鲁西南平原半湿润温热区5个二级区。

3. 鲁北、莱州湾沿岸半干燥农业气候区

包括泰鲁山地以北的鲁西、鲁北平原和莱州湾沿岸地区。全区受鲁中山地对北上暖温气流的阻挡作用，为省内降水最少地区。春季蒸发量大，多干热风。盛夏降雨集中，加之境内多为平原，常成夏涝。秋季降水锐减，又呈秋旱。又因上述气候条件而促进了潜水和土壤盐分的上升表聚。

全区年降水量 500 毫米—700 毫米，干燥度 1.5—1.8，太阳辐射量 121—130 千卡 / 平方厘米 · 年。日照时数 2500—2900 小时 / 年。

全区又分为莱州湾沿岸半干燥温凉区、鲁北平原半干燥温和区、鲁西北平原及小清河流域半干燥温暖区 3 个二级区。①

（三）气候影响因素

影响山东省气候的因素很多。但主要因素有地理位置、太阳辐射、大气环流、海洋和地形等因素。

1. 地理位置

地球上各地的季节变化，太阳辐射的多寡，昼夜的长短等，主要都是由太阳的空间位置和各地纬度决定的。由于山东省地处中偏南的地理纬度，使得山东省气候四季变化分明，昼夜长短各异，季节间太阳辐射强度变化大、温度高低变化明显。再加上山东地处欧亚大陆东部沿海，使山东形成了冷暖适中的暖温带季风型气候。

2. 太阳辐射

地球上各地的冷暖变化主要取决于太阳辐射。同时，太阳辐射也是地球大气运动的唯一能源。地球上所有气团的生成和运动、大气环流的形成、云雨的产生等，都是由于太阳辐射量随纬度和季节变化所致的。所以，太阳辐射是造成各地气候变化的基本因素之一，当然也是山东省形成暖温带季风型气候的基本因素之一。由于山东省地处中纬度，太阳辐射量随季节变化较大。所以致使山东冷暖变化显著而适中，大气环流更替明显，季节间降雨量变化悬殊，光照充裕，风多雨骤，旱涝灾害频繁等。究其根源，都与太阳辐射有关。

① 参见山东史志编委会、俞宽钟主编：《山东省志 · 农业志》，山东人民出版社 2000 年版，第 47—49 页。

3. 大气环流

由于太阳辐射可以使地面和大气加热与冷却，又由于太阳辐射随纬度、季节、水陆分布而变化。因而地球表面接受的辐射量不匀，导致冷热变化不均，便形成了不同的气流，引起大气环流。当两种不同气流相会时，便会产生气旋而成云致雨。大气环流是生成气团的基本原因。气旋与反气旋环流是促使气团交换、影响气候变化的重要因素之一。山东省冬季受西伯利亚、蒙古高压控制，盛行气温低、湿度小的偏北风，故冬季天气多晴朗而寒冷干燥；夏季为大陆低气压盘踞，太平洋副热带暖性高压强盛，形成东南季风，带来海洋上的暖湿空气，天气炎热多雨，降雨量集中；春、秋两季为两种气团进退交替过渡期，春季地面升温快，昼夜温差大，云雨少，土壤干松多风沙；秋季高空副热带高压东移南退迟于地面，垂直结构稳定，故晴朗少雨，天高气爽，冷暖适宜。

4. 地形

地形对山东气候影响也较大。由于山东有鲁中南山地丘陵和鲁东低山丘陵，地势相对较高，且多呈东北西南走向，对夏季东南海洋气流和冬季内陆西北干冷气流都有阻挡作用。夏季，由于山地对东南暖湿气流的阻挡和抬升作用，使得迎风面降雨量增多，且多雷雨产生；冬季，由于山地对西北干冷气流有阻挡作用，常使冷空气在北坡堆积，使得山地北坡温度明显低于南坡。胶东半岛内部丘陵起伏，沟谷盆地较多，冬季易于冷空气堆积，与沿海形成较大温差。半岛丘陵和鲁中山地之间，形成一狭长地带，称为胶莱河谷地，常是陆地气流和海洋气流交换之地，春、夏之交，雷雨冰雹频繁，特别在安丘、临朐、高密、诸城一带冰雹发生最多，5、6 月份发生频率达 30%—50%。①

（四）光能资源

山东在华北平原的东南部，光热条件是十分优越的，全年阴雨日不多，光照充足。

① 参见山东省农业科学院、李永孝主编：《山东大豆》，山东科学技术出版社 1999 年版，第 7 页。

1. 太阳辐射

太阳辐射是地球大气运动的唯一能源。[①] 山东年太阳总辐射量，大致由东南向西北逐渐增加，内陆大于沿海，山地大于平原。农作物光能利用率仅 0.5%，高的也不过 1%。鲁西北的宁津、乐陵直到黄河口，莱州湾沿岸，半岛西部，禹城、济南向东至沂源一带，兖州和宁阳地区为 523—544 千焦 / 平方厘米 · 年。单县、金乡及沿湖低洼地至枣庄、沂沭河谷和东南沿海为 481—502 千焦 / 平方厘米 · 年。其他地区为 502—523 千焦 / 平方厘米 · 年。宁津、长岛最高，分别为 543 千焦 / 平方厘米 · 年和 542 千焦 / 平方厘米 · 年；胶南最低，仅为 485 千焦 / 平方厘米 · 年。[②]

山东省太阳总辐射量 115—129 千卡 / 平方厘米 · 年，日照 2200—2900 小时 / 年，日照百分率 50%—65%。上述三者都呈现北强南弱的分布规律。辐射高值出现在 5—6 月，低值在 12 月；春季强于秋季。太阳辐射量高于国内的江淮、东南、西南和东北大部。但是，光照条件与温度、降水的配合程度尚有不足。春季太阳辐射增强而温度低，作物叶面积也小，光能利用率很低；5—6 月初太阳辐射强，气温升高，但降水却很少。土壤干旱，也影响作物对光热的利用。[③]

2. 日照时数和百分率

山东全年日照时数为 2290—2890 小时，低于西北、东北，而高于华南及长江中下游地区。

山东年日照百分率为 50%—65%。两者的分布特点都是由东南向西北逐渐增加。高值区年日照时数为 2700—2900 小时，日照百分率为 60%—65%；低值区年日照时数为 2300—2500 小时，日照百分率为 50%—55%。其他地区年日照时数为 2500—2700 小时，日照百分率为 55%—60%。

各月日照时数以 5、6 月最长，为 200—300 小时；大部分地区以 11、

---

① 参见山东省农业科学院、李永孝主编：《山东大豆》，山东科学技术出版社 1999 年版，第 6—7 页。

② 参见山东省农业科学院、山东省计划委员会编：《山东省农业概况（1949—1990）》，山东科学技术出版社 1993 年版，第 29—30 页。

③ 参见山东史志编委会、俞宽钟主编：《山东省志 · 农业志》，山东人民出版社 2000 年版，第 43 页。

12 月最短，为 150—200 小时；3—10 月生长季中，除低值区外，每月均在 200 小时以上。

日照百分率的年变化情况，各地区有所不同。高、中值区以 10 月最大，为 63%—68%。低值区虽然也以 10 月较大（56%—61%），但有的地区最大值是出现在 5、6 月，为 48%—59%。全省最小值均出现在 7 月，为 36%—58%。

全省光照时数和太阳辐射量，各地虽有差异，但在作物生长期内都比较多，尤其是 5、6 月份的光照资源丰富，有利于作物生长。①

作物的产量与光能有很大关系，植物中的干物质 90%—95% 是利用太阳光能，由植物的光合作用合成的，每形成 1 克干物质需要 4.25 大卡的热量。山东省年总辐射量为 115—130 千卡 / 平方厘米。就太阳辐射总量来说，省内内陆纬度高而干旱少雨的北部，大丁纬度较低雨水丰沛的南部，山地大于平原，内陆大于沿海。

光照时数与太阳辐射量的年内分布，与作物生长期大致相同，有利于农作物的生长发育和产量的提高。特别在 5、6 月份的光照资源丰富。我国光能的利用率仅占全部光能的 0.5%—1%，较比国外利用率 5%—9% 相差很远，可见光能利用的潜力还是很大的。因地制宜地保持一定面积的春播作物，采用作物的间作套种、复种轮茬等措施，增加全年的田间作物的叶面积，提高光能的利用效率，增加单位面积产量，还是大有可为的。

（五）热量资源

由温度而形成的热量是影响农业生产的主要因素，直接影响作物的生长和作物产量。热量通常是以农业界限温度、无霜期、最热月与最冷月平均温度、年极端最低气温等作为主要指标。全省平均气温在 11℃—14℃，由东北沿海向内陆递增。

1. 农业界限温度及积温

积温的多少及其变化规律，是衡量一个区域气候资源多寡的主要标志。特别是稳定通过 0℃、10℃、15℃三个界限温度期间的积温对农业生产更为

① 参见山东省农业科学院、山东省计划委员会编：《山东省农业概况（1949—1990）》，山东科学技术出版社 1993 年版，第 30—31 页。

重要。山东的活动积温多在3500℃—4500℃之间，适宜大多喜凉作物如小麦、土豆的生长。也适宜喜温作物棉花、水稻、玉米、花生、大豆、高粱、谷子的生长。作物可采用二年三熟制，个别地方可采取一年二熟制。

（1）日平均气温稳定通过0℃的日期及积温：稳定通过0℃的始期在2月15—3月10日前后，南早北晚。终止时间在12月1—15日，自北向南，自内陆向沿海逐渐推迟。大于0℃的平均积温4136.7℃—5282.7℃，自鲁西南向东北方向递减。

（2）日平均气温稳定通过10℃的日期及积温：稳定通过10℃的初日在4月10—30日前后，由东北向西南逐渐提早。终止时间在10月30日—11月10日前后，北早南迟，东早西迟。大于10℃的积温3592.3℃—4760.2℃，自西南向东北逐渐减少。

（3）日平均气温稳定通过15℃的日期及积温：稳定通过15℃的初日在4月30日后至5月10日前，由沿海向内陆逐渐提前。终止时间在10月5—10日，鲁西北及鲁中山区较早，沿海及鲁西南较晚。大于15℃的积温2867.3℃—4146.5℃，由东向西增加。①

2. 年平均气温和四季气温

农业生产的温度条件，一般采用日平均气温和日最低气温作为农业指标温度。日均气温以≥0℃、≥5℃、≥10℃、≥15℃为指标温度，日最低温度以≥2℃为指标温度。山东气温的年月日变化，内陆比沿海大，日平均气温内陆地区达10℃—12℃，比长江下游一带高约2℃—3℃。日平均气温变化大，白天温度高，作物同化作用加快，夜间温度低，呼吸作用减慢，有利于营养物质的积累。

日平均气温≥0℃的始现期与终现期，即土壤解冻期与土壤冻结期。全省稳定通过0℃的日期，与土壤冻结期和解冻期基本是一致的，也即是农业活动开始和终止日期。日平均气温≥0℃，一般自2月下旬至12月上旬，持续280—300天。80%保证率的≥0℃积温为4200℃—5000℃，鲁西南最高，半岛东部最低。

① 参见山东史志编委会、俞宽钟主编：《山东省志·农业志》，山东人民出版社2000年版，第44—45页。

全省各地年平均气温11℃—14.2℃，西部高于东部，南部高于北部，内陆高于沿海，平原高于山区。

按四季分述，各地冬季（12—2月）平均气温自－2℃以下至0℃以上，等温线大致呈纬向分布，南北温差达3℃。极端低温，大部分地区为－17℃—20℃，出现在1月中下旬，半岛沿海小部分地区和黄河口附近出现在2月。

春季（3—5月）沿海增温慢，内陆增温快，因此等温线变成经向分布，东低西高，在8℃—14.9℃之间，而南北温差小于1℃。

夏季（6—8月）气温也是东低西高，胶东半岛大部地区23℃—24℃，鲁北、鲁中山区25℃—26℃，鲁西26℃以上。最热月一般在7月，但半岛东部沿海及东南沿海在8月。极端高温一般在34℃—43℃之间，内陆高于沿海，平原高于山区。

秋季（9—11月）平均气温一般在13℃—15℃之间。东部沿海和鲁南、鲁西南降温较慢，其他地方降温较快，内陆等温线趋于纬向分布。①

3. 无霜期

山东省各地历年平均无霜期173—250天。沿海及平原区无霜期较长，冷空气易于积聚的山间平原及洼地无霜期较短。半岛沿海、鲁西南、鲁南、鲁东南及鲁北北部无霜期较长，鲁中山区中部和半岛内陆无霜期较短。

（1）平均初霜：全省历年平均初霜日多在10月20—25日之间，以胶东半岛东端、鲁西南出现最晚，在10月末。洼地早，沿海迟。胶东半岛沿海和内陆相差近20天。

（2）平均终霜：日期在3月下旬至4月中旬，平原早而山区迟。② 历年终霜最晚出现日期，鲁西南及鲁中南南部多在4月21日前后，鲁中南山区及莱阳、莱西、昌邑、胶南一带，终霜最晚出现在5月5日左右，其他地区多在4月10—20日之间。

作物生长期通常以日平均温度5℃以上作为指标，一般比无霜期长

① 参见山东史志编委会、俞宽钟主编：《山东省志·农业志》，山东人民出版社2000年版，第43—44页。

② 参见山东史志编委会、俞宽钟主编：《山东省志·农业志》，山东人民出版社2000年版，第45页。

10—20 天，如青岛 250 天，济南 264 天，均能满足两熟作物的生长需要。①

全省各地平均无霜期为 180—220 天，沿海和平原无霜期较长，山地平原和洼地无霜期较短。初霜期一般在 10 月 20—25 日，终霜期一般在来年 3 月底至 4 月上旬末。②

（六）降水和蒸发

1. 降水量的时空分布

降雨量的多寡直接关系着农作物的生长与丰歉。山东省年平均降雨量在 550 毫米—950 毫米之间。降雨量虽然不多，但因雨热同季，绝大部分降水都在农作物生长季节，基本能满足雨季农作物生长需要。但山东省降雨量年际间、地区间、季节间分布很不均匀，变率很大，加之降雨形式急骤，因而往往产生洪涝灾害。

山东多年平均降水量为 719 毫米，全省年平均降水量为 550 毫米—950 毫米。沿海地区大于内陆，南部多于北部，山区多于平原，其分布规律是自东向西、自南向北递减。

山东的降水有以下具体特点：

其一，四季降水分布很不均匀，季节分配差异很大，有明显的雨季。在山东，6、7、8 三个月份是雨季，夏季三个月的降水量占全年降水量的 60%—70% 以上。雨热同季，高温加多雨，本来有利于作物生长，是农业生产的一大优点，但降水量过于集中，往往害多利少。

山东春季的降水量占全年降水量的 10%—14%，自东南向西北递减；秋季降水量占全年降水量的 15%—20% 自东南向西北递减；冬季降水仅占全年降水量的 3%—5%。

其二，降水年变率很大。山东年降水量相对变率为 15%—20%，内陆鲁西北高达 30%，历年降水量绝对变率都在 100 毫米以上。③

其三，地区间年平均降雨量差异很大。一般沿海大于内陆，鲁南大于

① 参见山东省农业科学院、山东省计划委员会编：《山东省农业概况（1949—1990）》，山东科学技术出版社 1993 年版，第 35 页。

② 参见卢希悦：《山东平原经济发展研究》，山东人民出版社 1989 年版，第 7 页。

③ 参见山东史志编委会、俞宽钟主编：《山东省志 · 农业志》，山东人民出版社 2000 年版，第 45—4 页。

鲁北。整个分布趋势是由鲁东南向鲁西北逐渐减少。鲁中南南部雨量最多，年平均降雨量在 800 毫米—950 毫米；黄河口、高唐、夏津一带最少，年平均降雨量在 550 毫米左右。其他地区多在 600 毫米—800 毫米之间。①

其四，夏季降水呈大暴雨形式。如青岛胶州 1964 年出现 8 次大暴雨，为常年暴雨的 4 倍，造成严重洪涝灾害。

2. 蒸发量和干湿

其一，蒸发量。全省各地年平均蒸发量 1434.1 毫米—2430.4 毫米，自东南到西北呈渐增趋势。半岛东南部和东部及鲁南为 1500 毫米—1800 毫米，西北部黄河以北 2100 毫米—2400 毫米。蒸发量的地域分布与降水量恰好相反。从时间分布看，1、2 月的月蒸发量为 45 毫米—80 毫米，各地相近；3、4 月除东南沿海偏小外，其他各地均成倍增加；5、6 月的月蒸发量，东南沿海为 200 毫米—250 毫米，西北部 300 毫米—350 毫米；7、8 月东南沿海 150 毫米—180 毫米，西北部 220 毫米—240 毫米；秋季逐渐减少，至 11—12 月各地月蒸发量均降至 100 毫米以下。

其二，干湿状况。半岛东部到鲁南一带为湿润区，3—11 月的干燥度小于 1.0，1.0 的等值线由威海经高密、沂南、费县、枣庄出境。半岛中部到鲁中山区和鲁西南为半湿润区，干燥度 1.0—1.5，1.5 的等值线从福山经昌邑、青州、济南、鄄城，从东明出境。干燥度 1.5 等值线的西北面即为半干燥区，干燥度大于 1.5。②

三、土地资源与土壤条件

（一）土地类型及面积分布

全省土地总面积为 2.3 亿亩，耕地占 47.2%，林地占 12.6%，牧地占 3.6%，湖、塘、库占地 1.9%，荒地占 6.8%，其余 27.9% 的土地为工矿、交通、城镇、村庄、河流、沟渠等占用。③

---

① 参见山东农业科学院、李永孝主编《山东大豆》，山东科技出版社 1999 年版，第 5 页。

② 参见山东史志编委会、俞宽钟主编：《山东省志・农业志》，山东人民出版社 2000 年版，第 46—47 页。

③ 参见山东省农业区划委员会编：《山东省综合农业区划》，山东科学技术出版社 1982 年版，第 38 页。

山东省土地利用类型，按一级分类共有 8 大类，即耕地、园地、林地、牧草地、城乡居民点及工矿用地、交通用地、水域、未利用土地。各类土地的面积比率，在第二次土壤普查中曾进行过调查，时间从 1980—1984 年，分县分批进行，于 1985 年全省汇总。1984 年以后，又进行土地资源专项调查，至 1990 年，在大部分县完成专项调查的基础上，又整理出一套各地土地利用类型及面积资料。现将两者一并列表如下：

表 1–1　土地利用类型及面积①

地类	1985 年		1990 年	
	面积［万公顷（万亩）］	（%）	面积［万公顷（万亩）］	（%）
耕地	853.3（12799.5）	54.5	780.85（11712.8）	49.7
园地	29.31（439.6）	1.9	82.17（1232.5）	5.2
林地	133.94（2009.2）	8.5	145.72（2185.8）	9.3
牧草地	14.18（212.7）	0.9	5.73（86.0）	0.4
居民点工矿用地	136.57（2048.6）	8.7	165.91（2488.7）	10.5
交通用地	45.29（679.4）	2.9	44.69（670.4）	2.8
水域	171.51（2572.6）	10.9	172.27（2584.1）	11.0
未利用土地	183.06（2745.9）	11.7	174.76（2621.4）	11.1
合计	1567.16（23507.5）	100.0	1572.11（23581.7）	100.0

注：本表 1985 年的数字系依据山东省《土地利用与农业专题国土规划》（1990），1990 年的数字依据《山东省土地利用总体规划》（1992）。

全省农用地总面积约为 14597 万亩，按其地形、地貌和土壤类型，可将农用土地归纳为山丘岭砂地、山麓黄土地、黄泛平原潮土地、涝洼黑土地、盐碱地和水田六大类。

（1）山丘岭砂地。俗称为岭砂地、石渣土等。分布于鲁中南及胶东山地丘陵的中上部，面积为 4038 万亩，占农用土地的 27.6%。砂土是由岩石风化的残积物发育而成，为粗骨质的褐土性土和棕壤性土，土层浅薄，质地

① 参见俞宽钟主编：《现代山东农业》，山东科学技术出版社 2000 年版，第 18 页。

粗糙，多夹砾石，土壤蓄水保肥能力差，不耐旱。

(2) 山麓黄土地。主要分布在胶济铁路沿线和湖东地区的山前平原以及山丘地区的山麓阶地、山间盆地、河谷平原，面积4500万亩，占全省农用地的30.8%。土壤以褐土、潮褐土、棕壤、潮棕壤为主，俗称黄土、立黄土。这类土地一般地下水埋藏较浅，矿化度低，出水量大，有利于发展灌溉，全省的水浇地分布于此。此种土壤土层深厚，熟化程度高，耕性适宜，保水保肥能力强，生产性能较好，是本省最好的一种土地资源。胶济铁路沿线、湖东山前平原、泰莱肥宁平原、沂沭河谷平原都属山麓黄土地，是山东耕地中的粮食高产区。①

(3) 黄泛平原潮土地。主要分布在鲁西北地区，面积约3400万亩，占农用地23.3%。地势平坦，土壤主要为潮土，土层深厚，生产性能较好，地下水比较丰富，旱、涝、碱威胁较大。也是山东省棉花主要产地。

(4) 涝洼黑土地。主要分布在胶莱和临郯苍湖沼平原，总面积约900万亩，占农业用地面积的6.2%，土壤主要是砂姜黑土和湿潮土，俗称黑土、鸭屎土。土质黏重，耕性、透气性不良，地势低洼，有机活化程度和氮、磷含量都很低，在底土中含有砂姜层。

(5) 盐碱地。即是指既具有不同程度的碱化特征，又含有相当数量的易溶性盐类的土壤。主要分布在鲁西北黄泛平原，面积约1500万亩，占农业用地的10.3%。盐碱地一般潜水位高，水质咸，表层多为粉砂壤土，土壤主要是盐化潮土和碱化潮土。

(6) 水田。主要分布在南四湖洼地、临郯苍湖沼平原及沿黄河涝洼地，面积约259万亩，占农业用地1.8%。自新中国成立后，在上述地区实行稻改以后，使土地的生产能力大为提高，逐步改变了以往的多灾低产面貌。②

（二）土壤条件

1. 土壤类型和分布

土壤是在长期的历史过程中形成的一种自然体。按土壤发生学分类原

① 山东省农业区划委员会编：《山东省综合农业区划》，山东科学技术出版社1982年版，第43—44页。

② 山东省农业区划委员会编：《山东省综合农业区划》，山东科学技术出版社1982年版，第44—46页。

则，山东全省土壤大致可分为棕壤、褐土、潮土、砂姜黑土、盐土五大类及少量的水稻土和风沙土等。

（1）棕壤：山东省棕壤土类面积 27715 平方公里，占全省土地总面积的 17.68%，主要分布在鲁东丘陵、潍、沭河以东的潍坊、烟台、威海、青岛 4 市，临沂地区的部分县和鲁中南山地丘陵区及枣庄、济宁两市的运河、南四湖以东的县市区。

（2）褐土：全省褐土面积约 36070 平方公里，占全省土地总面积的 23.0%。主要分布在鲁中南低山丘陵区及胶济、津浦铁路沿线的山麓平原地带，是在暖温带半湿润的气候条件下形成的地带性土壤。母质类型多为残积、洪积、冲积物及黄土、红土等。

（3）潮土：潮土是山东省分布最广面积最大的一种土壤，面积为 68189 平方公里，占全省土地总面积的 43.51%。集中分布在鲁西北平原，河谷平原、滨湖洼地也有分布。潮土是直接发育在河流沉积物和湖积物上、受潜水作用形成的一种土壤。剖面质地层次明显，潜水浅，土壤呈中性至碱性，pH 值 7.0—8.5，因受潜力影响程度不同，分为潮土脱潮土、盐化潮土、湿潮土等类型，均为黄泛冲积母质上发育的土壤，土体有石灰反应。

（4）砂姜黑土：省内面积约 9970 平方公里，占全省土地总面积的 6.36%。集中分布在莱西、即墨盆地、胶莱河谷（包括平度、高密等市县）、临、郯、苍平原洼地及南四湖周围的洼地上。它是洼地长期积水干涸后形成的土壤。这种土壤质地黏紧，湿时泥泞，干时坚硬，耕作困难，耕层以下有柱状、核状结构，漏水、漏肥，存有涝、渍、旱、瘦等障碍因素。50 厘米—100 厘米以下多出现砂姜层，但表土有机质含量高，土色灰黑，地温容易上升，养分转化快，宜种小麦、大豆、高粱等作物。过去因常受涝灾威胁，利用较差，产量较低。经过实施以排水为中心的农田基本建设，改种水稻及采取秸秆还田、种植绿肥，增施磷肥、有机肥或压沙改土等措施，土壤肥力显著提高，产量也有所提高。

（5）盐土（包括碱土）：山东省约有盐碱土 4760 平方公里，占全省土地总面积的 3.1%，主要分布在鲁西北平原地势低平的地段，河间洼地和滨海地带。土壤含盐量高，有机质少，结构不良，肥力减低，旱、涝频繁，严重影响着农业生产的发展。①

2. 土壤养分与障碍因素

山东省土壤养分状况大体是：有机质偏少，氮素不足，严重缺磷，部分缺钾，微量元素缺乏症逐步扩大。有机质含量一般在0.6%—1.0%，全氮0.04%—0.06%，全磷0.1%左右。

总的来说，主要粮、果基地及城郊工矿区，施用磷肥和有机肥稍多，速效磷含量高于其他地区；棕壤地区由于土壤含钙少，呈微酸性，速效磷含量稍高于含钙较多、呈中性微碱性的鲁中南石灰母岩褐土区及鲁西北潮土区。济南、泰安、莱芜、兖州、滕州、青岛附近及半岛北部，均在5—10ppm；鲁西北四区的砂性土壤，鲁中南的沂南、临沭及昌潍平原滨海部分，一般小于3ppm。

速效钾的分布，地域性更为明显，全省由东到西，由南到北呈明显增加。山东省东部为贫钾区，土壤速效钾含量50ppm左右，其中胶东半岛南部棕壤及灰条棕壤区和沂沭河东部的棕壤区，速效钾含量仅30—50ppm。鲁中南山区的褐土区含钾量也较低，不足70ppm，但在沂沭河下游，临沂、郯城、苍山至南四湖东的滨湖洼地一线，由于水溶性钾随冲积过程汇集，含钾量多在70ppm以上。鲁西北地区的黄泛平原由于含钾量较高的次生黏土矿物多，加之冲积过程中水溶性钾的沉积，形成了山东省的高钾区，速效钾含量高达100—150ppm。此外，全省土壤含速效锌也较少，一般在0.6ppm以下。明显缺锌的面积约占耕地总面积的17%，集中分布在沿黄各县，含量0.6—1ppm的可能缺锌面积占耕地总面积的55%。全省由东向西缺锌程度逐渐加重。②

山东的耕地如能做到用养并重，有计划地因地制宜地施用氮磷钾肥料，同时开展多种经营、集约经营，注重水土保持，注意保护耕地不被侵占和浪费，现有耕地的生产力水平将会有大幅度的提高。③

① 参见山东省农业科学院、山东省计划委员会编：《山东省农业概况（1949—1990）》，山东科学技术出版社1993年版，第4—9页。

② 参见山东省农业科学院、山东省计划委员会编：《山东省农业概况（1949—1990）》，山东科学技术出版社1993年版，第10页。

③ 参见山东省农业科学院、山东省计划委员会编：《山东省农业概况（1949—1990）》，山东科学技术出版社1993年版，第39—40页。

表 1–2 山东省土壤肥力概况表

类别	高产地	中产地	低产地
有机质（%）	＞1.2	0.8—1.0	0.4—0.6
全氮（%）	＞0.08	0.04—0.06	0.03—0.04
全磷（%）	＞0.15	0.1	0.06—0.08
碱解氮（ppm）	＞60	40—60	＜30
速效磷（p）（ppm）	＞10	3—5	＜3
速效钾（k）（ppm）	＞100	80—100	

资料来源：《山东省农业概况（1949—1990）》，山东科学技术出版社 1993 年版，第 40 页。

山东省是水土流失严重的省份之一，新中国成立前，山东水土保持主要是农民自发地进行筑地堰、整梯田、植树造林等，但成效甚微。至 1949 年，全省水土流失治理面积仅 2737 平方公里，占水土流失总面积的 4.3%，水土流失严重。在山丘区 6.73 万平方公里面积中，水土流失面积 5.20 万平方公里；在平原风沙区 1.51 万平方公里面积中，有 1.16 万平方公里的水土流失面积。年均土壤流失量达 2.56 亿吨（1983—1985 年水土保持普查结果），其中山丘区年平均土壤流失量 2.07 亿吨，平原风沙区年平均土壤流失量 0.49 亿吨。水土流失面积在 1000 平方公里以上的市（地）有：临沂、烟台、潍坊、泰安、青岛、威海、淄博、菏泽、济南、济宁、聊城、枣庄等，其中临沂地区水土流失面积为 1.18 万平方公里，为全国最大的水土流失地区，平原风沙区水土流失面积最大的是菏泽地区。①

（三）黄河造陆运动

黄河在垦利县入海口淤荒成田，退海为地，成为近千年来的黄河造陆运动。王莽新朝始建国三年（11 年），黄河在魏郡（今河南省濮阳境）决口改道，至东汉永平十二年（69 年），自荥阳筑堤千里，河由千乘（今利津东南境）入海。此后，黄河以利津城附近为起点，向东向北淤积造陆。至唐朝末年，海岸线推进 15 余公里，今之胜利、郝家、董集、胜坨、宁海等处已脱海成陆。至北宋政和元年（1111 年），海岸线又外延约 15 余公里，现垦

① 参见山东省水利史志编辑室编：《山东水利志稿》，河海大学出版社 1993 年版，第 568—569 页。

利镇、高盖等地域形成。

金明昌五年（1194 年），黄河决口于阳武故堤（中牟、延津一带），形成南北分流，南河夺泗（水）入淮（河）；北河由大清河（又称北清河）至利津境入海，继续造陆。直到明洪治八年（1495 年），北流被筑堤遏制，全黄入淮归注黄海，历时三百余年，海岸线又推进 15 余公里。此时，西宋、永安及下镇、新安、建林等乡的西半部地域亦脱海成陆。

清咸丰五年（1855 年），黄河在河南省铜瓦厢决口，再度夺大清河注入渤海。起初，两岸尚无束水堤防，菏泽、东明一带经常泛滥四溢，大量泥沙沉积泛区，故进入河口处的含沙量不大。清光绪元年（1875 年）前后，由于沿河各县修筑堤防及民埝，致使黄河挟大量泥沙进入尾闾河段，淤积沉淀，使海岸线不断向前推进，开始了黄河口造陆盛期。1855—1985 年间，尾闾河段实际行水 96 年，海岸线向前推进距离平均为 28.5 公里，推进速率为 0.3 公里 / 年，其中，1947 年之前以宁海为顶点的黄河三角洲，海岸线长 105 公里，平均推进 13.3 公里，实际行水 57 年，海岸线延伸率为 0.28 公里 / 年。下镇、新安、建林等乡镇东部地域，主要为这一时期淤积而成。1947—1985 年以渔洼为顶点的黄河三角洲，海岸线长 80 公里，平均推进 15.2 公里，实际行水 39 年，延伸率为 0.39 公里 / 年。特别是 1976 年人工截流改道清水沟以后，由于人工控制河口摆动范围，岸线推进率达到 0.61 公里 / 年。至 1985 年的 10 年间，在垦利东北隅，填海造陆面积达五百余平方公里。

黄河尾闾形成退海之地后，由于河尾经常淤积，摆动、泛滥，淤土反复压盖，使地面高程不断上升，逐步形成可垦淤荒。①

四、水资源与水利

水资源总量，除气候降雨量外，主要是指由大气降水形成的地表水、土壤水、地下水所构成的淡水资源总量。山东的水资源主要可以从全省年降水量、地表径流和地下水三个方面考察。山东省水资源紧缺，全省人均占有水量，还不及全国人均占有量的六分之一。而且由于降水的空间分布差异和地貌复杂等原因，造成水资源地域分布的悬殊，是农业的重要制约因素。

① 参见垦利县史志编委会编：《垦利县志》山东人民出版社 1997 年版，第 173—174 页。

（一）天然水资源基本特点

天然水资源，主要是指在自然界水循环运动中，通过大气降水不断补给的淡水量。全省多年平均年降水量725毫米，折合总水量1112亿立方米。全省多年（1956—1979年）平均地表径流总量为275.4亿立方米，多年平均径流深181毫米。地下水的埋藏条件及补给形式比较复杂，全省多年平均降雨入渗、河道侧渗、灌溉回归等地下水总补给量为199亿立方米，其中淡水区总补给量168.3亿立方米。全省多年平均降雨入渗补给量为137.4亿立方米。全省多年平均总补给模数为12.6万立方米/平方公里，降水入渗补给模数为10.3万立方米/平方公里。由于地表水和地下水互相转化，扣除重复部分后，全省多年平均天然水资源总量为379.5亿立方米。山东省水资源比较贫乏，平均每人占有水资源量为473立方米，每公顷耕地占有水资源量为4845立方米，均是全国最少的省份之一。

山东省全年自然降水集中于6—9月间，降水天数占总降水天数的32%—36.6%，降水总量占年降水量的70%—80%。自然降水的特点是降水变率大，最多与最少年间的降水量可相差几倍，是造成旱涝灾害频繁出现的原因之一。①

第一，水资源相当紧缺。全省平均每人占有水资源量408.8立方米，仅及全国人均占有量的14.8%，全世界人均占有量的3.8%。全省需水总量，正常年份为325.0亿立方米，枯水年份为402.28亿立方米，分别超过现状可供水量的40.8%和74.3%。

第二，地面水年际年内变化大。地面水直接受降水影响，由于降水的年变率大，季节分布又很不均匀，因而年际径流量和各季的径流量悬殊，加之7、8月的大量降水又系几场暴雨所致，更给径流的拦蓄利用造成很大困难。

第三，水资源地域分布不匀。全省年平均天然径流深172.2毫米，然而其分布自东南向西北逐步锐减，半岛东部大于300毫米，马颊河以北只有40毫米以下。多年平均水资源总量，临沂地区最多，为74.77亿立方米；最少的东营市仅5.19亿立方米。

① 参见山东省农业科学院、山东省计划委员会编：《山东省农业概况（1949—1990）》，山东科学技术出版社1993年版，第14页。

第四，水污染比较严重。1985 年 109 处河道、水库监测站和南四湖、大明湖的监测结果显示，符合国家地面水质量标准Ⅰ、Ⅱ、Ⅲ类（可作生活用水）的占 29.9%，轻污染占 24.8%，污染占 8.5%，严重污染占 36.8%。①

（二）地表水资源基本特点

所谓地表水资源，是指河流的地表水体中逐年可以得到恢复、更新的淡水资源量，主要是河川的径流量。因受降水、蒸发、地形、植被、人类活动等因素影响，地表水时空变化很大。

全省平均年入海水量 540.5 亿立方米，出省水量 90.2 亿立方米，合计 630.7 亿立方米（未扣除引黄灌溉尾水量）。其中黄河入海达 410 亿立方米，其余为海河流域和沿海诸河区入海水量。②

据刘登远先生研究，山东 1956—1979 年平均河川径流量为 264 亿立方米，居全国第 22 位，折合径流深 172.2 毫米，居全国第 20 位。多年平均降水量为 725.6 毫米，折合降水总量为 1110 亿立方米，形成山东水资源总量约为 337.5 亿吨，占降雨量的 30.4%，其中占降雨量 23.8% 的降水形成河川径流量，6.6% 的降雨渗补地下水，70% 的降水量消耗于蒸发。土壤水总收支量为 846 亿立方米，占降雨量的 76.2%。③

全省多年平均的地表径流量为 275 亿立方米。实测最大年的径流总量为 732 亿立方米，为平均径流量的 2.7 倍；最小年的径流量为 63.2 亿立方米，仅为平均径流量的 23%。实测径流量最大年是最小年的 12 倍。地表径流的分布规律是，从东南沿海向西北平原逐渐减少。全省多年平均径流模数（万立方米 / 平方公里）为 17.2 至 18.0。

山东的地表径流的水系分布主要是：海河水系、黄河水系、淮河水系、小清河流域和胶东水系。自然河流的平均密度为 0.7 公里 / 平方公里以上，干流长 10 公里以上的河流有 1500 条之多；全省的湖泊有南四湖和北五湖，南四湖容纳鲁、苏、豫、皖四省四十多条河流的入水，是全国十大淡水湖之

① 参见山东史志编委会、俞宽钟主编：《山东省志 · 农业志》，山东人民出版社 2000 年版，第 50—51 页。

② 参见山东史志编委会编：《山东省志 · 水利志》，山东人民出版社 1993 年版，第 47、50 页。

③ 参见刘登远：《山东省水资源初步分析》，《山东水利史志汇刊》（三），内部资料，1985 年，第 131—132 页。

一。京杭大运河穿湖而过。南四湖的上、下两级湖，当水位高程在 34.5 米和 32.5 米时，分别可蓄水 11.4 亿立方米和 7.78 亿立方米。

山东地方区划委员会以产水量为依据，并照顾到流域水系的完整性，将全省分为 9 个水文区：鲁北平原区、湖西平原区、湖东区、大汶河区、小清河区、胶潍弥河区、沂沭河区、东南沿海区、胶东半岛区。各区的水文特征和资源估算如表 1–3。

表 1–3 山东各水文区水文特征及地表水资源估算表

水文分区	平均降水量		平均径流量			
	毫米	亿立方米	毫米	亿立方米	径流系数	径流模数
鲁北平原区	595	197	48.8	16.2	8	4.92
湖西平原区	684	120	95.4	16.7	14	9.57
湖东区	776	87.6	245	27.7	32	23.5
大汶河区	706	75.2	181	19.3	26	17.6
小清河区	645	81.6	118	14.9	19	12.1
胶潍弥河区	701	128	185	33.8	26	18.0
沂沭区	872	169	333	64.7	38	33.1
东南沿海区	889	49.3	332	18.4	37	36.0
胶东半岛区	786	192	260	63.7	33	26.5
全山东省	739.3	1100	199.6	275.4	25.89	20.14

如果按山东行政地理划分，可以划分为：A. 济南区；B. 聊（城）、德（州）、菏（泽）区；C. 临沂区；D. 济（宁）、枣（庄）、泰（安）区；E. 淄（博）、东（营）、惠（民）区；F. 青（岛）、烟（台）、潍（坊）区共六个大区。六大区其多年平均值的地表水的径流量（水量单位为亿立方米），A 区为 6.6，B 区为 20.0，C 区为 71.2，D 区为 45.9，E 区为 15.9，F 区为 104；其多年平均的产水模数（单位是万立方米 / 平方公里），A 区为 24.1，B 区为 18.1，C 区为 33.9，D 区为 22.1，E 区为 9.4，F 区为 24.0。①

① 参见刘登远：《山东水资源初步分析》，《山东水利史志汇刊》（三），内部资料，1985 年，第 133 页。

山东的河流首推黄河。黄河自东明县入境，斜贯鲁西北平原，在垦利入渤海。黄河发源于西北高原，上游坡陡流急，入鲁北平原后，坡度顿减，水流迟缓，加之从上游携带的大量泥沙，河道平均每年淤高10厘米，使河床较地面高出六七米甚至十几米，成为举世闻名的地上河。黄河通过山东的境内长度达617公里，径流总量多年平均为447亿立方米，丰年可达870亿立方米。

表1–4　山东各水文区水文特征及地表水资源不同保证率年径流量

水文分区	P=20%	P=50%	P=75%	P=95%
鲁北平原区	26.4	10.4	3.7	0.49
湖西平原区	23.9	14.9	9.51	4.45
湖东区	40.2	24.4	15.2	6.65
大汶河区	28.4	16.8	10.0	4.25
小清河区	22.8	12.1	6.55	2.08
胶潍弥河区	50.7	28.7	16.6	6.08
沂沭区	89.3	59.5	41.4	22.0
东南沿海区	26.5	16.4	10.3	4.78
胶东半岛区	26.5	90.5	36.9	17.8
全山东省	18.1	388	162	82

资料来源：《山东省综合农业区划》，第28页原表改制。

据山东省东明县高村水文站1951—1985年的观测资料，黄河多年入境径流量为442亿立方米。黄河来水年际变化较大，丰水与枯水相差悬殊。

山东的河流有几个特点：一是径流量不大；二是年内季节来水丰枯差别很大。山东境内河流多属雨源型河流，其水量与上游及流域内降水量分布极不均匀的特点相关，因而山东省不少河流都是源短流急的季节性河流，雨季流量剧增，水位上涨，汛期出现洪峰，甚至暴雨成灾，枯水季节断流无水甚至干涸，与作物生长用水相左；三是径流量年际变化极大，旱涝不均。

山东山区地表水资源较为丰富，鲁东山区每亩占有的水量为450立方米，属于足水区。鲁中山区地表径流也较丰富，年径流深达300毫米—400毫米，亦属足水区。

山东地表水资源的基本特点主要是：

1. 年际变化很大

由于降水量受太阳黑子活动周期和大气环流的影响，因此年际变化很大，地表径流量的年际变化也很悬殊，导致水资源量也表现出连续丰枯交替变化的特点。全省多年平均降水量为725毫米。新中国成立后最枯年份只有435毫米（1968年），最丰年份达1174毫米（1964年）。全省年径流量在时空分配上与降水基本一致。最丰年径流总量690亿立方米（1964年），为多年平均径流总量264亿立方米的2.6倍；最枯年径流量为61.7亿立方米（1968年），仅为多年平均径流总量的23%，最丰年为最枯年径流量的11倍。且常年连旱连涝，对农业生产威胁很大。加之现有蓄水工程调蓄能力有限，因此，在丰水年极易形成洪涝灾害，并造成大量弃水；而枯水年又常使水库干涸、河道断流、泉水枯竭，造成严重旱灾。如1960—1964年，连续丰水年，5年的年平均径流量420亿立方米，相当于多年平均径流量的1.6倍，全省每年受涝面积达167.6—329.9万公顷；而1966—1969年连续枯水年，4年平均仅相当于多年平均径流量的一半。进入20世纪80年代以来，又是连续八九年的干旱，水资源供求矛盾日趋突出。1978—1981年，全省每年受旱面积达151.5万公顷—303.9万公顷，有些地方人畜吃水也相当困难。

2. 年内分配很不均匀

山东省受华北季风的影响，降水量具有明显的季节性，地表径流的年内分配很不均匀。汛期（6—9月）雨量集中，约占全年降水量的70%—80%，而汛期径流量又有70%左右集中7—8月。这时的地表径流量多系几场较大暴雨造成，于是形成“春旱秋涝、晚秋又旱”的现象，在水利工程没有足够调蓄能力和手段的情况下，水资源的拦蓄利用困难很大。

春灌期（3—5月）降水量仅占全年降水量的12%—14%，秋灌期（10—11月）占全年降水量的6%—9%，冬季（12月至翌年2月）降水量约占全年降水量的3%—5%。汛期为保水库安全，不能充分拦蓄利用，到枯水季节可拦蓄引用的河道基流很小，地表径流挡蓄利用率很低。总之，由于降水量年内分配不均，全省径流量有80%—90%集中在汛期4个月内，河流洪水陡涨，造成大量弃水；余后8个月，径流量仅占全年的10%—20%，枯水季节流小，甚至断流，造成严重旱灾。

3. 地区分配不够平衡

由于受地形、地貌、地理位置和气候的影响，山东降水与径流还具有明显的地区性差别。胶莱河谷以东昆嵛山、大泽山南麓，南四湖东及沂沭河流域，多年平均降水量800毫米—850毫米，最大900余毫米。泰沂山脉北麓至胶济铁路间年降水量650毫米—800毫米，临清至德州一线小于550毫米。地区间相差350毫米左右。

年径流深的地区分布与年降水量基本一致，而差异尤为显著。东南沿海及沂蒙山区多年平均年径流量300毫米—350毫米，个别地区则大于400毫米，而黄河以北一般在60毫米左右，冠县、临清一带仅25毫米左右。地区间相差300毫米。

4. 人均、公顷均占有量很低

山东省天然地表水资源并不算少，但按人均、公顷均占有量计算，却比较贫乏。1956—1979年，全省平均降水深725.0毫米，折合降水量1112毫米。全省平均径流深181毫米，径流总量为275.4亿立方米。若按当时全省7442万人计算，每人平均占有降水总量1491.6立方米，仅为全国平均占有量6180立方米的24.1%。平均每人占有地表径流量355立方米，仅为全国每人平均占有量2760立方米的13.3%，为世界每人平均占有量10800立方米的3.3%。

从耕地占有水量看，全省每公顷耕地平均占有地表径流量3630立方米，为全国平均占有量26280立方米的13.8%。每公顷平均占有水资源量4845立方米，略大于海河流域，但比淮河流域公顷平均占有量少11%，比黄河流域公顷平均占有量少13%，在全国也是最少的省份之一。

由于水资源的地区分布不够平衡，各地区的人均、公顷均水资源占有量相差很大。以东南沿海区为最大，人均占有量948.2立方米；中运河区次之，人均占有量750.6立方米；沂沭区又次之，人均占有量671.0立方米；鲁北平原区人均占有量仅354.1立方米，为全省人均占有量的76.7%，小清河区人均占有量367.9立方米，为全省人均占有量的77.8%。其他一般在400立方米—600立方米之间。

公顷均占有水资源总量，仍以东南沿海区为最大，公顷均占有量

10942.5 立方米，为全省公顷均占有量的 3 倍；中运河区次之，公顷均占有量 8296.5 立方米，沂沭河又次之，为 7611 立方米。以上是山东省水资源比较丰富的地带。鲁北平原区公顷均占有量 2722.5 立方米，仅为全省公顷均占有量的 56.2%；湖西平原区公顷均占有量 3736.5 立方米，潍弥区为 3810 立方米；胶莱大沽区为 4281 立方米。以上是山东省水资源比较贫乏的地带。其他地区，公顷均占有量一般在 4500 立方米—6000 立方米之间，是山东省水资源的缺水地带。①

（三）地下水资源主要特点

地下水矿化度小于 2 克 / 升的浅层地下水年平均水量，山地丘陵区总量为 77.01 亿立方米 / 年，平原总量 90.11 亿立方米 / 年。上述两项扣除重复计算量 3.76 亿立方米，合计地下水资源总量为 163.36 亿立方米 / 年。

天然径流与地下水总量。由于地表水和地下水之间的相互转化，所以全省年平均 264 亿立方米天然径流量与 163.36 亿立方米地下水资源量之间，有 82.4 亿立方米重复水量须扣除，全省年平均水资源总量为 345 亿立方米。

现状可供水量。按 1984 年实际年型，选取保证率为 50% 的可供水资源作为现状供水能力，全省共计 230.8 亿立方米。其中地表水 84.9 亿立方米，地下水 73.9 亿立方米，客水 72 亿立方米。

所谓地下水资源是指大气降水和地表水体有密切联系的浅层地下淡水量，也即是指浅层地下水，即矿化度小于 2 克 / 每升的多年平均淡水资源。

山东的地下水，主要依靠大气降水，另有少量的河道渗漏补给。由于全省地形、地貌和水文地质条件的差异，地下水的分布也很复杂。山东水文地质条件与地形、地貌和地质构造具有较多的一致性，不同的大地构造单元和地貌特征形成不同的水文地质条件，如含水层的特征、水层分布和埋藏条件及地下水的补给、径流和排泄条件及水化学类型。依地质构造和地貌类型，山东可以分为鲁东、鲁中南和鲁西北三个水文地质区。

据评估，全省多年平均地下水总补给量为 199 亿立方米，其中淡水补给量为 168 亿立方米，淡水区平均补给模数为 12.6 万立方米 / 平方公里。

---

① 参见山东省农业科学院、山东省计划委员会编：《山东省农业概况（1949—1990）》，山东科学技术出版社 1993 年版，第 14—18 页。

表 1–5　山东不同年份分区地下水资源量和产水模数表

水量：亿立米　模数：万立米 / 方公里

	A 区	B 区	C 区	D 区	E 区	F 区	全省
							（多年平均）
地下水	8.7	56.1	23.0	28.2	8.1	42.5	166.6
水资源	11.6	62.9	76.8	55.5	17.9	112.5	337.5
产水模数	24.1	18.1	33，9	22.1	9.4	24.0	22.0
正常年（P＝50%）							
地下水	8.7	56.1	23.0	28.2	8.1	42.5	166.6
水资源	10.4	60.3	74.4	50.0	13.1	103.4	311.5
产水模数	21.5	17.3	32.8	19.9	6.9	22.1	20.3
干旱年（P＝75%）							
地下水	5.8	44.2	16.6	20.0	5.5	24.5	116.6
水资源	6.4	40.3	57.2	33.7	6.0	69.5	213.1
产水模数	13.2	11.6	25.2	13.5	3.1	14.8	13.9

注：A 区：济南；B 区：聊城、德州、菏泽地区；C 区：临沂地区；D 区：济宁、枣庄、泰安地区；E 区：淄博、东营、惠民地区；F 区：青岛、烟台、潍坊地区。

资料来源：《山东水利史志汇刊》，第 133 页，刘登远文。

山东省地下水的补给来源同地表水一样，主要依靠大气降水，另外有少量的黄河侧渗补给。但由于全省的地形、地貌和水文地质条件差异很大，地下水的时空分布很复杂。全省多年平均总补给量为 199.2 亿立方米，淡水总补给量为 168.3 亿立方米，其中降雨入渗总补给量为 137.4 亿立方米。淡水区平均总补给模数为 12.6 万立方米 / 平方公里，平均入渗补给模数为 10.3 万立方米 / 平方公里。

山东省地下水资源主要有以下几个特点：

1. 降雨入渗补给量地区差别很大

由于降雨入渗补给系数因受各地地貌、地形和土壤岩性等的制约，故降雨入渗补给模数，在地区上也就存有差异。黄泛平原地区降雨入渗补给系数根据土壤颗粒组成情况，由 0.15—0.30。黄泛平原区平均降雨入渗补给模数为 14 万立方米 / 平方公里。鲁北平原区为 12.8 万立方米 / 平方公里。湖西平原为 15.8 万立方米 / 平方公里。山前倾斜平原地区降雨入渗补给系数一般为0.20—0.25，在开发利用地下水较多地区（如桓台、临淄、兖州等），降雨入渗补给系数值为0.25—0.30。山前倾斜平原区降雨入渗补给模数为17.7万立方米/平方公里，其中沂沭河下游最大为19.6万立方米/平方公里。地下水开发利用较多地区可达20—25万立方米/平方公里。山丘地区，由于坡度大，土层薄，地表径流系数较大，降雨入渗补给系数较小。

山东省山丘地区降雨入渗补给系数值，一般都较平原地区小。全省山丘地区的平均降雨入渗补给模数为6.62万立方米/平方公里；沂沭河上游最大为8.12万立方米/平方公里；胶东半岛为5.78万立方米/平方公里。

2. 灌溉回归补给量较大

以桓台县地下水试验资料为例，当地下水埋深4—6米时，井灌区回归补给系数为0.11；茌平县丁块乡及临清市胡里庄试验区资料，当地下水埋深1—3米时，引黄灌溉回归补给系数为0.30，一般水库和引河灌区回归补给系数为0.20。全省黄泛平原地区多年平均灌溉回归补给量为11.4亿立方米（其中鲁北平原地区7.01亿立方米，湖西平原3.91亿立方米，小清河北地区0.48亿立方米），占多年总平均补给量的18.4%。山前倾斜平原地区灌溉回归总补给量为5.67亿立方米，占多年平均总补给量的13.6%；山丘地区灌溉回归总补给量为12.36亿立方米，占总补给量的19.3%。全省灌溉回归总补给量为29.43亿立方米，占全省地下水多年平均总补给量168.3亿立方米的17.5%。这是水资源的重复利用部分。但必须看到，将来随着灌溉条件的改善和灌溉技术的提高，灌溉回归补给量所占比重肯定会逐步缩小。

3. 地下水补给量的年际变化较小

由于山东省降水的年际变化较大，故降雨入渗补给量也随着降水量的丰枯遭遇而有较大差异，全省多年平均降雨入渗补给量137.4亿立方米。一般枯水年（P=75%）全省降雨入渗补给总量为111.8亿立方米，特枯水年（P=95%）全省降雨入渗补给总量为86.8亿立方米，为多年降雨回归补给量的63.2%。但是，越是干旱年灌溉用水量越大，灌溉回归补给量也越大。所以总补给量年际变化较地表径流小。如果全省多年平均总淡水补给量为168.3亿立方米，一般枯水年总补给量为149亿立方米；特枯年总补给量为133.3亿立方米，为多年平均总补给量的79.2%。由此看出，地下水资源比地表水资源有较大的稳定性。①

（四）水资源可利用量估算

水资源可利用总量包括当地地表径流拦蓄量、地下水可开采量和客水利用量。无论是地表水、地下水、客水，只有通过一定的水利工程设施才能发挥作用。据水利部门推算，山东省可利用水资源总量为247.7亿立方米，每公顷平均占有水资源量3387立方米，每人平均占有水资源量349.1立方米。其中地下水可利用量由于受井灌面积限制，每年实际可开采量为60亿立方米左右。在这些可供水量内，除满足城市、工业、农村人畜用水外，为农田灌溉提供的水量约占80%左右，水资源总量和可利用量比较缺乏。②

山东省多年平均降水量为725.6毫米，折合1100亿立方米，扣除地表水与地下水重复计算部分，全省水资源总量为379亿立方米，占降雨量的30.4%；地表径流总量为275亿立方米，占降水量的23.8%；地下淡水总补给量为168亿立方米（地质部门测算为268亿立方米），平均产水模数为24.8万立方米/平方公里。

由于山东自然地理条件复杂，致使降水径流与地下水分布不均，加之人口众多，耕地率高，水资源的相对数量甚少。虽然全省的水资源的开发水平较高，但工程不配套，灌溉管理不善，灌水技术落后，水的有效利用系数很低，一般水库灌区利用率为0.4左右，引黄灌区还不到0.3，水资源浪费很大。在地下水开发利用方面，由于布局不合理，盲目开采，致使用水严重浪费，多地出现漏斗，莱州因过量开采，出现海水入侵现象。同时，由于工业污水排入河道和地下，致水质污染严重。③

水资源总量和实际可利用量都比较少，水资源不足的现象十分明显。以20世纪80年代山东用水量测算，农业用水量每年约为243亿立方米。全省有灌溉面积6611万亩，其中井灌3000万亩。渠灌区每亩用水490立方米，

① 参见山东省农业科学院、山东省计划委员会编：《山东省农业概况（1949—1990）》，山东科学技术出版社1993年版，第19—22页。

② 参见山东省农业科学院、山东省计划委员会编：《山东省农业概况（1949—1990）》，山东科学技术出版社1993年版，第26—27页。

③ 参见山东省农业区划委员会编：《山东省综合农业区划》，山东科学技术出版社1982年版，第31—32页。

井灌区每亩用水220立方米。有效利用系数，渠灌区采用0.4，井灌区采用0.7。全省以每万元工业产值用水200立方米计算，每年工业耗水6.5亿立方米，城市生活用水约1.7亿立方米，农村人畜用水8.8亿立方米。累计工农业用水，每年需水量为260亿立方米，多年平均实际利用总量为179.5亿立方米。其中地表水64.5亿立方米，地下水65亿立方米，引黄45亿立方米，漳卫新河过境客水5亿立方米。供需之间尚缺80.5亿立方米。①

由于山东引黄河水仅及黄河过境径流量的1/10，因而引黄河水可扩大28亿立方米；发展井灌，可提取地下水15亿立方米；扩大山区地表水拦蓄量，可增加水源10亿立方米；如能完成南水北调，可为山东省增加24亿立方米优质水源。加强水的综合开发利用，统一管理，统一规划，可望解决山东省缺水的困难。②

1. 地表水可利用量概估

地表水和地下水在一定条件下可以互相转化。但由于受时空变化、开采技术、水利工程条件等的影响和限制，天然水资源是不可能全部开采利用的。因此，只有在一定条件下能够加以开采利用的水资源量，才有实际意义。

地表水可利用量，主要取决于现有水利工程的蓄水能力及调度运用情况。山东省共有大中型水库168座，总兴利库容59.8亿立方米，多年平均蓄水量31亿立方米；小型水库5000余座，多年平均蓄水量约17.2亿立方米，平原河道拦河闸，多年平均蓄水量2.4亿立方米。

总计，全省大中型水库及平原拦河闸多年平均拦蓄量为50.5亿立方米，南四湖多年平均蓄水量为18.1亿立方米（包括部分引黄尾水在内），其他拦水建筑物约蓄水6亿立方米，全省多年平均地表水总拦蓄量为74.59亿立方米。仅为多年平均地表径流量275.4亿立方米的27.2%。同时，地表水的拦蓄量，并不等于可利用量，用实际拦蓄量作为地表水资源可利用量，更接近实际。③

---

① 参见山东省农业区划委员会编：《山东省综合农业区划》，山东科学技术出版社1982年版，第36—37页。

② 参见刘登远：《山东省水资源初步分析》，《山东水利史志汇刊》（三），内部资料，1985年，第134—136页。

③ 参见山东省农业科学院、山东省计划委员会编：《山东省农业概况（1949—1990）》，山东科学技术出版社1993年版，第22、23页。

2. 地下水可利用量概估

地下水资源可开采量。在地下水埋深小于潜水蒸发临界埋深的地区，地下水总补给量通过潜水蒸发而大量消耗，鲁西北平原地区潜水总蒸发量约占该区淡水总补给量的16.4%左右，可见潜水蒸发损失是相当大的。因此，地下水可开采量，应小于总补给量与潜水蒸发量之差，即为净补给量。地下水在开采利用后，可以通过多年调节加以回补，所以，地下水可开采量也应通过多年调节加以计算。山东省多年平均地下水可开采量为134.6亿立方米，一般枯水年可开采量为116.2亿立方米，特枯年可开采量仅为90亿立方米。

全省及各分区不同保证率的水资源可利用量，只是表明当地有那么多地下水资源可以开发利用。而目前的实际可开采量，仅限于现有井灌区在实际开采条件下的开采量。如多年平均全省地下水可开采量为134.6亿立方米，但现在全省井灌面积97.5万公顷，则实际开采量约60亿立方米左右。由于受井灌面积和开采条件等限制，对地下水的可利用量，一方面不可能全部开采利用，另一方面有些地方又开采过度。①

3. 黄河客水可利用量概估

新中国成立以来，山东省先后兴建了多处引黄灌溉工程，进行灌溉和淤土改碱，其间曾几经反复。1966年后在总结以往经验的基础上，又恢复部分引黄和淤背固堤。自1970年以来，引黄灌溉面积不断扩大，到1979年全省引黄灌区有效灌溉面积已达到71.7万公顷，平均每年引水量48.6亿立方米，1980年达到70.8亿立方米，占同期黄河枯季径流量的32.5%；1989年达到历史最高水平，为123亿立方米。黄河客水可利用量的保证程度，主要取决于黄河天然径流量的年际年内变化及其与当地径流的丰枯遭遇。另外，还受上游地区拦蓄利用程度的影响，情况比较复杂。而黄河径流的丰枯变化，又主要取决于上中游的降水补给情况。由于黄河上中游层层建库蓄水，进入山东省的径流量多由中下游暴雨洪水所形成。山东省属华北天气系统，大部分年份丰枯遭遇基本一致，这对山东省利用黄河水进行抗旱保产无疑是很不利的。

① 参见山东省农业科学院、山东省计划委员会编：《山东省农业概况（1949—1990）》，山东科学技术出版社1993年版，第22—24页。

每年的3—5月和10—11月，适逢黄河枯水季节，此时用水量大，而来水量小，倘若上游水库拦蓄量和引黄量继续增大的话，黄河入境径流量还将减少。①

近年来，山东省十年九旱、资源型缺水、发展型缺水是基本省情。山东多年水资源总量309亿立方米，人均、亩均占有量都不足全国平均水平的1/6，而且降水时空分布极不均衡。最主要的客水来源黄河近年来也频繁断流，来水量逐年减少。现阶段全省一般年份缺水98亿立方米，干旱年份缺水高达179亿立方米，进入20世纪90年代以来，全省每年因干旱缺水减收粮食都在30亿公斤左右，缺水人口均在300万人以上，造成的工农业损失上百亿元，还带来了地下水位下降、海水内侵、地面沉陷、工农用水矛盾加剧等一系列社会和生态问题。水资源短缺已成为山东经济社会发展的最大“瓶颈”制约因素。②

五、山东的自然灾害

历史上山东一直是天灾连绵，有气象灾害，也有黄河泛滥之灾和地震、海啸、蝗灾等灾。有些自然灾害是人力无法抗拒的。黄河泛滥、旱灾等，则很大程度上是因水政废弛，水利事业经费被贪污或挪作他用，防洪抗旱设施没有维修加固，反而被严重破坏而造成的；加之社会动乱，兵连祸结，人民失去抵御自然灾害的能力，无力修固堤防，兴办水利；也因农民无科学知识，滥伐树木，破坏草场，破坏生态平衡，致使各地水土流失严重，偶有旱涝灾害，即酿成巨灾。

20世纪前半期，有新老军阀的统治和日本帝国主义的侵华战争。在这四五十年间，内部军阀混战，外部有日本帝国主义自第一次世界大战后对山东的军事侵占，和“九一八事变”后长达14年的侵华战争。新老军阀的战争和日本帝国主义对山东的侵略，造成山东农村社会经济的危机。连年战火的摧毁，兵匪的骚扰劫掠，军阀的横征暴敛，日本侵略军的烧杀掠夺，无穷

① 参见山东省农业科学院、山东省计划委员会编：《山东省农业概况（1949—1990）》，山东科学技术出版社1993年版，第24、26页。

② 参见王宝卿：《明清以来山东种植结构变迁及其影响研究：以美洲作物引种推广为中心（1368—1949）》，中国农业出版社2007年版，第33页。

的苛捐杂税、兵差兵役、赋役负担，超出了农民负担能力的极限。农民挣扎在死亡线上，生命财产毫无保障；战争更使人民无心生产，田地荒芜，庐舍为墟，人民救死不暇，大批流亡，只好坐视天灾蔓延。因此，山东近代的天灾，往往是三分天灾，七分人祸，人祸造成天灾，天灾加深人祸，人民生活在无穷的天灾人祸的漩涡之中。

（一）黄河水灾和省内河患

山东的气候降水在地区分布和季节分布上差异很大，百分之六七十的降水集中在6、7、8三个月份，而且往往是以暴雨的形式，在几天之内或十几天内将占全年三分之一的降水倾泻而下。这不但造成了山东地表径流水资源可利用水相对减少，土壤不能充分吸收水分，而且暴雨冲倒庄稼，冲垮堤坝，山地丘陵的降水汇成山洪向低处奔泻，上流势如万马奔腾，下游壅塞不泄，平时枯水或干涸的大小河流突然暴涨，漫溢溃决，泛滥成灾。

表1–6　山东河道流域面积、长度、洪水量

河道名	流域面积（平方公里）	长度（公里）	历史最大洪水（立方米/秒）
黄河	14020	617	—
沂河	10790	287.5	15400
沭河	4250	180.3	5700
大汶河	8500	199	6900
泗河	2361	159	4020
红卫河	5923	172.1	910
梁济运河	3372	90	686
万亩河	1283	77	747
洙赵新河	4206	140.7	338
徒骇河	13638	417.6	950
马颊河	8439	423	640
德惠新河	3260	173	311
卫运河	37190	155	2510
小清河	10572	237	365
潍河	6370	246	7850
大沽河	4631	179	3360

资料来源：《山东经济研究资料》，第8—9页。

1. 黄河决溢灾害

统计1855—1938年黄河决溢资料，山东黄河共行水83年，其中有57年发生决溢灾害，占总行水年的69%，平均三年两决溢。光绪十年（1884年）山东黄河两岸堤防培修完整。由于标准低，质量差，河道逐年淤垫抬高，一遇盛涨，仍到处决溢，泛滥为灾。正如山东巡抚李秉衡奏陈山东河患称：黄河夺济四十余年来，“河身淤垫，日积日高，渐至水不能容，横溢溃决”，“自光绪八年桃园决口以后，无岁不决，无岁不数决……而河工败坏日甚一日”。① 自光绪元年至三十年（1875—1904年），黄河有29年发生决溢灾害，不仅伏秋大汛连年决溢，桃汛水小亦时有决溢。②

据各种文献资料记载，黄河在山东造成重大灾害的决溢几乎从年初至秋末，在凌汛、桃汛、伏汛、秋汛期内，都对沿河农业和人民生命财产造成严重威胁。

2. 战争因素

1938年6月9日，日军进迫开封，国民政府命在中牟县赵口、郑州花园口扒堤放水，黄河夺淮，使豫、皖、苏三省44县尽成泽国，受灾人口1250万人，淹死89万人，形成千里“黄泛区”。③1933年的大水，黄河在河南省境内决口104处，6省67县受灾，面积6359平方公里，灾民达320万人，毁房50万所，经济损失2亿元。这次决口山东有22县受灾，耕地大部分荒废，灾民流离失所，饥而无食，恶疫流行，惨不忍睹。

（二）气象灾害

山东的气象灾害主要有旱灾、涝灾、干热风、大风、冰雹、低温与霜冻等，其中尤以旱涝灾害对农业生产为害最大。

第一，从水旱灾害的季节分布看。“春旱秋涝，晚秋又旱”，是水旱灾害的年内周期特点。山东的水旱灾害的年内周期，主要可以概括为“春夏旱，

---

① 参见《（宣统）山东通志·河防志》卷123，第3428、3430页。

② 参见山东史志编委会编：《山东省志·黄河志》，山东人民出版社1992年版，第41—42页。

③ 参见资料散见于《再行水金鉴》、《历代治黄史》、《黄河年表》、《山东清代水旱灾情》、《黄河水利史述要》、《1964年调查资料》及各州县地方志。转引自王式元：《山东黄河决溢年表》，《山东水利史志汇刊》（六），内部资料，1985年，第77—108页。

夏秋涝，晚秋又旱”这样一个特点。

第二，山东旱灾的时空分布。从1840—1948年，全省107—109个州县，成灾10个州县以上的旱年出现66年次，平均1.6年1次；成灾30个州县以上的旱年出现33年次，平均3.3年1次；成灾50个州县以上的旱年15次，平均7.3年1次。1949—1985年，全省耕地面积13092—10557万亩，受灾面积1000万亩以上的旱年27年次，平均1.4年1次。受灾面积3000万亩以上的旱年14年次，平均2.6年1次。受灾面积5000万亩以上的旱年三年次，平均12年1次。新中国成立后，由于农田灌溉的发展，增强了抗旱能力，在受灾区内的成灾面积大为减少。1949—1985年，平均每年受灾面积2375万亩，而平均每年成灾面积只有1458万亩，成灾率为61%。

全省旱灾在一年四季中均有发生，但主要发生季节是春季、初夏和晚秋。连续性旱灾是山东旱灾的一个特点。1845年至1847年，连续3年旱灾，每年成灾州县均在40个以上。1875年至1878年，连续旱灾4年，第一年38个州县成灾，第二年97个州县成灾，第三年63个州县成灾，第四年23个州县成灾。1927年至1929年，连续3年旱灾。1959年至1961年，连续3年旱灾。1977—1984年，连续8年旱灾，其中6年受灾面积超过3000万亩，2年受灾面积超过5000万亩。

旱灾在全省各地区之间也有差异。鲁北地区徒骇、马颊河流域旱灾最为严重，其次是小清河流域，再次是胶、潍、大沽河流域，沂沭泗流域，胶东、鲁南旱灾较轻。①

第三，山东的洪涝灾害的地区分布。山东的洪涝灾在地区分布上，总体上平原地区洪涝灾多，山丘地区洪涝灾少，大体以鲁西、鲁北、鲁中、鲁南、胶东为序依次递减。② 从山东洪涝灾害的时空分布看，从1840年到1948年，全省成灾10个州县以上的洪涝灾年，发生61年次，平均1.8年1次。成灾30个州县以上的洪涝灾年出现25年次，平均4.4年1次。成灾50州县以上的有6年次，平均18.2年1次。洪涝灾害主要发生在夏秋两季，

---

① 参见山东史志编委会编：《山东省志·水利志》，山东人民出版社1993年版，第63—64页。

② 参见山东史志编委会编：《山东省志·水利志》，山东人民出版社1993年版，第68—69页。

尤以秋涝为多，春涝和冬涝很少发生。洪涝灾有时连年发生，危害严重。1842—1846 年连涝 5 年。1850—1858 年，连续洪涝 9 年，每年成灾县数均在 20 个州县以上。1888—1890 年，连续 3 年洪涝。1960—1964 年，连涝 5 年，每年成灾面积在 2000 万亩以上。

第四，从旱涝发生频率看。清代 268 年中，山东曾出现旱灾 233 次，涝灾 245 年次，黄、运洪灾 127 年次。除仅有两年无灾外，每年都有不同程度的水旱灾害。按清代建制全省 107 州县统计，共出现旱灾 3555 县次、涝灾 3660 县次，黄、运洪灾 1788 县次，全部水旱洪灾达 9003 次之多，平均每年受灾 34 县，占全省县数的 31.1%。

第五，从灾情等级看。清代 268 年间，特大旱、涝灾（旱涝 80 个县以上或洪灾 40 个县以上）各出现 3 次；大旱、大涝灾（旱涝 50—79 个县或洪灾 25—39 个县）分别为 17 次和 10 次；中等旱、涝灾（旱涝 20—49 个县或洪灾 10—24 个县）平均是 5 年左右 1 次。特大旱涝年和大旱涝灾情况参见表 1–7。

第六，清代旱涝灾害的地域分布。清代旱涝灾害的地域分布以西部、北部黄泛平原和黄河三角洲最重，鲁中次之，东部及东南沿海较轻。① 以下是全省自公元前 711—1979 年有文字记载的各大区水旱灾害统计。②

表 1–7 山东各大区水旱灾害统计表

分区	旱灾			水灾		
	特大旱	大旱	旱灾	特大水	大水	水灾
鲁西平原区	6	51	78	80	50	127
鲁北平原区	10	128	175	118	142	163
汶运泗河区	4	52	113	34	62	158
小清河区	4	87	146	34	57	165
胶潍地区	1	42	104	16	28	110

① 参见山东史志编委会、俞宽钟主编：《山东省志 · 农业志》，山东人民出版社 2000 年版，第 59 页。

② 参见张祜：《山东省水旱灾害分析》，《山东水利史志汇刊》（五），内部资料，1985 年，第 80—110 页。

分区	旱灾			水灾		
	特大旱	大旱	旱灾	特大水	大水	水灾
鲁南地区	3	43	65	11	36	85
胶东半岛区	1	29	73	11	13	54
合　计	29	432	754	304	388	862

资料来源：据张祜原表改制。

民国时期，本省发生较大旱年有6年，为1929年、1930年、1931年、1936年、1942年和1944年，以1930年、1931年两年最重，有48县收成仅有一至三成，被灾人口为4106031人，占全省总人口的12%以上。发生较大涝年的有6年，为1914年、1921年、1926年、1935年、1940年、1947年，均由于连日暴雨和黄、淮水系洪水泛滥所致。1949年至1990年，山东旱涝受灾面积累计161199.8万亩，年平均3838.1万亩，成灾面积累计105701.4万亩，年平均2516.7万亩。

（三）水旱灾害成灾原因

从水旱灾害的成因分析，形成水旱灾害的原因与本地的气候条件、地理环境有密切关系，社会经济因素和人类活动也有一定影响。

1. 气候条件

大气降水的多少，是形成水旱灾害最主要、最直接的原因，雨量过大或过急就会产生洪涝灾害，雨量过小或长期无雨则成旱灾。山东降水量的年内分配极不均匀，73%的年降水量集中在汛期6—9月份，而7、8两个月即占年降水量的50%以上，其他季节雨水稀少，冬季降水仅占年降水量的5%左右，春季占10%左右，远不能满足作物成长特别是小麦生长的需水要求。全年无雨日数和无效降雨日期在320天左右。夏季降水丰沛，但往往是集中于几次暴雨过程中，时间短，强度大，最大24小时降雨量有过498.6毫米的记录。山东降水量的年际变化悬殊，多年平均值为680.9毫米，丰水年最大曾达1170.5毫米（1964年），枯水年最小仅有349毫米（1919年）。各市（地）最大年降水量一般为最小年降水量的3—6倍，极差值在650毫米—1300毫米之间。多年平均水面蒸发量为1085毫米，由东南沿海向鲁西北内陆逐步增大，年蒸发能力与多年平均降水量的经值（干旱指数）亦由沿海的1.0向鲁西北内陆逐步加大到2.4。地表水及地下水都靠大气降水补给，长时间无雨，蒸发强烈，即生旱象进而成为旱灾，夏季降水过于集中，突发性暴雨强度大、笼罩面积广，短时间内就会出现大的洪涝灾害，往往是先旱后涝，涝后又旱，一年中旱涝灾害同时并存。年际间的丰枯交替或连丰连枯，则酿成更为严重的洪涝和干旱灾害。

2. 地理环境

山东半岛突出于黄海、渤海之间，西部为黄泛平原与冀、豫、皖、苏四省接壤，由于跨越的经纬度较大，不仅南北气候不同，东西向的气候差异也十分明显。境内地形复杂，类型多样，有中山、低山、丘陵、台地、盆地、山间平原、山前冲积扇、黄泛平原、黄河三角洲9种地貌类型。中部地形突起，为鲁中南山地丘陵区，半岛大部是起伏和缓、谷宽坡缓的波状丘陵，以泰、鲁、沂、蒙、徂徕等海拔1000米以上的中山构成鲁中南山地主体，地势最高，向四周经海拔200—500米的低山丘陵，逐渐过渡到海拔40米以下的山前平原和黄泛平原。由泰沂山脉和胶东半岛的大泽山、昆嵛山构成东西向的高山屏障，对南方输入的水汽有阻滞和抬升作用，迎风面成为降水高值区，全省雨量由东南向西北递减。山东河流和湖泊的发育、形成，与地理位置和地形息息相关，鲁中南山区以泰沂山脉为中心，形成辐射状水系，诸如沂、沭、汶、泗、潍、弥、白浪等河。胶东半岛由大泽山、昆嵛山等构成西南东北向分水岭，形成南北分流的水系，如大沽、五龙等河。全省河网密度平均为0.24公里/平方公里，流域面积超过1000平方公里的河流有46条，300—1000平方公里的107条，大部分为雨源型河流。山丘区河流源短流急，洪水暴涨暴落，加上流域内水土流失严重，植被条件差，不能涵养水源，枯水季节基流很小，春夏之交往往断流干涸。这些河流状况和径流特点，也极易形成水旱灾害。鲁西北平原诸河受黄泛影响，水系紊乱，排水不畅，干流坡度缓，汇流速度慢，洪水持续时间长，每遇暴雨或长历时霪雨，往往洪峰接踵而至，宣泄不及，造成洪灾和涝渍灾害。

3. 社会因素

随着社会经济的发展，抗御水旱灾害的能力增强，但又增加了新的致灾因素。首先是需水量大量增加，水资源紧缺，水的供需矛盾日益尖锐。20世纪50年代初期，全省农田灌溉面积不足26万平方公里，基本上是雨养农业。随着农业生产的发展，复种指数增加，种植结构变化，产量大幅度提高，需水量大增，到 1990 年，全省农田灌溉已达 446.4 万平方公里，占耕地的 65%，年用水量达 181.34 亿立方米。新中国成立初期，工业很不发达，城市规模很小，靠就近取用地下水就能满足需水要求，不存在城市干旱。1990 年全省人口比 1949 年增加了 85.2%；城镇非农业人口增加了 5.9 倍；工业和城市生活用水急剧增长，城郊大量超采地下水或占用农业灌溉水源，又使农业干旱进一步加剧。不适当的开垦荒地，砍伐林木，河道设障，缩河造地和围湖造田，增大了水土流失，减小了河道行洪能力，降低了湖泊调蓄洪水的作用，加剧了洪涝灾害。城市和工业建设，大规模的建房修路，地表不透水面积增加，使地下水补给量减少。大量工业废水和生活污水排入河湖，污染水体，恶化环境，沿海超量开采地下水使海水内侵，使原本不足的水资源更加紧缺。①

（四）自然灾害的危害

自然灾害，特别是重大自然灾害对自然环境与粮食生产及劳动力的破坏，主要表现在以下几个方面：

其一，自然灾害对人类的危害，首先是造成生态环境的恶化，从而破坏人类赖以生存的自然环境。这个自然环境，包括自然生态系统，也包括人类生态系统，即人类为了自身生存发展而建设的城乡聚落、交通运输、农田水利工程等人类控制自然的物质技术装备。

最主要的致灾因素应属于洪涝干旱。大灾也会使森林植被和野生动植物资源遭到毁灭性的浩劫，干旱引起饥饿，饥饿吞噬了植被，旱荒加速了自然资源的覆灭。

重大自然灾害的发生和肆虐，使灾区的自然环境严重破坏，农业生产的物质基础退化和崩溃，农田生态系统受到重创。山洪暴发，河堤决溢，地震、海啸、飓风的发生，往往是毁灭性的。引起山崩、地裂、山体滑坡、泥石流，造成自然生态环境的大破坏。② 灾害严重摧残农民赖以生活和生产的房屋、农具、耕畜、家畜和其他农用劳动资料等物质技术装备，使农业再生

① 参见孙贻让主编：《山东水利》，山东科学技术出版社 1997 年版，第 34—36 页。

② 参见夏明方：《民国时期自然灾害与乡村社会》，中华书局 2000 年版，第 46、51 页。

产不可或缺的动力系统、资源系统、农田水利系统在瞬间毁灭或大量损失。

农民被天灾剥夺得倾家荡产，家破人亡，天灾之下尚能保命，已属不易，灾后一无所有，面对满目荒凉，残垣颓墙，家中无口粮，播种无种子，下种无肥料，干活无农具，耕地无役畜。生产退化，仿佛又回到原始的刀耕火种的时代。数世经营，毁于一旦，费财费力亦非短期所能规复。

其二，自然灾害对农业生产力最大的破坏，是对农田系统的破坏。土地是地表自然生态的主体，也是农业生产力中最重要的生产资料和生产要素。大灾摧折下，生态环境恶化，土地质量严重下降。天灾扫荡下的农地大量盐碱化、沙渍化、荒芜化，成为不毛之地或不堪耕种的荒废地。在洪涝水灾、旱灾、地震、海潮、飓风的联翩袭击侵害下，土地或被洪水浸淹，或被泥石流掩盖，被淤积而沙化，或水土肥料大量流失，或田间道路阻断、沟渠崩坏，或常年干旱而引起地下水枯竭、赤地千里。许多地方十年九灾，土地改良问题成为农业生产发展难以突破的瓶颈。“土壤侵蚀、土地沙化、盐碱化，这些伴随着水旱及各种爆发式灾害而来的趋势性灾害，不仅造成大量土地日益瘠薄，地力不断下降，甚至失去生命力，还使河床抬高，湖塘淤浅，渠道湮废，反过来加剧了水旱灾害的强度和频度，导致生态系统更加恶化。”①

黄河的泛滥给生态环境带来一次又一次浩劫：1935 年山东黄河决口，至次年鲁西一带“大溜所经之地，田亩均被淤泥”。大量土地被沙石淹没，无法耕种。② 山东滨海和黄泛平原，1949 年前共有盐渍地 950 余万亩。③

1921 年菏泽黄水爆发河决，颗粒不收，“济宁秋禾尽淹没，岁大饥”。1935 年 7 月 10 日黄河决口，山东受灾面积 7700 平方公里，波及 15 县，淹没耕地 810 万亩。④

1949—1990 年，山东旱涝受灾面积累计 161199.8 万亩，年平均 3838.1 万亩，成灾面积累计 105701.4 万亩，年平均 2516.7 万亩。旱甚于涝。

---

① 参见夏明方：《民国时期自然灾害与乡村社会》，中华书局 2000 年版，第 56 页。

② 中国华洋义赈救灾总会：《民国二十五年赈务报告书》，1936 年，第 3 页。

③ 参见高秉伦等：《山东省主要自然灾害及减灾对策》，地震出版社 1994 年版，第 283 页。

④ 参见山东史志编委会、俞宽钟主编：《山东省志 · 农业志》，山东人民出版社 2000 年版，第 62—63 页。

旱涝分计，干旱受灾面积累计 107594.7 万亩，占旱涝受灾总面积的 66.7%，干旱成灾面积累计 63935.9 万亩，占旱涝成灾总面积的 60.5%。洪涝受灾面积累计 53605.1 万亩，成灾面积累计 41765.2 万亩。按耕地比率计，平均每年有 13% 耕地发生旱灾，9% 耕地发生涝灾。

从 1949 年起至 1984 年 36 年间，干旱受灾面积超过 3000 万亩的有 17 年，有 3 年超过 6000 万亩，1968 年达到 8726 万亩。洪涝受灾面积超过 2000 万亩的有 10 个年份，有 7 年面积超过了 3000 万亩。洪涝受灾面积最大的 1964 年达到 4947.6 万亩。①

荒地的形成，本质上也是一种强迫性的劳动者与生产资料的分离过程。土地受灾成为荒地，在灾后是可以归耕复垦，但由于天灾造成的人口与劳动力大规模伤亡减员与流离以及耕畜、农具、种子、肥料等生产资料的极度匮乏，使荒地长期荒废得不到开发。②

其三，灾害不但危害和摧毁自然生态系统与人类生态系统，使自然环境倒退破坏，而且也使农业人口在饥馑、瘟疫的摧残下，大量死伤、流散或丧失劳动力。

灾害之后农业生产力总体水平下降，人类自身的再生产萎缩，抗灾能力下降。灾害威胁人类的生命，威胁到劳动力的再生产，许多重灾区经历十几年甚至几十年都恢复不到灾前的人口数。③

各种自然灾害频繁发生会直接造成粮食作物的减产甚或颗粒无收，灾害严重或连年发生时会造成居民的大量迁移和死亡。正统时“兖州府沂州累岁旱涝，民饥迁移者五千五百余户”。④

康熙四十二年（1704 年），山东全省普受洪涝危害，除日照等 13 县因成灾五分以下“勘不成灾”外，其余 94 州县均严重受灾，其中 25 县记载“人相食”，7 县记载“民死大半”或“饿殍甚众”，51 州县记载“大水”或

---

① 参见山东史志编委会、俞宽钟主编：《山东省志 · 农业志》，山东人民出版社 2000 年版，第 63—64 页。

② 参见夏明方：《民国时期自然灾害与乡村社会》，中华书局 2000 年版，第 169 页。

③ 参见夏明方：《民国时期自然灾害与乡村社会》，中华书局 2000 年版，第 51 页。

④ 《明实录》第五部之《明英宗实录》卷一五五，正统十二年六月丁卯。台湾“中央研究院”历史语言研究所，1962 年。

“大饥”，12 县记载“淫雨害稼”。①

表 1–8 清朝及民国死亡万人以上重大灾害②

灾型	清前期		清后期		民国	
	次数	人数	次数	人数	次数	人数
旱灾	/	/	7	14102000	10	15231186
水灾	7	151822	12	2020000	30	2517007
疫灾	9	392500	2	63970	7	412000
震灾	5	360000	12	438972	18	1054000
飓风	11	271058	12	339000	5	214796
冷害	/	/	2	111000	2	315000
饥饿及其他	3	50000	2	295000	3	1199757
合计	35	1225380	49	17369942	75	20943746
年均	0.17	6252	0.68	241249	1.97	553467

清代前期，死亡万人以上重大灾害 35 次，年均 0.17 次，年死亡人 6252 人；清代后期死亡万人以上重大灾害 49 次，年均 0.68 次，年死亡人 241249 人；民国时期死亡万人以上重大灾害 75 次，年均 1.97 次，年死亡人 553467 人。

农民离村外移，多是因为灾荒的驱使，丁戌奇荒（1876—1879 年）就是一例。光绪初年的大旱持续三年之久。大旱几乎囊括北方五省。山东全省除蓬、黄、栖、招、荣、即、蒙、郯、沂、泗 10 个县未成灾外，其余 97 州县全部成灾。《申报》光绪二年九月三十日载：“直隶山东两省之饥民，其苦况实难备述。曾有一外国教师到一山东民家，见夫妇二人，面目黧黑，以为再无所食，定即服毒自尽。尤惨者，已将二子活埋，盖免见共饿死耳。草根树皮，人得之皆视为珍羞。”据华洋义赈会报告云：在此次空前巨灾之时期中，因受饥饿疾病及强暴之侵迫而牺牲者，约有 900 万至 1300 万人之多。③

① 参见山东省水利史志编辑室编：《山东水利大事记》，山东科技出版社 1989 年版，第 71 页。
② 夏明方：《民国时期自然灾害与乡村社会》，中华书局 2000 年版，第 79 页。
③ 参见邓云特：《中国救荒史》，北京出版社 1998 年版，第 43 页。

据史载，灾区斗谷千钱，草根树叶尽，大饥，大疫，赤地千里，流民载道。以致当时清朝官员每每称之为有清一代“230余年来未见之惨凄、未闻之悲痛”，“古所仅见”的“大浸奇灾”。①

民国自1912年到1949年的38年间，主要灾害75次，接近清代84次。即以民国黄河流域计，民国时期死亡万人以上重大灾害25次，受灾人数16655495人，旱灾水灾和多灾混合造成的死亡最严重，占了全部死亡人数的94.79%，大灾之后往往是瘟疫肆虐，疫灾对人口和劳动力的伤害也很严重，民国时期疫害死亡人数多达436000人。

表1–9　1912—1949黄河流域死亡万人以上重大灾害

灾型	次数	人数	%
旱灾	3	13530000	88.3
水灾	9	1440306	57.2
疫灾	5	426000	40.4
震灾	5	376000	91.3
冷害	1	1500	4.8
飓风	1	50000	23.3
混合型	1	818189	68.2
总计	25	16641995	79.2

资料来源：据夏明方同表改制，删去了后面的说明。②

据民国十六年2月22日《晨报》载华洋义赈会报告：“鲁灾区灾民多食破鞋、棉花、皮革，或自尽、饿毙，铜元五枚可购一女。”4月24日《副刊》载该会之另一电文：“山东最困苦的灾民，总该有千万以上，约占全省人数四分之一。其中三百万已赴外省就食，或在省内寻觅生路，二百万在家忍饿，所余之五百万，则以草根树叶等充饥。”③新泰辖内因受旱庄稼歉收，受

① 李文海等：《中国近代十大灾荒》，上海人民出版社1994年版，第81页；参见夏明方：《民国时期自然灾害与乡村社会》，中华书局2000年版，第78页。

② 参见张玉法主编：《灾荒志》，《（民国）山东通志》卷二十六，（台北）山东文献杂志社2000年版，总第2400—2401页。

③ 《晨报》1927年4月24日。

灾面积达 968.75 平方公里，农民背井离乡外出逃荒者甚多，仅北师乡外逃人口即达一半以上。

聊城位于黄河下游，历史上洪涝与旱灾是生产生活的主要威胁。轻者歉收，重灾绝产。据史料记载，该地历史上平均 10 年左右有一次洪水和大涝、大旱，给农业生产构成毁灭性破坏。1943 年聊城连续两年大旱，百姓卖儿鬻女，逃荒要饭，城西北造成方圆百里的“无人区”，饿死与外流者达 7 万多人。①

其四，粮食作物减产、绝产，导致生活资料与物质资料的匮乏与饥荒，扰乱和打断经济再生产过程。

旱灾对作物的破坏最为严重，甚至超过水灾。历史上的重大饥馑，大多与旱灾有关，因土地干旱无水，冬季作物无法播种，又造成来年的饥荒。

经济和生产在频繁的自然灾害的侵袭与重创下，长期处于徘徊、停顿、倒退与瘫痪的境地。1927 年的灾荒，“据调查所及，三万余村庄之收成，大多数不满一成，较佳者二、三、四成不等，达五成者仅一县，各县平均仍不足二成”。据华洋义赈会的报告统计，这次旱灾：“灾区广及五十六县，占地二十四万四千四百三十四方哩，有大小村庄三万二千八百七十九所，户口九百二十三万八千二百三十四人，实当山东全省之半。”另据北京赈济会称：“鲁省一百零七县，有三十五县收成不足百分之十，另有三十县收成自百分之十至四十不等。”济南慈悲社致中国济生会函则谓“鲁省历经水旱兵蝗各灾，致颗粒不收者五十七县”。②

1928—1929 年，华北五省大旱。山东全省旱、水、蝗、霜、雹等多灾并发，达 244 县次，有 48 县农业收获仅一至三成，被灾人口 410 余万人。③

在山东泰安，旱灾发生频繁，范围很广。年均干旱几率 22%，大旱几率 2%。春季干旱率为 51%，夏季干旱为 26%，秋季干旱为 19%，冬季干旱为 20%。全市年均干旱面积 30 万亩，成灾面积 10 万亩。百余年来境内最严重的旱灾为 1876 年的旱灾。1940—1943 年大旱，西住一带土地龟裂，秋

---

① 参见山东省聊城市史志编委会编：《聊城市志》，齐鲁书社 1999 年版，第 177 页。

② 张玉法主编：《灾荒志》，《（民国）山东通志》卷二十六，（台北）山东文献杂志社 2000 年版，总第 2410 页。

③ 参见山东省史志办：《山东史志资料》第 2 辑，山东人民出版社 1984 年版，第 177 页。

作物减产五成以上，夏张村村有饿殍，北集坡人相率逃往东北。1965年，大旱，受灾面积24万亩。1973年，大旱，受灾面积32万亩。1974年，大旱，受灾面积35.7万亩。

泰安1953年夏、秋涝，受灾秋作物92601亩，坍塌大小地堰28008条，倒塌房屋1329间。1962年7月13日至8月14日，受灾严重农田24000亩，绝产4640亩，约计减产143.5万公斤。8月12日晚，洪水冲坏土地1800亩，绝产近千亩，其中486亩土地变为河底。1975年7月中旬，境内普降大雨，受灾面积45000亩，绝产8500亩。①

泰安境内风灾种类有大风、干热风、龙卷风三种，成灾率很高。风灾严重时，地瓜、花生要重播。5月6级以上的大风可使平原上小麦倒伏，减产二三成。7、8月份大风主要影响平原地区的高秆作物。1978年6月30日出现12级大风，持续8分钟，受灾面积46万亩，造成严重减产的9万亩。春播高秆作物15%被刮断，夏玉米80%被刮倒，两次大风共刮坏房屋6.5万间，刮倒树25万棵，刮断电线杆400多根，损失苹果1200万公斤。②

东明县1980年7月3日晚7时左右，县境内普遍受到暴风雨的袭击，局部地区降冰雹，总受灾面积51600亩，绝收12000亩，重灾13000亩，轻灾26600亩，减产40%—50%。

1986年8月5日，东明遭受冰雹袭击，持续时间长达20分钟，冰雹大如核桃、一般如枣，地面积雹厚度5—10公分。69个行政村，93510亩农作物受害，棉花被冰雹打得只剩光杆枝条；玉米、高粱叶碎裂成缕，瓜果被砸烂。12000亩作物近于绝产，27250亩作物减产均在五成以上。③

山东1981年灾情。自1980年11月到1981年5月，降水66毫米，比历年同期少55%；旱情波及全省各地、市、县。7万眼机井提不上水来，19271座水库塘坝干涸，26条大中型河道断流。10086个大队（村）、682万人吃水困难，1600万亩春播作物无造墒条件不能播种。7月上旬，重旱面积

① 参见泰安市史志编委会编：《泰安市志》，齐鲁书社1996年版，第79—80页。

② 参见泰安市史志编委会编：《泰安市志》，齐鲁书社1996年版，第80—81页。

③ 参见东明县志编委会编：《东明县志》中华书局1992年版，第36、41—42页。

仍达 960 万亩。秋旱致 405 万亩秋播没有完成。

1980 年旱灾持续春、夏、秋三季。全省受灾面积 6184 万亩，成灾面积 3441 万亩，农作物绝产 599.8 万亩。其中小麦 288.4 万亩，秋粮 371.4 万亩。780 万人口吃水困难。①

其五，天灾造成人类生命的危机和生存的社会经济条件的恶化，灾荒引起经济秩序与社会秩序的大混乱。

大灾之下，为了换回一点活命粮，农民不惜出卖一切可卖的东西，卖房、卖地、卖衣服、卖家具农具，直至卖儿女卖妻子，甚至发生求生性食人事件，造成惨绝人寰的恐怖世界。

从某种意义上说，粮荒、钱荒、饥馑、瘟疫等灾难急于星火的煎迫，变相地逼民为盗、导民为匪；土匪烧杀劫掠，绑票勒赎，道德沦丧、天良泯灭，进一步加剧了经济的破坏和社会的动荡。天灾与人祸互相激荡，使人心思乱，仇恨社会、蔑视法律，反过来成为社会经济崩溃的助推器。

第二节　山东粮食生产的社会条件之一

一、人口与劳动力资源

（一）近三百年山东人口的发展

清代是山东人口发展的重要时期，人口数量猛增。

山东人口经明末清初战火劫难而锐减后，于顺治十八年（1661 年）升至 25724287 人。道光十年（1830 年）达到 30982059 人，突破 3000 万人。道光十九年（1839 年）又达 31759772 人，形成山东古代人口发展高峰，近代人口即在此高起点上不断向前发展。自 1840 年至 1850 年，山东年均人口 3246 万人，与前 10 年相比，增加 100 万人。咸丰元年（1851 年）山东人口达 3338 万人。同治十一年（1872 年）山东人口达 3522 万人。此后几乎每 10 年山东人口便增加 100 万人，光绪二十四年（1898 年）山东人口达到

① 参见参见山东史志编委会编：《山东省志 · 水利志》，山东人民出版社 1993 年版，第 67—68 页。

37921262 人。

民国时期经过审定的山东人口数字有六个：1912 年为 3137 万人，1919 年为 3323 万人，1925 年为 3488 万人，1928 年为 3075 万人，1931 年为 3377 万人，1936 年为 3949 万人。从 1912 年到 1936 年，山东人口增长 800 万人，其中仅 1928 年由于战乱和严重的自然灾害，人口有所下降。山东人口占全国总人口的比重，1912 年为 7.66%，1936 年上升至 8.42%。人口密度 1912 年为 203.7 人 / 平方千米，1936 年增至 256.4 人 / 平方千米，仅次于江苏，列全国第二位。从 1936 年至 1949 年，中间虽经八年日本侵华战争和四年国共战争摧残，山东总人口仍增长 600 万人。①

据山东 106 县次的报告，1873—1933 年农村人口增减趋势，以同治十二年（1873 年）的人口指数为固定基年作 100，则光绪十九年（1893 年）为 119，1913 年为 122，1933 年为 128。②

山东人口总量和农业人口占全省总人口比重均居全国前列。山东农业人口具有基数大、密度高、增长快、文化素质低等特点。

1. 农业人口比重

1949 年山东省农业人口占全省总人口的比重为 94.3%，比全国同年份的 89.4% 高 4.9 个百分点。1949—1957 年的 9 年中，山东省农业人口比重逐年稍有下降，1957 年下降到 91.9%。由于工业的发展和三年大饥荒人口锐减，1958、1959、1960 这三年农业人口比重明显下降，分别为 88.7%、89.2%、89.5%。此后 1961—1981 年的 21 年中，农业人口的比重一直稳定在 90%—93% 之间。

从 1981 年到 1990 年，全省农业人口转为非农业人口共 286 万人，平均每年 28.6 万人，致农业人口比重明显下降，1990 年农业人口比重下降为 81.4%，比全国农业人口比重的 80.58% 高 0.82 个百分点。

2. 农业人口的净增长

由于全省的人口基数大，总量增长快，尽管各个时期因生育政策不同，

① 参见山东史志编委会编：《山东省志 · 人口志》，齐鲁书社 1994 年版，第 4—6、7 页。

② 参见《中华民国统计提要》据中农所《农情报告》第二、第五期编制，转引自农业部编：《中国农业生产统计资料》之一（1951 年 8 月），编号 1150，第 3 页。

表 1–10 山东省农业人口战前和 1949 年变化比较表①

年份	户数	农民户数	农户占总户数的 %	人口数	农民人口	农民占总人口 %
战前	6659000	5918000	88.86	37197000	30775000	82.73
1949		7876383			35034934	94.3

增长速度有快有慢，但总的趋势是人口总量以较快的速度增长。1949 年农业人口 4289 万人，1990 年达 6915 万人，41 年净增加 2626 万人，增长 61.2%，年平均增长 11.7‰，平均每年增长 64 万人。50 年代和 60 年代为自然生育期，其中 50 年代中期和 60 年代出生率高，死亡率下降，形成生育高峰，1957 年农业人口达 4936 万人，比 1949 年增加 647 万人，年均每年增加 80.9 万人，年均增长 17.7‰。1958—1960 年由于“大跃进”、“人民公社”等极“左”风潮破坏，人民生活陷入极度贫困，出生率下降，死亡率升高，人口外迁，农业人口总量出现负增长。1958—1960 年 3 年期间，农业人口分别为 4810 万人、4794 万人、4642 万人，3 年共减少 294 万人，平均每年减少 98 万人，形成低谷。1969 年农业人口达 5808 万人，比 1961 年 4804 万人增加 1004 万人，平均每年增加 125.5 万人，年均增长 24‰。70 年代初，开始全面实行计划生育政策，人口出生率下降，死亡率也停留在较低水平上，增长速度放慢，1979 年农业人口 6570 万人，比 1969 年 5808 万人净增 762 万人，平均每年增长 12‰，80 年代虽又遇生育高峰，但随着改革开放的深入发展，农转非人口大量增加，致使农业人口净增长速度减缓，1990 年农业人口达 6915 万人，比 1979 年 6570 万人增长 5.3%，年均增长 4.7‰。②

（二）山东人口与劳动力资源

山东省农业劳动力数量直接与人口消长有关，人口消长则受社会局势、农村经济、人口政策、医疗卫生条件等的影响。农业劳动力的素质直接受制于教育和医疗卫生。

农业劳动力的统计范围，按山东省统计局等联合编写的《农村统计一

① 参见鲁档：《山东省农业生产调查统计资料（1949—1952）》，内部资料 1955 年，第 87 页，原档案件编号 TD4-497-2。

② 参见俞宽钟主编：《现代山东农业》，山东科学技术出版社 2000 年版，第 91—92 页。

套表指标解释》，即男 16 岁—59 岁、女 16 岁—54 岁人口中有劳动能力者（不含在校学生）以及不足或超过上述年龄而实际经常参加社会劳动并取得劳动报酬或经营收入的人口数。

1. 劳动力数量变化

近代以来山东省农业劳动力总的趋势是逐步增长。其间因社会动乱、战争和 50 年代末"大跃进"运动等极"左"风潮导致的 1959 至 1962 年三年大饥荒与经济困难的影响，造成农村人口和劳动力下降。

其一，农业劳动力占人口的比率，与劳动力数量变化动态有关，但比率的变幅远远小于劳动力的变幅。五六十年代的正常年份，农业劳动力均占总人口的 32% 左右。1959 年降至 20%；70 年代在 33%—36% 之间；1983 年达 39%，为最高峰，以后即降至 31% 左右；1990 年为 37.4%。

其二，农业劳动者占农业人口和社会劳动力的比重。新中国成立以来，山东省农业劳动者占农业人口的比重在 23%—44% 之间，1983 年最高，为 43.7%；其次是 1973 年，为 39.8%；1990 年为 37.4%。与全国比，全省农业劳动者占农业人口的比重，绝大多数年份低于全国平均数，1962 年最低，低 4.8 个百分点；1980 年和 1981 年与全国基本持平；1983 年比全国高 3 个百分点。

新中国成立前，乳山县境内农业劳动力主要为男性，多从事种植业。妇女一般从事家务和饲养家畜家禽劳动，少数妇女季节性地从事农田劳动或从事手工艺品加工。农业合作化后，实行男女同工同酬，妇女也开始参加田间劳动。1955 年，全县有整半劳动力 15.2 万人，占农业人口的 34.7%，每个劳动力平均耕地 6.84 亩。1958—1960 年，因农村生活困难劳动力外流，农业劳动力减少至 13.9 万人。1962 年后劳动力逐年增多，至 1971 年，农村总劳动力 23.68 万人，占农业人口的 42.8%，[①] 乳山县的劳动力占农业人口的比率高于全省平均数。

其三，农业劳动者占社会劳动者的比重，1949—1990 年，山东省农业劳动者数量增长了 74.3%，比全国平均增长 97.4% 的数据低 23.1 个百分点；社会劳动者的数量增长了 117.5%，比全国平均增长 213.8% 的数据低

① 参见山东省乳山市史志编委会编：《乳山县志》，齐鲁书社 1998 年版，第 361—362 页。

表 1–11 乳山县全县农村劳动力情况抽年表

年份	劳动力数（万人）	占农业人口（%）	年份	劳动力数（万人）	占农业人口（%）
1949	13.30	34.1	1976	25.89	45.3
1952	14.10	34.2	1980	27.33	47.6
1956	15.50	34.8	1984	27.92	47.5
1960	13.90	31.6	1988	29.76	50.4
1965	23.00	45.9	1992	31.61	53.7
1968	23.51	44.5	1995	30.77	53.1
1972	23.70	42.7			

资料来源：山东省乳山市史志编委会编：《乳山县志》，齐鲁书社 1998 年版，第 361 页。

96.3 个百分点。农业劳动者占社会劳动者比重在 53%—89% 之间，1959 年最低，为 52.9%，其次是 1958 年，为 62.5%，1963 年以后逐年上升，1969 年最高，为 88.9%，1985 年以后逐年下降，均在 65% 左右。

与全国比，山东省农业劳动者占社会劳动者的比重，自 1962 年后一直高于全国平均数，大多数年份均高 5 个百分点以上，1987 年后高 4 个百分点左右。① 据徐秀丽研究，冀鲁豫三省农业人口比例较高。30 年代初，农户数占总户数的比例全国平均是 74.5%，而华北平原三省却分别高达 85.5%、88.9% 和 84.0%。② 我们按 85% 的比例计算，华北平原三省的农业人口，30 年代三省农业人口数如下：河北省 2670 万人，山东省 3301 万人，河南省 2915 万人。三省从事粮食作物生产的农业人口数如下：河北省 1903 万人，山东省 2352 万人，河南 2077 万人。三省农业劳动力数量为：河北省 761 万人，山东省 941 万人，河南省 831 万人。③

从 1840 年至清末，山东省总人口只有 3200 万—3800 万人，农业劳动力在 1100 万—1200 万人之间。

---

① 参见俞宽钟主编：《现代山东农业》，山东科学技术出版社 2000 年版，第 95—96 页。

② 参见《农业专号》，《统计月报》1932 年第 1—2 期合刊。

③ 参见徐秀丽：《近代华北平原的粮食产量和农业劳动生产率估计》，社会科学文献出版社 2001 年版。

表 1-12　山东十六个县四十九个典型村农村户口及劳动力统计[①]

年份	1931—1936	1948	1949	1950
总户数百分比（%）	100	124	128	129
农业户占总户数（%）	99	99	99	99
总人口百分比（%）	100	117	121	124
农业人口占总人口（%）	98.3	99.3	99.2	99.2
劳动力占农业人口（%）	42.2	39.5	41.6	41.8

资料来源：参见山东农林厅编：《山东省十六个县四十九个村典型调查》，内部资料，1950 年，第 224 页。

抗日战争中的 1941 年，山东人口只有 3721 万人，农业劳动力也不可能增加。

新中国成立后农业劳动力逐年增多，1957 年山东总人口 5372.9 万人，农业劳动力已达 1568 万人。至 1959 年总人口 5372.5 万人，农业劳动力下降到 1076 万人，为新中国成立后最低点。减少的原因：一是“大跃进”运动时，城市大上工业，从农村招工；二是 1959 年农村部分青壮年流向东北谋生；三是部分地方农村生活极度困难，有些农民因病丧失劳动能力或非正常死亡。

1961 年后，农业经济逐步好转。1962 年总人口增至 5425.7 万人，农业劳动力恢复发展到 1600 万人以上。

1969 年开始，劳动力超过 2000 万人。由于 60 年代中后期人口生育出现高峰，造成 80 年代前期农业劳动力急剧增长。1981 年达到 2508 万人，比 20 年前增加 50% 以上。最高点 1983 年达到 2951 万人，为 1949 年的 1.99 倍，为 1959 年的 2.74 倍。以后随着经济体制改革的深入和二、三产业的发展，农业劳动力逐步有所转移，80 年代后期回落到 2500 万人左右。1990 年为 2586 万人。

新中国成立后 40 多年间，农业劳动力占总人口的比率变化不大，而每

① 参见山东农林厅编：《山东省十六个县四十九个村典型调查》，内部资料，1950 年，第 224 页。

个劳动力负担耕地减少近50%，一方面说明人口和劳动力都增长迅速而耕地逐步减少；另一方面也说明广大农村劳动力对土地的依附关系始终比较牢固，剩余劳动力还缺乏有效的转移出路，也影响劳动生产率的提高。①

2. 劳动力素质

在1949年前，山东人民群众的物质生活水平低，医疗条件差，文化教育十分落后，劳动力的健康状况、社会素质较差。1949年后，随着政治、经济、文化教育、医疗卫生事业的不断发展，人民的健康水平逐步提高，青少年体质比过去明显增强，平均预期寿命延长，人口死亡率下降，有文化人口比重显著提高，但城乡人口素质有很大差别。农业劳动力的文化和健康状况没有直接的专项调查统计资料，仅能从有关农村人口的调查和按年龄分组统计中反映出大体情形。

（1）文化状况。

新中国成立时，山东农村有小学文化程度者也属稀有。如即墨从事农业的劳动力中文盲、半文盲占80%以上。由于文化素质较低，他们只能操作简单的农业生产工具，沿袭传统的耕作方法。②

一是文化程度。1982年第三次人口普查与1964年第二次人口普查相比，在总人口中具有各种文化程度人口增加，比重提高，文盲、半文盲人口减少，比重下降。大学文化程度人口1982年达26.26万人，比1964年增加1.83倍，占总人口的比重由1964年的0.17%上升为1982年的0.35%；高中文化程度人口437.65万人，增加10.37倍，比重由1964年的0.69%上升为1982年的5.88%；初中文化程度人口1317.187人，增加7.69倍，比重由1964年的2.73%上升为1982年的17.7%；小学文化程度人口2510.36万人，增加77.9%，比重由1964年的25.42%上升为1982年的33.73%；文盲、半文盲人数2086.32万人，减少12.1%，比重由1964年的42.75%下降为1982年的28.03%，下降14.72个百分点。

二是城乡差别。据人口普查统计资料，1964年城市有各种文化程度人

① 参见山东史志编委会、俞宽钟主编：《山东省志 · 农业志》，山东人民出版社2000年版，第54—56页。

② 参见即墨县县志编委会编：《即墨县志》，新华出版社1991年版，第230页。

口，占总人口的比重为57.28%，乡村则占26.88%，文盲、半文盲占总人口的比重，城市为18.1%，乡村为44.56%。

据人口普查资料显示，1982年山东省每千人中拥有各种文化程度人口，城市大学程度者为18.43人，比农村高8.26倍；高中程度者129.95人，比农村高1.28倍；初中程度者269.36人，比农村高44%；小学程度者353.41人，比农村低7%。据人口抽样调查资料显示，1987年山东省每千人中拥有各种文化程度人口，城市大学程度者15.36人，比农村高7.26倍；高中文化程度者109.46人，比农村高97%；初中文化程度者277.77人，比农村高14%；小学文化程度者350.05人，比农村低11%。

三是地区差别。文化程度的地域分布甚不平衡。总的历史趋势是胶东半岛和铁路沿线高，鲁西平原和鲁中山区低，其中鲁西南和沂蒙山区最低。这个趋势至80年代仍未改变。据1982年调查统计，小学以上文化程度占总人口的比率，最高的是烟台地区，为71.7%；其次是淄博，为69.4%；最低的是菏泽地区和临沂地区，只占42.6%和47.9%。[①]

自20世纪50年代推广普及教育，文化程度有很大提高。1984年和1990年农村劳动力文化程度的变化见表1-13。

表1-13　山东省农村劳动力文化程度比率表

单位：%

年份	文盲	半文盲	小学	初中	高中	中专	大专
1984	25.0	8	40.44	27.40	7.06	—	0.02
1990	18.2	4	37.08	36.03	7.65	0.90	0.10

笔者1968年5月曾到滕县徐庄参加社会调查，对当地文化教育情况有所了解。徐庄是公社所在地。在丁山顶村，有一位算是当地的秀才，此人粗识文字，但在每年春节前给群众写春联时，都是把红纸裁好后，用沙碗底在上下联各盖上七个圆圈；这位秀才略知阿拉伯数字，但他记的工分，却是每位数都单独写出来，如1853，他就在工分账上标记为1000800503。其他的人连他的文化也不如。这个村生产小队记分，在小队部的炕上摆上若干碗，

① 参见俞宽钟主编：《现代山东农业》，山东科学技术出版社2000年版，第94—95页。

每个碗代表一个特定的劳动力，每个劳动力干一天活就在碗里放上代表工分的豆子，是整劳力就放 10 个豆，是半劳力就放 5 个豆子。不幸的是，计算工分的豆子年底前被老鼠给吃光了，因此一年的工分也就成了一笔糊涂账。

（2）健康状况。

新中国成立后，山东省城乡人口健康状况均有显著改善，但农村仍逊于城市。

农村青年生长发育状况。据 1979 年、1985 年对全省青少年健康状况的抽样调查，自 1979—1985 年，全省青少年身高、坐高、体重和胸围除个别年龄组外，普遍有所增长，部分项目增长幅度达 5%—10%，其中身高与体重增长尤为显著。这表明青少年体质在逐步增强。农村青少年身高、体重，除个别年龄组外，均有所增长，但与城市青年相比还有差距。1979 年 17 岁男女平均身高仅为 160.2 厘米，体重仅为 50.3 公斤，至 1985 年已分别增加到 161.7 厘米和 53.3 公斤，但比同期同龄城市青年，身高仍矮 3.2 厘米，体重仍少 1.3 公斤。①

（3）人口死亡率。

据 1928—1933 年金陵大学农学院农经系调查，山东省人口死亡率高达 29‰。在 16 省中居第七位（各区总计 28.2‰）。在冀鲁豫三省中，山东省高于其他两省。另据邹平县调查，1935 年该县死亡 6549 人，死亡率高达 39.52‰，在死亡人数中，婴幼儿占 50%。死亡率高的原因一是医疗卫生条件差，缺乏妇幼保健设备和措施；二是因为战乱、苛政、灾荒、疾疫，使人口大量死亡。1938 年日伪占据临朐，因战乱的破坏，到 1940 年该县人口由 40 万人降为 8 万人，被杀害者即达 11.8 万人。②

50 年代初期，人口死亡率已降至 12.2‰。1987 年人口死亡率 5.64‰，其中：城市 5.37‰、农村 5.69‰，农村比城市高 0.32 个千分点。按劳动力年龄范围统计，80 年代 50—59 岁的死亡率高于总人口死亡率；49 岁以下的死亡率低于总人口死亡率，说明劳动力在 50 岁以前比较健康。

---

① 参见山东史志编委会、俞宽钟主编：《山东省志 · 农业志》，山东人民出版社 2000 年版，第 56 页。

② 参见山东史志编委会编：《山东省志 · 人口志》，齐鲁书社 1994 年版，第 22—23 页。

惠民萧家村、王公范、高官村三个村由1945年至1948年的儿童出生与死亡的统计资料，从中可以看出在新中国成立前一般农村儿童的成活与死亡情况。①

表1–14 惠民萧家村等三个村儿童出生与死亡统计

年份	1945年	1946年	1947年	1948年	1949年	共计
萧家村						
生	8	5	9	6	14	42
死	3	1	0	4	4	12
死亡（%）	37.5	20	0	66.67	28.57	28.57
王范公						
生	10	14	21	13	20	78
死	3	5	11	8	4	31
死亡%	30	35.7	52.38	61.54	20	39.74
高官村						
生	8	9	22	6	23	68
死	3	5	11	3	11	33
死亡%	37.5	55.56	50	50	47.83	48.53
合计						
生	26	28	52	25	57	188
死	9	11	22	15	19	76
死亡%	34.62	39.28	42.31	60	33.33	40.43

从表1–14可知，三个村最低死亡率为28‰强，最高为48.53‰，儿童平均死亡率为40.43‰。

（4）平均预期寿命。

1931年山东省人口平均预期寿命只有35岁左右，50年代即已接近60岁，1987年达到71岁。但农村人口平均预期寿命低于城市。1975年济南市

① 鲁档：《关于惠民县城郊区萧家、王范公、高官三个村的调查材料》，第18页，原档案件编号为TD26-73-11。

区和郊区的调查，农村男性平均预期寿命比城市低 9.21 岁，女性比城市低 7.57 岁。①

二、山东的人口移动

人口变动指人口出生、死亡、迁移等诸种形式的人口数量变化。在 1949 年前，山东省人口出生率高，死亡率高，增长缓慢，属原始人口再生产类型。五六十年代，由于医疗卫生和生活条件的改善，死亡率明显降低，而出生率仍很高，人口数量增长很快，属传统人口再生产类型。70 年代以后实行计划生育，人口出生率逐步降低，明显向低出生率、低死亡率、低增长率的现代人口再生产类型转变。人口自然变动的趋势是社会经济发展的必然结果。新中国成立前，由于封建剥削、战争、饥荒、疾疫，人口外迁比较多，闻名于世的山东人“闯关东”便是这种外迁的典型表现。1949 年后，政府根据社会生产和人民生活的需要，有组织地迁移省内人口至东北、西北等地。②

（一）特殊移动

清至民国期间，每遇灾荒年月，绝无生计者，背井离乡，流落外地。其中以“闯关东”谋生者为最多。此外，病灾不断，常致大批人口死亡。清道光元年（1821 年）秋，“霍乱传染，人多病死”；民国二年（1913 年），瘟疫流行，约 3 万人被夺去生命。

据《胶澳志》称：“鲁人之移殖于东三省者，其职业以农为主，而负贩于海参威、哈尔滨各大城市，或执一业以谋生者亦颇不鲜。远者或赴俄之西伯利亚、伊尔库斯克、莫斯科……移殖于东三省者尚属境遇较优差能自给之人，至于被招出洋以苦力为事者，则大都出于被动，境遇地位既困且危。近数年以政令之烦，军匪之扰，移出之数倍于往昔，且多售其田庐，携其妻子，为久居不归之计。”③

在 1922—1931 年的十年中，由山东和河北向东北移民的狂潮，其规模

① 参见俞宽钟主编：《现代山东农业》，山东科学技术出版社 2000 年版，第 93—94 页。

② 参见山东史志编委会编：《山东省志 · 人口志》，齐鲁书社 1994 年版，第 13 页。

③ 参见袁荣叟等：《胶澳志》卷 3，青岛华昌大印刷局 1928 年版，第 130 页。

之大，可以算得是人类有史以来最大的人口移动之一。这主要是由于河北和山东所遭受的饥荒、内战和匪祸。尤其是山东省，成千上万的田场被抛弃了，甚至全村荒废了。从 1923 年开始发生的这次移民的特点，是有很大一部分人长期定居在满洲。另一些移民就在沿中东铁路的东段以及蒙古东南部—洮南地区等地定居下来。据铁路公司统计，从 1923—1929 年进入满洲的移民在 500 万人以上，其中有 250 万人定居下来。①

（二）自然移动

自新中国成立至 60 年代的 20 年间，山东省的人口处于早婚、早生、多生的盲目自发生育状态。

清乾隆三十七年（1772 年）至民国二十六年（1937 年）的 165 年间，栖霞全县共增加人口 124732 人，平均每年人口自然增长率仅为 4.50‰。1933 年至 1946 年的 14 年间，人口发展呈逐年下降趋势，人口自然增长率为负数。1936 年比 1933 年减少人口 37999 人，人口自然增长率为负 13.09‰；1946 年比 1933 年减少人口 32359 人，人口自然增长率为负 10.94‰。

人口无管理措施，多为自由流动，变动原因有：逃荒谋生、婚嫁、避祸、经商、任职等。居住人口多不稳定。1950—1956 年，人口机械变动亦属自由流动形式。②

（三）人口机械变动

1. 清代的移民垦荒

明末清初，社会经济凋敝，人口大量死亡，土地大量荒废。清政府为恢复经济，招抚流民，移民垦荒。顺治初清政府责令各州县编审人丁“备造清册送部，如有隐匿丁壮捏报逃亡者，依律治罪”。对于流亡农民多就地安置。顺治六年（1648 年）“定地方官招徕各处逃民，不论原籍别籍编入保甲，开垦无主荒田，给以印信、执照，永准为业”。③

清代推行“劝垦”政策，移民垦荒再度兴起，垦利县城以东的淤荒垦

① 参见《海关十年报告》1922—1931，卷一，第 254 页。转引自章有义编：《中国近代农业史资料》第二辑，三联书店 1957 年版，第 638—639 页。

② 参见《栖霞县志》，山东人民出版社 1990 年版，第 149 页。

③ 参见《田制部·皇清》，《古今图书集成·食货典》卷五一，鼎文书局 1977 年版。

殖户日渐增多。至清光绪三十一年（1905 年），像桃花园子（现永安）、惠鲁、店子等移民垦殖村已初具规模。

2. 民国时期的移民垦殖

民国时期，山东有组织的移民垦殖进行过两次，第一次是 1930 年，国民党军驻山东二十师五十九旅赵新德部来此军屯，强行圈占原垦户之熟地，分给其“功劳兵”。无地老垦户只得靠出卖劳力或租佃土地维持生活；新来垦户则在屯田周围新开生荒。1933 年，五十九旅撤走后，屯垦集中地带发展成为王营屋子、刘家屋子等若干移民村。

第二次是 1935 年，黄河连续两次在鄄城县决口，河水平漫菏泽、郓城、嘉祥、巨野、济宁、金乡、鱼台等县，造成数以万计灾民无家可归。于是，民国山东省政府便从上述地区迁移灾民 4200 余人到垦利落户垦殖。这次移民垦殖是每 200 人编为一个大组，每组划分荒地一段，诸如八大组、一村、二村……二十五村等，就是由此而逐步建立的。

上述移民村，由于人员复杂，政治基础薄弱，多以地区关系集居。加之当地土匪横行，饮水困难，蝗虫成灾等原因，垦户极不稳定。

3. 抗日民主政府移民屯垦

1941 年秋，垦区光复后，抗日民主政府成立垦区建设委员会。为把垦区建设成丰衣足食的抗日根据地——清河区大后方，1942 年春，在土地清丈队的基础上成立垦区土地局，采取一系列奖励移民垦荒的政策措施，解决 250 多起土地案件，稳定了原有垦户，敌占区的贫苦农民也慕名来此垦荒定居。1942 年年底，经抗日民主政府登记后认领土地为 44 万余亩，比 1941 年增加 4 倍以上。安置垦户 6200 户，连原开荒的 1665 户在内，共安置 7865 户，建立新村 39 个。同时，抗日民主政府还为垦户贷粮、贷款，随时解决在生活、生产中遇到的困难，从而扭转了垦民流动现象，安定了垦民情绪，促进了生产大发展。是年，全县收公粮 400 万公斤，占清河区总数的三分之二；征收田赋 260 万元（北海币），占清河区总数的二分之一；收地租粮 68.7 万公斤。此时，还留有国民党地方党政军机构、伪组织溃逃后遗留下的土地以及公田、学田等一时未分配的土地，由垦区建设委员会代管。①

① 参见垦利县史志编委会编：《垦利县志》，山东人民出版社 1997 年版，第 174—175 页。

(四)农民离乡

1. 清代的人口流移

农民离村外移，在清代有了很大变化。据研究，清代移民路线，由自北向南转为向东北三省、西南、西北内蒙古边缘地区和江淮等迁移，也有到海外各国者。古代华北人口流动表现为三次大规模的南迁；明代华北地区人口流动则表现为本区内部的迁徙——山西人口向中原地区的迁移；清代以降，华北人口的流向转为“走关东”和“走西口”。古代的三次南迁和明代区域内迁徙主要是军事征战及天灾人祸引起的，而清代华北人口大量向边疆地区迁移的动力则是谋求基本的生存条件。这种迁移表明，近代华北地区已承受着严重的人口压力。①

康熙时期，山东农民离村外出的有数十万人，到口外开垦的有十多万人。康熙四十六年（1707 年）上谕中说：“东省与他省不同，田野小人俱与有身家之人耕种”；同年上谕说：“今巡行边外，见各处皆有山东人，或行商，或力田，至数十万人之多。”康熙五十一年的上谕说：“山东民人往来口外者多至十余万。”

乾隆十三年（1748 年）上谕称：“有身家者不能赡养佃户”，偶遇灾荒，农民即被迫离乡，或“南走江淮”，或“北出口外”。② 这是说中小地主因为灾荒所迫，也南走江淮、北出口外了。

各地方志书中有关山东农民雇佣与佃耕的记载的事例很多：登州府，“农无田者为人佣作，曰长工；农日暂佣者曰忙工；田多人少倩人助己曰伴工”；滋阳县，十月朔，“农家皆设酒肴，燕佣人”。宁阳县，十月一日，田主“辞场圃，犒农工”。沂州，十月朔，“农家皆设酒肴，燕佣人，名曰散场”。③ 这些外流佣工的人，都是在本土因季节性短期性劳动力过剩，或为了以工补农而外出当长工或打短工的。如山东单县，“膏腴之产尽归素封，胼胝小民仅守洼瘠，操耒耜者虽十之七八，要皆佣佃居多”。④ 再如栖霞县，

---

① 参见行龙：《近代华北农村人口消长及其流动——兼论黄宗智“没有发展的增长”说》，《历史研究》2000 年第 4 期。

② 参见《(光绪)大清会典事例》卷二八八，清光绪石印本影印，第 11 页。

③ 参见《古今图书集成·职方典》卷二七八，鼎文书局印行，第 230 页。

④ 参见《(康熙)单县志》卷一。

“风俗，且终窭且贫，冠婚丧祭莫备”；“钱谷，则民穷财尽，昔可传檄而输者，今则敲朴仍逋”；“其道里尤是也，而今所见无非筚路蓝缕”。①

乾隆刑科题本中，保留有山东农民到外地佣工的资料，如清平县人到寿州佣工，平度州人到莱阳佣工。山东人到外地佣工者尤多，如菏泽人到河南佣工，诸城人、冠县人、郯城人到江苏佣工；诸城人、德州人、栖霞人、夏津人到吉林佣工，莱阳和潍县人到奉天佣工。②

清代鲁省移民东北具有持续性，移民浪潮贯穿清代始终，移民呈现递增趋势。19 世纪 60 年代后加速，清末达到顶峰。宣统年间东北人口 1841 万人，移民约占 1000 万人。据萧一山研究，在所有东北移民中，“东三省移民与山东人实有密切之关系”，“今试就三省（直、晋、鲁）住民一考询其原籍，似有十分之八九为山东”。③ 清代到东北的山东人可达八九百万人。其中嘉道以前移民仅占六分之一，而六分之五是嘉道以后移入的，六分之五中又有一半是光宣年间移入的。④

清代东北人口增加与山东移民有直接关系。移民分布在东北各地，由南向北推移，移出地区由近直隶和沿海地区向内地发展。移民线路，因山东半岛与辽东半岛隔海相望，所以鲁东移民大都泛海到辽东半岛，然后北进散居东北各地。鲁西大多沿陆路进入山海关，然后进入吉林、黑龙江各地。就移民地区而言，开始定居辽河流域，渐次北进，至嘉道年间已经进入黑龙江省。

1904 年以后，清政府实行移民招垦政策，于吉林、黑龙江两省各县设立招垦局，统一管理移民事务。鲁民益发“蜂攒蚁聚”，遍布东北各地。有人估计，到 1911 年华北地区移入东北的人口达 1000 万人，而山东即占 70% 至 80%。⑤

---

① 参见《（康熙）栖霞县志》序。

② 参见李文治：《明清时代的农业资本主义萌芽》，中国社会科学出版社 2007 年版，第 60、64 页。

③ 参见萧一山：《清代通史》，中华书局 1986 年版，第 1706 页。

④ 参见牛淑英：《闯关东——清代山东向东北移民》，载李衡眉主编：《移民史论集》，齐鲁书社 1998 年版，第 237 页。

⑤ 参见路遇：《清代和民国山东移民东北史略》，上海社会科学院出版社 1987 年版，第 20 页。

初期移民主要是因为自然灾害、战乱和向往东北辽阔的土地所致。1860年烟台和营口辟为通商口岸，山东和东北经贸联系的加强，山东移居东北个体因素增加，冒险和发财致富的欲望成分增加，商业在移民所从事职业中比例增大。① 其后移民背景逐渐复杂化，受国际形势影响日深。

2. 民国时期山东的人口流移

民国时期，山东人口继续流迁东北三省，历年移民数量少则20余万人，多则上百万人，平均每年达48万人之多。从民国元年到民国三十八年，山东移民东北的总人数达1836万人，其中回返山东老家的1044万人，回返率为56.8%，留住东北的791万人，留住率为43.2%。② 其中1912—1925年每年约25万—40万人，呈缓慢上升趋势；1926—1930年移民数量猛增，1928年达百万人以上；1931—1937年由于日本人严禁关内人进入东北，移民数量一直在15万人左右；1938—1944年又急剧上升，1940年超过百万人，移民年龄构成仍较年轻，一般在15岁—36岁之间，且仍以男性居多。③

"山东流入东北的苦力，当时以登州、莱州二府为最多。青州、沂州及胶州次之，西部山东之各地较少。每年出雇苦力之略数如下：登州地方十五万人，莱州地方六万人，胶州地方二万人，青州地方六万人，沂州地方三万人，山东西部各县三万人。"④ 据大连福昌华工会社装卸工籍贯的调查，在15663名工人中，山东人为13991人，占该会社装卸工的89.1%。⑤

据1933年《农情报告》调查，山东省因天灾人祸，农民全家流亡东北及其他各地的有196317户，占调查县总户数3.8%，主要劳力外流的有410385户，占调查县总户数的7.9%。⑥

民国初期以后，特别是北洋政府时期，山东的流民潮达到高峰。农民为求活命，赴外省主要是去东北。难民如流，成群结队，挑担推车，扶老携

① 参见牛淑英：《闯关东——清代山东向东北移民》，载李衡眉主编：《移民史论集》，齐鲁书社1998年版，第237—238页。

② 参见路遇：《清代和民国山东移民东北史略》，上海社会科学院出版社1987年版，第49—55页。

③ 参见山东史志编委会编：《山东省志·人口志》，齐鲁书社1994年版，第6—7页。

④ 山东史志编委会编：《山东省志·劳动志》，山东人民出版社1993年版，第74页。

⑤ 参见山东史志编委会编：《山东省志·劳动志》，山东人民出版社1993年版，第76页。

⑥ 参见《农情报告》第四卷第七期，实业部中央农业实验所农业经济科1937年版，第173页。

幼，长途跋涉，备极艰辛，无异一幅流民图。1927年汉口《民国日报》写道："沿途难民如蚁，三五不等，断断续续向北而去……壮年男子在前，妇孺及老人落后，壮年者且行且等待，妇孺老人因精力衰弱，追赶不上，一面喘息追赶，一面呼喊不绝；更有于夕阳将尽之倾，犹负裹抱子彷徨旷野，为状之惨，无异孤鸿落雁。"① 据难民说："由济宁到青岛，道路常见饿死的小孩和老人"，"一个小女孩在青岛只卖二三十元，到了奉天，只卖十数元小毛钱（辅币），男孩简直没人买。"② "综计一往一来，恒在百万以上，而移出之超过归还，年辄五六万不等。近数年以政令之烦，军匪之扰，移出之数倍于往昔，且多卖其田庐，携其妻子，为久居不归计。"1927年，据胶济铁路调查，"每日由胶济火车由青岛转赴东三省者，达三千余人"。③ 据大连方面调查，1927年"由青岛来大连者527100人"，"东北每年移入灾民不下百万人，其中最多者为山东人"。④1927年11月到1928年3月间，胶济路共运送灾民9万人。1928年报载，"胶济路搭载难民，平均每日二千人以上"，"此外由胶州、高密方面徒步经石臼所、海州等处航海前往者，也络绎不绝"。⑤

山东难民赴东北，本是为了寻食度荒，然而沿途忍饥受寒，"倒毙者十之五六，目睹惨状，痛不忍言。然灾民人等，现仍纷纷争欲前往，正如飞蛾扑火，前仆后继"。⑥

据路遇对民国时期东三省的人数统计，1925年4月至1925年年底山东移民为40余万人，比1924年高出约1.6万人。这一增长率与民国元年以来的年均增长率大致相同，这就是张宗昌统治山东之初山东移民活动的情形。这一时期的移民为改善自身所处的经济地位而迁赴东北三省，利用当地丰厚的土地资源，垦荒致富，属经济移民范畴。⑦

---

① （汉口）《民国日报》1927年3月25日。

② 《晨报》1928年2月20日。

③ 章有义：《中国近代农业史资料》第二辑，三联书店1957年版，第638页。

④ 朱偰：《满州移民的历史与现状》，载《东方杂志》第25卷12号，1928年6月25日。

⑤ 朱偰：《东方杂志》第25卷第9号，1928年3月8日。

⑥ 《晨报》1927年12月9日。

⑦ 参见刘兰昌：《张宗昌统治时期山东移民东北三省性质分析》，载李衡眉主编：《移民史论集》，齐鲁书社1998年版，第263页。

路遇估测，1912—1935年间，山东移民占鲁冀移民总数的66%—72%，折中为69%；1935—1942年则平均达58%。根据这两个平均率，算出1912—1942年，山东移民共853万余人。路氏测算的1912—1949年山东移民约计791.9万人。移往东北总人口数为941.08万人，归返总数为718.74万人，总回归率0.76，平均每年回归率为0.85。[①]移民性别单一，大多是男性青壮年；流迁东北的人口年龄构成较年轻。大量移民省外致使山东人口数量下降。光绪二十四年（1898年）到宣统三年（1911年），全省人口下降了数百万人。移民具有较强的稳定性，返回率较低。

山东人"闯关东"的特征，是季节性迁移，每年春夏北上，秋冬，尤其在封冻至阴历年关前又大量回乡，是候鸟式迁移。路遇认为移民东北有三大特点：一是数量大；二是数量起伏大，三是青壮年男性居绝大多数。[②]

3. 山东农民离村的原因

有内外两种力量的作用，促成了山东农民的离村。从农村本身的推动力上说，主要有以下原因：

（1）人口压力。

人口大量增加，可耕地的增加却落在人口增加之后。山东人口密度在雍正、嘉庆年（1724—1820年）间，为每平方公里100至200人，道光至民国三十年为200至250人，超过世界人口平均密度。人口压力使得民生为艰，须另寻生路。[③]以《农情报告》所示的离村农户各组耕地面积，分析其离村户的分布，则有土地1—5亩者，占离村户的49.5%，有耕地在5.1—10亩者，占离村户的37.4%，有耕地10—15亩土地者，占离村户的4.2%，有耕地15—20亩以上户，占离村户的3.2%，耕地在20—40亩的农户，仅占3.7%，40—100亩以上土地的农户，仅占离村户的1%。[④]就是说，离村农

---

① 参见张玉法主编：《移民志》，《(民国）山东通志》卷二十七，（台北）山东文献杂志社2000年版，总第2517、2118、2520—2521页。

② 参见张玉法主编：《移民志》，《(民国）山东通志》卷二十七，（台北）山东文献杂志社2000年版，总第2511—2512页。

③ 参见张玉法主编：《移民志》，《(民国）山东通志》卷二十七，（台北）山东文献杂志社2000年版，总第2509页。

④ 参见《农情报告》第四卷第七期（1936年7月），第175页。

民多是土地在 5 亩以下，或 10 亩以下的农户，两项即占离村农户的 86.9%，土地在 15—40 亩之间的农户，离村户仅只 6.9%。

在同期《农情报告》的农民离村原因分析中，因耕地面积过小者为 5.6%，因乡村人口过密者为 6.2%，两者合计为 11.8%。因“贫穷而经济困难”项占 31.8%，因“农村经济破产”者占 3.9%，① 两项合并，只能有一部分原因是因土地过狭、人口过密；取其一半，则为 17.85%；统算四项原因，则为 29.65%，约占离村三成的原因。农民经济困难是多种原因造成的，笔者取其一半的原因算作因土地不足，一半算作因天灾原因，是照农村生活常识而言。其实各家不同，各地相异，就是在一个村中，也是千差万别，所以只能用一种大约的归并办法。

《中行月刊》所列的农民离村原因，其“人多地少粮食不足”和“缺乏耕地”两项，分别是 9.5% 和 4.9%，合并为 14.4%，如果再加“无恒产”项所占 3.4%，则为 17.8%，不足五分之一。②

东北土地资源极为丰富，未垦生荒面积广博，成为山东剩余劳动力和过剩人口的尾闾。

在山东的某些县份，移民已成为传统。如招远县家中有兄弟二人，就要有一人出外的。甚至完全出外去谋发财。③

据王药雨 1932 年的调查。昌邑县农民离村率约 35%；日照县全县平均为 20% 以上。而费县、莒县、临沂一带，离村农民约占全村人数的 60% 左右。④

据当时的报纸统计。1932 年至 1933 年间，夏津、莒县、费县、日照、昌邑等地逃亡农民高达 10%—60%。⑤

这些游民在初期大多选择“闯关东”，即到地广人稀的地区从事农业。据《东方杂志》记载，山东人口每年减少 200 余万人。

---

① 参见《农情报告》第四卷第七期（1936 年 7 月），第 179 页。

② 参见《中国农村人口增减趋势及农民离村部分考察》，《中行月刊》第 9 卷第 3 期。

③ 参见晓梦：《山东招远县农村概况》，引自千家驹：《中国农村经济论文集》，中华书局 1935 年版，第 545 页。

④ 参见王药雨：《山东农民离村的一个检讨》，《大公报》1934 年 5 月 23 日。

⑤ 参见《大公报》1934 年 5 月 20 日。

(2) 自然灾害。

以旱、蝗、水灾为最严重。民国十五年（1926年）受灾达五六十县，灾民2000万人，占全省人口60%，当时逃亡东北者近百万。以沂水县旱灾最严重；沂水全县人口的十分之七外出逃荒。其余被灾区为日照、莒县、临沂、济宁、菏泽、定陶等县。

蝗灾往往同时发生。蝗虫来袭时如乌云蔽日，且声闻数里之外，所过稼禾树木叶子一扫而光，造成赤地千里的景况，收成无着，饥馑随之。①

新中国成立前，临沂贫困农民无法生活，只得卖儿卖女，背井离乡，逃荒下关东。不足40户的曹庄，几乎家家逃过荒，人人要过饭。高密县农民迫于生计，1949年前不少人出卖土地和房屋，甚至卖儿鬻女，逃荒东北。该县25个乡镇，就有14567户，3237人乞讨为生；4890户人家卖儿鬻女；有8296户，35310人逃荒东北。②

《农情报告》中的农民离村原因分析中，被列为“水灾”和“旱灾”项，分别是12.9%和9%，两项合并为21.9%，再加上“农产歉收”2.3%，也作为因天灾造成的原因，共计24.2%，则约为农民离村原因的四分之一。如果将“贫穷而经济困难”31.8%和“农村经济破产”的3.9%，取其一半，则为42%，占农民离村原因的四成。③

表1–15　1930年前山东农民离村原因表

	生活困难（无职业）	人多地少粮食不足	缺乏耕地	负债	无恒产	生意失败	天灾	兵匪	其他
户数	569	109	56	8	39	4	141	173	42
占%	49.5	9.5	4.9	0.7	3.4	0.3	13.3	14	3.7

资料来源：《中国农村人口增减趋势及农民离村部分考察》，《中行月刊》第9卷第3期，1934年9月。

① 参见张玉法主编：《移民志》，《（民国）山东通志》卷二十七，（台北）山东文献杂志社2000年版，总第2510页。

② 参见谢华：《胶东区减租减息运动的回忆》，载山东省档案局、中共山东省委党史研究室编：《山东的减租减息》，中共党史出版社1994年版，第513页。

③ 参见《农情报告》第四卷第七期（1936年7月），第179页。

《中行月刊》所列的农民离村原因，其“天灾”项占13.3%，如加上生活困难项所占49.5%的一半，算作因天灾造成的离村原因，则为38.5%，不足四成的原因。①

光绪二年《申报》报道：光绪初年因大旱成灾，山东灾民相率逃荒于奉锦各属以移民开发东北。“奉天、锦州二府，地多膏腴之区，人乏繁庶之象……数十年来，山东民人携眷属负耒耜泛辽海，以至二府开垦荒芜而成良田者，每岁不下数十家，然未有如今年之多也。盖……山东各处亢旱已久，荒象已成，田既无收，人因鲜食，故扶老携幼，结队成群，相率逃荒于奉锦各属，以觅宗族亲友而就食，并可望异日开种荒地也”。②

南开大学经济研究院在1926年曾对东三省的山东籍1149户移民进行调查，所得农民离村原因计有多种，其中由于“天灾人祸”离村者共314户，占27.3%；与天灾人祸有密切因果关系的生活困难离村者共569户，占49.5%；两者合计占移民总数的76.8%。至于“人口过剩”、“耕地缺乏”构成离村庐舍者，合计仅占14.4%。③因此，可以看得出，华北农民离村时的主要动因是受天灾人祸的直接驱迫。

农民离村十之八九是因天灾兵祸之驱迫而成。“民国时期的流民潮，就其主流而言，乃是流动的饥民潮、灾民潮。”“在所有的因素之中，自然灾害或者说生态环境的突变和恶化是其中最主要的直接推动力和触发力。”④

民国时期的东北流民潮，其早期形成和发展过程的每一次高峰都与灾荒息息相关。1876—1879年的“丁戌奇荒”激起空前规模的“闯关东”浪潮。⑤山东农民“闯关东”，以东北作为首选目标，主要是为了在那块未开发的土地上开荒种地，所以才有举家迁移的决心，还有相当一部分人并不是准备长期定居，而是打工觅食，像候鸟一样春去冬回。

农民离村后形成的流民潮，使山东在20世纪30年代每年都有数十万人走上移民东北的道路。如山东临朐县，该县1934年尚有42万人，在天灾人

---

① 参见《中国农村人口增减趋势及农民离村部分考察》，《中行月刊》第9卷第3期。

② 《申报》1876年8月24日。

③ 参见王成敬：《东北移民问题》，《东方杂志》第43卷第14号，1947年，第13页。

④ 参见夏明方：《民国时期自然灾害与乡村社会》，中华书局2000年版，第109页。

⑤ 参见《申报》1876年8月24日。

祸的打击下，1939 年降至 38 万人，1940—1942 年的连年大旱，全县逃荒人口在高峰时期竟占人口总数的 80% 左右，其中又有 80% 是举家逃荒，逃亡总数达 12.8 万人，到 1942 年全县仅剩下 8 万余人。①

在山东鲁西、鲁西北、鲁西南等地方，农民往往在收成之后，结群成队，借逃荒为名，外出觅食。农民不论丰歉，都在秋收后阖村出发讨饭觅食，把逃荒当作备荒的手段。笔者在 20 世纪 60 年代的济宁农村，就见到农民秋收后用泥把屋封好，外出讨饭，整个冬季直到春耕前都在外地混饭糊口，待春耕前回家，往往把讨来的吃不完的干粮晒干卖给养猪的人家。农民这样做，并不以为耻，要饭似乎成为一种副业。② 农民游食逃荒成为鲁西的农村风俗。郯城县"十岁九灾，所由来也。而游四方，浸以成俗。初犹迫于饥寒，久而习为故事，携孥担橐邀侣偕出，俗曰逃荒，恬不为怪"。③

（3）人祸主要指战争、吏治不良和土匪。

在 1930 年前山东农民离村原因中，列为"兵匪"项者为 14%，1936 年经调查后写成的《农情报告》，也认定"匪灾"为 7.6%。这是就众多县乡大面积情况而言，就受兵匪抢掠的某个村庄而言，则可能是主要的原因。

战争本身的破坏性及战争所伴随而来的统治者的残酷搜刮与烧杀抢掠，对农业生产和农村社会经济秩序的摧残是极为严重的，各地村落集镇夷为平地废墟，耕畜农具和水利设施遭毁灭性破坏，田地荒芜，荆榛遍野；人口大量流离死亡，"人民之死亡者，十居六七"，"人民非死即徙，十去其七八"。战争严重破坏农业生产力，使粮食生产和人民生活都较战前退后几十年。④

（4）东北大片未开垦土地的引力。

山东农民之所以涌入东北，其决定性的作用是东北对山东移民的吸引力。

① 参见杨云彦：《解放前的山东人口迁移及其对东北人口发展的影响》，转引自夏明方：《民国时期自然灾害与乡村社会》，第 107 页。

② 参见夏明方：《民国时期自然灾害与乡村社会》，中华书局 2000 年版，第 109 页。

③ 参见《舆地志》四，《(乾隆）沂州府志》卷四。

④ 参见吴承明、章有义等：《中国社会科学院经济研究所集刊》第 4 集，中国社会科学出版社 1983 年版，第 125—126 页。

首先，移民实边基本是清廷和民国时期政府的一贯宗旨，清朝中期虽有一度封禁，但迫于事实，终于在咸丰十年开禁，鼓励移民垦荒，移民实边。

明末清初长期战乱，关外生产力遭到极大破坏，汉人逃亡，满人从容入关，使关外人口锐减。为充实东北，顺治十年（1653）年清廷颁布《辽东招民开垦条例》，规定“招至百者，文授知县，武授守备；六十名以上，文授州同、州判，武授千总；五十名以上，文授县丞、主簿，武授百总，招民多者，每百名加一级，所招民每日给粮一斗，每地一垧给种六升，每百名给牛二十只”，并“免交三年钱粮”。在清廷政策招徕下，顺治三年（1646 年）山东人“移民实边”的甚多。据《东北开发史》记载，辽东、西之汉户，皆系康熙之初由山东等省迁来，鲁民足迹踏遍东北大地。清廷在实行一段时间的封禁后，为缓和关内民人因种种原因要求出关的矛盾，不得不弛禁放行。清廷曾密谕边隘官弁等，“如有贫民出关者，不必阻拦”。清政府也愿借移民之力，以开垦东北，充实边防。咸丰十年（1860 年）正式开禁放垦。光绪朝清政府大片放荒，垦民进入东北还可以减免船价，宽限起科，于是鲁民更是蜂拥北上。此次移民浪潮一直持续到民国。①

其次，基于对移民的巨大经济作用的充分认识，各地政府和民间人士普遍欢迎移民出关垦荒，出现了东北三省各级政府对移民的各项优惠招徕措施。

在清代，即便是在封禁时期，地方官民对于移民非特不取缔驱赶，抑且欢迎助长。东北旗人庄主需要更多的劳力，旗人因“欲藉流民之力以开辟闲荒，化无用为有用，以坐收年贡粮米”，多方掩护偷渡入境者；地方官也希图招民垦地，以增加税收。

民国时期，山东农民迁移东北特别受到东北三省政府的重视。1927 年 6 月奉天省当局组织开垦局，垦荒办法是对于新垦之地一律免税 3 年，垦户所需之农具、种子俱由开垦局提供。几乎同时，吉林省制订的垦荒计划是开放官荒 44 万垧，令直鲁穷苦移民开垦。黑龙江省当局也支出百万巨资作为移

---

① 参见牛淑英：《闯关东——清代山东向东北移民》，载李衡眉主编：《移民史论集》，齐鲁书社 1998 年版，第 240—242 页。

民开发水田的奖励费。一般是官荒每人发给 10 垧至 30 垧，地价因土质优劣定为上、中、下三等或上、中二等，下地地价仅为每垧 7 元。政府曾以每垧贷款给垦户 4 元—12 元的补助费，以帮助移民修房盖屋，购买农器及其他必需品。官荒价先赊后还，3 年内还清即可。①1927 年移民潮的到来，在东北引起极大震动，"今乃一年之中，百万难民，如潮水骤至。诚有不能不令人惊异者"。

其后，东北政府要求前往的移民必须是以"户"为单位的家族迁移，只吸收那些已证明有种地经验的农民。对移民有条件的吸引和接纳，改变了以往移民在结构与身份上的随意性，它直接影响了移民的结构特征，家庭移民几乎成为唯一的移民结构。②

三、开拓市场与劳务输出

（一）开拓市场

据中央农业实验所 1935 年调查，山东农村全家离村农民的去处及职业如下：到城市逃难的占 11.7%，到城市做工的占 22.3%，到城市谋生的占 13.9%，到城市住家者占 6.3%，到别处逃难者占 8.9%，到别处务农者占 17.3%，迁居别村者 5.7%，到垦区开荒者 7.7%，其他 6.6%。③ 这个统计不够科学，总计进城者为 54.2%，到别处务农、到别村和到垦区开垦荒地都是务农，共占 30.7%。

茧绸产地以山东为第一，而山东重要产地首推昌邑。柳疃的丝绸经营者称北赴俄国为"下北洋"，去日本、朝鲜为"下东洋"，到印度、印尼、新加坡为"下南洋"，远赴欧洲的称为"下西洋"，到胶东栖霞、海阳等县是"上东山"，到国内城市者称为"出天朝门"。从昌邑柳疃向国内外大幅度地移民务工来看，已经不同于因为灾荒和战争破坏而被迫离村和移民的情况，而是有了开拓市场和劳务输出的内涵，多了一层发展缫丝或织绸业的产业成

---

① 参见刘兰昌：《张宗昌统治时期山东移民东北三省性质分析》，载李衡眉主编：《移民史论集》，齐鲁书社 1998 年版，第 260—261 页。

② 参见刘兰昌：《张宗昌统治时期山东移民东北三省性质分析》，载李衡眉主编：《移民史论集》，齐鲁书社 1998 年版，第 254—256 页。

③ 参见《农情报告》第四卷第七期（1935 年调查），第 177 页。

分，这为清中期后的移民提供了一个新的典型。

昌邑人“闯东山”，就是指到胶东各地做丝绸工人或经营丝绸业。据《双台乡志》载，1945年前，因生活困难“被迫上东山谋生的有947户，1862人。下关东的有1978户，4655人。下南洋的有592户，613人”。[①] 该地因地少人多，历来有出门经营谋生的传统。有的在国内城市，即所谓“出天朝门”；有的远涉重洋，奔波海外。据1983年昌邑县侨办统计，南逄乡34个村庄，村村有华侨。全乡共有华侨和港澳同胞272户，1044人，旅居18个国家和地区。[②]

（二）劳务输出

山东的移民到东北开发东北，有的人定居了，更多的是候鸟式的春去冬回，在一定意义上，这种移民也是一种劳力输出，给本省带来不少的资金。

辽东是清皇族的“龙兴之地”，清政府将其划为禁区。嘉庆年间，山东灾害严重，有人便偷越边禁，垦殖、挖参、狩猎、放蚕。同治元年（1862年）清政府放宽边禁，山东人大量涌入。1928年，溃败的北洋军阀流窜山东各地，民不聊生，为维持生活，昌邑又有一千多人进入宽甸。在东北的长甸、永甸、虎山、毛甸子、大川头等沿江村堡，都有昌邑人，而且形成村寨。1939年昌邑发生海潮，当地农民为求生计而大量流入宽甸等地。

清末民初，柳疃的丝绸经营者便开始到东北安东开设丝绸厂缫丝和织绸。大量织绸工匠，为了维持生活，便下关东去靠放蚕、缫丝或织绸糊口了。成年的工人去吃“劳金”，刚成人的孩子去学徒。他们多是“自虎头崖上船，经龙口、蓬莱、长山抵大东沟，进入鸭绿江达沙河子。行程一般六七天，若遇上风，半月二十日也不一定”。据资料显示：每年从山东境内迁移出境前往满洲或者内蒙古去的人数大略有35万人。从烟台和龙口出境的人大都来自登州、莱州、沂州地区；从青岛出境的人大都来自胶州、登州、莱州、青州和沂州一带的居民。[③] 柳疃的丝绸业向国内外的扩张，在当地甚至

① 参见宋甲其主编：《昌邑织造》，内蒙古科学技术出版社1999年版，第54、74页。

② 参见宋甲其主编：《昌邑织造》，内蒙古科学技术出版社1999年版，第62—63、72—74页。

③ 参见青岛档案馆编：《帝国主义与胶海关》，档案出版社1986年版，第189—190页。

已经改变了千百年人们外出远游观念，清晚期以后，该地乡俗，一反恋土重迁的传统旧俗，认为青年人敢于出去闯荡才算是有出息。

胶东丝绸业主要集中在栖霞县，尤其是唐家泊，其次是牟平、乳山、莱阳、海阳、荣成、文登等县。从清嘉庆年始，昌邑人就在东山一带设有收购柞蚕茧的茧庄、丝庄和绸庄，后来逐渐增多，而且有不少人在春秋两季收茧大忙季节到东山去“打工”，有的长期住在那里，成了领工的把头和闻名的商户。1937 年栖霞唐家泊有昌邑丝织职工 7800 多人。昌邑人在烟台的丝绸厂和经营店数量众多，资金雄厚，姜亦楷曾任烟台商会会长。①

1931 年“九一八事变”前，“每年山东农民，由东北银行、汇款庄、邮局等汇兑机关，汇至山东农村之款，可统计者在五千万元以上，农民由东北回鲁自行带回来者，尚不在内。故东北汇款，实占山东农村收入之最大数目。据调查，大县每年收入皆在一二百万，小县亦在二三十万”。②

胶东农村剩余劳动力远赴东三省，每年带来数额不菲的现金收入，“午人银币可百余万元”。③ 福山县近邻烟台和龙口海港，有方便的交通条件，出外做工的较多，“全县每十户中约有六七人出外营商”，“外出地方大多数在东三省大连及朝鲜一带，间有到日本，或平津者”。福山县到东三省做工的人，“每年平均收入约可达二百元”。④

乳山县滕家庄区刁家沟村到海外的较多，抗战前到海参崴去做苦力的即有 30 多名，还有一些人到东三省。⑤ 晚清民国时期，胶东各县东去日本、朝鲜，南下南洋，北去中俄边境和深入俄国务工务农的人很多。笔者的一位美籍韩国留学生，其先人就是从海阳县东去朝鲜的，他回到山东海阳寻根，竟然可以在原籍家谱中找到自己同辈分的人。

---

① 参见宋甲其主编：《昌邑织造》，内蒙古科学技术出版社 1999 年版，第 53—54 页。

② 参见章有义编：《中国近代农业史资料》第 3 辑，三联书店 1957 年版，第 680 页。

③ 参见《政治志 · 实业》，《民国莱阳县志》卷二。

④ 参见高紫庭：《福山县之社会及农村》，《农业周报》1935 年第 4 卷第 5 期。

⑤ 参见鲁档：《一个村的群众工作调查》（1945 年 6 月），原档案件编号 TD24-1-11-3。

第三节　山东粮食生产的社会条件之二

一、近代社会动乱和战争

（一）清末民国山东各地的匪患

山东一带为南北通衢，南控江淮，北拱畿辅，为南北枢纽咽喉之地，半岛兼挑黄海与渤海，与辽东半岛隔海相望，直通日本、朝鲜与东海、南海，其地理位置关系中国全局。然而近代以来，山东却在海陆两面，成为匪患的重灾区。特别是山东与冀、豫、苏、皖数省交界之地，沿河、沿海地方，时出盗劫重案。在百余年间，《清实录》中屡有“东省教幅棍匪，麇集于沂兖两属”、“山东教棍各匪，业经黏成一片，兖沂两属，几于遍地贼踪。惟山东幅教各匪，日益鸱张”、“群匪如毛”等的记载。

道光二十四年（1844 年）四月一日，道光帝责令山东巡抚崇恩：“朕闻高唐、汶上，均有昏夜抢劫之案，峄县并有白昼强抢集镇之事，恐地方官讳匿不报，或化大为小，均未可定。汝必明察暗访，严行查办。”① 道光二十五年（1845 年）六月十三日，谕军机大臣：“江苏山东接壤地方，盗匪肆行抢劫。……又山东武城县丞彭祖芬由省赴任，于三月二十九日在曹州府观城县客店住留，有盗匪百余人室劫行李一空，并传闻群盗过路，枪声不绝。”② 道光三十年（1850 年），为科举会试之年。有前往北京参加会试的举人在山东境内被强人所劫。“滕县南沙河地方，于正月三十日，有举人王言尧等，被盗持刀械，劫去银物”；“同日峄县小山子地方，又有举人吴嘉善被盗持刀吓劫之事。”③ 抢劫商人和集镇原属平常，连偶尔路过彼地的赴任官员在客店也被劫行李，参加京城会试的举子也被劫去银物，可见这些盗贼是猖狂到肆无忌惮逢人便抢的地步。

---

① 《清实录·宣宗实录》卷四〇二，中华书局 1986 年版，第 23—24 页。

② 《清实录·宣宗实录》卷四一七，中华书局 1986 年版，第 10 页。

③ 《清实录·文宗实录》卷四，中华书局 1986 年版，第 12 页。

山东自清初至民初的273年间（1644—1916年），民乱有158次，受骚扰的州县312县次，平均每年0.58县次，平均每年受害州县1.14个，其中，顺治年间、咸同光年间和民初三个时期较为突出。顺治初年，清兵入关，李自成的余党在山东活动，其他土寇乘机蜂起；咸同光年间，兵变及土匪颇多；民乱次数占整个时期的66%，而扰乱地区占整个被害地区的76%。

咸同光年间的山东民乱约有五类：其一，太平军和捻军，由江苏、安徽、河南或直隶窜入，骚扰最广，杀戮最多；其二，受太平军和捻军影响，趁火打劫的土寇，分股骚扰，势力不大；其三，乘势起事后的白莲教及其他秘密结社（如幅匪、长枪会等）和盐枭等；其四，光绪末曹州、兖州一带之土匪；其五，民团之抗漕。①

1. 清末山东各地的匪患

清末山东各地匪患成燎原之势，为叙述方便，依山东几个大区分别论列。

（1）鲁中。

道光十七年（1837年）二月二十三日谕旨称："潍县教匪马刚等聚众滋事，直入县营各署，戕毙委官，开监放犯，伤毙多人。"②"淄川匪首刘德培盘踞城内书院，不令该管知县进城，即系踞城叛逆；匪徒翟雷等同时并起，将博山县属太和庄民团占踞，并将该县令樊文达于西河地方围困，随将西河庄攻破占踞，附近之西坪等处，均竖贼旗。是该处贼匪平日党与甚众，一经起事，遂至到处响应。"③

1866年11月16日。谕内阁："阎敬铭奏肥城匪徒滋事，督兵剿灭。肥城县属黄崖山匪首张积中，竟敢勾结匪徒，纠党谋逆，经阎敬铭亲督兵勇，驰往剿办，分路攻入山口，将该逆各寨立时平毁，歼除匪党一千六七百名，坠岩落沟者无算。匪首张积中及其子张绍陵，均举火自焚。"同年12月16日谕。"匪首张积中，以职官踞寨叛逆。……张积中举事之日，业于武定一带，勾结盐枭数百名入山；黄河水次，亦有匪船为送军械之事，并遣匪党赴

① 参见张玉法：《中国现代化的区域研究·山东省（1860—1916）》，台湾"中央研究院"近代史研究所1982年版，第112—113页。

② 《清实录·宣宗实录》卷二九三，中华书局1986年版，第15—17页。

③ 《清实录·穆宗实录》卷四二，中华书局1986年版，第18—20页。

河西勾结捻股，令扑运河。其附近被扰之各村庄，均纷纷恳求进兵速剿。迨官兵破寨之时，该逆满寨俱裹红巾，拼命死斗，无一生降。所居伪屋，层辕列陛，上结黄幔帐，铺设俱潜用黄色，实属逆迹显然。该逆伪托诗书，倾动流俗，以致衣冠族类，咸为尽力，招集亡命，跨郡连乡，狂悖情况，实骇观听。”① 清政府定为邪教惑众。张积中是清朝职官，张案是其后几十年间清政府内部争论最多的案子。他带领弟子到山中避捻军，同去山中避难的还有六千多民众。清军破寨之日，张氏一家和民众被尽行屠戮，当局并将张氏与盐枭、匪船及捻军罗织在一起，说他“招集亡命，跨郡连乡，狂悖情况，实骇观听”。

(2) 胶东。

东省海口如蓬莱之庙岛，福山之芝罘，文登之威海，荣成之石岛、俚岛，均系漕船往来必经之地。道光十九年（1839年）十月十四日，“山东登州海面，贼船滋扰。七月十九日，黑山岛有赴鼍矶岛嫁女者，中途遇贼施放鸟枪，立毙居民二命。又有大杉船在大竹山岛被贼抢劫，将柁工绞死，余人牢禁舱内十余日。经荣成县拿获贼匪十八人解府，竟以商船开释。该船内有鸟枪火炮刀斧藤牌各器械”。② 一宗凶器齐备、杀人绑人有据的海盗刑事案，而以商船开释，显系内外勾结官匪一气之所为。

道光十九年（1839年）四月二十九日。谕军机大臣称：有盗匪在石岛、烟台各岛屿盘踞，截劫商人柳同兴、黄裕隆等“船只五十余起之多，继复登岸抢掠，文武各官并不实力兜拿，纵令饱飏”。③ 据称这些海匪登岸滋事，扰害闾阎，勾结邻郡匪徒联为一气。道光二十年（1840年）五月二十七日，谕内阁：前据御史范承典奏：“山东登州洋面盗匪屡肆劫抢，道协各员畏葸推诿，文武员弁束手无策。”登州府知府诸镇，于所属洋面盗匪肆劫之时，并不亲至海口督查。④ 同年八月二十七日谕称，水师击沉盗船十只，生擒三百余名“海洋劫盗，聚至数百余名，自必有窝顿之地，主谋之人”。⑤ 同

① 《清实录·穆宗实录》卷一八六，中华书局1986年版，第15—17页。

② 《清实录·宣宗实录》卷三二六，中华书局1986年版，第11—12页。

③ 《清实录·宣宗实录》卷四六六，中华书局1986年版，第5—6页。

④ 《清实录·文宗实录》卷八，中华书局1986年版，第12页。

⑤ 《清实录·文宗实录》卷二七，中华书局1986年版，第84页。

年九月八日，“荣成县石岛洋面，有盗船十余只，联船抗拒官兵，接仗互有杀伤，因寡不敌众，官弁兵勇尽行落水，新旧战船被贼占驾九只，副将官防文卷尽失”。[①] 咸丰三年（1853 年）七月二十七日，谕内阁：“山东黄县东乡地方，土匪张九仔等纠众结盟，聚党至八十余人之多。”[②] 文武员弁畏葸推诿、束手无策，缉盗官兵前往剿捕，竟至盗船抗拒官兵，反使官弁兵勇尽行落水，战船被贼俘虏，官防文卷尽失，可知海盗武力装备之强，官军之畏葸无能。

咸丰五年（1855 年）五月十一日上谕称，江苏海运米船被劫，石岛地方艇匪截劫官商各船。“于二月十五日，在石岛以南洋面，被匪抢去银米钱物”；另两艘运船“先被抢劫，复于二十九日被匪截入岛内，勒银赎船，且有装豆卫船数十余只同被掳困”。[③] “三月十二日，有匪船五只，约三四百人，在即墨之金口掳去商船五只，勒银回赎；又于胶州地面开放大炮，掳船二只，复驰至青岛地方，开炮击毁官民房数处，掳去水手数名，劫货船只。”并击毁官军战艇，阻遏漕艘。[④] 咸丰五年（1855 年）七月二十八日上谕称：“六月初三日，有南来盗艇三四十只，占踞石岛口门，并火轮船二只在外洋游驶；又据即墨县报称，初五日，有盗艇十七只，驶入该县金家口外香岛停泊，探系上海县剿散余匪。”[⑤] 咸丰七年（1857 年）五月十日上谕称：江浙“运粮沙船四只，在山东苏山、养马岛洋面，被盗劫去漕米多寡不等，并劫去经费银二千三百余两”。[⑥] 海盗船向岸边开炮，官商各船被虏且被勒赎，地方政府防盗无能可见一斑。

（3）鲁西北。

据称：“山东德平县素为贼窟，邻县俱被其害。宁津尤甚，吴桥、东光、德州次之。其崇兴一村，为首已有数十家，附近各村庄互为声援。差役往捕，协力相拒，反捏报捕役为贼。宁津一县劫盗之案，不可枚举，车马等

① 《清实录·文宗实录》卷三九，中华书局 1986 年版，第 17—18 页。
② 《清实录·文宗实录》卷九八，中华书局 1986 年版，第 6—7 页。
③ 《清实录·文宗实录》卷一六三，中华书局 1986 年版，第 14—15 页。
④ 《清实录·文宗实录》卷一六七，中华书局 1986 年版，第 16—17 页。
⑤ 《清实录·文宗实录》卷一六九，中华书局 1986 年版，第 20—21 页。
⑥ 《清实录·文宗实录》卷二二四，中华书局 1986 年版，第 5—7 页。

物，价取过半，方准赎回。”[①] 商河县黄王庄，“回民百余家，人皆盗贼，户尽窝藏。该匪等虑及捕擒，竟敢修筑地道，为逃匿之计。”“现在匪党日滋，时则扮作客商农工，纷纷四出纠抢偷窃，深为附近各州县之害。”[②] “郯城县重坊镇地方，捻匪盘踞多人，肆抢窝藏，抗拒官兵”，匪首为张克湘、李盘五。

道光二十七年（1847 年）十一月二十八日上谕称：山东曹州府与直隶开州东明县接壤地方，实有计谋山，俗称鸡鸣山，距开州东明约三百余里，前年有匪徒占据，将寺僧杀毙，自立名号，四处劫掠。[③] 同年（1847 年）十二月十日，“商虞厅衙署于本年九月初一日夜，被盗匪从北岸渡河执器入署，行劫官银衣物。盗贼均系山东口音，估赃值银六千三百余两等”。所有在逃首从各犯计 40 余人，首从各犯陈奉琳等于次年一月二十九日拟斩首传首示众。[④] 咸丰十一年（1861 年）时，山东曹州土匪四起。“土匪盘踞濮州，附近匪徒从而响应，馆陶、朝城及郓、巨一带，遍地皆匪。范县又有另股渡河西窜，贼马驶至楚旺。……近闻过黄之贼又有数千，股数愈多，运道阻隔，漕船万难开行。”[⑤]

咸丰十一年（1861 年），曹州土匪猖猖，濮、范、巨、郓、菏泽、城武等属，随地皆匪，结成大股，蔓及寿张、阳谷地方；东昌教匪，屯聚于莘、堂、冠、馆等属，徒党日增；近又有由直隶清河、威县回窜之匪，蔓及临清所属；其余如沂州属之幅匪，武定属之枭匪及土匪、骑马匪，随地皆有。[⑥]

同治四年（1865 年）僧格林沁曹郡战死后，曾国藩统领各军，星夜出省，前赴山东。阎敬铭奏：“督师重臣，失利阵亡，军情涣散，远近人心，闻风震动，土匪从而生心，势将到处蜂起。现在南自曹郡，北至东昌，数百里间，一片贼氛，势甚凶恶。”[⑦] 山东武定府盐枭，“连年扰劫，为地方盐务大害。……官兵擒斩著名盐枭二十余名，地方赖以安谧”。[⑧] 同治四年（1865

① 《清实录 · 宣宗实录》卷三〇九，中华书局 1986 年版，第 2—3 页。

② 《清实录 · 宣宗实录》卷三一五，中华书局 1986 年版，第 26—27 页。

③ 《清实录 · 宣宗实录》卷四四八，中华书局 1986 年版，第 21—22 页。

④ 《清实录 · 宣宗实录》卷四四九，中华书局 1986 年版，第 39—40 页。

⑤ 《清实录 · 文宗实录》卷三五〇，中华书局 1986 年版，第 20—21 页。

⑥ 《清实录 · 文宗实录》卷三四九，中华书局 1986 年版，第 12—13 页。

⑦ 《清实录 · 穆宗实录》卷一三八，中华书局 1986 年版，第 2—5 页。

⑧ 《清实录 · 穆宗实录》卷一三三，中华书局 1986 年版，第 16 页。

年）十月十一日上谕称：山东枭匪，凶焰未息，亟宜及早歼除。山东滨海之区，盐匪聚众滋事，愍不畏法……该匪在沧州盐山等处拒捕抗官。“山东枭匪，多属回民。盐匪贩私求食，与寇贼不同，缓治之则散，急治之则乱……宜擒其渠魁，以解余党；宜购觅眼线，以枭治枭，宜以兵为镇压，不以兵为扑治。”① 冠县降众张锡珠等以投营为名，沿途抢掠，且包匪抗拒官兵。

这些股匪的策略，往往是打得赢就打，打不赢就跑，跑不了就降，降而复叛，叛而再降，一切以保存实力为依归。

（4）鲁南。

道光十八年（1838 年），山东巨盗李三之现，“系菏泽……捻匪案内逸犯，前曾被该县拿获，被许奉刚等纠众夺放”。② 道光二十二年（1842 年）麟庆等奏：“山东兖、沂各属亦多刀匪，聚散不常”；十月十日山东巡抚托布浑等奏：“遵查兖沂等属，素多枭贩及捻匪刀凶匪。”十月二十七日黄赞汤奏盗匪滋扰行旅：“近来捕务废弛，屡有盗劫之案……山东河南地方，盗贼肆扰，或装扮兵役，白昼吓诈，或执持刀械黄夜劫掠，实为地方行旅之害。”③

咸丰二年（1852 年）十月十日谕称：“山东费县衙署被贼越墙进内，该署知县王庚闻声起捕，被贼刃伤，犯逃无获，又于境内连日抢劫重案未能先事预防。”山东兖州、沂州、曹州等府与直隶、江苏、河南等省壤地毗连，时有捻匪、幅匪劫掠，此拿彼窜。现在兰山县匪徒张雪等拒杀武弁，兖出幅匪阎三虎等……④ 咸丰三年（1853 年）七月二十九日。“山东土匪靳豹，尝率数百人白昼抢劫，与江南海州侯应元、宿迁之朱有谷，互为声援。”⑤

鲁苏两省交界向为盐枭出没之地，匪徒聚众讹抢拒捕。“山东日照地方，有南来匪犯九十余人，乘马持械，在该县与莒州及江苏赣榆县交界地方，公肆讹掠。”⑥ 咸丰七年（1857年）九月二十三日，山东费县人呈控“幅匪李希梦等结党千余人，先在兰山、郯城地方劫掠，因官兵挫败，突入费县肆行

---

① 《清实录·穆宗实录》卷一五二，中华书局 1986 年版，第 10 页。

② 《清实录·宣宗实录》卷三一三，中华书局 1986 年版，第 15—16 页。

③ 《清实录·宣宗实录》卷三七九，中华书局 1986 年版，第 29 页。

④ 《清实录·文宗实录》卷七〇，中华书局 1986 年版，第 16—17、17—18 页。

⑤ 《清实录·文宗实录》卷九八，中华书局 1986 年版，第 22—23 页。

⑥ 《清实录·宣宗实录》卷四〇二，中华书局 1986 年版，第 23—24 页。

焚杀，分扰蒙阴、沂水，并闻宿迁之匪窜入兰、郯境内，将与费县贼匪合伙”。① 咸丰四年（1854 年）五月十八日，邹县“于本年二月间，有贼乘夜劫掠钱铺”。谕曰：“现在逆氛未靖，各处土匪，乘机窃发，……其有本地匪徒及外来贼伙乘间抢掠者，并准该绅民格杀勿论。”“严饬所属团练与绅民，遇有匪徒滋事，扰害良民，聚集多人，肆行抢掠者，除由地方文武迅速查拿外，并准绅民人等自行捍卫，格杀勿论，惟不得挟私逞忿，致滋弊端。”②

咸丰四年（1854 年）“二月间，江省徐海幅匪朱广田等，乘逆匪北窜时聚众阑入兰山、郯城、沂水、莒州边隘村庄，肆行抢掠”，经官府追剿，歼毙逆匪一百余名，生擒七十余名，匪首就歼，地方一律安谧。③ 咸丰九年（1859 年）“五月间，有幅匪翟三秃子、马成等十数股合而为一，由江苏扑至兰山、郯城、蒙阴、费县等处，复分股扰及峄县、新泰县，烧毁房屋，掳掠妇女，残害老幼，裹挟壮丁，数百里内，到处尽成灰烬。其大股现聚蒙、费两县之蒙山以为巢穴，四出焚掠，胁从愈多，肆意横行”。④ “沂郡为幅匪出没之所，数年来劫案不计其数。上年六月间，匪首贾九等曾窜至兰山地方，焚掠一空，县丞被戕，该县知县被贼缚去赎回，自是贼胆愈大。本年五月间，匪首翟三秃子又在兰、郯抢掠残害，马头镇等处被祸尤烈，现在占据蒙山，势甚鸱张……如入无人之境。”⑤ 该省盗贼肆行劫掠，为患行旅，日久不能扑灭，流毒无穷。

咸丰五年（1855 年），山东金乡匪徒陶三相等，在境内藏匿扰害，拒捕戕害。⑥ “曹州府属之巨野县，有匪徒唐守中等，聚众数千，先在江南沛县创立巢穴，又招集赵姓伙党，借团练为名，霸占铜、沛、滕县、鱼台等处民田万顷，唐守中自为团主，并有谋士、团头各名目，竖旗置械，焚杀掳抢，屡经呈控，未经查办。”⑦

① 《清实录 · 文宗实录》卷二三四，中华书局 1986 年版，第 2—3 页。
② 《清实录 · 文宗实录》卷一二八，中华书局 1986 年版，第 11—12 页。
③ 《清实录 · 文宗实录》卷一三七，中华书局 1986 年版，第 29—30 页。
④ 《清实录 · 文宗实录》卷二八七，中华书局 1986 年版，第 29—30 页。
⑤ 《清实录 · 文宗实录》卷二八八，中华书局 1986 年版，第 18—19 页。
⑥ 《清实录 · 文宗实录》卷一五七，中华书局 1986 年版，第 26 页。
⑦ 《清实录 · 文宗实录》卷二二二，中华书局 1986 年版，第 13—14 页。

咸丰九年（1859 年），有棍匪何成五等，包通红山、曹州等匪徒二千余人，聚党作乱；郯城县社总刘福祥、皂班安吉均与捻匪私通；谢惟恒，窝匪聚众。同治元年（1862 年），曲阜武生桂锡桢投降官军后，曾于上年往兰峄一带招降棍徒。次年，“桂锡桢带马勇二百余名又回阜，召集不逞之徒，四处打粮，地方大为惊扰”。① “兰山县属南乡一带，匪围甚多，为积年盗薮。”“惟兖、沂、曹所属幅捻各匪，通贼窝盗，习成惯技，兵至则散而为民，兵去则聚而为贼。”②

光绪二十一年（1895 年），山东曹属，悍匪肆扰。“曹州府属悍匪肆行无忌，曹县境内青堌集劫案叠出，地方官从不过问，近有头目刘姓者，倡演铁布衫及金钟罩体邪法，啸聚至五千人，分党四出，二月间攻破河南睢州之王桥寨，曹县所属村寨亦多有被踞者。”③ 光绪三十二年（1906 年），曹匪日益猖獗，兖曹两府，盗风未靖，“拟严拿以治其标，兴教以立其本”。光绪三十四年（1908 年），“山东曹属郡县，如临清、馆陶、清平、莒州等处，往往有匪徒结伙数百人，白昼强劫，捉人勒赎，连毙多命重案。百姓则畏匪不敢告，牧令则掩饰不实报，大吏则聋聩若不知，人心惶惶，朝夕莫保”④。

2. 民国初年的山东土匪

民初，政治失控，山东匪患不断，原先集中于鲁西、鲁南和鲁北，后来蔓延至胶东，匪患发生地区之广，持续时间之长，为害之烈，都是前所未有的，人称“不可扑灭之鲁省匪患”。

据山东督军张树元统计，民初山东著匪有十一大股，分别是：(1) 庞子周的“护法军”，约 3000 余人；(2) 白天祖二千五六百人；(3) 范明新三千五六百人；(4) 张占元三千七八百人；(5) 王怀玉二千余人；(6) 蒙阴于三黑一千三四百人；(7) 赵全德二千余人；(8) 郭大拼二千余人；(9) 傅苗子二千五六百人；(10) 徐五和尚一千五百余人；(11) 李小乙五六百人。⑤

---

① 《清实录·穆宗实录》卷二一，中华书局 1986 年版，第 8—9 页。

② 《清实录·穆宗实录》卷四二，中华书局 1986 年版，第 18—20 页。

③ 《清实录·德宗实录》卷三六五，中华书局 1986 年版，第 1—2 页。

④ 《清实录·德宗实录》卷五八四，中华书局 1986 年版，第 9 页。

⑤ 参见北洋政府陆军部档：1011-1176。转引自蔡少卿主编：《民国时期的土匪》，中国人民大学出版社 1993 年版。

1918年，山东督军悬赏捉拿的著名匪首，多达62人之多，其中赏金2000大洋的匪首8名，1000大洋的15名，800大洋的6名，500大洋的33名。①

第五镇统制官马龙林1912年6月报告称："东省土匪蜂起，南北勾结，警告频闻，省西南一带十数州县几无完土，虽有驻防各营，不足以资震慑。"② 东昌匪首王伯士为积年大盗，该匪除焚杀抢掠，专事绑票勒赎，开价高至千元数千元之多。山东股匪千百成群，东昌一带有"土匪一万余人，匪首三百余"。③

各地都有一些巨匪，如聊城有薛传峰、顾震，鲁西有杜二麻子，南阳湖有常子进、李济运。鲁西巨匪刘式南，自1919年为匪，祸及鲁西各县。惠民城外有土匪700多人，300多支枪，百姓饱受骚扰。鲁南尹士相等匪，拥有5000人，到处打家劫舍。

1925年9月，500余人的股匪袭击蒙阴县，抢劫了40余村，绑架肉票600人，枪杀80人。1928年3月，李堂刚等匪部在沂州、莒县、临朐一带抢掠，沂水遭灾村庄多达1000个。该匪"每至一村，抢掠绑票后，即纵火开枪，鸡犬不留，匪祸之惨，实从来所未有"。④

3. 土匪的分类与特点

（1）散匪。

小股散匪一般人数不多，拥有的钢枪杆数亦少，他们多是本乡本土人士，活动范围多在本县或邻县小范围内。他们聚则为贼，散则为民，白日务农，夜则抢劫，不与官抗，不得罪当地绅董百姓，以打劫为兼业营生。平时偷鸡摸狗，牵牛架猪，并没有杀人放火架票勒赎的大动作。

（2）季节土匪。

山东还有一种季节土匪，即青纱帐起时到处蜂起，拦路打劫。聊城南青纱帐起时有数千人一股的，濮县一县有二万土匪，到一定时候又分散隐蔽回家种地。笔者在1968年曾到滕县徐庄抱犊崮进行社会调查。据当地农民讲，由于生活贫苦，赋役太重，山林间一直是土匪出没横行之地。当地当

① 《时报》1918年12月6日。另见北洋政府陆军部档：北11-1197。

② 北洋政府陆军部档：北11-1176。

③ 《时报》1918年7月17日。

④ 《晨报》1925年9月26日。

时 40 岁左右的男子，除了瞎子和瘫子，都当过土匪。这些人白天务农种地，晚上便拿上棍棒武器行劫。就是说，到 1949 年前 20 岁左右的男人，为生活所迫都干过拦路抢劫的事。

（3）股匪。

土匪组织一般称为“杆”和“股”，一部分人起事落草称为“拉杆子”，匪首称为“杆子头”。为了壮大声势或采取联合行动，匪杆和匪股时常合杆与合股，小的匪杆匪股混不下去时，也常投靠大的匪杆匪股，合并到大匪股里或隶属于大匪股。合杆后一般成一松散的组织，总杆头由最有势力、最有号召力的匪首担当，各分股相对独立。到了清末民初时期，股匪因散兵、溃兵、变兵携带武器的大量渗入，大部分都拥有现代枪炮，且多模仿军队编制。制造震惊中外临城劫车案的孙氏兄弟，匪首孙美松原是张敬尧的旧部，手下有 200 余人，专以绑架勒赎为业，占抱犊崮为根据地。其堂兄弟孙美珠原为毛思忠部军官，自毛部被解散，返回家乡度日，被当地目为匪党，屡受骚扰，家中虽有良田七八顷，终致破产。孙氏兄弟于是决定落草为匪以抗官。孙美瑶一支有匪众约 3000 人，有枪者 1200 人，在临案解决时改编为山东新编旅，孙为旅长，其部下周天松、郭其才为团长。其后孙被杀，余部瓦解。1912 年 9 月 15 日《时报》载，原徐州土匪被击溃后，伏莽潜滋，“结合山东土匪，由曹（曹县）境扰及徐州之沛县，千百成群，杀戮劫掠……焚掠之酷，搜杀之惨，诚为浩劫”。1918 年张勋复辟后，政局更加动荡，山东的股匪千百成群。该时期是山东土匪最为猖獗的时期。

（4）兵匪。

兵匪是遣散兵勇沦为土匪。从太平军起事后至 20 世纪 20 年代末，各地办理团练，招募兵勇。由于各军队时扩时缩，时兴时灭，在长年战争中，一部分农民以当兵吃饭为业。一旦战事稍缓，或当局认为“兵不可用，饷皆虚糜”，或营务废弛，要求裁汰老弱，就会遣散兵勇，因此各地退伍军人甚多。这些回家无地可种同时又长期脱离生产劳动的人，就形成一种游民阶层。同时又因为长期战争的结果，山东民间枪支甚多，加之山东人民自古吃苦耐劳、性情强悍，富有武装斗争经验，因而易于利用民枪，结成团伙，做起打家劫舍的土匪营生。1869 年潘鼎新所部勇丁，驻扎山东韩庄地方，因所部将次第遣散，士兵索发欠饷，将该处铺户抢劫一空。各处土匪本不安生，而遣散各军踵至，此辈无所营生，往往流为土匪，为害地方。[①] 山东曹州府“定陶县徐家楼，有匪首徐札聚集多人，劫掠为生，各处无业游民及在逃各犯，俱投入伙。当年直隶东明、南宫及邯郸等处明火抢劫之案，皆出其党”。[②]1895 年，山东曹济土匪，勾结游勇，劫取军火；“兖、沂、曹、济等处盗匪啸聚，”[③] 终致酿成巨患。

再如聊城土匪宋长胜，就是旧军队中因哗变而落草为匪的。宋长胜出身穷苦，父母双亡，于 15 岁时入伍当兵，升任班长、排长，后因受营官排挤，将一批人马拉出，在阳谷、寿张和河南边界地区活动，很快发展到三四百人，兵强马壮，又有从官军带来和夺来的武器弹药，成为当地一支劲旅。1919 年农历八月曾攻打阳谷城。[④] 民国初年裁撤的军队，既有清军如淮军等，也有各地民军。这些士兵散处各地，与当地“无组织力量”相互勾结，成为扰害地方社会的兵匪。如徐州、归德、曹州交界地“素号多盗，帮匪及圣教等教匪勾通土匪，同谋作乱……后乃有多数溃军掺入其中，势遂猖獗”。[⑤] 在徐州，“遣散淮军勾结为害，四乡焚掠殆尽，掳及妇孺，苛待勒索，惨难名状”。[⑥]

溃兵、裁兵、叛兵三种人在为匪入匪之后，不但携带原部队的武器，而且连原部队的服装、旗号、编制也带走或承袭如旧，成了百姓无法辨别真假的军队。他们往往打着军队的旗号，利用同乡、同军等地域关系和过去的统属关系轻而易举地达到攻城破寨的目的。兵匪合流，拥有良好的枪械设备，不再是小规模的打家劫舍，而是发展到能够攻打洗劫商埠和县城的兵匪。

在金乡，兵匪范玉林打着护法军的旗号，窜至西乡马家集，佯称前往济宁剿匪，“该寨信以为真，又畏匪势，只得开寨迎接。众匪一拥而入，将

---

① 《清实录·文宗实录》卷二六一，中华书局 1986 年版，第 19—20 页；卷二六二，第 5—6 页。

② 《清实录·文宗实录》卷二一六，中华书局 1986 年版，第 11 页。

③ 《清实录·德宗实录》卷三六三，中华书局 1986 年版，第 6 页。

④ 参见李印元、郑清铭编：《阳谷文史集刊》（上），内部资料，1999 年，第 197—198 页。

⑤ 北洋政府陆军部档：1011-6066。

⑥ 北洋政府陆军部档：1011-6329。

寨内富户抢劫一空，并伤村民20余人。抢劫后，并将房舍付之一炬”。①

兵、匪二者同类而异，各省皆然，而以鲁省为最。或当兵勾匪，或因军队溃散、遣散和兵变而为匪，都加剧了匪患和社会的动乱，使人民处于水深火热之中。张宗昌败亡后，鲁西很多散兵游勇落草为匪，祸害地方，成为地方大患。

（5）会匪与团匪。

保甲团练之法，原为清政府设计的地方弭盗良法。清政府督办团练的目的，是以团练作为地方武装以辅助国家兵力，俾官绅联为一气，以资捍卫地方平安。但在混乱的政治下，保甲团练之法往往由御匪之举，变为酿乱之具。

以防匪护家为目的的民间武装如自卫团、红枪会等，有的亦相继堕落为匪类。清末民初，一些原先的以防匪护庄为职守的自卫团、民团和红枪会等，多受土劣把持操纵，他们为了个人或家族利益，干起了“勒捐横行”残害乡民等罪恶来，有的则直接成为军阀镇压人民的鹰犬杀手。清末地方上的一些抗粮、抗官事件，不少是在士绅操纵下借团练而发动的。“平日既不能实力奉行，及至盗贼充斥，仅托空言，全无实效”。② 咸丰八年（1858年）上谕称：“惟不可漫无稽考，官不过问，俾守望之义举，徒为劣绅肥囊之具。以抗粮殴差，聚而难散，其鱼肉乡曲有甚于土匪，更不可不防。”③ 咸丰十一年（1861年）四月二十日上谕称：东省团练情况，“团练之设，原以济兵力所不济，必须官绅一体，兵勇同心协力，内靖土匪，外御贼氛，于地方庶有裨益。若如清盛所奏山东章邱县之水寨街，新城之南娄里等庄，以及博山、莱芜等县团勇，遇有经过客商，往来差役，辄敢擅行杀戮，害及无辜，甚至该署抚差弁亦被团丁捆缚，夺去马匹。现在捻匪窜入东境，势甚狂猖，各处土匪乘间窃发，是团练御贼尚无成效，而抗官滋事，竟有尾大不掉之势”。④ 劣绅借团作乱，抗官藐法，扰害地方。同治元年（1862年）一月十八日上谕称：“山东土匪肆扰，把持乡镇，钱粮漕米概不输纳，借团仇杀，动以刀

---

① 《时报》1918年4月11日。

② 《清实录·宣宗实录》卷二四八，中华书局1986年版，第20—21页。

③ 《清实录·文宗实录》卷二六三，中华书局1986年版，第22页。

④ 《清实录·宣宗实录》卷三四六，中华书局1986年版，第2—3页。

毙良民，不可胜计。”① 同年乐陵县伪团滋事，“乐陵县东乡人万毓盛等私立伪团，籍漕强交本色，勒求减折”。后经候补知县李熙载送官，该伙党逼释不遂，与李及各绅士寻仇，将县丞史词家抄抢一空，并敢率众围攻县城，复赴郑家庙围攻民圩，官兵扑捕，“该匪复敢拥众开炮迎拒”。

“山东省自办团以来，不逞之徒，籍称练勇，私相结聚，动辄纠众抗粮，围城滋事。据奏，山东十府二直隶州，只登州一府尚无抗粮情弊，其余九府二州，钱粮多半延抗。”② 光绪二十五年（1899年）七月十三日。山东巡抚毓贤奏劣绅私立乡团，臧济臣、臧俞臣的罪恶可代表当时一般。“私立会防团名目，自称团长，倚势作威，纠众挟制官长，强索民捐积谷钱文，其团众又复勒索多端，恃众滋闹。以致民心惶惑纷纷呈控，实属劣迹昭著。”③

（6）官匪。

官匪一家，亦官亦匪，亦兵亦匪。各地都有明为官府兵勇而实则暗中为匪者。如咸丰九年（1859年），兰山人洪潮赴山东招募壮勇一千名，沂属等地匪徒，因官兵搜拿紧急，俱更名投往充勇。招兵官员先募得于洛等300名，由水路前进。讵行至峄县韩庄，洪潮即率众沿途抢掠，折回兰山所辖之横山地方，又复恣意恶抢，拒捕伤人。④ 有在地方官府充当衙役者为匪。1848年上谕称：“据御史范承典奏，……近日地方官又渐开疏懈，以致捕役任意包庇。巨野县总捕头任昆，平素养盗，迨经盗犯陈青等供出为任昆、马文超党伙，业经降旨饬缉，该犯充役为匪，均各如故。又巨野县廪生董维斋为群匪主谋，尤属骇人听闻。衣冠盗贼，其他捻首相率效尤更无忌惮。”身为官府衙役，却充当盗匪谋主，虽经查出，充衙为匪如故，可见是有相当的地方官员为后台的。

一些地方土劣绅董借庇匪以自庇或为匪以自固。孙美瑶原是地方富户，后来毁家为匪，即是庇匪自庇为匪自固之策。

山东土匪是在封建势力的结合部生存，所以常为军阀和外敌所利用而

① 《清实录·穆宗实录》卷一三，中华书局1986年版，第50—52页。

② 《清实录·穆宗实录》卷二一，中华书局1986年版，第53—56页。

③ 《清实录·穆宗实录》卷四六，中华书局1986年版，第10页。

④ 《清实录·文宗实录》卷二九二，中华书局1986年版，第3—4页。案：洪潮即幅匪洪佃一，为积年著名凶渠，于洛亦系匪首。

有一定的政治背景，成为军阀和日本军国主义者的走狗和鹰犬。山东土匪本来是由于农民对封建剥削的一种不正规反抗形式，大地主又反过来勾结土匪甚至包庇土匪，坐地分赃，不少土匪白手起家，变成地主。

4. 土匪猖獗的社会经济原因

土匪在山东有悠久的历史，历代的“响马盗”，有名的临城劫案都发生在山东。山东土匪多并非偶然，其主要原因至少有以下数点：

山东是一个自然灾害频仍的省份，水灾、旱灾、蝗灾、风灾，特别是黄河泛滥，农民土地绝收，又找不到谋生职业，被迫投入当匪一路。农民终生辛劳，却是世代过着衣不遮体、食不果腹的贫穷生活，加之天灾频仍，政府苛敛，这使一部分在生死线上挣扎的农民顾不得礼义廉耻，从而生出偷盗抢劫的念头。

从土匪成分与来源看：“山东土匪之分子由定武军及在逃士兵、退伍士兵与被害难民集合而成，其中以定武军为最强，以难民为最多。”①

其一是流民。农村中的游民无赖及一些破产农民和其他劳动人民，在自然灾害与政府捐税的逼迫下，被逼落草为匪。流民群的存在，为土匪的滋生提供了无尽的来源。如聊城的宋继成当土匪是为贫穷所迫。他拉起大杆，所部在莘县、阳谷、寿张、朝城、范县5县有四五千人。他主张劫富济贫，每次劫了大户得到钱财，都先分给同伙的穷弟兄养家糊口，每次分股总是少要，或者分文不取，自已分得的钱财用以周济穷人，附近四五个县有名望的大土匪头子、大青皮都很敬重他。②

其二是无业游民与灾民。失业民夫和灾民形成游民，往往与盗匪有千丝万缕的联系，为生计铤而走险，流而为匪。这一点清政府的一些官员也是清楚的。御史张廷瑞所称：灾民遍野，而匪党横行，裹胁饥民，“灾民流离迁徙，因有不逞之徒，乘机勾结。”③ 咸丰皇帝在上谕中也说：菏泽等州县，被灾难民肆行窜扰，抢案叠出，恐与匪勾结。无令游民，流而为匪。④1856年，“山东兖曹等处匪徒王三托盘嘴等，诱胁饥民，纠聚党羽数千人，由水

① 陆军部档：1011-2-263。

② 李印元、郑清铭编：《阳谷文史集刊》，内部资料，1999年，第52页。

③ 《清实录·宣宗实录》卷四一八，中华书局1986年版，第7页。

④ 《清实录·文宗实录》卷一七七，中华书局1986年版，第12—13页。

路窜至濮州、巨野一带”。“捻匪王三托盘嘴为著名匪首，聚众滋事……该匪复敢于兖曹交界之梁山、满家峒等处……裹胁饥民，往来窜扰。”① 道光二十七年（1847年），寄谕左侍郎柏俊等：“奏请饬剿捕山东盗贼一折。据奏，山东各州县盗劫之案，不一而足。甚至钱货米粮累重之物飞洒道路，号召贫民收取，名曰放赈。”② 盗匪也以向灾民抛洒钱粮的办法招诱饥民入伙。“东省匪患日甚一日，各县乡民凡稍可自给者，皆避居入城，而穷民无以为生，亦遂流而为匪，以致匪势益众，耕种失时。近来各匪见野无所掠，率皆聚众攻城为数，动辄以数千计，各处告急之电纷至沓来。”③ 天灾人祸之下，饿殍遍地，十室九空时，大批农民为死里求生，选择外出逃荒要饭或下关东，一部分青壮年则往往选择“堂将”这一出路。农民生活得极端困苦，使相当一部人主动或被动地加入土匪行列。这是土匪生存发展的社会原因。

农村封建剥削严重，农民为了反抗官府和地主豪绅的压迫剥削，采取当土匪杀富济贫、打家劫舍的办法，而没有找到一条正确的道路，这是基本原因。倘使人民衣食有余，人们顾及礼义廉耻，一部分农民则自不为盗。一部分无产无业的农民，更是铤而走险，外出当兵或干起了偷盗抢掠、杀人越货的勾当。近代因太平天国起事后，各地办起了团练，有些将领也在乡间招募士兵，使许多本来善良的农民走上“当兵吃粮”的道路，也使一部分贫苦农民被逼上梁山，落草为寇。灾民、饥民、难民、游民成为盗匪无尽的来源和庞大的后备军。

其三是运河的夫役与青红帮等帮会组织。山东青红帮极普遍。因运河的历史关系，最初在运河沿岸的河工民夫为自卫计形成的是一种帮会组织，以后渐渐流行，普遍发展到农村。直到20世纪在鲁西的伪军中三番子占十分之七以上。运河一带因海运开通、运河淤塞而致漕运停止后，原先的船工民夫失业，形成了一个庞大的无业游民群。民国初年，因自然灾害和政局动荡，苏北“土著盐枭千百成群”，“青红帮匪开堂放票，以故无赖及饥民从之者众。”盐臬大多从事私盐贩运，被称为“盐”或“海贼”。盐枭成分复杂，

① 《清实录·文宗实录》卷二一四，中华书局1986年版，第4—5页；卷二一六，第12—13页。

② 《清实录·宣宗实录》卷四四八，中华书局1986年版，第17—18页。

③ 陆军部档：1002-51-2。

拥有武装以便抗官抗税，“极为强悍，且枪械快利，缉私之役实不减陆军战事前线危险”。①

官府逼民为盗。清政府和北洋政府政治腐败，官冗兵滥，为了打内战和支付战争费用，对人民实行竭泽而渔式的剥削，因而赋役繁重，官吏贪求，土地集中，苛捐杂税负担严重，农民破产失业，如山东人逃荒、当兵、下关东的特别多。

其四是山东的地利之便。山东地接豫皖苏三省，土匪占地利之便，十分活跃。数省接界之地，往往是政府统治最为薄弱的地方，成为土匪活动与藏身的最佳地区。1915 年兖州镇守使田中玉在剿灭滕、峄、费三县交界的土匪后，也对剿匪前途深表不安：“若不急谋善后，以为一劳永逸之计，则兵队一去，难保不死灰复燃。”②

其五官府和军队通匪资盗，纵盗害民。除恶安良，保一方平安，本是官府和军队保民安境的职责所在，官军素行滋扰或文武疲玩，捕务废弛，文武各官并不实力兜拿，纵令饱飏，甚而纵匪殃民，成为山东省盗贼公行的重要原因。

清朝军政腐败，将骄兵横，纪律涣散。奉命到地方剿匪，却多为强索给养，强拉民夫，吓诈乡团，打骂凌辱地方官绅，甚至借机掳掠，无所不至。因而民团与官兵相仇，互相睚眦。同治皇帝下令“各将于所统各军，严申纪律，约束兵将，如有扰民滋事者，即于军前正法；其游兵逃勇，即著设法驱除，以免冒充官军肆扰民团之弊。官军素行滋扰，与民积恨成仇”。③官军剿匪过程中肆意烧杀，也成为地方一害。往往前面土匪烧杀未了，后面官军烧杀又至，而且认民为匪，杀民报功。阳谷王金祥尾追忠孝团数十里，所到之处烧杀抢掠，无恶不作，阳谷东北的百余个村庄，火光冲天，烟雾弥漫，三日未绝，成为一场浩劫。④

官府遇有盗匪事发，道协各员畏难苟安，畏葸推诿，文武员弁束手无策。1848 年 6 月 22 日上谕称：据奏“东省盗匪肆行，实由地方文武各官捕

① 陆军部档：1002-230。

② 陆军部档：北 11-1176。

③ 《清实录・穆宗实录》卷二三一，中华书局 1986 年版，第 29—31 页。

④ 李印元、郑清铭编：《阳谷文史集刊》（上），内部资料，1999 年，第 69 页。

务废弛，防范不严之故。大法则小廉，人存则政举。凶匪横行，咎在牧令；牧令不职，责在上司”。[①] 各州县盗匪抢劫之案，层见叠出，而该州县讳匿纵容，动辄赔银了事；甚至官兵被贼枪伤毙命，不敢直报。大吏弥缝粉饰，恶闻报盗，以无事为福；地方官复欲讳匿，形同纵盗殃民。

更有甚者，地方官员与盗匪互通声气，事先受礼，事后得赃，任意包庇盗匪。1848 年，山东盗贼复行肆劫，谕称：“上年山东盗贼滋扰，乃甫经查办之后，现在该匪等复行肆出，如滕县郗山地主，已有抢劫殷姓粮行之案；章邱县等处地方，劫案屡出；茌平县劫案，该县官令事主将盗劫字样删改，方肯办理。劫案层见叠出，已属不成事体……该地方官复欲讳匿，是纵盗殃民。”[②]

山东滕县有著名贼匪窝聚，劫案屡发却迄未获贼。皆由该县捕头梁继先即梁留得赃包庇，并有地保分肥，以致盗匪肆行无忌。[③] 在郯城，县役受礼包庇。赵魁元原系武生，因案问流，逃回本籍，充该县壮役，收受峄县土匪抢犯靳豹规礼，代为包庇。谢齐柱，交结各省捻匪数十人，汛弁薛连礼受峄县土匪靳豹规礼而对盗案不闻不问，因而当地抢劫之案层见叠出。[④]

地方兵役，畏惧不前，瞻顾徇隐。省县交界的地方官互相推诿，畛域分明，因循玩泄；镇道等不能率属认真惩办，不设法督缉，不肯协力侦捕，比疲玩掩饰，贻误时机，以致盗贼公行。

阳谷县知县则公开纵匪殃民。1854 年“阳谷县土匪肆行抢劫，经邻邑聊城县知县剿捕获匪，该知县置之不理，反将营员拿获之犯乘间释放，并将抢案内被获之犯由聊城要去。又将聊城文生程金鼇送官详革，将团长杨盛林拿究，并虚令刘之桢传齐团众听调，致费多赀”。知县废弛捕务，有意纵匪殃民，反将捕盗者拿究。[⑤] “山东沂州府属之蒙山，复闻聚匪数千，出没兖、沂，抢劫商旅，焚毁村落，守吏知而不究，大吏置若罔闻。”[⑥] “曹州匪首徐

---

① 《清实录 · 宣宗实录》卷四五五，中华书局 1986 年版，第 17—18 页。

② 《清实录 · 宣宗实录》卷四五二，中华书局 1986 年版，第 28—29 页。

③ 《清实录 · 文宗实录》卷二七，中华书局 1986 年版，第 84 页。

④ 《清实录 · 文宗实录》卷九八，中华书局 1986 年版，第 22—23 页。

⑤ 《清实录 · 文宗实录》卷一七七，中华书局 1986 年版，第 12—13 页。

⑥ 《清实录 · 文宗实录》卷二八八，中华书局 1986 年版，第 18—19 页。

札劫掠为生，各处差役，皆与贼通，一闻缉捕，即暗通消息，必致闻风远扬。而地方官规避处分，往往讳不详报。”①

清末民初，丝绸之乡柳疃镇的各商号进出银两很多。当时铁路公路交通运输不方便，北京、昌邑、潍县可以存放银子的银号不多，大宗银款还不能通过邮政汇兑。因土匪出没，当时专司递送银钱贵重物品的镖局熟谙各地关隘道路，商家惧怕银钱随身携带或在一地久贮不保险，便纷纷雇镖车押送银两。光绪三十年（1904 年）之后，“双合盛”等三家大商号遭了明火抢劫，于是商家雇请保镖，成立镖局。1922 年冬，海匪来柳疃绑票。海匪先控制了商务会，把全部镖局人员绑了，以防他们抵抗。然后派了匪徒持枪挟制商务会办事人员挨家传告各商号掌柜的到商会集合，绑走了商务会成员、商号掌柜二十余人。案发后，县令让县城驻军派兵追赶，追兵行至诚愿寺，得知海匪在青乡集开饭，官军不敢迎敌，等海匪上船后才虚追一阵塞责。经过此事，镖局威信扫地，“商会便成立了自己的武装商团，团丁二十余人，各配备长短钢枪”。②1918 年《字林西报》发表的通信称：“大队之盗，必有士兵为首，兵给予枪械……盗似与北京方面有联络，不然何以每官兵出派剿匪，盗已先得报他窜，而后官之报告，乃曰盗已四散。”③

从土匪心理上看，这些农村无业农民，往往都好逸恶劳，向往富贵生活，匪首想自立一军称王称霸，受抚后当个师长、旅长、团长；而一般匪众，则以为匪为发财之道，想借抢掠钱财发笔小财，回家买地盖房，娶妻生子。毛思忠在受抚后说：“为匪知有利而无害，于是大股益务劫掳蓄聚金钱，以图购买器械，招集亡命。其零星小股亦遂仗其声势，横行乡里，往往二三人向乡民喊钱即无可谁何，拱手以奉。”④ 这些农民对社会的贫富不均极为仇视，初则抱着“杀富济贫”的幼稚想法，一旦当上土匪，进入江湖，过上以劫掠为生的寄生生活，反而视终日勤劳不得温饱的安分农民为无能，视流血流汗的劳动生活为畏途。他们丧失做人的良知，从开始图财害命自感羞愧害怕，到善良本性泯灭殆尽，视作恶多端为能事，劫掠多财为有福。他们也自

① 《清实录·文宗实录》卷二一六，中华书局 1986 年版，第 11 页。

② 参见宋甲其主编：《昌邑织造》，内蒙古科学技术出版社 1999 年版，第 30—31 页。

③ 《时报》1918 年 5 月 15 日。

④ 陆军部档：1002-51-2。

知早晚被擒被杀，所以为图一时安乐，甘于为恶。他们仇视社会，仇视现实，仇视一切阻止他们烧杀抢掠勒索的人，终致不分良莠，残忍杀戮无辜。

民心思乱。社会的动乱，官府的赋役加派，加之天灾人祸，使农民终年辛劳，不得温饱，结果便是民不聊生。这样，在一部分农民特别是一部分青年农民中，便产生了一种心理上的紊乱，从人心思治，变为人心思乱，从而形成了一种由乱导乱的恶性循环，整个社会变得不安定起来。傅斯年先生所分析鲁西北地区的农民在 20 世纪 20 年代的农民社会心理，正可代表乱世的人心状况：

> 至于他们（农民）群里发生了不安的现状，如讼案、盗窃、流寇等，都由于在他们以上的阶级引诱他们，刁风土痞是从城里学的，而且上级剥夺他们的生产物，所以平时多了盗窃；荒年没有多量的物品救补，然后成流寇，……他们找不到一个正常的向上的路线，只看见城市的生活生羡心，再加上被势力与苦工压久了，那宗懦弱的心情，合着初民的肉欲，便发而为依仗势力，结攀城市中浪人，求游手好闲的生活，等等行为。……他们不安于他们的经济阶级与劳动状况，是一个很该注意的问题。他们这样牛马劳动的生活，更容易使他们生活趣味完全消沉，所以壮夫多转为乞丐，女子多自杀。
>
> 近来这一带的农民的生计渐比从前压迫了，一由于东洋货的侵入，二由于兵和土匪的蹂躏。以前乡村里很少乞丐，现在居然很多。虽不如山东江苏交界地方的困穷，然而也疲敝的很了。有一件大祸根，就是常有人来招兵，后来又把他们遣散回家。当这疲敝的时候，这些被遣兵的恶习，极容易传染。原来此地的人对于新工业本没有振作心，再加上这个传染病在疲敝的社会里流行，所以社会心里的不安已经很厉害了。若不想导引的方法，必有大溃决的一天。①

（二）封建割据与军阀混战

匪患成祸的政治原因，是封建割据与军阀混战。洪秀全的太平天国革

① 孟真：《山东底一部分的农民状况大略记》，《新青年》第 7 卷第 2 号（1920 年）。

命，以再造新的洪姓封建王朝为目的。太平军攻下南京后，占据江浙财富之地，与清政府形成实际上的南北分治局面。太平军北伐与捻军在山东活动，使一部分盗匪借机蜂起，趁乱抢劫烧杀。太平军和捻军转战山东，在山东起了播撒造反火种的作用，给当地农民军和土匪极大鼓舞。19 世纪五六十年代，土匪蜂起，打劫官银，劫掠漕船、官船，恃众抗拒官兵。在太平军北伐与捻军横扫山东时期，以鲁西北为中心地带，进入近代土匪活动的第一个高潮。与以往不同的是，这些土匪不是一般的打家劫舍，架票勒赎，而是形成大股武装，而且自立名号，或接受太平天国的封号，或加入捻军的队伍，与官军作战。这些农民军本身讹诈抢夺，如在直隶强借当铺，也都为当地盗匪起了示范作用。1854 年胜保与太天军激战时，“山东土匪四起，馆陶一带尤甚”，胜保追剿太平军时，所运车驮帐等项，被沿途土匪，肆行抢夺。太平军打临清时，胜保派出的侦察队“均被土匪戕害，毁灭尸身”。①

在清末，山东的土匪除一般的抢劫烧杀外，有一个显著的特点，就是土匪投靠官府和某派政治势力，成为政治斗争的工具。在清末，清政府虽然是以剿为主，也对一时无力消灭的土匪实行招抚策略，部分土匪在处于窘境时也曾接受招安，如清政府曾招安宋景诗等大股土匪作为镇压农民武装的力量。

民国时期，军阀政治成为最大的特点。军阀政治是以武力为基础的强权政治，是以枪杆子造成的政权和军权，有军则有权，无军则无权，有军则为王，丧军则为贼。

民初，旧的封建王朝垮台，辛亥革命的胜利果实被以袁世凯为首的北洋军阀篡夺，袁氏欲再建封建王朝，镇压革命党人和全国民主运动，各地军阀拥军自重，互相兼并，形成在清王朝灭亡后的二十余年的军阀混战的分裂局面。1918 年前后，是山东土匪最活跃的时期。司令如毛，乡长称王，又成为土匪生长生存之便利条件。土匪利用封建势力互相间的矛盾，在其结合部生存发展。阳谷民国初年及抗战时期的游杂部队是一个典型代表。自民国初年起，武运兴隆，各种部队特别多。在那个社会中，盗贼蜂起，遍地有武装。有的打着国军的旗号，由军阀们供应薪饷和武器弹药，公开杀人放火，

① 《清实录·文宗实录》卷一二七，中华书局 1986 年版，第 40—44 页。

敲诈勒索，为害地方，无恶不做；有的是当地的地痞流氓，亡命之徒，啸聚在一起，铤而走险，几十个人一群，几百人一杆，杆有杆子头，牵牛绑票，劫路抢人，甚至攻城陷阵。也有一部分是地方上的义士，草莽中的好汉，因不甘忍受军阀的欺凌和当权者的迫害，也聚众成军举起义旗。抗战初期阳谷旧政府官员如惊弓之鸟，随时准备逃跑。一时间，土匪乘机四起，会道门兴风作浪，封建迷信蛊惑人心，绿林好汉揭竿而起……整个社会一片混乱，民众惶惶不可终日。①

军阀政治导致政治腐败和社会混乱。各派军阀为自身利益争战不休，视军队和枪械如生命，为了扩充军队，招抚土匪则是便利办法。土匪是各种集团拉拢的对象，各派军阀为了扩大军队争夺土地人民，多来山东招兵和招抚土匪，“各省招兵，多半在山东，而遣散一兵，山东即来一匪”。②兵匪是军阀政治的产物。一些军队的重要将领都是原先的土匪首领，其部属则是原来的土匪。军阀的军队“兵无实额，枪非实数，队伍零落，系统紊乱。……虚报军额，吞没军饷，强劫税收，庇赌包烟，通盗运私，干涉民政，霸占机关。……人民畏兵甚于畏匪。”③军阀把带兵作为自己升官晋级的资本、搜刮钱财的肥缺。他们既无政治信仰，又不能贯彻严格的治军原则。军阀私人军队的素质极差，将骄兵嚣，军纪废弛，军官纵容军队烧杀抢掠，坐地分赃，成为明火执仗穿军装有军籍的土匪。他们草菅人命，劫掠民财，奸淫妇女，祸国殃民，成为地方巨患，是比土匪更可怕的兵匪。

军阀混战在各地形成了权力真空，加之频繁的政权更叠，政府军和各派军阀无心剿匪，甚至利用土匪作为攻击对方的奥援。军阀战争一面严重破坏了社会秩序，一面也为土匪留下了很大的发展空间。土匪在省界、县界三不管的地方自称山大王。山东百余县市，几乎无县无匪，股匪少则数十人，多则数百数千人，一时间山东简直成了土匪的乐园，他们打家劫舍，烧杀抢掠，绑票勒赎，甚至屠村屠城，造成了社会的极度动荡。

兵匪的滋盛直接导源于大量军队的裁撤和军队的私人化。军队私人化

---

① 参见李印元、郑清铭编：《阳谷文史集刊》（上），内部资料，1999 年，第 45、192 页。

② 陆军部档：北 14-186。

③ 陈志让：《军绅政权》，三联书店 1980 年版，第 78 页。

使得兵归将有，军队以维护自身利益当作首务，导致军纪废弛，军纪不统一，官长不能约束，迭出抢劫重案，更有官长纵兵殃民，久为地方之患者。落草为寇的土匪，其社会利益也在多变的时代发生变化。原来的土匪接受招抚可以成为军队的士兵，旧日匪首被招安后成了冠冕堂皇的官员；以剿匪为职责的军队，转瞬变成兵匪。更有一种昨天劫掠今日革命的土匪。① 民国初期，在新旧军阀混战时期，各派军阀都曾以优厚条件招抚土匪。股匪往往因其人多势众、匪悍械利、能征惯战而特别受到军阀青睐，自以奇货可居，如鸟择木，朝秦暮楚，游附于各派军阀之间。有时甲军剿匪，被剿之匪则投诚乙军，摇身一变而成为官军或某派军事力量的一部分。土匪接受招安后编为军队，自身演化为政治力量，便成了军阀以军治国、以军治政的指挥棒和政治资本。

张宗昌土匪出身，名为山东督军，也只是一个称霸一方的有合法政治身份的大土匪。有的土匪还同时兼做几种军事政治势力的部属，向各方领取饷械。这些土匪匪性难改，稍不如意，又复叛为匪。张宗昌祸鲁的几年间，其部队军纪极差，形同土匪。张部官兵对地方实行"三光"、"二翻"、"一空"：三光是鸡鸭猪羊杀光，骡马牛驴拉光，门窗橱柜烧光；二翻是翻箱倒柜，翻挖墙脚、砖地；一空是室中空无一物。部队向地方要粮饷，向百姓敲诈，抢占民房，毁坏民物，老百姓称为"兵匪一家"，"兵匪不分"。无穷的苛捐杂税兵差兵役，无尽的横征暴敛烧杀掠夺，兵匪的骚扰劫掠，绑票勒索，使人民的生命财产毫无保障。

革命党也曾招集土匪作为反袁革命的力量。山东江苏交界的泗阳、沭阴、宿迁一带所以匪患不断，且在1913—1915年间掀起过几次轩然大波，除了地方性因素外，还和政坛风云紧密呼应。一些股匪，既有多支股匪附和，也有秘密会党互为支援。革命党往往为达到政治目的，对土匪采取利用办法，将斗争矛头引向"讨袁"方向。② 民初的护法、护国讨袁战役，一面将大量农民和地痞流氓土匪招入军队，战事期间会有败兵散入民间，一面在战后交战各方又大量复员裁军，将大批士兵遣散回乡。这样，就会有大量裁

① 参见蔡少卿主编：《民国时期的土匪》，中国人民大学出版社1993年版，第136页。

② 参见蔡少卿主编：《民国时期的土匪》，中国人民大学出版社1993年版，第124页。

兵转化为匪类。1915 年黄兴曾联络豫南的土匪和江湖会，居正在山东省的反袁护国战争中，是招募东北的胡匪孙百万等数千人作为骨干力量用的。这些土匪接受革命党的政治信条成“革命”之匪。但这些土匪接受革命党的政治信条后，往往只是接受委任，并无枪械粮饷等实惠，所以股匪与革命党的关系很脆弱，他们也依然匪性不改，反而以革命的名义从事烧杀抢掠。

山东有些盗匪的身份是随时可变的，本是盗匪，可以摇身一变成为官兵，也可以摇身成为某豪门的保家护院的拳师枪手。军阀招募土匪编而为军队，军队裁员、战败兵溃军队哗变叛逃则散而为匪，在军为兵，离军为匪。如 1919 年裁军二成，就使大量士兵流而为匪。张勋的辫子军在复辟失败之后，其“定武军”或被击溃，或在战后被遣散，纷纷流入苏鲁豫皖四省交界地区，“四出抢劫，为害日深”。① 这数千辫子军士兵“器械精又勇悍善战，小股之匪归附者颇多，所以愈聚愈众，致不可收拾也。”② 直到 20 世纪 20 年代初，辫子军士兵成为鲁皖两省各派军阀招募的重点对象，成为山东土匪中最有战斗力的一支。如 1918 年兵匪史殿臣接受招安后，依然纵其党羽在峄县劫掠烧杀，架人勒赎。③ 兖州镇守使唐天喜也证实峄县抚匪“尚未开拔，复勾结各匪众三千余人，四出滋扰，村落为墟。”④ 仍自称“定武军”，“以为张勋复仇，反对段氏为职志。”⑤ 流入其他军队和杆匪中的辫子军为数不少，成为毛思忠、顾德林等股匪的中坚，在山东勾结大土匪毛思忠，“始而曹（县）边，继而兖（州）滕（州）一带，分股窜扰，日渐蔓延。”⑥ 这些匪徒都是百战悍贼，到处焚杀抢掠，令北洋政府动议招抚。

20 世纪 20 年代，张敬尧任苏鲁豫皖四省剿匪督办时，专事招抚土匪，大量土匪变成张部士兵。张氏在湖南失败后，该部士兵被遣散后大多流为土匪。几部分军阀败兵、遣散兵都流落到鲁南山区，使滕峄二县以抱犊崮为中心的地区成为土匪集中的巢穴。著匪毛思忠部就是兵匪合流的典型。与其他

---

① 陆军部档：1002-2-51。
② 陆军部档：1011-2-263。
③ 陆军部档：1002-51-2。
④ 陆军部档：北 11-1196。
⑤ 《上海民国日报》1918 年 4 月 20 日。
⑥ 陆军部档：1002-2-1。

土匪不同，毛部编制完全仿照新式陆军建制，自称“定国军”，军中设参谋、军械、秘书、执法、侦探等处，毛氏自称大元帅。

北洋时代，山东在日本帝国主义和大小军阀、民团、土匪的割据混战的局面下，农民的负担特别沉重。日本出兵占领胶济铁路，沿路搜索挑衅，并供给各路亲日军队和土匪军械，使山东成为一种四分五裂的局势。大小军阀互相火并，时分时合，在胶东和全省几乎没有一天没有战争，闹得昏天黑地。1928 年国民党二次北伐占据山东后，又有韩复榘和刘珍年的战争。山东一省的税收当时仅有 70 多万元，而韩刘战争每月的支出就达百万元，韩在战争中损失 200 万元，每县摊派捐款在 10 万—15 万元。韩的七师正规军，每月军饷即 70 万元，零用钱还另补。国民党空言蠲免一切苛捐杂税，而无补于实际。捐税因各地军阀之盘踞，剥削方法也日新月异。以每两地丁银计算，约征二三十元之多。1931 年在潍（县）寿（光）一带举行盐斤加价，开征民国二十年钱粮，借名办清乡会、联庄会，征收赋税和百货捐、营业捐等。

韩复榘初入鲁时，全军约两万人，经过征兵拉夫和收编土匪扩充部队，全军共有 40 个团，合 6 万余人，后发展为五个师另一个旅的编制，发展到 10 万人。韩复榘在山东千方百计地发展军事实力。1930 年 9 月起，韩复榘又组建民团军。全省分为五个民团军，依行政区域在鲁东、鲁北、鲁西、鲁南、胶东建制，改称一、二、三、四、五路民团。全省民团军有官兵 1.2 万人，是常备部队。民团所有的官兵饷糈、服装器械、弹药等费用，统由地方供给，由田赋附加项中征用。民团成为准军事部队，担任县防务。1934 年，因部分民团裁撤，因而在各地组建联庄会。联庄会是无薪饷的后备队，韩复榘在 44 个县共训练了 5 万多人。

土匪是在封建势力的结合部生存，所以常为军阀和外敌利用而有一定的政治背景，成为军阀和日本帝国主义者的走狗和鹰犬。如日本利用刘桂棠，国民政府山东省政府利用吴德胜、刘景良、朱世勤等保安旅反共。旧的军阀官僚多由土匪出身，如张宗昌等督鲁，或明或暗、直接间接地与土匪通气，因此土匪与伪军和保安团联为一气。旧军阀为盗匪的薛传峰就是典型。薛传峰是阳谷人，是 20 年代末 30 年代初活跃在鲁西的军阀将领。青年时代因罪入狱，出狱后窜至山西，拉起了四五百人的队伍，投靠北洋军寇英杰部，当到团长。北伐战争开始后，寇英杰退到河北，薛传峰退到朝城，自带一团人马占领朝城，筹粮筹款，招兵买马，盘踞朝城三年之久。1930 年，薛传峰为石友三招为第一军军长，以地方民团为主力军，参加蒋冯阎大战。薛军鼎盛时武力扩充到 8000 多人，统治地盘包括莘县、观城、范县、阳谷、濮县、寿张各县。1930 年韩复榘向薛军反攻，拟收编薛军，薛传峰将部队化整为零，让民团各回乡间，伺机而动，自带少数侍卫潜伏天津，后被韩复榘诱杀。①

滨海谚云："苍山到羽山，土匪成万千。"山东土匪都是有武装有组织的，大的成千累万，攻城夺地。如刘桂棠号称黑旗军，曾窜入整个华北；小的则十百成群，明抢暗劫。1938 年 3 月 3 日，汪派军官李英臣挑动并伙同聊城各部土匪攻打阳谷城，破坏鲁西抗日根据地。参加攻城的主要有布永言、毕金海、刘贵安、叶世琦、王佃臣、王朝元等十余股土匪，另外还有二十九军哗变的王绍堂和汪派李英林参与其事。其后布永言接受改编。②

到了抗日战争时期，土匪依违于国、共、日三方，受各方利用，又受各方控制。因为土匪有一定的战斗力，所以国、共、日三方都注意收编土匪部队使为己用。这样，就形成了一种奇怪的现象，就是有些土匪政治面目模糊，今日是国军，明日是伪军，后日可能又是八路军，他们是两面土匪甚至是三面土匪。他们反复无常，全无民族气节与政治信仰，一切以能否当官发财为去取。只要给钱给枪，听谁的指挥去攻打谁都可以。共产党对会党和土匪的政策是打入内部，争取其群众的办法，改造土匪部队为我所用。但真正改造好的股匪是很少的。土匪的原始的"杀富济贫"思想较接近共产党的主张，但八路军严格的纪律、强烈的政治主张与政治工作方法，又使土匪首领感到自己的权利受到莫大威胁。因此，在 1937 年后，大部分土匪都投降日本当了汉奸。日本投降后，这些土匪又大部分成了国民党的地方部队，成为一种反共的势力。

由于军阀混战，散落山东民间的枪支很多，据有关材料说明，抗战前山东民间的枪支约有 30 万支，其中三分之一甚至二分之一在土匪手中，成

---

① 参见李印元、郑清铭编：《阳谷文史集刊》（上），内部资料，1999 年，第 199—200 页。

② 参见李印元、郑清铭编：《阳谷文史集刊》（上），内部资料，1999 年，第 58—59 页。

为土匪为恶社会的得利工具。1918 年前后，咨议马海龙在关于山东匪情的报告中称，山东 30 州县共计土匪 3 万多人，有步马枪不下 23000 支，自来得枪 3000 支，他种手枪 2800 余支。[①] 陆军第七混成旅在山东剿匪的两年多里，先后剿匪 123 次，毙匪 5232 名，夺取各种枪支 1071 支。[②] 有些部队在遣散时，下级军官不愿交枪，一则可以卖钱，一则也可以作为他日落草为寇时的武器。民国初期，山东土匪枪械子弹的来源，一是由日人贩卖而来，一是驻军暗中私卖。如曹州悍匪范玉林的"子弹之来源，半由山东军队之接济"[③]。奉军在山东时，军队不但在剿匪时通匪报信，而且私自将枪械子弹卖予土匪，据称自来得手枪每支 400 元，大枪每支 200 余元，子弹每粒 1 元。兵匪相通，兵助匪势。

（三）动乱和战争对社会经济的破坏

近代山东在太平天国捻军时期、19 世纪末及 20 世纪初至 20 年代中期，是三个混乱时期，所以盗风日炽，遍地皆匪，形成盗匪动乱的三个高潮。捻军扰及全省，咸同年间在胶东达七八年（1860—1867 年）之久。张宗昌督鲁时期（1925—1928 年），山东人民受害特重。

而在太平天国运动失败后的 19 世纪六七十年代和 20 世纪 30 年代社会稳定时期，盗匪则走入低潮。盗匪的兴衰是与社会的安定程度成反比的。到日本侵占山东后，各种会门和盗匪又再度兴盛，且划分为抗日与卖国投敌两个阵线；至抗战胜利后，游民也分别依附于国共两党两军，成为国内战争在乡间对抗的推动力。

兵匪猖獗往往发生在军阀战争之中和战争之后。北伐军与苏鲁联军在鲁西南、鲁南战斗，冯玉祥与奉军在鲁西南激战，沂州府、兖州府、曹州府沦为战区。虽然军阀战争一般持续时间不长，战争伤亡也不大，但战前各方为备战，征集民力，搜刮民财，则是不遗余力。"车辆兵差征调不时，则车辆必须咄嗟立办，苛派不足，则继之按户搜刮，虽遇装载粮食、乘坐妇女之驴马，亦必令委置于地，而驱之以去。"[④] 战争中的溃兵和战后裁军，则加速

① 陆军部档：北 11-1198。

② 陆军部档：北 11-1196。

③ 陆军部档：1002-51。

④ 陆军部档：北 11-1202。

了兵匪的滋盛。

土匪猖獗对农村社会经济的安定与发展负面影响极大。

首先，动乱和战争造成社会劳动力的大量损失与人口锐减。1840 年鸦片战争以后，山东农村大量输入鸦片，山东种植罂粟面积不断扩大，到光绪末年，全省种植罂粟面积达 57.6 万亩，鸦片产量达 90 万公斤，山东农业形成畸形发展的局面。加之战争不断、自然灾害频繁，粮食减产失收，贫苦人民食不果腹，全省人口由 1850 年的 3312.7 万人，到 1910 年减少到 2955.7 万人，60 年减少 357 万人。①

其次，土匪散而复聚，此起彼应的恶性循环，对当地社会生活冲击很大。在土匪活动频繁、官军与土匪作战地区，居民远避他乡，十室九空，数十里内无一食物可购，士兵仅靠白盐干面充饥。悍匪仲八曾窜至沭阳，四处活动，"故每至夜间，人不安枕"。② 苏北阜宁县境"匪案素炽，枪案纷纷"。③ 有些城镇和县份数十次遭土匪洗劫，焉能不民穷财尽。关于驻军在山东曹州剿匪情况，民初参议彭占元写道："匪来也，抢掠已空；兵至也，敲索继之。民不欲生，群思为盗，一波未平，一波又起。"④

土匪抢劫财物、烧杀绑架勒索，造成社会恐慌。济南土匪林起鹏投靠河南宏远军后，当了一名营长，1919 年因种烟发财，由营长一跃而升为旅长，洛宁人民写信给当局控告该旅：一草菅人命，长养匪势；二破坏禁烟，祸国殃民；三劫持民物，奸淫妇女；四以兵饷不继，大肆勒索。⑤ 匪患主要表现为绑架勒赎，业主稍有反抗，往往将业主全家杀光烧光；绑票撕票的事屡见不鲜。有的专门绑架少女，称为"请观音"，以此向事主勒索，不成则将少女奸淫杀害。"兵至则散，兵去复聚，灭剿不易"。⑥ 杀人放火，抢劫奸淫等。有时"阳为投诚，阴谋不轨"，继续为恶，"荼毒生灵"。⑦ 在省界边

---

① 参见山东史志编委会、俞宽钟主编：《山东省志 · 农业志》，山东人民出版社 2000 年版，第 8—9 页。

② 《时报》1914 年 4 月 2 日。

③ 北洋政府陆军部档：北 11-1181。

④ 陆军部档：1101-6066。

⑤ 陆军部档：1014-2-72。

⑥ 《时报》1914 年 4 月 2 日。

⑦ 陆军部档：北 11-1181。

缘地区，匪迹飘忽，1922 年被称为“南马”的李明盛从山东入豫，聚匪数千人。[①] 20 年代初扰害豫东的悍匪范明新，原是山东著名的匪首。

1918 年，鲁军新 18 团在博平米家庄，以该庄匿匪为名，将该庄富户洗劫一空，计得银钱财物万余元。[②] 军队对御匪和剿匪十分消极，而兵匪勾结，兵祸匪患同恶相济，则更加剧了社会的动乱和百姓的痛苦。

山东土匪势力最大的应数刘桂棠（刘黑七），活动于蒙山、大小珠山一带。张宗昌部与刘匪勾结，名为进剿，实是给送去枪支弹药。刘匪在 1927 年发展到 15000 人，烧杀抢掠，绑架勒赎，凶残异常，无所不用其极。他们向农村索粮索款，限期交纳，对敢于抗拒不交者实行“一扫光”式的烧杀。在蒙山方圆百里内，被刘匪杀害的有 12000 人，被烧村庄达 1000 处，被毁房屋 20 万间。1927 年 3 月，刘匪窜至莱芜，仅红山寨一处就杀了 1300 人。魔足所到之地，村落凋敝，土地荒芜，重灾区里百姓畏匪如虎，百姓或死或逃，出现“无人区”。[③]

1927 年 5 月，蒙阴县人向省府呈一综合报告，陈述该县遭受兵匪惨况：

> 蒙阴处万山之中，地势非砂即石，本极穷苦之区域。近两年来，匪灾、旱灾、水灾，纷至沓来，惨苦情况，言之坠泪，闻之伤心。试详述以闻：蒙阴接近蒙山，素为土匪出没之地，自战事发生后，土匪气焰，日高千丈。大股匪首，李堂刚、刘黑七……统计将近万人，均以蒙山为渊薮，焚烧淫掠，备极残酷。全县七百村，无一村不被其蹂躏；一年三百天，无一天无有抢劫。人民死者死，逃者逃，十分之中，去其四五，商绝贸易，市镇荒凉，农停耕作，山村丘墟。此匪灾之重，无有愈于蒙阴者。蒙阴地当南北孔道，军兴以来，每次所需用粮秣，动辄数万元。上年沂州袁团，来县驻防 80 余日，耗费金钱将近三十万千元，该团暗与土匪勾结，遂将土匪养成土匪世界。嗣后，沂水王旅、沂州黄旅、新泰杜旅，迭次莅蒙剿匪，每次驻扎，或十数日，

① 陆军部档：1011-6367。

② 陆军部档：北 11-1203。

③ 《晨报》1927 年 6 月 15 日。

或数十天，供应给养、马草、麦料等项，损失达数十万。闾阎之杋杼柚已空，军人之酒浆莫餍。兵去匪来，兵来匪去，兵匪交困，疮痍满目，转徙流离。此受兵灾之重，未有愈于蒙阴者。更加去年春夏，禾苗亢干未种，秋雨成灾，不谷成熟，室无悬磬，野无青草，少壮逃之四方，老弱转死沟壑。山穷水尽，十室九空，罗掘俱尽，告贷无门，哀鸿遍野，嗷嗷待哺，谋生乏术，奄奄垂毙。蒙民十八万，携妻抱子，逃亡关东者占十分之三四，所余十之六七，能日一举火者，不到半数，蒙民苦状，已造其极。①

最后，动乱和战争的直接破坏，使社会秩序紊乱，经济瘫痪，生产停顿，土地荒芜，给人民的生命财产造成毁灭性损失，顷刻间摧毁人们的生存环境。战争期间，青壮年被拉夫当兵，人力物力被战勤无偿占有，烧杀抢掠奸淫之余，人民赖以生存的条件迅速恶化，大批的主战区的人被迫携家带口远走他乡。据哈尔滨难民救济所统计，以韩庄、沂州、兖州为主的鲁南主战区与以曹州为核心的鲁西主战区移民人数居前列。1928 年年初，经哈尔滨的山东移民“仍以沂州、东昌、兖州为多，济南、曹州次之”。主战区的人口外迁情况极为普遍和严重，有些县区的村落外迁人口占半数以上，“沂水县人民十分之七逃荒在外”。

辛亥革命以后，黄河流域是北洋军阀割据混战地带，兵差与苛捐杂税极为沉重。有战争就有兵差，老百姓是战争的直接受害者，要负担兵役、差役和粮草转送供应之责。山东的兵差和苛杂在北方是相当突出的。

张宗昌督鲁，自定法律，自行收税，巧立名目，横征暴敛，对全省人民敲骨吸髓地压榨，被称为是“混世魔王”。张宗昌拥有庞大的军队，又穷兵黩武，致军费浩繁；搜刮的方法，除正税外，或是加捐，或是勒派，山东人民痛苦实为全国之冠。1925 年他上任几个月就支用军费 2200 万元，1927 年，所支军费多达 5000 万元。为弥补亏空，充裕军饷，张除滥发纸币、发行公债外，就是加捐征税，搜刮民财。张是“山东王”，地方税收，全部归

---

① （汉口）《国民日报》1927 年 5 月 10 日。

己，中央税收也想方设法收归鲁省征收。[①]“1927—1930年，黄河流域十省之中，负担兵差的县份，占百分之八十七，兵差包括兵役、差役和军需物资供应，向农民征收的军需物资不下百种之多，包括衣食住行的全部东西和海洛因及棺材等。山东省一百零七县中，有兵差者七十七县，占百分之七十二，山东兵差钱数，占正税百分之一百四十一。”[②]另据材料显示，在1929—1930年，山东107县，负担兵差者达77县。“现今兵差的巨大，实足令人惊骇。1928年上半年，山东各地的兵差最少的是11445.00元，最多的107878.86元；下期最少的24773.16元，最多的219832.16元……1928年度兵差总额平均竟占地丁正税的274%以上。”[③]

大小军阀还预征田赋和加征军事特捐。1927年春山东预征民田1928年的田赋，预征一年。同年秋山东德州预征1930年的田赋，预征了三年。“一切预征的税都是为军费、内战的军费着想。”“试以山东省五县为例，在1928年田赋总数为468989元，同时军事征发1286395元之多。换言之，军事征发约当田赋之274%，这种百分比有时更高。”[④]

张宗昌统治山东的中后期，战争频繁、持续进行。远避他乡的迁移成为人们求生存的最强烈的愿望。战争是最终决定人们迁出的根本原因。山东移民东北三省势如潮涌，报章均呼之“移民潮”。这一大规模移民潮的出现，究其原因在于“直鲁战事不休，避乱而来东三省”。1928年“鲁省人为避战祸匪祸，迁赴东省者，又复异常增加。”战争对迁移的深刻影响从流量上可以反映出来。1924年山东人口外流量为40万人，到1925年突然上升为53.5万人，年增长13.5万人，远高于年均增长1.1万人。战争影响的结果是，这一时期的移民流量大幅度增长。在第二次北伐战争时期，山东移民流量猛增，1927年为84万人，1928年更扶摇直上，突破百万人大关。1928年1月、2月间，移民即达十万余众。据当时报道，1928年3月由于兵灾、

① 参见吕伟俊：《张宗昌》，山东人民出版社1982年版，第79页。

② 参见朱其华：《中国农村经济的透视》，上海中国研究书店1936年版，第253、254—256页。

③ 参见王寅生：《中国北部的兵差与农民》，转引自章有义编：《中国近代农业史资料》第2辑，三联书店1957年版，第66—67页。

④ 参见汪熙、杨小佛主编：《陈翰笙文集》，复旦大学出版社1985年版，第21、60页。

匪灾、天灾交至迭乘，“山东一百零七县已有四十八县无人烟，待车出关之难民达四百万人”。① 战争最终导致了社会经济的全面崩溃。

二、日本侵华战争对山东农业的破坏

（一）民初日本在山东的野蛮掠夺

近代以来，侵略中国的帝国主义列强中，给中国人民造成灾难最深重的是与中国一衣带水的近邻日本。这个亚洲后起的帝国主义国家，以封建军国主义立国，带有极端的野蛮性、侵略性和独霸世界的疯狂性。日本侵略中国的几次大的军事政治浩劫，都首先发生在山东或以山东为主要目标，如甲午战争和《马关条约》，第一次世界大战时日本出兵青岛和占领胶济铁路，1928 年阻止中国军队北伐所制造的“济南五三惨案”、“九一八事变”后对山东的八年侵略战争与殖民统治等。日本政府和军队对山东人民犯下的战争罪行，决海难洗，罄竹难书。

（二）以山东为战略基地的侵略政策

为达到长期侵占中国和山东的目的，日本帝国主义一直十分重视山东的战略地位，制定了与日本大陆政策相一致的以山东为战略基地的侵略政策。他们认为，山东的重要性，在于它的地域广大，有优越的地理与海陆交通条件，有丰富的矿产与农业资源。他们曾设想，“以青岛为中心，划个 600 公里半径的圆圈”，就可把西到太行东麓的河北平原，北到京津及辽东半岛，东到朝鲜西海岸，南联上海、南京的一个背靠中原，成为海洋则有渤海、黄海环绕，陆地则为辽东、朝鲜两半岛所拱卫的形势。“山东位居通过所谓‘中日满’的东西南北两线路之中央。”认为山东可以成为他们建立“大东亚新秩序”的战略基地，即以青岛为门户，着重开发青岛、淄博、济南地区。②

自明治维新后，日本一直对中国山东怀有侵略野心。日本军国主义奉行大陆政策，以灭亡中国征服世界为职志。

① 参见刘兰昌：《张宗昌统治时期山东移民东北三省性质分析》，载李衡眉主编：《移民史论集》，齐鲁书社 1998 年版，第 262—271 页。

② 参见松崎雄二郎：《日本人的山东开发计划》（1947 年 11 月），日文版，第 5 页。

日本在1937年前即数次出兵山东，这不仅破坏了中国的主权，也破坏了山东的社会经济秩序。山东成为中日矛盾的聚焦区，也成为日本侵略中国的桥头堡和重灾区。

1914年日本出兵山东，占据青岛和胶济铁路，不但夺取了德国在山东的权益，而且夺取了中国的警察权和民政权，由此造成胶东和胶济铁路沿线的社会秩序的混乱。日本出兵导致土匪蜂起，匪患加剧。"土匪乘机窃发"，"胶（州）高（密）一带，群盗如毛，到处抢掠，肆无忌惮"，"平（度）、掖（县）一带土匪蜂起，结伙成群，有数百名之多者。平度大泽山、掖县沙河镇抢劫之案，一日至有十余起"，"潍县东北乡……有自称日人者数十人，乘机抢劫"。日本的武装侵略，使本来相对安定的胶东，很快成了土匪肆虐区。①

在1914年至1922年日本占领青岛期间，大批日本浪人涌入山东，从事各种非法活动；日本浪人还直接参加土匪队伍，在各地制造混乱，破坏社会秩序。在青岛，"胡匪千余人，某国（日本）人七八十名，有由青岛乘船分赴各地架抢情事"。② 据被绑架人证实："此股匪徒日人约居半数，均有新枪炮。" ③ 曾参加讨袁军的马贼余部孙百万、马文龙拉着一部分人跑到胶南大小珠山及薛家岛、水灵山岛重操绑架勒索的罪恶勾当。由于他们得到青岛日军的支持和庇护，在当地吸收了不少匪徒，成了一支拥有2000人的土匪队伍，其活动范围扩展到崂东附近。

为独霸山东和青岛权益，日本与北洋政府秘密签订灭亡中国的《二十一条》，引发中国的五四运动。五四爱国运动提出"外争国权，内惩国贼"、"还我山东，还我青岛"，从学生运动演变成全国各界的爱国运动，成为近代中华民族觉醒的标志。

1928年，国民革命军北伐经过山东，日本为阻止北伐军，支持张宗昌，再次出兵山东，占领胶济铁路以及沿线城市，在济南制造了屠杀中国军民数千人的"五三惨案"。鲁东处于日军和张宗昌残部控制下，土匪猖狂，胶东

---

① 参见《齐鲁文史》2001年第1期，第13页。

② 《申报》1915年4月19日。

③ 《大公报》1918年8月10日。

的章丘、齐东、昌乐、平度等县城屡被土匪攻破，悍匪张鸣九占据章丘县城长达半年之久，人民生命财产遭到空前浩劫。韩复榘主鲁后，曾穷剿土匪，至1934年基本肃清境内匪患。然未及三年，日本即发动全面侵华战争，韩复榘率部南撤，山东陷于无政府状态，匪焰死灰复燃，横行山东各地。

日本除直接出兵外，还利用土匪作为削弱中国、独霸山东的工具。日本浪人从20世纪初即在山东各地走私武器和毒品，向被他们收买的土匪提供枪械弹药。钱锡霖在1918年指出："日人垂涎山东已久，自占我青岛后，设守备司令官以大将充之，其重视山东可知，胶济路线长八百里，车站六十余座，每站至少有宪兵十名，每日往来通信，俱按战时之动作。又复派学生数百名游历各处，携带各种枪弹、鸦片、吗啡等物以作旅费，暗与土匪交通，其计划先以子弹、鸦片、吗啡等物吸尽山东现金，人民困于生活，匪势愈形扩张，俟机会成熟，偶尔肇隙，则随起国际交涉。土匪扰于前，日军乘于后，进据津浦，实行占领，我东壁主权固早已成竹在胸，稳操胜券。"他在5月份的另一份报告中明确指出："在济南商埠之日人处，假称欲购枪支，该日人确认承包送至各处，皆可每十毛瑟手枪（随子弹二百发）索价四百元，此其确有接济匪人之明证。"①

山东当局破获的日本武器走私案，虽然远不足以说明日商与特务走私的规模，也可窥见一斑。如1918年7月，"日前有该国（日本）浪人数名，为土匪运送枪弹，在济宁属境破获。"同年8月，"日人春山等六名，由青岛运来快枪三箱，共计六十支，子弹十二箱，计共六千粒，持有护照，假充洋货，……顷被侦破，确系为接济匪人之用。"②1921年2月，中国驻莱芜警备队查得武器走私案，"藏有新式快枪二十八支，子弹二千八百粒……讯据供称系购自青岛某（日本）商店。"③

日本占领青岛和胶济铁路后，除对土匪提供武器弹药外，还为这些匪类提供政治与军事庇护。青岛成为股匪孙百万的庇护所。该匪仰仗日人势力，扰害沿海各县，按户索捐，架票勒赎，无所不为。山东当局多次向日本

① 陆军部档：1011-2-263。
② 《大公报》1918年7月21日、8月2日。
③ 《晨报》1921年2月4日。

方面交涉，要求派军队剿匪，日本均置之不理。后虽同意中国入境剿匪，又事先向土匪通风报信，使土匪逍遥法外。中国军队在胶州、潍县、淄川、周村一带的剿匪行动，都因日人庇护和直接出面阻挠而搁置。如1921年上半年，“潍县、淄川、周村一带各村庄，又出现大股土匪，商民受害，惨不忍言。鲁督田氏急派陆军第五师前往剿办，乃被日人中途阻止”。①

鲁案解决后，日本为阻止中国管理胶济铁路，公然策动土匪拦截胶济铁路列车。1922年9月，青岛日本宪兵队分队长藤井指示海西土匪马文龙：“在城阳至胶州之间铁路沿线拦劫火车，抢掠旅客，即杀害几名日人及机车手，亦无不可，而且须掀毁火车，今日行之，明日行之，……届时日军必尽力设法保护汝辈也。”② 日本军方想借此阻止中国接受胶济铁路管理权，其险恶用心，致马文龙等土匪也不敢接受。

1922年12月，在中国政府接收青岛主权的重要时刻，日寇又授意孙百万匪部在青岛制造混乱局面，唆使孙百万等股匪在东华旅社设立司令部，指挥匪徒占领街区。日本特务机关贿以巨款，指使他们在中国收回青岛时在青岛市内焚烧劫掠，以便日本寻找借口，再把青岛占领下去。一千多匪徒到青岛市后，绑架商会会长隋石卿、副会长张鸣銮，制造了市内恐怖气氛。日本唆使孙匪提出不准中国军队进入青岛、青岛治安交由他们管理等荒谬要求并威胁要绑架中国办理接收的官员和烧抢市面等。所幸中国政府招安了孙百万等，孙百万、马文龙不肯当汉奸，日本人永久占领青岛的阴谋破灭。③

从1933年起，日本浪人和汉奸在北方各省招工和拉夫。招募华工的主要地区是河北和山东各县。仅1934年招募的劳工就有388000人，其中山东人最多，约占一半以上。“九一八事变”之后，日本侵略者禁止关内人民自由移民和出关做工。其后侵略者以欺骗宣传，诱使山东农民外出做工，农民也将之视为一条出路，去东北伪满地区充当华工。他们在东北受到非人的待遇，往往有去无回，死于非命，甚至被日军残酷杀害。④

---

① 《晨报》1921年6月1日。

② 《晨报》1922年10月3日。

③ 参见《青岛文史撷英·德日占领卷》，新华出版社2000年版，第303—305页。

④ 参见郑庆平、岳琛编：《中国近代农业经济史概论》，中国人民大学出版社1987年版，第179页。

当日本侵占山东前夕，聊城一些恶棍歹徒、军阀余孽暗通日寇，宣扬日寇的军威，[①] 破坏中国军民抗战。1938 年，聊城忠孝团刘清泉在日寇特务指使下，以“真主”出现为名，率团丁两千余人攻打阳谷城。刘清泉系地主，崇信迷信，身佩木制宝剑，肩背匣枪，放火杀人，强迫村民加入忠孝团。愚昧的黄沙会信徒口中念念有词，指天画地，以为天神保佑可以刀枪不入。刘清泉掐指念咒，声称“城门用手一指就开”，大声叫喊开门，说如不开门，神兵天将杀进城去，鸡犬不留，结果被守城军人击毙。忠孝团是乌合之众，被警备队在司营打散。王金祥带二十二支队从朝莘县赶来，追打忠孝团。出发前王金祥下令：“打败忠孝团，自由三天”，意即可以烧杀奸淫为所欲为。[②]

在 20 世纪 30 年代中期，由于国家统一，经济恢复，社会政治相对安定，盗贼有所敛迹。日寇 1938 年对山东的侵略，以韩复榘为首的山东省县政府的逃跑，使盗匪再度蜂起为恶。抗战初期的 1937 年冬，为了抗日维持治安，阳谷当局号召成立民团，规定按地亩出人出枪，共征集了一百来民团团丁，一百来条枪。此事被范县一带活动的土匪于其水、王佃臣知悉，为了收缴民团的人枪，便袭击在张秋文庙受训的民团。于其水有二三十人，二三十条枪，王佃臣在参与击溃张秋民团的袭击战中暗杀于其水，火并其人枪，加上缴获的民团的人枪，势力大了起来。在 1937 年前后，王佃臣是阳谷有名的杆子头，其为人有两大特点：一是狐疑多变，行动诡秘，二是面善心毒，笑里藏刀。1938 年土匪打阳谷城时，王佃臣即参与其事，与汉奸相勾结，破坏范筑先的抗日政权。王佃臣与伪区长杨朝元是兄弟，1942 年临死前将枪交给杨朝元。[③] 土匪与伪官府相勾结，官府做盗匪谋主，匪首与官员称兄道弟，坐地分赃。

（三）日本侵华战争对山东的破坏

自 1938 年日寇侵占山东全省后，在省内各地扶持汉奸政权，日伪统治区系由日伪政权占据的省内主要城市和主要交通线附近的城镇、乡村构成。

---

① 参见李印元、郑清铭编：《阳谷文史集刊》（上），内部资料，1999 年，第 192 页。

② 参见李印元、郑清铭编：《阳谷文史集刊》（上），内部资料，1999 年，第 68—69 页。

③ 参见李印元、郑清铭编：《阳谷文史集刊》（上），内部资料，1999 年，第 197—198 页。

据1941年统计，统治区内人口约为23655271人，耕地44006233亩，均占同期山东人口和耕地的绝大部分。因此，日伪统治区的农业经济是抗战时期山东全省农业经济的主体。

日本占领华北期间，其基本的农业政策是：在确保华北粮食现地自给的基础上，大力发展和尽可能多地供给日本军需民用急缺的原料——棉花。具体说来，在太平洋战争之前，其农业政策，是以全力增加棉花的生产，并于1939年2月成立华北棉产改进会，草拟华北1000万担棉花增产计划。日本发动太平洋战争后，同盟国切断了对日粮食、棉花供应，日本在沦陷区的农业政策，继续确保棉花增产外，一般粮食增产亦受到重视。增产方法侧重于农田改善。内容包含：第一凿井计划。第二种籽消毒计划。第三肥料改善计划。第四优良种籽分配计划等。日本对华北及山东农业政策的实质，是将华北和山东变为对华战争和大东亚战争的"兵站基地"。为保证这一目的的实施，日方对棉花及主要粮食作物实行统制政策，其实质是"公开的掠夺"。①

日本对山东农业的破坏主要表现在以下诸方面：

第一，掠夺土地，致大量农田被霸占，农业种植面积与产量严重下降，大量农田荒芜。日本侵占山东期间，大量修建据点、封锁沟、封锁墙等军用设施，使山东耕地面积减少。截至1943年5月，其据点计有2181个，封锁沟、墙长达8494里，"可绕山东两周至三周"，占用耕地共计109106亩。

在日本侵略军的摧残劫掠破坏下，山东农村耕地面积缩小，土地荒芜化，农业生产急剧下降。据日本出版的《北支年鉴》（1943年）统计，山东等地小麦等11种农作物耕地面积1941年较战前减少16%，临城县荒地面积竟占耕地总面积的一半以上。日本侵占山东后，山东小麦、玉米、棉花、烟草产量均较战前下降五成以上。② 大量大牲畜被抢被杀，大批农具被毁，加之肥料的缺乏，水政的废坠，严重破坏了山东农村经济，使山东遭遇到空前未有的浩劫。

第二，掠夺壮丁，屠杀人民，大量农村劳动力被杀、被征和逃亡，使

---

① 参见张玉法主编：《农业志》，《（民国）山东通志》卷十五，（台北）山东文献杂志社2000年版，总第1524页。

② 参见郑伯彬：《日本侵占区之经济》，鸿福印书馆1945年版，第32页。

农业劳动人口锐减。1940 年年底以前，山东被劫走壮丁约 30 余万人。日本侵占山东八年中，被日本掳走和诱骗去日本和东北的山东壮丁总数不下 200 余万人。

日寇在“扫荡”敌后抗日根据地时，往往成千上万地捕抓青壮年。如 1941 年 9 月，日寇“扫荡”鲁中时，在莱芜、博山抓走青壮年 3000 多人。①同年冬日寇以 5 万多人“铁壁合围”沂蒙山区时，抓走壮丁 10000 人。胶东汉奸赵保原，多次抓捕壮丁送给日本人当劳工，每次达数千人。1942 年，日寇“扫荡”牟平县，一次抓走 1000 多人。日寇有时将一地男人全部抓起来，或将一村的老百姓全部抓走，在昌邑北某村抓了 751 人，在莱芜一个 200 户的村庄，抓走 150 人。在日照 15 个区内抓捕劳工即达 4522 人，在鲁北几县抓走壮丁 69605 人。据战后胶东区的不完全统计，被抓劳工多达 29 万人。被关在济南“新华院”中的抗日军民，除大部被杀外，也有万余人被押往日本各地和中国东北做劳工的。

日寇还诱骗和胁迫农民去东北当劳工、服苦役。1941 年 7 月，日伪共同设立“华北劳工协会”，并在青岛、济南、烟台三地设立办事处，有计划地从山东各地招募劳工去日本和东北。仅 1940 年山东被征发去东北的劳工即达 70.8 万人，占华北地区劳工总数的 53%。②临朐县 1940 年尚有人口 38 万人，到 1942 年仅剩下 8 万人。蓬莱县 1942 至 1943 年去东北者 12.1 万人，占全县总人口的 35%。1944 年，日本曾计划从山东招募 40 万人，其中大县 3000 人，小县 1000 人。③据不完全统计，山东沦陷期间移入东北的人数高达 289 万人。④其中绝大部分被日寇诱骗或胁迫当了劳工。

像德国法西斯对待犹太族人民一样，日寇在其占领区里对中国人民实行的同样是民族灭绝政策。被日寇征发和抓捕的劳工，被当成是“死亡大军”，受到种种迫害、残害和虐待。中国劳工的劳动条件极为恶劣，他们吃的是豆饼磨成的面或橡子面，高粱面成了最好的饭，劳工连最粗粝的饭也吃不饱，每日被强迫工作 12 小时以上，冬天也只能穿着单衣单裤，打着赤脚

① 参见《大众日报》1941 年 10 月 16 日。

② 参见松崎雄二郎：《北支那经济的新动向》，1942 年日文版，第 200 页。

③ 参见刘大可等：《日本侵略山东史》，山东人民出版社 1991 年版，第 271 页。

④ 参见路遇：《民国年间山东移民东北三省初探》，《人口研究》1985 年第 5 期。

在冰天雪地里干活；劳工有了病也得不到医治，像奴隶一样受到监工的毒打与监视。这些在矿井、码头和工厂干活的劳工，受到人间地狱般非人的待遇，死亡率极高。由济南“新华院”押往东北和日本做苦役的万余人，绝大部分死于非命。昌邑县在本溪的76名劳工，有70名死于矿上；该县其余做劳工的100人，也多数被迫害致死，只有少数侥幸活下来。荣成被抓往东北当苦役的300多人，都是下落不明。①“穴居野人”刘连仁就是千千万万被日寇打入“死亡大军”而有幸生还的一个，他从煤矿逃出后，在深山过了13年野人的生活。

很多被强行征发为日寇从事军事工程的劳工，往往在工程完成后被集体杀害。1945年夏，日寇为防备盟军登陆和中国军队反攻，强迫数以十万计的民工和战俘在青岛、海阳及济南、张夏等地修筑半永久性工程，其中许多是“死亡工程”，参与这些工程的民工全部遭到杀害。

第三，掠夺牲畜。在日本侵鲁的八年中，全省牲畜损失在300万头以上，约占全省牲畜的60%，农业生产因此受到极大破坏。

第四，以“征发”和“收购”名义，掠夺农产品，严重挫伤农民生产积极性。所谓“征发”，就是利用伪政权向沦陷区人民任意征用军粮补给；所谓“收购”，就是通过交易所用低价搜刮棉花、粮食、皮革等物资。②凡此种种，均对山东农业产生了严重不良后果。直至抗战结束，日伪始终未能摆脱农业衰退和粮食短缺危机的困境。③

第五，日本军国主义制造惨绝人寰的“无人区”。“七七事变”以后，日寇侵占临朐，四处“清乡”、“扫荡”，烧杀抢掠，造成了一批批“无人区”，如鲁中沂鲁山区的“无人区”，鲁西鲁北莘县、冠县、聊城、堂邑边区的“无人区”，胶东海阳盆子山区的“无人区”等。

沂鲁“无人区”，以临朐的三岔、九山为中心。该地自日寇占领后，日寇在县城安设据点，不断四出“扫荡”屠杀，推行“三光政策”，村民被屠

---

① 参见崔维志、唐秀娥：《山东抗日战争纪实》，新华出版社1999年版，第477页。

② 王兆良：《抗战时期日本帝国主义对山东的侵略》，《山东史志资料》第一辑，山东人民出版社1985年版，第47—49页。

③ 张玉法主编：《农业志》，《（民国）山东通志》卷十五，（台北）山东文献杂志社2000年版，总第1534页。

杀，财产农具牲畜被洗劫一空。1938 年农历二月二十五，日寇进犯唐立店村，刺死手无寸铁的平民 12 人，烧光全村房屋，致使 500 余名村民无家可归。同年农历七月二十，日寇"扫荡"龙岗村，将村民驱至南沙滩上用机枪扫射，打死 75 人，打伤 40 人。1940 年除夕，日寇"扫荡"大车沟村，抢光全村粮食，宰杀牛羊 276 头，烧毁房屋 47 间，伐树 200 棵。日寇烧杀后，该地村村户户都有人被杀，甚至全家被杀绝。[①] 日寇对该地的烧杀是造成"无人区"的主要原因。据不完全统计，到 1942 年年底，临朐全县逃荒要饭的 16.8 万人，典妻卖子的有 9000 户，被杀与饿死者 10 万余人。全县原有的 38 万人，只剩下 8 万多人，临朐成了骇人听闻的无人区。[②]

1945，日寇窜入海阳盆子山区，在方圆五十里的 61 个村庄，到处杀人放火，奸淫掳掠，制造了胶东的"无人区"。

山东农业生产力最严重的破坏，是日本侵华战争期间对山东社会经济的毁灭性破坏。日本侵略者在许多地方推行野蛮的抢光、烧光、杀光的"三光"政策，奸淫烧杀，山东的人口大量流离死亡，据不完全统计，日本侵鲁的八年中，山东人民先后被杀害 85.97 万人，伤残 161 万人，掳去做苦役的 200 余万人，三项合计占山东人口的 12%。由于战争破坏，使 245 万人流离失所，沦为难民，230 万人失去抚养者，636 万人沦为贫民，全省有 1110 万人急需救济，占山东人口总数的 36%。日本侵鲁八年战争中，在山东掠走牲畜 290 万头，猪羊 2640 万只，鸡鸭 1.45 亿只，粮食 145 亿公斤，农具 5900 万件，烧毁房屋 580 万间，山东农村遭到前所未有的浩劫。据不完全统计，山东农业直接损失折款 19000 多亿元（法币），1945 年，粮食总产较战前减少 64.7%，大牲畜减少 77.5%，猪减少 57%，羊减少 56.8%，家禽减少 57.1%，使山东农业元气大伤。[③]

据《乐陵县志》记载，日、伪在乐陵横行 7 年间，全县被杀害 7893 人，其中被杀妇女 1296 人、儿童 1062 人；致伤残 7614 人，被捕、被押 26589 人；被抢、被毁粮食 22330 斤，花生 149758 斤，棉花 758708 斤，低价强购粮食

---

① 崔维志、唐秀娥：《山东抗日战争纪实》，新华出版社 1999 年版，第 455—456 页。

② 参见山东地方史编委会编：《山东各地概况》，山东人民出版社 1986 年版，第 393、1181 页。

③ 参见山东史志编委会、俞宽钟主编：《山东省志 · 农业志》，山东人民出版社 2000 年版，第 9 页。

142932846 斤，因战争减产约 1.4 亿斤。被砍伐各种树木 472155 株，杀死牲畜 32019 头、禽类 1980710 只。毁坏农具 829784 件、运输工具 5201 辆，烧毁房屋 55600 间、各类家具 3360733 件。抢走各种金银首饰 1624757 件。日伪严重破坏了乐陵的经济与生产力。①

日本侵华战争的八年间，敌伪无止境地对占领区人民榨取，奸伪势力不纳负担与转嫁负担，敌占区人民负担形成两头掉中间挤的现象。滨县人民的负担极其苛重。在日伪统治区，人民的负担特重。“1942 年胶东日伪统治区，每亩负担合北海币 140 元，而解放区每亩负担为 11.25 元，日伪区较解放区高出十二倍。”②“山东海陵县蔡村，利津县宋王庄等地在日伪统治下，各种捐税负担均占总收入的百全之八十。”③“房李乡负担自今年（1944年）1 月至 4 月，每银一两，正项伪钞 9000 元，粮食 1500 斤，棉花 150 斤，土布 50 尺，工人 58 个，烧柴 2500 斤，土坯 150 个，生铁 10 斤，铜子一斤，约折合粮 4000 斤。这里每两银子 13 亩地（360 弓亩），每亩每年可产粮一石，为此，4 个月的负担超过全年产量。高学乡负担尤重，每在粮食收获时，伪乡村长结合乡丁、村丁见群众打场时，将农民收获的全部收去。有一个富农全年产量 27 口袋，被收去 24 口袋，其他杂项负担尚未计入。……大尚庄 1944 年每两银子负担共计折合 15000 元伪钞，正项杂项工夫柴草全在内，一年内每人平均负担工夫 100 个，每工市价 50 元伪钞，计 5000 元，其他全为粮款柴草，计超过全年产量数倍。在这种苛重负担下，广大群众将自己全年生产的粮食，大部分拿了负担，而且将过去的积蓄也拿了负担，最后卖了牲畜，卖了家具衣服等物，甚至将劳力也顶了负担，最后仍无法交纳时，则许多群众变成了逃户，落得家破人亡。任家村任锡林，家有人 5 口，种地五六亩，有房两套，园子一所，大车一辆，牲畜三头，因负担过重而破产。房产土地被霸去，其兄修据点劳累而死，其母贫病悲愤而死，其妻讨饭为生，任锡林当了长工，直到滨县解放才得申冤。”④任锡林的家境在农村算是富裕的

① 参见乐陵县史志编委会编：《乐陵县志》，齐鲁书社 1991 年版，第 490 页。

② 山东省档案馆、山东社会科学院历史研究所合编：《山东革命历史档案资料选编》第 10 辑，山东人民出版社 1983 年版，第 276 页。

③ 《渤海日报》1945 年 11 月 16 日。

④ 参见鲁档：《滨县新解放区工作总结》，第 32 页。原档案件编号 TD26-2-2。

了，在日伪的压榨下家破人亡，这几乎可以说是山东农村在日本统治下破产的一个缩影。

盐山魏桥村是游击区，村里是两面纳负担。其资敌办法是这样：敌人按每村的地亩银两核算粮款及其他，但各村则是按敌人所要总数，以折合总地数平均摊派，这还是比较好的村庄这样办。敌人什么东西都要，以该村 1944 年 1 至 6 月统计，计有：鸡蛋 210 个，生鸡 10 只，蒜头 550 斤，芝麻 179 斤，棉花 26.5 斤，花子 16 斤，甘草 1080 斤，被子 10 床，秫楷 350 斤，麦楷 280 斤，缸 1 口（1200 元），梁 1 架 1000 元，檩条 6 支，砖 170 个，油 17 斤，咸菜 60 斤，青菜 220 斤，小枣 300 斤，荛子 200 斤，柴火若干。敌人所征，粮款是大宗，其他除上述物品外，如盐、洋布、洋蜡、白糖、洋火、油筒、烟卷，无所不要。

表 1–16　对敌与对我负担占其总产量的比较（1944 年 1—6 月）

	对敌负担	对我负担	总负担数及村负担
实征数（斤）	22.25	4.0	26.25
占总产（%）	6.36	1.14	9.50

以上统计，是半年中按一般产量来对比的，这半年中，敌人活动尚差，负担尚轻，仍是负担的 5 倍以上。这是实物负担，人力不在内。①

在胶东也是一样。1944 年秋到 1945 年春，山东莱阳地区的农民须缴纳三份捐税：日寇一份，伪区署一份，国民党地方部队赵保厚一份。苛捐杂税，名目繁多，盘剥日重，农民罄其一年所有，尚不足以缴纳捐税。据莱阳县北鹿村调查，农民一年收获小麦七斗，反要缴纳一石，收小米一石四斗，要全部交税，有的地方 10 个鸡蛋可以换 1 亩地，有的人户负担不起捐税，将土地白白送人，也没人要。②

① 参见鲁档：《盐山魏桥村的一般概况》，1949 年，第 27—28 页，原档案件编号 TD26-74-1。

② 参见许世友：《我在山东的十六年》，山东人民出版社 1988 年版，第 50 页。

三、抗战胜利后的国共战争

（一）国共在山东的战争

抗日战争的胜利，是全中国人民经过14年浴血奋战，终于战胜了强大的日本军国主义，这是近代史上中国人民第一次赢得的民族革命战争的胜利。

在抗日战争的敌后创建的山东解放区，是中共领导的十九块根据地中唯一完整的建制省。到1945年抗战胜利时，山东解放区下辖滨海、胶东、渤海、鲁中、鲁南5个区行政公署，辖22个地委及相应的专署，总共120多个县的政权。各县普遍建立起区、乡、村各级党政组织和群众团体。解放区人口有2800万人，面积12.5万平方公里，建立了一支27万人的正规部队和71余万民兵的人民武装。其中根据地人口、正规军人数、民兵人数三项指标，均占中共领导的全部解放区总数的三分之一左右。山东解放区成为中共最重要的战略基地。

与此同时，蒋介石准备内战，第一步首先控制大、中城市，第二步依托大、中城市强占铁路沿线，第三步依靠城市和铁路沿线占领全山东。国民党在战后将其军队迅速运至原敌占区，抢占济南、青岛、潍县、兖州、徐州、连云港等大中城市和胶济、津浦、陇海铁路沿线。

抗战后期美国为国民政府训练和装备了十几个军、几十万人的部队，提供了大量的资金、现代化作战装备和物资。日寇投降后，国民政府一面给汉奸卖国军队授以国军的番号和职务，令其“负责维持地方治安”；一面在美国飞机、军舰的全力支持和协助下，强占被中共包围的大、中城市、交通线和战略要地。美国也打着解除日军武装的旗号直接派军队在我国登陆，抢占沿海各大城市及交通线，扩大势力范围，协助国民党运送部队进犯内地。

1945年9月，国民党的17个军约40万军队扑向山东和华中地区。其第19集团军陈大庆部5个军约10万人开向徐州，在其余6个军的协同下，共同占据陇海铁路东段及两侧阵地。陈部骑2军和12军由徐州沿津浦铁路继续北犯，于10月11日开进济南。不久，国民党第73军也由美国空运抵济。1946年9月1日，美军第七舰队在青岛登陆，把青岛作为国民党海陆两路侵犯华东、华北、东北等广大解放区的前线阵地。不久，云南的全副美械装备的国民党精锐部队第 8 军由海路运抵青岛。至此，国民党陆续占领了济南、青岛、徐州、连云港 4 个战略据点，占领了胶济、津浦、陇海三条铁路沿线大部地区，完成了对山东解放区的战略分割和包围。①

中共中央指示山东的方针是"向南防御，向北发展"，具体部署是：第一步，肃清解放区境内的敌伪残余，彻底破坏交通线，阻止国民党军队的北上及进犯。第二步，"为利用目前国民党及其军队尚未到达东北以前的时机，迅速发展我之力量，争取我在东北之巩固地位"。

中共中央决定：山东主力及大部分干部迅速向冀东及东北出动。1945 年 8 月 29 日，中央指示山东分局，要求抓住国民党在东北无基础和调兵困难的时机，及时"控制广大乡村和国军未曾驻扎之中小城市，建立我之地方政权及地方部队，大大地放手发展"。10 月初至 12 月底，山东解放区主力及大批机关干部在罗荣桓等率领下，由陆、海两路分 3 批开赴东北。开赴东北的部队计有共 9 个师（旅）6 万余人，加上各军分区基干团 20 个团 3 万余人，山东开赴东北的军队共9万余人。同时赴东北的还有地方干部6千余人。以后，山东又有一些干部和部队陆续北上，前后共约 10 万余人。山东大批干部和部队开赴东北，对于创建和发展东北民主联军，开辟和巩固东北根据地，发挥了极其重要的作用。山东主力部队北上时，尚留有主力四师、八师，10 月胶东又成立了新编第五师，加上各地警备旅，山东尚有主力 40 多个团，连同地方武装，共约 20 余万人。战略调整后，新四军主力二师、四师等部入鲁，与原山东主力部队合编，成立了山东野战军，下辖一纵、二纵队和七师、八师共 7 万人。②

在抗战胜利后的四年间，除了第一年算是相对和平时期外，山东是国共交战的主战场，国共两党两军在山东展开了大小二十余战，国民党还以几十万大军发动对山东的重点进攻。中共在山东战场的胜利，奠定了在全国的胜利基础。从某种意义上说，没有山东解放区的建立，没有山东的出兵东北和南下参与淮海战役，没有山东人民参军支前，也就没有中共三年解放战争

① 参见唐致卿、岳海鹰：《山东解放区史稿·解放战争卷》，中国物资出版社 1998 年版，第 3—5 页。

② 参见唐致卿、岳海鹰：《山东解放区史稿·解放战争卷》，中国物资出版社 1998 年版，第 7 页。

的全面胜利。

国共两党在山东的战争，可以罗列如下：

1945年10月10日，国共双方代表签订了《国共双方代表会谈纪要》(即《双十协定》)，宣布“坚决避免内战”，建立独立、自由和富强的新中国。

10月18日，我野战军向津浦路出击，发起津浦路战役，控制该路260里和临枣支线，从南到北切断了津浦路，战役于同年12月27日结束。1946年6月26日，国民党撕毁停战协定和政协决议，以30万大军围攻中原解放区，全面内战自此爆发。7月15日，国民党军队在薛岳统一指挥下，分四路向苏北鲁南进犯，15日进攻苏中，16日进攻淮南，18日进攻淮北和鲁南。进攻鲁南的共有11个旅5万余人，内战从此蔓延全国。

8月8日，胶济路西段国民党第八军北犯我解放区，至10日占领临淄、广饶二城。8月20日，徐州地区的国民党军集中14个军31个师，以薛岳为总指挥，向我鲁南大举进犯。我军在鲁南英勇阻击进犯之国民党军，鲁中各县民兵12000人支援我军作战。9月3日，晋冀鲁豫解放军发起“定陶战役”，至8日结束，共歼敌17000余人。

9月29日，我晋冀鲁豫发起“巨野战役”，至10月7日结束，歼敌5200余人。10月10日，国民党军队侵占张家口，蒋介石下令单独召开国民大会。

12月15日，我军进行“宿北战役”，至本月20日结束，全歼整编第六十九师师部及三个半旅，共歼敌24000人。此役开创了内战爆发以来我军一次战役歼敌三个整旅的最新战绩。12月20日，胶东解放区土地改革基本完成，掀起反蒋保田保家乡运动。全区有15000名青年参加人民解放军。1947年1月2日，华东野战部队发动“鲁南战役”，收复自停战令公布后被蒋军占领的枣庄、峄县、邳县等地。

2月20日，华东野战军发起“莱芜战役”，至23日歼敌56000余人，首创我军一次战役歼敌7个师的光辉战例，中央军委致电“嘉奖”。

1947年3月初，国民党集中90个旅近70万人，向陕甘宁边区和山东解放区发动重点进攻。

4月6日，国民党军队的3个兵团共13个整编师34个旅约255000人，沿临沂至泰安一线，开始对山东解放区实行重点进攻，山东成为主要战场。

5月13日，“孟良崮战役”开始，至16日全歼国民党五大主力之一的整编第七十四师，歼敌32000余人。7月17日，华东野战军发动“南麻临朐战役”。

8月3日，国民党军向胶东解放区进攻。11日，华东野战军组成西线兵团，进入鲁西南执行外线作战任务，发起“沙土集战役”，全歼敌整编五十七师，吸引大批国民党军主力。

9月30日，国民党军占领烟台，达到在山东省重点进攻的顶点。

10月2日，“胶河战役”，我内线兵团转入进攻。

1948年1月27日，华东人民解放军自2日至是日发起的“潍县战役”大获全胜，渤海、胶东、鲁中解放区连成一片，春季攻势共歼敌85000人。5月8日，华东人民解放军对胶济铁路沿线发动的“春季攻势”胜利，共歼敌85000余人，克城17座。至此，津浦路以东的山东地区除青岛、烟台等少数孤立的城市和据点外，全部解放。29日，华东野战军发起“兖州战役”，此役至7月18日共解放县城12座。7月2日，华东人民解放军解放滕县城，至14日解放兖州、济宁。

8月5日，华东军区司令部公布解放战争第二号战绩：全年共歼敌近40万人，收复解放城市53座。

8月24日，华东人民解放军解放山东省会济南，济南战役歼敌84296人。11月6日，华东、中原野战军发起“淮海战役”，至翌年1月1日共歼灭国民党军555000人，山东省人民为支援淮海战役作出重大贡献。

12月18日，淮海战役第二阶段胜利结束，全歼黄维兵团。

（二）国共内战对农业经济的破坏

在抗战胜利后的国共两党内战较量中，中共所以能以雷霆万钧之势将具有很大优势的几百万国民党军消灭，夺取国家政权，最根本的是共产党在战后不失时机地进行了土地改革，以消灭地主阶级剥削、实现“耕者有其田”为号召，从而得到农民的全力拥护，使农民站到了共产党一边。农民将自己的命运跟共产党进行的解放战争的胜负联在一起，认定只有打胜仗才有出路，只有推翻国民党的统治才能过上好日子。他们把共产党视为自己的救星，把国民党政权视为公敌，把支援解放战争视为自己的神圣责任。农民以空前的历史主动性参军参战，把国共战争看作是自己翻身解放、保家保命保饭碗的神圣之战。各地纷纷杀鸡盟誓，毁家纾难，提出参军参战向国民党复仇的口号。人心向背在战争中出现了有利于共产党而摒弃国民党政权的一边倒的形势。

战争的破坏表现在以下几个方面；

第一，大规模战争，交战双方动辄有几十万上百万的部队拉锯战，造成国共双方兵员民夫和战区人民大量伤亡，使农业劳动力严重损失，役畜和家畜大量死亡，农业生产工具破坏殆尽，直接破坏了农业生产力。

1946 年 12 月的宿北战役后，国军开始进攻山东，大规模战争转移到山东境内，华中部队北移山东，与山东野战军集结作战，部队都在 20 万人以上，物资消耗巨大，至济南战役结束，其间有几十个战役都是在山东省内交战。

在参军参战方面，内战爆发以来，山东解放区党政领导机构开展了 4 次动员参军热潮。前后共有 58.9 万人参军。如加上内战前山东我军原有人数及北上东北的人数，则解放战争期间山东解放区共出军队约 90 万人，占全国人民解放军的三分之一，是全国参军最多的省份。1948 年 9 月，中共中央提出建设 500 万人民解放军的战略任务。山东开展了第 4 次动员参军归队运动。同时，进行了地方武装的升级工作。这次大参军运动中全省有 16.8 万名青壮年报名参军，其中 8 万人补入主力部队。另外，在“到前线去，到主力去”口号鼓舞下，有 19.4 万名地方武装指战员升入主力部队，占三野总兵力的三分之一。淮海战役期间，华野共补充兵员 14 万人（包括解放战士），其中相当部分是山东参军的青壮年。这次大参军运动，对于保证三大战役的胜利，具有重要意义。

战争对生命财产的破坏与消耗。国民党对山东的重点进攻，使山东人民遭受空前的浩劫。山东全境，除黄河以北的渤海地区和胶东之文登、荣成两县外，都无例外地被投入战火浩劫之中。国民党军所到之处，烧杀掳掠，奸淫妇女，抓丁抢粮，鸡犬不留，十室九空。地主组成“还乡团”尾随国军还乡倒算，所到之处，无恶不作，犯下了令人触目惊心的罪行。仅在鲁中 15 县统计，就有近万个村庄被洗劫，被抓、被杀 14 万人；其中据 10 个县统计，损失牲畜 8.39 万头，猪羊 7 万余只，农具损失半数以上。120 万亩以上土地，因人灾天灾交加，人民无力耕作而荒芜，百余万人沦为灾民。[①] 国民党进攻鲁中南时，郯城被活埋的达 1400 余人。[②]1947 年秋，国军和还乡团 5000 余人进犯潍县，制造了惨绝人寰的“潍北大屠杀”，拉走牲畜 2000 余头，抢光百姓赖以活命的粮食，抓捕壮丁无数。并以让人触目惊心的种种灭绝人性的酷刑残害被占区的百姓。此次大屠杀，被活埋的有 307 人，全县被杀害的干部群众达 494 人。还乡团在纸房区邢家东庄街口安下三口铡刀，按户抓人去铡，一次铡死 21 人。韩在林弟兄全家 14 口一起被活埋。[③] 劫难之后，潍北尸横遍野，血流成河，断骨碎肉随处可见，简直成了人间地狱。国民党军进攻莱阳时，该县被杀 3000 余人。

国内战争血与火的震撼，内战炮火下的土地改革的政治化，各地出现的乱打乱杀无政府恐怖状态，都给山东的社会经济造成极大的破坏。

据山东省 16 县 48 个村的调查，1948 年与战前的 1931—1936 年相比，农业劳动力由战前占农业人口的 42.2%，到 1948 年下降为 39.5%；各种牲畜，牛为战前的 47%，马为战前的 14%，驴为战前的 60%，骡为战前的 18%；各地牲畜 1948 年比战前总共减少了约 16%。各种农具，大车为战前的 64%，小车为 56%，犁为 63%，耙为 61%，铁锨为 80%，镢为 69%，锄为 80%，主要农具 1948 年比战前总共减少了 30%。各种肥料中，圈肥为战前的 63%，肥田粉为 88%。[④]

第二，农民战勤负担空前加重，农村经济受到严重的摧残。八年抗战加四年国共战争，前后有十二年的战争发生在山东省内，战争破坏致使农业生产力水平大大衰退。战争的空前消耗与破坏，蒋军对山东解放区的毁灭性三光政策，大量青壮年支前，形成农村生产工具与劳力的缺乏，战争中大批青壮年男劳力涌上前线，后方剩下妇女、老人、儿童等半劳力。农民主劳力大量外流，致耕作失时，收获无着，全省灾民达 400 万人。蒋军的进攻，使解放区生产力遭到严重破坏。胶东 43 县市，遭洗劫的达 37 县市，遭难村庄

---

① 参见山东省财政科学研究所与山东省档案馆全编：《山东革命根据地财政史料选编》第 3 辑，内部资料，1985 年，第 325 页。

② 《大众日报》1948 年 2 月 27 日。

③ 参见《山东党史资料》1984 年第 2 期，第 19、25 页。

④ 参见中央农业部计划司编：《两年来的中国农村经济调查汇编》，中华书局 1952 年版，第 224—227 页。

达 3000 多，占全胶东总面积的 80%。莱西南被杀 5700 余人，仅有 30 户的小渚洞村，有 27 户惨遭杀害。南海、西海专区损失牲畜达 3 万余头。

滨北粮食损失 2.6 亿斤，地瓜、花生未及收获，烂在地里约占 50%，小麦播种仅及往年的一半。西海专区损失公粮 252.9 万斤，私粮 1068 万斤，掖县、平度两县被毁房屋达 2875 间，莱西南损失小车 5000 余辆。渤海区损失公粮 5000 万斤，物资 80 亿元；胶东区损失公粮 4000 万斤，物资 40 亿元；滨海区损失公粮 1000 万斤，物资 40 亿元；鲁中鲁南自全面内战以后一直是主要战场，公粮物资除大部消耗外，几乎全部损失。①

因国共双方为了应付战勤兵差，都大量抽丁拉夫，农村的青壮年劳力匮乏，留下来的老弱妇孺又不堪苛捐杂税的剥削以及无法度日而四处逃荒。1946 年 11 月 8 日，山东解放区已大部分实现了土地改革，在“保家乡，保饭碗”的口号下，动员农民支援前线，深入战争动员。渤海区开展“反蒋保田”运动，全区有 6200 青年参加主力军。

从 1945 年 10 月至 1949 年 10 月的四年中，山东人民先后出动了 106 万民工，百余万大小车辆，向前线运送了 11 亿斤粮食，数十亿斤弹药与军需物资，转运了 20 余万名伤员，支持了二十余个大的战役。

其一，在民工支前方面。为了前线的胜利，山东人民提供劳力的数量，在解放区各战场是罕见的。历次战役中，宿北战役共使用民工 41 万人，鲁南战役 60 万人，莱芜战役 62 万人，泰安战役 85 万人，孟良崮战役 92 万人，南麻临朐战役 94 万人。从上述数字中不难看出，随着战场的不断深入和范围的扩大，所用支前民工数也不断增加。如果加上推磨碾米、加工军衣军食的妇女劳力，支援前线的人数还要加倍。也就是说，当时山东解放区直接支援战争的人数经常在 200 万人左右，占全省总人口的 10%。如果加上参军和民兵的人数，当在全省总人口的 15% 以上。仅就支前民工数字看，在上述六次战役中，其参战人数（次）总和为：随军民工 22.4 万余人，二线民工 111.5 万人，临时民工 300.7 万人，三项合计 434.6 万人。

1947 年 2—7 月底，国共双方进行了莱芜战役、泰蒙战役、孟良崮战

① 参见唐致卿、岳海鹰：《山东解放区史稿·解放战争卷》，中国物资出版社 1998 年版，第 160 页。

役、南临战役，战区不断扩大，战线拉长，军粮需求量大，每天用粮 100 万斤，加之道路狭窄，坡陡路滑，雨季泥泞，运输困难，战役相隔时间短，需不停地集中人力物力向各战区供应。在前后 5 个月的时间里，因战勤服务就动用民工 333.66 万人，占山东在四年国内战争使用民工总数 882.19 万的 37.82%。鲁南战役中，山东出动民工 60 万人担任战勤任务，仅鲁西和鲁西南两地区就负担民力合 2377.95 万个工日。

由于支前制度不完善，民工负担不合理，出工不定时，民工出工后对其家属的生产生活缺乏统筹安排。因此，支前民工极不巩固，动员的多，逃跑的也多。如宿北战役时，在鲁南、滨海动员的民工逃亡率竟达 90%。鲁南战役后，从渤海、胶东动员的民工，逃亡率也占 25%—50% 不等。除人力物力的浪费外，地区之间负担不合理现象也极为严重。

在全省，党、政、军、工脱产人员总数的 65% 集中在鲁南、鲁中、滨海三区，生活相应由当地负担。军政脱产人员占当地人口总数的比例一般为 1.5%，抗战最多时为 2%，而此时达到 6%，造成当地严重的经济困难。到 1947 年年初，当地粮食超支 8000 万斤以上，货币超支 1 亿元以上。在鲁中、鲁南、滨海三区内部的各地区之间，负担的不合理也很严重。例如在 1946 年 11 月的傅山口、泥沟反击作战中，处于战区的赵县总人口 40 余万人，支前服务人员达 12 万人，占全县人口总数的 30%，用工总数达 130 多万个工日。这说明组织工作不严密，造成群众负担十分不均。参军动员时间短，数量多，有的区村为了完成任务，搞“一锅端”、“青年倒筒”，青壮年和干部几乎全部入伍，致使农村劳动力枯竭，基层骨干空缺，影响后方的生产与支前。有些地方参军任务分配不平衡，兵员负担不合理，某些老区参军人数竟达总人口的 6%—7%。

其二，在物资支前方面。在反击国民党对山东重点进攻时期，由于战争破坏及劳力过少，麦粮和秋粮的较大减产，但各地区均完成征粮任务。其中胶东交麦粮 1.8 亿多斤，秋粮 3.2 亿多斤，合计 5.1 亿多斤，加上其他附加折粮共 8 亿多斤，平均每人负担 86 斤；渤海交麦粮 2.2 亿多斤，秋粮 2.5 亿多斤，合计 4.8 亿多斤，加上附加折粮共 8.9 亿多斤，平均每人负担 104 斤；鲁中南交麦粮 0.9 亿多斤，秋粮 1.5 亿多斤，合计 2.5 亿多斤，加上附加折粮共 4.5 亿多斤，平均每人负担 50 斤。此外，鲁中人民还借出粮食

8000 万斤。

济南、淮海、京沪三大战役中，山东人民以巨大的人力物力支援了前线。据不完全统计，共动用人力 596 万人次。其中济南战役 50 万，占 8.4%；淮海战役 225 万，占 38%；京沪战役 330 万，占 53.6%。所用民工中，随军民工占 5.7%，二线民工占 15.3%，临时民工占 79%。在随军民工中，济南战役全由山东出人，淮海战役山东民工占 92%，京沪战役中占 35.5%。在粮食供应方面，济南战役参战人数共 94 万，每天需粮 263 万斤，战役期间共调集粮食 1.6 亿余斤，足供参战人员两个月的消费。淮海战役中我军将士及支前民工共 130 万人，到战役第三阶段围歼杜聿明集团时，参战人员达 150 余万人，每日需粮近 400 万斤。全战役期间共消耗粮食近 4.35 亿斤。京沪战役参战人员加俘虏共 178 万人，每月需粮近 1.7 亿斤，加上南京、上海市民所需，共近 4 亿斤。总计，济南、淮海、京沪战役共实耗粮食 8.5 亿余斤，其中山东提供 4.69 亿余斤，占 55%。特别是在淮海决战中，共调集粮食 5.7 亿余斤，用去 4.3 亿余斤，其中山东提供 3.6 亿斤，占 80% 以上。

据统计，自鲁南战役到南麻、临朐战役，我前方经常使用的常备民工约在 21 至 25 万人左右，后方运粮、弹、物资的民工估计经常有 30 至 70 万人。在战区附近的支前任务更是艰巨。例如在鲁南战役时，费县高桥区总共有 1.9 万人，支前的达 3500 人，占男子总数的三分之一；在此期间，妇女做军鞋近 8000 双，袜子 3600 双，煎饼 9 万斤，碾小米 6 万斤，磨面 7 万斤，共使用妇女 6400 人；总计全区有一半人口从事支前工作。再如滨海区的统计，从内战爆发到 1947 年 3 月上旬，在人口只有 320 余万人的滨海区，共出常备民工和子弟兵团 23.7 万多人，临时民工 53 万余人次，两项合计支前 77 万人次，占全区总人口的 23.7%。

第三，农民的赋役负担加重了。三年国共战争期间，取之于农村和农民的收入（包括实物和货币）占政府财粮总收入的比例，山东省为 60%—70%。

农民的粮赋负担，直接的有公粮、田赋、柴草、契税、村经费粮、优救粮六项。前四项构成政府的收入；后两项为预算外收入，一般是以村为单位自收自支的。各项粮赋负担的构成，在年度之间、地区之间不尽相同。根

据已有的材料（契税、优救粮缺资料）列表如下：①

表 1–17　山东省各项粮赋负担统计

单位：原粮、万斤

项目	1946 年	1947 年	1948 年	合计
公粮	100867	124258	143902	369027
田赋折粮	8290	34739	85112	128141
柴草折粮	15691	32522	35688	83901
村经费附加	30260	28728	18043	77031
合计	155108	220247	282745	658100

注：表列数均为全年实征数。1949 年 10 月 25 日山东省粮食局编制。

如果以农民负担的粮赋总额为 100，则上表分项构成的比重如下：

表 1–18　山东农民粮赋负担表

粮赋负担项目	各种负担占总额的（%）			
	1946 年	1947 年	1948 年	三年合计
公粮负担	65.0	56.4	60.0	60.0
田赋负担	5.3	15.8	17.6	13.8
柴草负担	10.1	14.8	14.9	13.6
村粮负担	19.6	13.0	7.5	12.6
负担总额	100.0	100.0	100.0	100.0

从表 1–18 可以看出，公粮、田赋负担是农民的主要负担。

村经费负担也是一项不小的负担。村经费占总负担的百分之十几，看来比重不大，如果同公粮相比，则相当于公粮负担的 20%—30%。村经费最严重的乡村则几乎与公粮负担数相等。所以，许多农民反映，杂派太多，负担没有底。1947 年开始进行整顿，成效很大，但仍存在不少问题。②

① 参见财政部负担史编辑委员会编：《中国农民负担史》第三卷，中国财政经济出版社 1990 年版，第 717 页。

② 参见财政部负担史编辑委员会编：《中国农民负担史》第三卷，中国财政经济出版社 1990 年版，第 718 页。

在三年解放战争期间，华东解放区的农民负担，总的趋势是增加的，负担率也是提高的。

表 1–19　三年解放战争的农民负担

年份	负担人口（万人）	农业收入（原粮 / 万斤）	粮赋负担总额担（原粮 / 万斤）	负担占农业收入（%）	每人平均负担（原粮 / 市斤）
1946	3112	993645	155108	15.01	49.8
1947	2280	9784d1	220247	22.51	97.5
1948	3512	1180291	239717	20.31	67.7
1949	3871	991069	227237	22.93	58.7

注：本表根据山东省财政厅报送资料综合编制。1946—1948 年的数字是 1949 年 10 月 25 日山东省粮食局统计数字。1949 年的数字是山东省财政厅的统计数字。1949 年的农业收入是 1950 年 4 月 21 日根据各地年成、灾情情况估计的，不是统计数字。

抗日战争时期，华东解放区的农民负担还是比较轻的。那时，负担占收入的比例在 8%—12% 之间，每人平均负担 20—40 斤，每亩地平均负担 10—20 斤。解放战争时期就不同了：山东省的负担占收入的比例都在 15% 以上（1947 年达到 22.51%，1949 年达到 22.93%），每人平均负担增加到 50—60 斤，最高的 1947 年达到 97.5 斤；每亩平均负担也上升到 20—30 斤。前后比较，负担是加重了，同解放战争时期其他解放区比较，山东省的负担也是很重的。①

第四，山东反复多次的“土改复查”，极“左”风潮大行其道。在土地改革中，为了消灭地主阶级，消灭所谓的国民党在农村的阶级基础，反复进行“土改复查”。组织贫农团，下放杀人权，放弃党和政府的领导，推动极“左”风潮。不少地方乱打乱杀，严重侵犯中农利益，引起地权动荡，农民恐慌，严重打击和压抑了群众的生产积极性。群众普遍怕负担，怕斗争，怕平分，怕变天，怕变成分，不敢生产致富；复查中党政机关忽视领导生产，使农业生产大大降低，以致耕获失时，造成空前的歉收，全省产量由平均亩产 180 斤减为 85 斤，平均只有五成年景。为了保卫土地改革的成果，民主

① 参见财政部负担史编辑委员会编：《中国农民负担史》第三卷，中国财政经济出版社 1990 年版，第 719—720 页。

政府号召群众参军参战支援前线。敌我双方经常集中200万人以上的军队民工反复拉锯战，大批青壮年参军支前，离开土地，放弃生产，农村劳动力奇缺，全省弃耕田地达1000万亩。

第五，深重的人祸造成严重天灾。蒋军的进攻，使人民失去对天灾的抵抗能力，人们无暇疏浚河道，培修堤坝，致使水政废弛，岸堤缺损，水道淤塞，加之1947年夏季阴雨连绵，黄、潍、胶、沽诸河普遍决口，水灾遍布各地。同年蒋帮实行"黄河归故"，水淹垦利103村。渤海区广饶、博兴、蒲台县连续受水灾，秋粮几乎绝产。人民在蒋军的打击下救死不暇，而虫灾、雹灾、山洪、海啸、地震又联翩而至，仅海啸即已形成了无法弥补的灾象。1948年年初，黄河凌汛，淹没蒲台、利津地区60余村。同年夏，运河也伏汛盛涨，吴桥、东光、南皮等县的408村，24.6万余亩土地被淹，塌房7400余间。胶东南海区被淹田地185万亩，倒塌房屋4000余间，全胶东粮食歉收3.25亿斤。人民群众在天灾人祸面前，无力耕种收获，土地荒芜，播种面积大为缩小，也是造成灾荒的原因。因而，1948年春全省普遍缺少两个月的粮食，几十万人断炊无粮。可怕的是，这种灾荒的特点，是在农村生产力遭到严重摧残的情况下发生的，人民对战争和土改已产生了巨大的疲惫感，除了灾荒本身的普遍性和毁灭性外，是它的延续性。春荒未及救治，接踵而来的是夏荒、秋荒和冬荒。生产救灾问题，是解放区3千万人民救死求生的迫切问题，它不仅关乎解放区的人心向背，而且成为当时政治、军事斗争中共产党和人民军队成败存亡的关键。

战争的烧杀，使鲁南边沿区白彦县几乎成为无人区，邳县林区荒地万余亩，成熟的花生、地瓜扔在地里无法收获；全县荒地3万多亩，灾民3.5万人。竹庭县荒地3万亩，东海县荒地2.5万亩。东海县靖王庄全村1000户，有780户行乞讨饭。全滨海区荒地21万亩，麦收前灾民达30万人。为了逃避蒋军的烧杀，大批青壮年离开家乡，全省土地荒芜1000余万亩。

经过战争的洗劫，农村满目疮痍，十室九空，百姓食不果腹，衣不蔽体，又加连遭虫灾、雹灾，田地荒芜，瘟疫流行，生产生活极端困苦，农具、牲畜、粮食、房屋等生产生活资料的损失平均达55%，灾民达55万人。①

① 参见唐致卿、岳海鹰：《山东解放区史稿·解放战争卷》，中国物资出版社1998年版，第160页。

第二章　山东的土地垦殖与农业区划

第一节　山东土地垦殖历程

一、先明和明代土地垦殖

（一）先明的土地垦殖

山东农业垦殖历史悠久，沿海荒地为历代官府屯垦、移民、租佃之垦区。自唐、宋以来，历代官府均在该地区不同程度地实行过官兵屯垦和移民垦种的制度。山东垦利早期移民垦荒最早始于元朝末年。现董集乡大请户、东请户、南请户和宁海乡宋家庄等村，便是那时官属请住户形成的。至今仍有被称为“官屯”、“民屯”的本寨地理遗名。[①]

（二）明朝的土地垦殖

元明改朝换代，山东是主战场。大战之后，千里荒芜，人烟断绝，“多是无人之处”。[②] 鲁西北东昌府元末遭战乱影响最为严重，如府属清平县地当南北之冲，“兵马往来，被害甚巨，户口凋敝，招募户籍，城内只有三户”。[③]招抚流亡，安定民生，迅速恢复生产，垦复田地，是明朝稳定统治的当务之急，明朝统治者采取了大规模移民垦殖的政策。

1. 明初从山西向山东的移民屯垦

为了迅速恢复生产，招徕人民，安定社会，明朝统治者采取了移民垦

---

① 参见俞宽钟主编：《现代山东农业》，山东科学技术出版社 2000 年版，第 537 页。

② 参见顾炎武：《开垦荒地》，《日知录》卷一〇，《顾炎武全集》，上海古籍出版社 2012 年版。

③ 《（民国）续修清平县志》。

殖、鼓励垦荒、免租赋等优惠政策，恢复和发展经济。

明朝建立不久，以行政手段有意识地移民屯垦就开始了。

明初，华北地区人口流动的主流，即是山西人口向中原地区的迁移。当时，山西风调雨顺，人口稠密，天灾人祸很少波及，是一个相对人丁兴盛、安定繁荣的地方。户部郎中刘九皋建议："今河北诸处，自兵后田多荒芜，居民鲜少；山东、山西之民，自入国朝，生齿日繁，宜令分丁徙居宽闲之地，开种田亩，如此则国赋增而民生遂矣。"

朱元璋赞同并接受利用行政手段组织"狭乡"之民到"宽乡"去垦荒的建议，认为，"山东地广，民不必迁；山西民众，宜如其言"。于是迁山西泽、潞二州之无田者，到……临清诸处闲旷之地，令自便"置屯耕种"。[①] 据史料记载，明政府在洪洞城北二里的广胜寺设局驻员，集中移民，编排队伍，发放"凭照"。广胜寺前汉植大槐树下，成为移民外迁的集中地，于是便有"问我祖先来何处，山西洪洞大槐树"这句世代相传的民谣。……从明代山西移民的迁出地来看，除洪洞而外，平阳、太原、泽州、潞州、辽州、沁州都有大量人口迁出。而移民的迁入地主要集中在豫、冀、鲁三省，山东则是东昌府、济南府、兖州府、莱州府、青州府。[②]

明洪武、永乐年间，官府自山西洪洞、直隶（现河北省）枣强等县，分批迁民来今垦利诸县屯垦，遂形成了垦利县城西南部现董集、胜坨、胜利、郝家、宁海等乡的102个移民垦荒村落。[③]"明永乐年间，海阳、莱阳、宁海等地皆有不少族谱记其明初迁自云南或小云南者"，[④] 并非今日的云南省，而是山西、河北交界区，本区为古云中、云州、云冈之南，所以有了这样的称呼。

洪武二十五年（1392年），"监察御史张式奏徙山东登莱二府贫民无恒产者五千六百三十五户就耕于东昌"。[⑤] 洪武二十八年（1395年），"青兖登

---

① 《明实录·明太祖实录》卷一九三，洪武二十一年八月癸丑，台湾"中央研究院"历史语言研究所1962年。

② 参见行龙：《近代华北农村人口消长及其流动——兼论黄宗智"没有发展的增长"说》，《历史研究》2000年第4期。

③ 参见垦利县史志编委会编：《垦利县志》，山东人民出版社1997年版，第174页。

④ 《文献志·杂志》记"云南迁民事"，《(民国）牟平县志》卷一〇。

⑤ 《明实录·明太祖实录》卷二六，洪武二十五年二月庚辰，台湾"中央研究院"历史语言研究所1962年。

莱济五府民五丁以上及小民无田可耕者起赴东昌编籍屯种，凡一千五十一户，四千六百六十六口”。① 明初的移民也以屯田形式进行管理，垦荒生产以屯为基本单位。

2. 明政府以优惠政策鼓励垦荒

明初，山东各府都有“官给牛种”的屯民。② 明初为移民垦殖，采取免租赋等优惠政策鼓励垦荒。在这种优惠政策的吸引下，志愿迁来山东的移民持续稳定地增加，必然达到相当大的规模。

明初，统治者除向山东移民屯田垦荒外，还大力招抚当地流民，许以优惠条件，鼓励垦荒。政府给予耕牛、种子、农具以助其安家垦荒，“令自便置屯耕种，免其赋役三年，仍户给钞二十锭，以备农具”。③

洪武三年（1370 年）济南府知府陈修及司农官上言“北方郡县近城之地多荒芜，宜召乡民无田者垦辟，户率十五亩，又给地二亩与之种蔬，有余力者不限顷亩，皆免三年租税”，“从之”。④

洪武二十八年（1395 年），朱元璋谕户部官曰：山东人民“二十七年以后新垦田地，不论多寡，俱不起科”。⑤ 这个明代“新垦田地，俱不起科”的上谕，堪比清代康熙的“永不加赋”令，成为明初人民安定，垦复耕地，增加人口的重要政策。优惠政策吸引移民持续增加，为垦复土地准备了大量的劳动力。永乐九年（1411 年），对“多逃徙于东昌、兖州等府受雇”青登莱三府农民，“就地安置，官给牛具种子令其耕种”。⑥

据官方统计，洪武二十八年（1395 年），“东昌等三府屯田迁民五万

---

① 《明实录·明太祖实录》卷二三九，洪武二十八年七月乙未，台湾“中央研究院”历史语言研究所 1962 年。

② 《(宣统) 山东通志》卷七八《田赋》。

③ 《明实录·明太祖实录》卷一九三，洪武二十年八月癸丑，台湾“中央研究院”历史语言研究所 1962 年。

④ 《明实录·明太祖实录》卷五三，洪武三年六月丁丑，台湾“中央研究院”历史语言研究所 1962 年。

⑤ 《明实录·明太宗实录》卷二四三，洪武二十八年十二月壬辰，台湾“中央研究院”历史语言研究所 1962 年。

⑥ 《明实录·明太宗实录》卷七七，永乐九年六月甲辰，台湾“中央研究院”历史语言研究所 1962 年。

八千一百十四户，租三百三十二万五千九百余石，棉花二百四十八万斤”。[①]

明初山东省各地田额既已确定，而额外荒田垦成熟地又永不起科，洪武朝核天下田各有定额。“安丘均得一万二千二百二三顷九十五亩有奇，已复令山东等处额外荒田尽力开垦不起科。”[②] 洪武二十四年（1391 年）朱元璋又发布“限田令”，“山东概管农民各见丁着役，限定田亩，着令耕种，有荒芜田地流徙者，全家迁发化外”，政府限定每户耕地面积，不是限定农民耕地的上限，而是限定农民耕地的下限，即不得少于一定数量的土地。

明初山东各地曾进行过土地的丈量或登记。洪武十九年（1386 年），朱元璋令国子监生到浙江清丈田地编造鱼鳞图册，而在全国其他地方似也有土地的清丈与登记活动。但当时土旷民稀，垦辟有限，因此，朱元璋采取宽松政策，“令各地农民自实见垦亩数以定税粮”，就是说，让农民自报实有垦地亩数作为确定税粮多少的依据。让农民自实田自报税，实际上是以让利方式诱导农民垦地耕种，农民不可能把未垦辟未耕作的垦耕地上报，也不会把未耕地缴税，也就必然隐秘下相当数量的土地，政府给农民多收粮食的机会和余地。

3. 设置四卫所实行军屯

除行政迁民外，还有以军事组织的卫所军屯形式强令移民的。洪武三十一年（1398 年），在胶东沿海设置四卫所，并令“世袭官员携带家眷驻于卫所，人口又有增加”，这些官兵多来自东南各省[③]。卫所以军屯形式迁来了不少南省之民。

洪武二十五年（1392 年）“命户部遣官于湖广、江西诸郡县买牛二万二千三百余头，分给山东屯种贫民”。[④] 土地是农民最基本的生产资料，移垦地方荒地很多，可以自由占垦，能多垦复不限顷亩。胶东卫所的将士也是且耕且守，“每军士种田至五十亩，军士三分守城，七分屯种，亦有以田

① 《明实录·明太祖实录》卷二四二，洪武二十八年八月庚寅，台湾“中央研究院”历史语言研究所 1962 年。

② 顾炎武：《安丘县志》，《山东下》，《天下郡国利病书》原编第十六册。

③ 海阳史志办编：《人口·人口变动》，《海阳县志》第三编，内部资料。

④ 《明实录·明太祖实录》卷二三三，洪武二十五年闰十二月己卯，台湾“中央研究院”历史语言研究所 1962 年。

土肥瘠地方冲缓而异者：岁收子粒，以省馈饷，耕牛、农具皆仰给于官”。①

在20世纪二三十年代之后的农村经济研究中，在人与地的关系上，只强调了土地承载力超过与否的问题，仿佛人口只是饭桶，而忘记了人口还是生产力，无视人口的增长就是农业劳动力的增长，有劳动力的增长才有土地垦辟增长的基本事实。明初以降，随着人口的增长，各地土地垦辟都有了飞速发展。

洪武二十四年（1391年），山东有567.2万人，估计进行耕作的劳力达183.2万人，以每一劳力耕地30亩计算，山东全省耕地约有5496万亩，这个数字与弘治十五年（1502年）的载籍耕地数非常接近。②

明初，鲁西北地广人稀，接收了大量外省移民，还从青登莱三府迁民移垦。鲁西北以冲积平原为主，可耕地较多且肥沃，有发展农业的优越条件，在有明的近三百年间，人口与耕地的增长速度较鲁东南丘陵山区为快。

东昌府明代人口增长速度在山东省最大。东昌府在明初洪永时期因接纳了大量移民，人口有成倍的增长；明中后期因有大量荒地可以垦殖，人口自然增长速度仍然很快，一般在6‰—10‰之间，以平均数8‰计算，仍然较全省年均增长率4‰高出一倍，即除去明初的机械增长，明代东昌府的人口自然增长速度仍相当于全省平均数的2倍。

洪武二十四年（1391年）该东昌府人口只有2.4万人，永乐年间增长到11万人，增长3.5倍有余，到正统年间已达57.9万人，不到130年时间人口增加23倍。夏津县永乐十年（1412年）人口较洪武二十四年（1391年）增多4倍有余。人口增长如此之快，主要是接纳了外来移民。其后该县人口继续增长，从明初到嘉靖元年（1522年）130年间，平均年增长62.90‰。即从永乐九年到嘉靖元年的111年计算，人口也增长1.6万人，年均增长62.9‰。③

据李令福研究，在传统农业社会里，人口的高速增加必然会带来耕地的激剧扩展。明代东昌府的耕地即随其人口的增长而成倍地增长。永乐时全

① 《户部·屯田》，《（万历）明会典》卷一八。

② 参见李令福：《明清山东农业地理》，台湾五南图书出版公司2000年版，第84页。

③ 参见李令福：《明清山东农业地理》，台湾五南图书出版公司2000年版，第114—116页。

府官民田地 166 万亩，而据嘉靖《山东通志》记载，嘉靖时起科田地已达 597 万亩，翻了 2 倍，而不起科额外垦殖成熟田地及王府庄田地仍有很多。至万历初年重新丈田，结果该府田额 1609 万亩，加上德府籽粒地 45 万亩，共 1654 万亩。李令福修正明末东昌府实际耕地为 1630 万亩，几乎相当于明初的 10 倍。①

（三）明朝中后期的土地垦殖

明中期仍然执行招抚流民垦荒政策。嘉靖万历时，随着丈田均税运动的展开，各地官员更加积极地招抚流民，加意垦荒发展生产。嘉靖八年（1529 年）山东巡抚请于东三府负山濒海荒芜之区特设垦田，得到皇上的嘉许，"设法召民开垦，贫者官为给钱，以市牛种，仍量免科差三年"。②

明代中后期，人口的增加为农业生产提供了较充足的劳动力，而政府又采取各项措施劝民垦殖，促使山东各州县荒地大量开垦，连低洼硗瘠地都变为耕地。大小清河流域的居民在近水筑堤迭堰以围垦造田。③ 位于山区的费县，其民山居谷汲，生活艰难，万历时"有贤长吏加意垦辟，化为沃土，他邑民就食其中，赴之如市，盖岩邑也"。④ 莱芜县的大步岭、马家庙岭、白龙岭明末垦出不少熟田。⑤ 邹平县西南大峪山"高广幽深，中多良田"。⑥

在鲁西北和鲁中南基本开垦完成后，垦殖又向青、登、莱东三府发展，扩展到海岛之上。万历三年（1575 年），山东巡抚郑壁汝"请开登州海州北长山诸岛田"。⑦ 万历三十三年（1605 年）长庐巡盐御史报告，"山东岛田开垦成熟已计万余"。⑧

山东全省耕地，明末已经增加到 9852 万亩，接近亿亩大关，相当于洪

---

① 参见李令福：《明清山东农业地理》，台湾五南图书出版公司 2000 年版，第 119—120 页。

② 《明实录 · 明世宗实录》卷九八，嘉靖八年二月癸未，台湾"中央研究院"历史语言研究所 1962 年。

③ 参见顾祖禹：《读史方舆纪要》卷三，《山东 · 东平州》。

④ 参见《(万历）兖州府志》，《山水志》。

⑤ 参见《古今图书集成 · 职方典》卷一九二，《济南府山川考 · 莱芜县》。

⑥ 参见顾祖禹：《读史方舆纪要》卷三，《山东 · 济南府》。

⑦ 《(宣统）山东通志》卷七八，《田赋》。

⑧ 参见张君豹：《历代屯田考》下册，《明之屯田》。

武末年的 1.79 倍，使山东农业生产力达到了一个新水平。①

兖州府明末实有耕地约 3306 万亩，是嘉靖年间耕地 835 万亩的 3.69 倍，增长如此之多，除与其府原来多实行大亩制有关外，可以看出明末土地垦殖发展之速。

事实是，明中后期户口登记标准和方法的改变以及因战争和灾荒出现的流民问题，使载籍人户较实际人口有较大的隐漏偏差。东三府人口在明代也是有相当程度增加的。如以东三府人口在明中后期 200 年间增加 40% 计算，则平均年增长率为 20‰，与西三府相比，人口增长速度缓慢许多。② 但各地仍有不少荒地被开辟出来，如青州府属安丘县人们额外开垦不起科的耕地较原额“可得田四分之一”。③

洪武朝核天下田各有定额，发布额外荒田垦成熟地永不起科之令。以下各代，全省各州县也就没有必要进行土地的清丈，只是维持明初的土地定额和赋税定额。

明中期后山东省耕地的数据不仅没有增加，反而随着地主隐报与贫民的逃徙而逐渐有所减少。弘治十五年（1502 年）山东省载籍耕地 1542938 顷，较明初载籍数少了一大截。④

明中期以后，山东人口持续增长，额外所开荒田数目逐渐扩大，永不起科法令致地税不均，国家征税越来越难以维持。嘉靖年间的丈田，是恢复耕地原额以保障税收，而且多用其原来亩积标准量地，耕地数仅足原额而已。嘉靖《山东通志・田赋》记载全省耕地 5735 万亩，比明初实际耕数稍大，没有反映出明中期土地垦殖的成果。

李令福将各类土地进行了换算，认为经过折亩后，载籍耕地仅相当于实际耕地总面积的 74%，也就是说因为折亩，会导致载耕地数据较实际之数偏低了 26%。这个数据与 20 世纪 30 年代山东实有耕地与载籍耕地的统计情况大体相当。明末山东省约有 58% 的州县实行折亩，受其影响全省载籍耕地较实际耕地将下降 15%—30%。据研究，山东省明末载籍地数字由于

---

① 参见李令福：《明清山东农业地理》，台湾五南图书出版公司 2000 年版，第 110—113 页。

② 参见李令福：《明清山东农业地理》，台湾五南图书出版公司 2000 年版，第 119 页。

③ 参见顾炎武：《天下郡国利病书》原编第十六册，《山东下・安丘县志》。

④ 参见葛历：《明会典》卷一七，《户部・田土》。

计入非耕地及减小步弓的影响而较实际之数偏高了约25%，而折亩的流行却使其偏低了约15%，两相抵消，载籍耕地数仍高于实际垦殖之地约10%，则明末山东省实际耕地是万历丈田所得10947万亩的90%，即为9852万亩，折合9457.9万市亩。①

二、清代土地垦殖

（一）明末清初社会经济的破坏

明末清初的几十年间，天灾人祸接连不断，山东各地人民遭受了极其深重的灾难。在天灾人祸的摧残下，山东各地人口损失严重，耕地也大量抛荒，农业经济残破不堪。

明朝末年，天灾人祸风起云涌。明清之交的改朝换代的战争，与国内农民战争互相激荡，加之连续多年的灾荒，使明朝统治者再也无法统治下去，人民再也无法照常生活下去。大饥荒引发社会大动荡，农民求生无路，纷纷揭竿而起，抗粮抗捐，攻城略地，燎原之势，愈剿愈炽，终于发展到李自成农民军攻破都城称帝推翻明王朝；晚明统治集团内讧不断，吴三桂等边镇大将，纷纷投清自保，引清兵入关，与李自成新政权爆发战争，清军趁势入主中原；接着是清朝与晚明残余势力及其后的三藩进行了几十年的长期战争，灾荒与战争，对生产力造成极大的破坏，其最直接的结果，就是人口大量死亡，土地荒芜失耕，国计民生都濒临崩溃边缘。

天启年间（1621—1627年），山东灾荒连连，饥疫不绝，食人现象频发。崇祯年间（1628—1644年），大灾荒几遍全国，盗匪蜂起，加之清兵入关蹂躏和掠夺人口，山东人口受损特别严重。明末大饥荒，山东人口耗损已在一半左右，又经清初战乱的屠戮，山东人口从明代的1400余万人，苟活于世的所剩人口只有567万多人。②

明朝末年大饥荒连年不断，流寇盗匪遍地，这主要是指饥饿的流民，冒死去劫富济贫。据《明史·五行志》记载，崇祯十四年（1641年），“是岁，畿南、山东大饥，德州斗米千钱，父子相食，行人断绝，大盗滋矣”。

① 参见李令福：《明清山东农业地理》，台湾五南图书出版公司2000年版，第94、107页。

② 参见路遇、滕泽之：《中国人口通史》，山东人民出版社2000年版，第818页。

此时东部地区也因连年干旱，饥荒不绝，人民死亡大半。

崇祯十一年（1638 年），清将多尔衮率师越过北京，入侵山西、山东，屠杀蹂躏数千里。次年 1 月，下济南，2 月北撤，除抢掠大量金银财物外，并掳走人口 50 余万人。

崇祯末年，山东因“十三年大饥，民殍地荒，止遗熟地两千余顷”，济阳明末有耕地 66 万亩，抛荒了三分之二。① 夏津县“迨崇祯庚辰岁大荒，人相食，民仅存十分之一，地因荒芜，……一望平沙，草莱不生”。②

崇祯十四年（1641 年），山东西部的人口因灾大批死亡，已是十去六七。同年左懋第督催漕运，就沿路见闻上疏称：“臣自静海抵临清，见人民饥死者三，疫死者三，为盗者四，米石银二十四两，人死取以食。”说大部分人口已死于饥荒疫病之中。又说：“臣自鱼台至南阳，流寇杀戮，村市为墟。其他饥疫死者，尸积水洼，河为不流。”③

崇祯十五年（1642 年），清将阿巴泰率师入侵河北、山东，深入到山东半岛，南至海州（今江苏连云港西）。此役共抢掠黄金 12000 两，银 220 多万两，掳走人口 369000 人。清军鼓励士气的政策是：杀其人，取其物，令士卒各满所欲。其破坏极其残酷，使山东人口大量死伤逃亡。

崇祯末年，西部地区人口再十去其六，东部地区也死亡大半。其后清兵入关，又连年蹂躏，人口继续下降。清军入关劫掠，临清被杀数十万人，济南已变成空城，西部很多地方村落变为废墟，路上很少行人。

清廷定鼎北京后，又血腥镇压各地反清义军，“杀人如麻”。即《清世祖实录》也不讳言战争惨况，据记载：“村落寥寥，途次杳茫”，“所遗零星残黎，损股折肱。”看来所剩人口确实不多了。④

清初山东各地人口损失与耕地荒芜现象十分严重。大难之后，山东各地人口大量死亡逃逸，耕地大量荒芜，农业经济崩溃，齐鲁大地一片凋

① 参见《（乾隆）济阳县志》卷三，《田赋》。

② 参见《古今图书集成·职方典》卷二四九，《东昌府山川考》。

③ 参见《明史·左懋第传》，中华书局 1986 年版。

④ 参见路遇、滕泽之：《中国分省区历史人口考》，山东人民出版社 2006 年版，第 1167—1168 页。

零残破景象。清顺治十八年（1661 年）统计，有遗民 567 万人。① 顺治二年（1645 年）总督河道杨方兴称，“有一户之中止存一二人，十亩之田止种一二亩者”。②

兖州府原额户丁 99 万人，顺治四年（1647 年）仅存 22 万余，损失了 70% 以上。据载本府土地原额，万历年丈量，有耕地共 3464 万亩，顺治四年有荒地 2679 万亩，抛荒高达 77.3%。③ 济南府明末耕地 2136 万亩，顺治四年与六年间抛荒 846 万亩，抛荒地占所有耕地的 39.6%。青州府明末原额人丁 41 万，清初逃亡了 15 万，占原额的 36% 以上；清初抛荒地 663 万亩，占明末原额地的 41%。④

（二）清初恢复社会经济的措施

大战大饥荒之后的山东，有如人间地狱。清统治者很清楚，没有土地和人民，国赋无从出，兵源无着落，就无法支持消灭南明政权、平定割据势力的战争，就没有稳定的统治地位。因此，清入主中原后，为恢复农业劳动力，增加人口，垦辟荒地，采取了一系列措施，贷给农民垦殖资金，除豁荒田，减免钱粮，或用低税则起科，或以公田出租等方式以缓解民力，医治战争创伤，发展农业经济。正如有的学者所论断：清政府在山东省实行了恢复社会经济的政策，以政府行政力量组织屯田垦荒；以优惠政策鼓励人民有利于开垦荒地，并除豁荒田减免钱粮以与民休息。⑤

清政府恢复社会经济的措施主要是：

1. 招抚流民归田

清初有大量的人口逃亡，清政府为维持社会秩序和保证农业生产力，颁布了严厉的《逃人法》，稳定农业人口，进行人口搜索。针对人口大量逃亡的严峻现实，政府在招抚流民方面做了许多工作。顺治初，清政府责令各州县编审人丁“备造清册送部，如有隐匿丁壮捏报逃亡者，依律治罪”。对

---

① 参见路遇、滕泽之：《中国人口通史》，山东人民出版社 2000 年版，第 721—722 页。

② 《清实录 · 清世祖实录》卷一三，顺治二年正月五日，中华书局 1986 年版。

③ 参见《古今图书集成 · 职方典》卷二一九，《兖州府兵役考》。

④ 转引自李令福：《明清山东农业地理》，台湾五南图书出版公司 2000 年版，第 126—127 页。

⑤ 李令福：《明清山东农业地理》，台湾五南图书出版公司 2000 年版，第 128 页。

于流亡农民，则多是以人口所在地就地安置，设立保甲制，以保证农业生产力，圈定人口，加强管制；同时给归田垦荒种地的农民以印信执照，确立农民的土地所有权。顺治六年（1649 年）“定地方官招徕各处逃民，不论原籍别籍编入保甲，开垦无主荒田，给予印信、执照，永准为业”。①

2. 用各种优惠政策鼓励人民垦殖荒田

（1）豁除明末三饷加派，除豁荒田减免钱粮以与民休息。

满族入主中原后，为恢复农业经济，屡申垦荒之令，“助以牛种，宽其征输，或悬爵赏以励招徕，或给投诚以资养赡，或遣部员以课耕获，区划周详”。② 对各“州县卫所荒地无主者，分给流民及官民屯种；有主无力者官给牛种，三年起科”。③ 积极劝诱农民垦殖复额。

清政府除尽行豁除明末三饷加派，恢复万历则例以外，还额外减免三分之一钱粮。钱粮的大量蠲免，减轻了农民负担，对于稳定民心、加速垦荒有促进作用。顺治三年（1646 年）开始，“将现在熟地，或免一或免半，其抛之地不论有主无主尽行蠲免。俾民受实惠，而后民志固，民生遂矣”。④

雍正上台后，认识到当时“生齿日繁，土地所出仅可赡给”的社会现实，感到了人口增多带来的压力，以为“惟开垦一事最有裨益”，于是开始了垦辟边缘土地的尝试。

雍正元年（1723 年）“户部议山东等处闲旷之地，令各州县卫所查：如有未垦荒地，有无从前种地之人，劝谕开垦，有力者令自备牛种，无力者官借牛种，秋收后还官，起科以后，官给执照，永为世业”。⑤

乾隆制定了一系列新的垦殖措施，借贷给农民垦荒耕牛、农具、种子的资金，湖泊低地并不起科，作为公田租给农民，只收取少量地租，使农民可以不用买地或升科纳税。

乾隆初年，将不能蓄水济运的安山湖地给民耕种，以资养赡，后经东平州详查，因征银轻减，民间虽愿升科，但常遭水患，秋禾易遭危害，故

① 《古今图书集成·食货典》卷五一，《田制部·皇清》。

② 《古今图书集成·食货典》卷五一，《田制部·皇清》。

③ 《清实录·清世祖实录》卷七，顺治元年八月二十日，中华书局 1986 年版。

④ 《清实录·清世祖实录》卷一三，顺治二年正月五日，中华书局 1986 年版。

⑤ 《(宣统) 山东通志》卷七八，《田赋》。

请“将升科改为征租，并照直隶滨泊河滩地亩分季征收”之法如官地民种，应征应减可以随宜劝理。① 乾隆二年（1737 年）“宁阳、临清沙瘠地亩减等起科”。②

乾隆十七年（1752 年）因“东省各属地方劝谕开垦，贫乏之户牛具种籽多无所出。应令各州县按所垦地亩，借给赁牛制俱银，更有认垦无力者，并予酌借牛价”，是为垦户解决生产资金不足的问题。③

乾隆二十二年（1757 年），因武定府属海丰县“地既瘠薄，若仍用旧例，恐输纳维艰，势复逋欠，着该抚遴选妥员勘明洼下地亩，其粮税并照下则征收”。④ 乾隆二十二年四月初九，对既垦大粮地减则起征，对新垦老荒地更是优惠。以乾隆二十七年（1762 年）各县报垦地为例，惠民等县总共是年报垦旱地 19951 亩，共征银 439 两余，平均每亩征银二分一厘八毫，另共征米四石八斗七升。⑤ 乾隆三十四年胶州和福山县报垦旱地 4255 亩，经委员丈勘实在熟地 2732 亩，应征银 60 两，每亩平均二分二厘二毫。⑥

乾隆四十四年（1779 年）十月五日，额外新垦之地即用低则起科。

清初，山东除豁抛荒比率很大，全省平均除豁抛荒比率约为 50%。豁荒时“凡水冲沙占碱废之田，即予永除额赋”。⑦ 把明末丈入的沙碱不毛之地从大粮地中基本剔除了。

同时，明末产生的一些包空地也在此时一并开除了，如济南府“莱芜等县恭报包荒等事，除豁包荒地”13.5 万亩。⑧ 青州府属莒州“在地丁虚赋杂征等事案内，奉旨除豁荒地”21.3 万亩，也属同类性质。

乾隆初年大量豁除水冲沙压碱废地亩。乾隆元年（1736 年），令山东巡抚核查郯城、兰山二县水冲沙压之田，以便据实豁免，据查郯城等 28 州县

---

① 《清实录·清高宗实录》卷二八三，乾隆十二年正月三十日，中华书局 1986 年版。
② 《清实录·清高宗实录》卷四一，中华书局 1986 年版。
③ 《清实录·清高宗实录》卷四二九，乾隆十七年十二月三十日，中华书局 1986 年版。
④ 《清实录·清高宗实录》卷五三六，中华书局 1986 年版。
⑤ 《户部抄挡·地丁题本—山东（四）》，乾隆三年五月二十四日，山东巡抚法敏题本。
⑥ 《户部抄挡·地丁题本—山东（四）》，乾隆三年五月二十四日，山东巡抚法敏题本。
⑦ 《田赋后序》，《（宣统）山东通志》卷八一。
⑧ 《古今图书集成·职方典》卷一九六《济南府赋役考》，鼎文书局印行。

所有沙压地 13.6 万亩，“实系积年废弃，人力难施”，其粮银全部题免。[①]

对那些未有豁除之利，依然升科纳税的废弃抛荒耕地，乾隆帝认为“地既不毛，粮从何办?”开始大量除豁抛荒地亩。乾隆二年（1737 年），除豁德州、临淄、高唐、郯城沙碱地亩，[②] 又开除临清等六州县黄运河堤占用地亩 1453 亩，东平等九州县堤压地亩 12936 亩，商河县碱地 21055 亩，荒地 779 亩。[③]

乾隆三年（1738 年）巡抚又奏：“雍正八年冲压地亩，前司详题豁，各邑实在尚有未尽，万难垦复，应请题豁”，共 26322 亩。[④] 其后继续实行确认抛荒地随即豁除的政策，乾隆二十四年（1759 年）“豁除山东济宁州、鱼台县水深难涸地” 97664 亩；二十五年（1760 年）“豁免山东河丰、利津、沾化、阳信、乐陵、冠县等县被水冲压荒地” 98200 亩。[⑤]

乾隆三十六年（1771 年）“临清州及陵县有经水冲漫沙压盐碱地一千余顷，屡年试种无成，不能复垦，农民完赋无资……概予豁除，以示体恤民隐至意”。

（2）政府鼓励各地绅衿地主放手垦荒。

清朝统治者深知农村是一个宗法社会，各地绅衿是乡村社会的精英和领袖，有很大的号召力。因此，清政府积极拉拢各地绅衿，鼓励绅衿地主放手垦荒，动员了乡村社会精英和领袖的绅衿地主，也就动员和招抚了与乡村社会有宗法关系和地域纽带关系的一般农民。

政府定出赏格，以高官厚禄相许，鼓励绅衿地主放手垦荒。顺治十四年（1657 年）诏“有殷实人户能开垦二千亩以上者，照辽阳招民例录用”。[⑥] 次年，山东巡抚耿享奏报曲阜生员唐佐臣于十三年、十四年分别垦过汶上无主荒田 2245 亩与 2002 亩，申请予以优奖。

---

① 《清实录·清高宗实录》卷二四，乾隆元年八月初十，中华书局 1986 年版。

② 《清实录·清高宗实录》卷四一，乾隆二年四月二十三日，中华书局 1986 年版。

③ 《清实录·清高宗实录》卷四五，乾隆二年六月二十九日；卷五七，乾隆二年十一月二十八日，中华书局 1986 年版。

④ 《户部抄档·地丁题本—山东（四)》，乾隆三年五月二十四日，山东巡抚法敏题本。

⑤ 《清实录·清高宗实录》卷六百一，乾隆二十四年十一月十九日；卷六二一，乾隆二十五年九月二十八日，中华书局 1986 年版。

⑥ 《田赋考》，《清朝文献通考》卷二，商务印书馆 1937 年版。

康熙十年重申垦荒嘉奖令："民人垦地二十顷以上，试其文义通者以县丞用，不能通晓者以百总用；一百顷以上文义通者以知县用，不能通晓者以守备用。"①

（3）延长新垦荒地起科年限。

清初以三年起科为定例，其后又一再延长垦荒起科年限。康熙十年（1671年）准三年后再宽一年，康熙十一年（1672年）令宽至六年以后，次年又考虑到"小民拮据开垦，物力艰难，恐催科期迫，反致失业，以后各省垦荒者，再加宽限，通计十年方行起科"。宽限升科年限，可减轻农民负担，使农民在垦荒中得到一定实惠，调动其开荒生产的热情。②

（4）以更名地的形式，将明朝藩王庄田的使用权给农民。

山东各州县明代藩王，如德府、鲁府、衡府，庄田跨郡连县，数量庞大。据顺治十年（1653年）户部尚书噶达洪题奏："济南之德府，兖之鲁府，青之衡府，原封及私置王庄不下万余顷。"③ 这个数字并没包括三府庄田的全部。康熙四十一年（1702年），山东有前明废藩荒基地可垦者三顷四十八亩，听民间开垦输租，"给以印帖，俾为恒业"。④ 废藩宅基地已成为垦殖的对象。

明朝灭亡后，这些明代藩王庄田多归农民所有，而清政府初时为搜刮民财，要求农民出价购买，但战乱不休，人心不定，无人敢收买藩产，多数农民也无钱支付，藩王庄田的抛荒率远比大粮地为高。

康熙八年（1669年），清政府改变策略，将明代废藩庄田统定为"更名地"，诏令明藩王庄田产"给与原种之人，改为民户，号为更名地，永为世业"，与民田一例输粮，作为公田租与农民。农民有了永久的使用权，这就承认了农民对这部分土地的合法占有、合法使用，促进了藩王庄田荒地的垦殖。⑤

---

① 《清朝文献通考》卷二，《田赋考》，商务印书馆1937年版。

② 《古今图书集成·食货典》卷五二，《田制部·皇清》，鼎文书局印行。

③ 《顺治朝题本·屯垦类》第34号，中央档案馆藏。

④ 《清朝文献通考》卷二，《田赋考》，商务印书馆1937年版。

⑤ 《（嘉庆）清会典》卷一，《食货》。

3. 开展屯田垦荒

顺治十年（1653 年）正月，山东省设置兖青和济东两个兴屯道，进行屯田垦荒，“凡属荒地，愿耕者官府拨地量助牛种，官分籽粒三分之一，三年后永为己业，当年各屯领过屯本银一万六千二百三十四两”。①

康熙五年（1666 年）令山东等地驻投诚官兵开垦荒地，“自康熙七年始每名给五十亩，预支本年俸饷以为牛种，次年停给，三年后照例起科”，这都带有屯田性质。②

屯垦成绩很大，据说“自十年兴屯以来‘奉文清丈’，十三年丈完，三次共清出首报垦地 165000 余顷，俱经题明按年照例征粮”。③

清代推行“劝垦”政策，移民垦荒再度兴起，垦利县城以东的淤荒垦殖户日渐增多。至清光绪三十一年（1905 年），像桃花园子（现永安）、惠鲁、店子等移民垦殖村已初具规模。不过，上述垦荒定居户，多系自由投奔而来。

4. 中央政府以招民垦荒作为官员考成标准

政府令各地官吏以招民垦荒、恢复经济为中心工作，并以垦荒的多寡为考成的基础，顺治十四年（1657 年）规定：一年内督抚垦荒二千顷以上，道府垦荒一千顷以上，州县官垦荒地一百顷以上者，按效量分别给予记录加级的奖励。

康熙元年（1662 年），重申地方官垦荒劝徵之例，而且限期五年，令其垦完所辖地的荒地，对于垦荒不力官员进行处罚。④

（三）清朝恢复社会经济措施的效益

经过清初顺治至康熙五六十年的垦殖，土地快速垦辟，山东人口的大量增长，清朝中晚期，清政府的垦殖政策获得了空前的成绩，山东的社会经济达到了历史上的最高峰，山东的人口也创下了历史新高。

---

① 《户部抄档・地丁题本—山东（四））》顺治十一年十二月七日，山东巡抚耿享上疏。

② 参见李令福：《明清山东农业地理》，台湾五南图书出版公司 2000 年版，第 131 页。

③ 《户部抄档・地丁题本—山东（四）》顺治十五年十一月初七日，山东巡抚兼理屯田监察御史缪正心题。

④ 参见李令福：《明清山东农业地理》，台湾五南图书出版公司 2000 年版，第 130 页。

1. 促进了清朝山东人口的持续增长

明朝山东人口估计为1400万人，经过明末大饥荒，又经明末清初战乱的破坏，山东人口耗损特别严重，人口大批死亡，已经超过一半以上，所剩人口只有567万人。康熙中期，天下基本平定，据《清朝文献通考》记载：顺治十八年（1661年），山东人丁总共175万人，至康熙二十四年（1685年）增至211万人，年增长超过8‰。

清朝人口高增长的原因，最根本的是生产力的发展。长期安定的社会环境，是生产力发展的重要前提，也是人口持续增长的重要因素。康熙朝中期后，开辟更多的荒地，可耕地的扩大，粮食产量的增加，反过来又促使人口的增长。

清朝政府消灭了南明政权后，特别是平定三藩之乱后，社会基本安定下来，进入和平发展时期。生产力的发展进入了一个新的时期，人口增长也进入了一个新的历史增长期。劳动人民自己创造了更有利于人口增殖繁衍的物质生活条件。在清代，社会生产力有了很大的提高，可以说，正是农业经济的较高发展，为人口增殖提供了必要的物质条件，才使人口能够持续增长。① 生产力水平的提高，最主要的表现在粮食产量的大幅度提高。“民以食为天”，食品是人类赖以生存的最基本的生活资料。在社会安定的情况下，高产粮食作物广泛种植，种植制度改良，美洲作物的引种更是起了关键作用，粮食单产及总产量不断提高，使粮食供应的程度超越前代，这是人口继续得以高速增长的基本原因。

清朝中前期耕地和人口，康熙二十四年（1685年），统计全国在籍耕地6078430顷，此时人口大约在1亿人左右，平均每人占有耕地6亩左右。到嘉庆十七年（1812年），人口已达到3.6亿人，约增2倍多。

中国人口发展进入清代以后，出现了空前大增长的局面。按清朝的统计，到乾隆五十五年（1790年）已突破3亿人大关，并且还在继续增长；及至道光十五年（1835年）统计，竟突破了4亿人大关。②

---

① 参见路遇、滕泽之：《中国人口通史》，山东人民出版社2000年版，第755、782、787页。

② 参见路遇、滕泽之：《中国人口通史》，山东人民出版社2000年版，第782、783—784、769—770页。

清代人口的发展，一个重要的现象，就是在清朝中晚期，清朝人口地理分布发生了重大的变化。这个变化显著的特点，就是伴随着东三府在清末形成新的经济区，半岛地区人口大幅度增长。胶东半岛的在籍人口，由明朝后期的130多万人，每平方公里40多人，在清中晚期猛增至760多万人，每平方公里达220多人。近代前，东三府共有人口860多万人，每平方公里67人。其后山东人口继续增长，主要是东部半岛地区，至清朝末年，东三府人口达1200多万人，人口密度为每平方公里234人。

山东人口布局和人口密度的这个变化，正是社会生产力大幅度发展的结果。东三府自明初到清中期，曾因移民迁海而渐形衰落。清末，随着迁海政策的放松，人口渐聚，土地渐辟。胶东沿海的气候湿润，风调雨顺，少有大的旱涝灾害，因而更有利于农作物的生长；近代开埠以后，胶济铁路连接沿海与内地农村，新的工商业城市兴起，山东的棉花、花生、烟叶、蚕丝等商品化的农产品，成为工业原料，并加入国际贸易；近代产业应运发展起来，国际贸易也使海上交通畅通，起了重要作用。沿海口岸的开放，带动了沿海地区的经济发展，也促进了人口的大幅度增长。①

2. 清初山东垦荒成绩显著

清初期山东垦荒成绩很大，每年垦荒数量很大。据史籍载，《古今图书集成》的载籍耕地数，认定顺治十六年（1659年）山东共有起科粮地6881万亩，较刚除豁的升科田额已增加1834万亩。全山东在康熙四年“开垦荒地”32.3万亩，康熙六年“开垦荒地”12660亩。② 康熙七年报垦11574亩，复垦屯田3192亩。③

康熙十五年（1676年）山东省有熟地8005万亩，其中包括逾额垦殖老荒地30万亩，与顺治十六年的6881万亩相比，顺治十七年间内共增1124万亩，每年平均垦荒66.1万亩。④

顺治十八年（1661年）山东省田土总数为7413万亩，康熙二十四年

① 参见路遇、滕泽之：《中国人口通史》，山东人民出版社2000年版，第909—911、916—917页。

② 参见《清实录·清圣祖实录》卷二七，康熙七年十一月初一日，中华书局1986年版。

③ 参见《(宣统)山东通志》卷七八，《田赋》。

④ 《古今图书集成·职方典》卷一八五，《山东赋役考》，鼎文书局印行。

（1685年）增至9252万亩。[①]又二十四年间，耕地数额增1839万亩，平均每年垦荒76.6万亩。济南府属30州县，康熙初已有523万亩的抛荒地被垦成熟田，此外还起科新垦邹平县老荒地10336亩；兖州府27州县到康熙二十三年（1684年）共有熟地2610万亩，较顺治四年（1646年）除荒后的784万亩增加了1826万亩；青州府在顺治十二年到康熙十二年的18年间，"察荒御史查出并开垦劝垦自首丈出共地二百五十九万亩"。[②]此增长率似乎较实际人口增长率偏小，但也可反映出清初山东人口的迅速增加。

顺治十六年（1659年），山东实有耕地6537万亩，折成6275万市亩，占明末实际耕地的68.3%。康熙二十四年（1685年）实有耕地8285万亩，折为7958万市亩，占明末实际耕地的86.5%，复垦率已经很高。

雍正二年（1724年）山东省载籍耕地9925万亩，除折亩外，还有不少零星新垦耕地被欺隐起来未曾起科，以折隐与浮增数额基本相等计，则雍正二年山东全省载籍耕地9925万亩折9528.8万市亩，已经超过了明代山东最高垦田数额。

雍正二年全省垦殖水平较高，垦殖系数为41.4%，其中运西平原的东昌、曹州、临清三属垦殖水平最高，所有土地面积的60%—70%被垦成耕地，垦殖系数特高；济宁、济南、兖州、青州、武定五府垦殖水平稍低，垦殖系数一般在40%上下，登州府只有25%，沂州府更在20%以下。[③]

3. 清中期后的垦荒政策

清中期后，清政府实行了深度垦荒政策，垦殖的主要方向推向了边疆地区和省内的山地丘陵和湖滨河滩等地。

康熙末年各地复垦过程基本完成后，进入了深化垦殖阶段，此期山东土地垦殖的中心已由清前期的鲁西南与鲁西北平原转移至鲁中南山地丘陵区域。据李令福研究，康熙二十四年（1685年）以后，清朝进入了持续的和平发展时期，康熙五十年（1711年）前后，山东省的土地复垦过程已基本完成。康熙皇帝重农爱民，令各地兴修水利，广积仓储，而且定期报告各地

---

① 《清朝文献通考》卷一、二，《田赋之制》。

② 《古今图书集成・职方典》卷一九六，《济南府赋役考》；卷二二四《兖州府赋役考》；卷二六四《青州府赋役考》。

③ 参见李令福：《明清山东农业地理》，台湾五南图书出版公司2000年版，第166页。

的气候状况与庄稼长势，偶遇灾荒，地方当局朝请夕应，立即予以蠲缓赈贷。康熙即使在正常年份也多次优免，如康熙四十三年、四十四年两年全免山东税粮。各级官吏受其影响，不仅廉洁清明，而且积极同情百姓，爱惜民力。在这种有利的社会环境下，山东省各地的土地复垦速度很快。①

清中期后，垦殖对象已不是抛荒地，主要是山地丘陵和湖滨河滩的“边缘土地”。乾隆五年（1740 年）乾隆帝说：现在之荒地多属畸零，“往往任其闲旷不肯致力者，或因报垦则必升科，或因承粮易致争讼，以致愚民退缩不前”。② 山地丘陵地带不像平原有大片土地，农民在山坡石隙间开垦的梯田，往往只有几分几厘，土地硗瘠，遍地石块，无雨即旱，没有水源，鲜少肥料，一年下来也不过收几斗几升，只能作为农民生活的补充。乾隆六年（1741 年）颁发《畸零地免升科条例》，议定山东省“嗣后山头地角、河滨溪畔等地，在中则以上一亩以外即令劝垦升科；其不足一亩之零星地亩，及下则以上地属瘠薄，虽在一亩以外亦免升科”。③ 零星荒地允许农民自由开垦，给农民生产生活留下了一定空间。

山东大部分地区已经无荒可垦。于是人们开始垦殖低洼与山地老荒，康熙末年，掖县，“民间垦山坳石隙尺寸地，为杜告讦，不丈量入税”。④

雍正元年（1723 年）河道总督齐苏勒奏：“昭阳湖因多年黄河水淤，积有肥土，尽为豪户占种；安山、南旺等湖，原有堤界，近因附近居民垂涎湖地，或私种，或开垦，亦与昭阳无异。”⑤

乾隆二十四年至二十六年（1759—1761 年），山东各地兴修农田水利，将小清河流域新城、高苑、博兴及潍河下游潍县等地积洼老荒改垦成稻田几百顷。⑥ 乾隆二十九年（1764 年），因开通了荆山河与伊家河，济宁、鱼台被水淹没地三千余顷，“已涸出十之七八……其可种涸地，饬地方官借给贫

---

① 参见李令福：《明清山东农业地理》，台湾五南图书出版公司 2000 年版，第 138—139 页。

② 《清朝文献通考》卷四，《田赋考》。

③ 《清实录・清高宗实录》卷一四二，乾隆六年五月二十二日，中华书局 1986 年版。

④ 《掖县全志》卷三，《宦绩》。

⑤ 《清实录・清世祖实录》卷九，雍正元年七月二十四日，中华书局 1986 年版。

⑥ 参见《清实录・清高宗实录》卷六三九，乾隆二十六年六月二十九日，中华书局 1986 年版。

民牛力籽种，明年征还”。乾隆三十九年（1774年），莱州府属高密县有巨脉湖“因开挑引河两道引入胶莱河归海，其湖内之地亩，半已可耕”，于是令民深浚引河，耕垦湖田。乾隆四十一年（1776年）“山东等省所属滨河地亩荒废颇多，今已逐经涸出，饬有司多方劝谕，其未致涸出更宜加意设法疏泄，以收地利”。①

据李令福研究，乾隆《大清一统志》所载各府州县数据是乾隆九年（1744年）以前规制，而嘉庆《重修大清一统志》载籍所记为嘉庆二十五年（1820年）各地田额。两相对比，兖州、曹州、武定、东昌四府的嘉庆田额较前分别下降了60万、36万、25万与8万亩，说明了鲁西南与鲁西北平原广大地区乾嘉之际垦荒升科地亩较少，而除荒数较多；而位于中南山地丘陵区的沂州、青州、泰安三府的嘉庆田额却较前分别增加了93万、7万与4万余亩，说明了丘陵山区的垦殖速度相对较高。乾隆二十七年（1762年）各州县报垦额外荒田地数额可以为此结论作最好的注释。② 是年山东有15州县报垦额外荒田地19951亩，其中有10州县位于鲁东南丘陵山区，而且报垦数额也大，高密县5693亩数额最大，胶州4139亩，其余安丘、峄县、平度、莱阳等县报垦数也不少，总计报垦15098亩，占全省的75.7%。而鲁西南与鲁西北平原广大地区，除惠民县报垦4448亩数额较大外，其余多在200亩以下。③

（四）清中后期的土地垦殖

经过清朝建国后两百年的垦殖，山东的荒地开垦大致完成，土地垦殖已经不是全省全局性的事务。清后期山东境内发生了太平天国北伐和捻军的内战，加之灾荒频仍，在天灾人祸的打击下，土地再次大量抛荒。

宣统《山东通志》所记载光绪十三年（1887年）全省耕地及各府州耕地数据，似可以代表山东省土地垦殖的最高水平。李令福以光绪十三年全省耕地为基础，参照各地清中期的垦殖速度及折隐的具体情况，求出道光末年各府州的实际耕地面积及垦殖系数。得知清代山东垦殖水平最高时，约有半

---

① 《田赋》，《（宣统）山东通志》卷七八。

② 参见李令福：《明清山东农业地理》，台湾五南图书出版公司2000年版，第165—166页。

③ 《户部抄档 · 地丁题本—山东（四）》，乾隆二十七年五月初四山东巡抚阿尔泰题。

数以上的土地被垦成耕地，垦殖系数高达 52.5%。各个地区差异也很大，其中东昌、曹州、临清、济宁四属垦殖水平最高，约有 70%—80% 的土地得到耕种利用，这些地区全属平原，没有山地丘陵的限制，土地利用率最高。

济南、武定、胶州三属也以平原为主，垦殖系数也都高于全省平均数，处于中等偏下的水平；泰安、沂州两府大部分处于中南山区，可以耕作的土地相对较少，因而垦殖水平较低，一般有 30% 的土地被垦殖利用起来，而偏处胶东丘陵的登州府垦殖水平最低，垦殖系数为 26.7%，故在清末成为开垦山荒的重点地区。

总起来看，到清代中后期山东省各地都得到了充分的开发，无论是平原还是丘陵山区，垦殖程度都很高，其中鲁西南与鲁西北平原的垦殖系数高于鲁东南丘陵山区主要是自然条件的影响。①

清末社会秩序基本恢复后，政府号召农民积极复垦抛荒，并且有组织地向新淤湖地山荒及沿海滩涂招垦开发，山东省的土地垦殖迅速恢复到清中期的最高水平，其实际耕地面积似基本与道光末期相等，也在 12090 万亩上下。②

晚清山东垦殖主要集中在三个方面：一是开垦济宁、兖州一带的湖田；二是开垦东部山荒与沿海滩涂；三是开垦鲁北的黄河三角洲垦区。

1. 开垦济宁、兖州一带的湖田

黄河改道东北，运河中部受阻不畅，导致南四湖不断干涸缩小，湖周边退出大片可耕之地，于是光绪二十八年（1902 年）济宁州实行湖田放垦征租，“于二十九年先就南牛头河地方灾区之部，援照江南圩田办法圈筑围堤，堤长五千八百余丈，护田二百九十九顷七十五亩，工程告竣，岁经二稔，春麦秋稻，有收必丰”。光绪三十二年（1906 年）设湖田局分南北两路继续放垦。③

山东省邹平等五县湖泊茭草地亩，例应五年清丈一次。“自光绪十二年（1886 年）勘丈后至十七年（1891 年）又届五年清丈之期，应截至十八年六

① 参见李令福：《明清山东农业地理》，台湾五南图书出版公司 2000 年版，第 168、170 页。

② 参见李令福：《明清山东农业地理》，台湾五南图书出版公司 2000 年版，第 158—160 页。

③ 《法制略，济宁告沉地沿革历史》，《民国济宁县志》卷二。

月（1892年6月24日—7月23日）底限满，所有济南府属邹平县成熟湖泊地三十七顷三十九亩一分四厘，新城县成熟湖泊地一千一百七十一顷九十亩九分八厘零，青州府属乐安县成熟茭草地一百三十顷五分八厘，寿光县成熟茭草地九百三十三顷十八亩六分六厘零，莱州府属潍县成熟茭草地五十五顷一十亩八分五厘，俱各依限勘丈。”①

2. 开垦东部山荒与沿海滩涂

光绪二十九年（1903年），山东巡抚周馥设垦务总局，“招垦登莱青沿海荒田”。②

光绪三十年（1904年）山东巡抚周馥四月初八日（5月22日）奏：“臣访闻登州、莱州、青州三府属，颇有荒地，而莱阳县等处为尤多。查明莱阳县境之大河口中、尧山后、南北官庄等九处荒地不下数千亩。此外如栖霞、招远、荣成、文登、海阳等州县境内亦有可垦荒地。……凡有荒废未垦之地准其轻缴押荒银两，宽定升科年限，先准附近居民认垦。……计已办成荒地八千余亩，收起押价京钱一万七千余串。”③《东方杂志》所载“次年委员赴莱阳一带调查官荒地，计得地5.2万亩，收契价12万余串”④一说不准确。1903年栖霞县也放垦两千余亩。⑤光绪三十二年（1906年），青州马赓熙欲招股四万两开垦黄县、莱阳、栖霞、福山等地荒山海涂。⑥

3. 开垦黄河新淤滩地

垦利淤地属利津县境，俗称“利津洼”，为黄河入海口淤积退海之地。清末垦地成就最大的是位于黄河新淤滩地的利津、乐安两县，此区滨海之地原多盐场，不堪种植，自黄河改道由此入海，浊流横决，地被淤高，各县人民争先垦殖。

清咸丰五年（1855年），黄河在河南省铜瓦厢决口，再度夺大清河注入

① 中科院地理科学资源研究所与中国第一历史档案馆合编：《清代奏折汇编·农业环境》，商务印书馆2005年版，第571页。

② 《清实录·清德宗实录》卷五二九，光绪三十年四月十七日，中华书局1986年版。

③ 中科院地理科学资源研究所与中国第一历史档案馆合编：《清代奏折汇编·农业环境》，商务印书馆2005年版，第600页。

④ 《东方杂志》第一卷第8期，《实业》，第123页。

⑤ 《东方杂志》第一卷第5期，《实业》，第55页。

⑥ 《东方杂志》第三卷第3期，《实业》，第82页。

渤海。起初，两岸尚无束水堤防，菏泽、东明一带经常泛滥四溢，大量泥沙沉积泛区，故进入河口处的含沙量不大。清光绪元年（1875 年）前后，由于沿河各县修筑堤防及民埝，致使黄河挟大量泥沙进入尾闾河段，淤积沉淀，使海岸线不断向前推进，开始了黄河口造陆盛期。1855—1985 年间，尾闾河段实际行水 96 年，海岸线向前推进距离平均为 28.5 公里，推进速率为 0.30 公里 / 年。其中，1947 年之前以宁海为顶点的黄河三角洲，海岸线长 105 公里，平均推进 13.3 公里，实际行水 57 年，海岸线延伸率为 0.28 公里 / 年。下镇、新安、建林等乡镇东部地域，主要为这一时期淤积而成。1947—1985 年以渔洼为顶点的黄河三角洲，海岸线长 80 公里，平均推进 15.2 公里，实际行水 39 年，延伸率为 0.39 公里 / 年。特别是 1976 年人工截流改道清水沟以后，由于人工控制河口摆动范围，岸线推进率达到 0.61 公里 / 年，至 1985 年的 10 年间，在垦利东北隅，填海造陆面积达 500 余平方公里。

黄河尾闾形成退海之地后，由于河尾经常淤积、摆动、泛滥，淤土反复压盖，使地面高程不断上升，逐步形成可垦淤荒。①

清政府对黄河淤滩造陆的垦荒管理，最初仅由县署发给领单，每亩收价甚微，旨在提倡垦务。清光绪二十七年（1901 年）前，不论当地住户，还是外来垦户，均发给荒地领单、验单，每亩有少量收费，鼓励农民拓荒。清光绪二十八年（1902 年），山东省始设垦务专局，县设司照房，按户填发“垦荒司照”，派专人分路丈放荒田，垦地押价分上、中、下三等。上等京钱为 2000 文，中等 1600 文，下等 800 文。缴押后，由专局发给凭单认垦。三年后，由县署司照房换印执，按则定粮。招垦者，不得多领、转卖。押价分十成，除拨充县公费及查费外，余均解省。清光绪三十年（1904 年），省垦务总局成立。清光绪三十一年（1905 年），首次在利津盐窝设勘丈局，为最早的县设垦务专门机构。因外来垦户渐多，省垦务总局在利津盐窝镇设勘丈局，按仁、义、礼、智、信五路清丈滩荒土地，并发给垦荒司照，取消领单、验单。②

① 参见垦利县史志编委会编：《垦利县志》，山东人民出版社 1997 年版，第 173—174 页。
② 参见垦利县史志编委会编：《垦利县志》，山东人民出版社 1997 年版，第 183 页。

《续修广饶县志》载：垦务总局设立后，派员前往整理，按上、中、下三等微收地价，垦民踊跃，乐安县于1904年放垦各等地36273大亩，又续垦下淤地15517亩。① 到1908年利津县招垦农户已达10万人，共垦地260797亩。②

三、民国时期的土地屯垦

清代推行“劝垦”政策，移民垦荒再度兴起，县城以东的淤荒垦殖户日渐增多。至清光绪三十一年（1905年），像桃花园子（现永安）、惠鲁、店子等移民垦殖村已初具规模。不过，上述垦荒定居户，多系自由投奔而来。

（一）抗战前的移民屯垦

1915年，省垦务总局取消司照，改发承垦证书及所有权证书。其办法是：清丈队清丈垦田地亩，地分五等，按等计地价。丈放地亩前，先发给垦户承垦证书，每亩交保证金1角（折新币，下同），待荒地垦成后，垦户交还承垦证书，并将地价付清，再发给所有权证书。每张所有权证书收费2元。1916年，将地级改为三等，取消承垦证书，只发给所有权证书，以免垦户拖欠地价。1926年，改变垦丈章程，规定：凡以执照换领所有权证书者，只要完租在3年以上，免交地价，只收勘丈费及证书费。1933年，山东省实业厅规定所有以前司照地一律取消。自12月起，均按官荒重新丈地。地价每亩1元5角，勘丈费每亩2角，《证书》费每张2元。1935年，地价分上、中、下三等，上等地每亩4元，中等地每亩3元，下等地每亩2元。并规定开荒成熟由县升科。1939年，山东省垦区管理局下达《山东滨、蒲、利、沾、棣垦丈局清丈地亩办法》，但并未照章实行。所有章程，朝令夕改，地价逐年提高。丈放土地中，营私舞弊，滥发地照，买卖地照，地主豪绅和军阀恶棍强占民田，造成地权混乱，权照错杂，地权重叠，致使后来土地纠纷层出不穷。③

1928年山东省政府根据全国垦务会议提出的“实行屯垦，采用保护

---

① 《疆域·垦务》，《(民国）续修广饶县志》卷一。

② 《顺天时报》1908年3月1日，奏报山东省垦荒情形。

③ 参见垦利县史志编委会编：《垦利县志》，山东人民出版社1997年版，第183—184页。

奖励政策”等方针，并根据国民政府制定的《清理荒地暂行办法》，在滨县、蒲台、利津、沾化、无棣、广饶等县分别设立垦丈局，实行丈放荒地，开科缴租。据《中国实业志（山东省）》载：至 1932 年该地区共新放荒地 3066.27 公顷（45994 亩），执照换领荒地 328.6 公顷（4929 亩）。当年，山东省政府实业厅下令，将滨、蒲、利、沾、棣、广各县垦丈局合并为垦务总局，并在沾化、马场两地分设办事处，办理屯垦事务。但因垦户受天灾与人祸相逼，加之官府与地方勾结，私租授受土地，侵吞霸占，造成官荒、黑地边界不分，致使垦务经营多年，实绩甚微。①

1930 年，实行了第一次有组织的移民垦殖。国民党军驻山东二十师五十九旅赵新德部来此军屯，强行圈占原垦户之熟地，分给其“功劳兵”。无地老垦户只得靠出卖劳力或租佃土地维持生活；新来垦户则在屯田周围新开生荒。1933 年，五十九旅撤走后，屯垦集中地带发展成为王营屋子、刘家屋子等若干移民村。

第二次有组织的移民垦殖是在 1935 年。黄河连续两次在鄄城县决口，河水平漫菏泽、郓城、嘉祥、巨野、济宁、金乡、鱼台等县，造成数以万计灾民无家可归。于是，山东省政府便从上述地区迁移灾民 4200 余人到此垦殖落户。韩复榘以“屯垦”为名，派兵勒收接管垦户承租多年的祖业地，划归“屯田”，并与地主勾结，掠夺垦户之好地。这次移民垦殖是每 200 人编为一个大组，每组划分荒地一段，诸如八大组（现永安乡政府所在地）、一村、二村……二十五村等，就是由此而逐步建立的。上述移民村，由于人员混杂，政治基础薄弱，多以原地域关系聚居，加之当地土匪横行、饮水困难、蝗虫成灾等原因，垦户去留极不稳定。②

1935 年，驻聊城的山东第一路民团指挥赵明远，热心兴办移民屯垦，遂成立“移民垦殖办事处”，亲任指挥并拟定垦殖计划督导实施，堪称义举。赵明远组织灾民 2000 余人，迁往利津、沾化两县垦区实行移民垦种。当时拟定的垦殖计划为：按灾民每人领地 3.33 公顷（50 亩），计放地 1.26 万公顷

① 参见山东史志编委会、俞宽钟主编：《山东省志 · 农业志》，山东人民出版社 2000 年版，第 845 页。

② 参见垦利县史志编委会编：《垦利县志》，山东人民出版社 1997 年版，第 174 页。

(18.9 万亩)；按每 50 户为一组，集资购置耕作、收获机器；每百户组建新村一处，并筹办学校、医院、组办各种供销社，解决垦户购、销之困难，并组织民团等以期建成标准式村落。为确保移民安全垦殖，曾调集官兵和灾民 4000 余人，于当年 5 月进行筑堤、堵口，仅 25 天即完成黄河筑堤 83 华里并堵住乱荆子口处。赵氏此举，颇受群众颂扬，留下美名。①

移民垦种计划实施不久，又为军阀韩复榘所破坏，韩将东平万余游民尽移垦区，因游民中混入部分不劳而食之辈，不仅依势侵占已垦好地，而且肆意进家掠夺财物，甚至有的游民啸聚为匪，任其为害。

1937 年日军侵占山东后，在其占领区以内，由地方政府或个人举办的为数不多的农事试验农场。据有关资料统计：全省有 14 个县呈报，公私立农事试验场 26 处，共占地 238.53 公顷（3578 亩)。这些农场均靠近县城，规模较小，以经营蔬菜、推广作物良种为主。蔬菜有菊芋、甘蓝、洋葱、西红柿、线茄子、马铃薯等；作物品种以小麦、水稻、玉米为主，在当时对改进作物品种和推广蔬菜新品种方面起到一定的作用。

（二）山东解放区的移民屯垦

1941 年秋，垦区光复后，中共成立垦区建设委员会。为把垦区建设成丰衣足食的抗日根据地——清河区大后方，1942 年春，成立垦区土地局。清河区采取一系列奖励移民垦荒的政策措施，解决 250 多起土地案件，稳定了原有垦户。解放区的政策，使不少敌占区的贫苦农民也慕名来此垦荒定居。1942 年年底，来垦区屯垦的农民，向抗日民主政府登记认领的土地为 44 万余亩，比 1941 年增加 4 倍以上。垦区安置新垦户 6200 户，连生开荒的 1665 户在内，共安置 7865 户，建立新村 39 个。同时，抗日民主政府还为垦户贷粮、贷款，解决其生活、生产中的困难，从而扭转垦民流动不居现象，安定垦民情绪，促进了生产大发展。是年，全县收公粮 400 万公斤，占清河区总数的三分之二；征收田赋 260 万元（北海币)，占清河区总数的二分之一；收地租粮 68.7 万公斤。②

---

① 参见山东史志编委会、俞宽钟主编：《山东省志·农业志》，山东人民出版社 2000 年版，第 845 页。

② 参见垦利县史志编委会编：《垦利县志》，山东人民出版社 1997 年版，第 174—175 页。

到 1943 年年底，垦区全区耕地面积由确权前的 1.67 万公顷（25 万亩）猛增到 13.33 多万公顷（200 多万亩）；共开垦荒地 3.75 万公顷（56.3 万亩）。其间安置新垦农户 2.8 万户，12.62 万人，新建农村 119 个，居民 7686 户，35178 人。

老解放区在进行土地改革的同时，兴办了一批试验地，据 1949 年统计，其中渤海行署全区 37 个县即建农场 36 处，共有耕地 203.33 公顷（3050 亩），职工 676 人。其他如胶东、滨海、鲁中南行署辖区，也有部分县举办了类似的农场，全省约有 100 余处示范农场，对推动解放区的农业生产，支援解放战争发挥了重要作用。①

（三）抗战后的移民屯垦

抗日战争胜利后，国民政府将原来的部分农事试验场改为省立农场，计有益都、齐东、临淄、临清、惠民、济宁、莱阳、烟台、城阳、莒县 10 处，共计耕地 152.4 公顷（2286 亩）。但由于国民政府山东省政府无力经营，大都移交当地市县管理，又因受战争的干扰，这些农场基本处于停办状态。1947 年，国民政府重新颁发 1936 年制定的《清理荒地暂行办法》、《内地各省市荒地实施垦殖督促办法》和《奖励民垦》等法规，国民政府山东省政府实业厅训令各地垦丈局实施执行，并拟定垦殖计划，将全省划为 4 个垦区，即利津、广饶、沾化、无棣垦区，济宁湖田垦区，桓台麻大湖垦区，寿光、昌邑滨海碱荒垦区。因战争影响，省政府一切计划、指令均为一纸空文，毫无实绩可言。

四、新中国成立后的土地屯垦

（一）国营农场

新中国成立后，山东省在垦区实行国营垦殖。国营垦殖始于 20 世纪 50 年代初。1951 年，解放军农建二师来垦利等地军垦，总垦荒面积近 5000 亩。1956 年调离后，将土地移交黄河农场。1959 年，济南军区 5062 部队（后改为 6210 部队）来此军垦，当年垦荒 500 亩，后扩展到 2000 余亩。1967 年该部调离后，将土地移交垦利县良种场。

---

① 参见俞宽钟主编：《现代山东农业》，山东科学技术出版社 2000 年版，第 537—538 页。

（1）国营孤岛林场。始建于1950年春。初有干部13人，职工29人，隶属惠民专署林垦局。场部在一千二（地名，现属利津县境），下设东林站、西林站、南林站、北林站；范围：南从二十一户（现西宋乡）大坝至四合村（现下镇乡四合村），西、北至黄河（老河道），东至海岸。总面积为80万亩，其中自然林约40万亩。1953年，场部迁往建林村北，干部30人，职工100人。1954年改名为惠民专署林垦局孤岛林垦分局，下设行政、安垦、林业、苇草4个股，干部60人，职工200人。1958年，更名为国营孤岛机械化林场，直属山东省林业厅领导，下设机务、护林、林业3个大队，并开始使用机械造林和树种更新。1960年3月，改为国营孤岛共青团林场。不久，即从全省8个地区和青岛市召集来3400名青年，开发孤岛。又从“北大荒”调来80部大型拖拉机开荒种地，并将垦利县的西宋、建林两公社划归林场管辖（场为全民、社为集体），林场隶属山东省渤海农垦局。1965年，场、社分家，西宋、建林两公社又划归垦利县。1966年，林场撤销，将原土地、资产、工作人员全部移交到军马场。

（2）国营黄河农场。创建于1956年4月，对外称山东地方国营黄河农场，内部名称为“山东省公安厅第六劳改队”。初建时，干部不足百人，总场场部设在友林村（现新安乡驻地）东北侧。下设一、二、五3个分场，一、二分场为劳改场，五分场为劳改人员刑满就业场。全场当时总耕地3000亩。1958—1959年，改属于山东省农业厅，并由原来的3个分场扩大为5个分场（增加三、四分场）。耕地面积84790亩，管理干部400余人，劳动力3018人（多系劳改犯人和刑满就业人员）。1960—1962年，归属于渤海农垦局。1963—1965年，隶属于山东省农林厅。1966—1968年，归山东省农业厅领导。1969—1970年，场名改称山东省济南市“五七”黄河农场，数千名济南市的知识青年被安置在农场劳动锻炼。1970—1974年，改称中国人民解放军济南军区生产建设兵团一师一团。1975年，改称山东省惠民地区国营黄河农场。1983年，归属于东营市。1984年10月27日，经省委、省政府批准，原黄河农场四分场改建为东营市青坨劳改支队（副处级）。1985年，黄河农场土地面积为31.7万亩，其中耕地5万亩。总人口4122人，固定职工1549人（其中管理人员293人）。固定资产原值为721.7

万元，农业机械总动力为 6574 马力。[①]

（3）国营支脉沟牧场。始建于 1960 年 3 月，隶属渤海农垦局。1963 年渤海农垦局撤销后，归山东省农业厅领导。1965 年移交惠民专署。1969 年 10 月 4 日，经中共惠民地革委核心小组决定，将支脉沟牧场下放归垦利县领导。1970 年，由垦利县移交归中国人民解放军济南军区生产建设兵团一师。1975 年，建设兵团撤销后，又归垦利县管理。1977 年 4 月 1 日，划归胜利油田莱建指挥部。

（4）国营青坨农场。青坨农场的前身为“国营青坨子林场”，初建于 1960 年 2 月 27 日。是年 4 月 2 日，经渤海农垦局批准，改称“国营青坨农场”，下设 5 个分场。总垦殖面积 52 万亩，其中耕地 7 万亩。1962 年，固定职工 476 人，其中管理人员 45 人。该场原计划以开发林、牧业生产为主，兼营农副业，因缺乏水源，土质盐碱化较重，未能如愿。1964 年，青坨农场改称为垦利县良种场。1966 年，划归济南军区马场。1967 年，划归胜利油田。1968 年，移交济南军区马场，1978 年重新移交胜利油田，改称为胜利油田农副业处。

（5）济南军区军马场。济南军区军马场属济南军区后勤部，是全军重要的军马生产基地之一，它的前身是 1959 年创建的济南军区后勤部农牧场。原场部在垦利县下镇公社（现下镇乡）北二十三村西侧。建场初期，总人数不足百人，垦殖土地 1 万余亩。1964 年，定名为济南军区马场，总面积垦殖到 9 万亩（主要是牧场）。1966 年 3 月，国营共青团林场和青坨农场并入济南军区马场。1985 年，军马场地跨垦利、利津两县和河口区，总占地面积达 102 万余亩，其中耕地 12 万亩，林地 6 万亩，草原 22 万亩，其余为河沟及待垦荒碱地。年总产粮食 750 万公斤，出场马、骡 500 余匹，机制纸 2700 吨。年总产值为 1192.32 万元，其中：农业 596.5 万元，工业 457.53 万元，运输 131.66 万元，其他 6.63 万元。[②]

（二）有计划的移民垦种

1949 年后，山东省政府为了救济灾区和湖区百姓，有计划地从各县市

---

① 参见垦利县史志编委会编：《垦利县志》，山东人民出版社 1997 年版，第 180 页。

② 参见垦利县史志编委会编：《垦利县志》，山东人民出版社 1997 年版，第 181 页。

成批组织移民到垦区垦殖，主要有六次。

第一次是在1949年。鲁西南发生水灾，东平、巨野、阳谷、寿张、梁山、嘉祥等县的灾民3000余人，持本地乡级以上政府签发的灾民证来垦利开荒定居。垦利县政府凭其证件，每人分给土地3亩，安置在友林、新林、富林、义林等村。

第二次是在1950年春。经山东省政府决定，由长清、平阴、东平3县的沿黄484个村庄，迁来垦利灾民5200人。这批灾民主要安置在垦利县当时的罗镇、临河两区的部分村庄，未设移民新村。由于种种原因，实到灾民只有1597人。

第三次是在1950年9月—1951年春。由东平湖蓄洪区（东平、长清、平阴等县）迁来移民1万余人。为使搬迁工作顺利进行，这次迁出地区由县、区、乡干部带领，沿途设供水、医疗站；垦利县人民政府成立安垦委员会和办公室，专事安置移民工作。具体安置情况是：5000余人安置在三区（现利津县罗镇乡）；5000余人安置在四区新建的桥北、新立两个乡（现均属利津县）。

第四次是在1958年。因东平湖扩展蓄洪区，由梁山等县迁来5200余名移民。这批移民属整村搬迁，共安置利林、东增林、西增林、丰林、新育林等7个村。

第五次是在1961—1962年。由于广饶县北部（现东营区的史口、北辛店和本县的郝家等乡镇）人多地少，加之打渔张引黄灌区土地盐渍化严重，群众难以维持生活。经省政府批准，垦利、广饶两县协商，计划由上述单位迁往垦利1万人，开发孤岛地区。实际迁来2024户，9190人，安置土地1万亩。连同原有在孤岛地区的垦户2000余人，组建成新安公社（现新安乡）。

第六次是在1968年。省革委计划由东平湖区迁往垦利县移民8000人。这批移民从5月上旬接收，到9月底结束，实际迁来1316户共6948人，分别安置在永安、下镇、建林、西张、新安、民丰和西宋7个公社的53个生产大队，244个生产队定居。至1969年6月，这批移民返回原籍974户共5455人。①

① 参见垦利县史志编委会编：《垦利县志》，山东人民出版社1997年版，第177—178页。

表 2-1　山东移民安垦情况统计表

项目年份	户数	人数	安垦地亩
1942	5486	24687	152741
1943	11514	60008	191764
1944	4976	18674	85135
1945	1695	6589	18499
1949	800	3000	10000
1950		1597	4160
1951		10000	50000
1958	1500	5200	15000
1961	2024	9190	10000
1968	1316	6948	
合计	29311	145893	537299

资料来源：垦利县史志委编：《垦利县志》，山东人民出版社 1997 年版，第 177—178 页。

1949 年后，山东省际移民流向为山东以外的各省、市、自治区，尤以东北三省最为集中。据 1987 年 7 月 1 日全国 1% 人口抽样调查资料，1982 年 7 月 1 日至 1987 年 7 月 1 日，由省外迁入的人口，黑龙江省占 25.20%，吉林省占 10.60%，辽宁省占 4.54%，三省合计共占省外迁入人口的 40.34%。①

第二节　山东农业区划及特点

一、山东农业区划及特点

（一）山东农业区划的制定

新中国成立后，由于最高领导层在理论上对生产力与生产关系理解的偏差，不是努力发展农业生产力来改变原农村自然经济结构，而是不停顿地搞土地改革、合作化、人民公社化，以剥夺农民、放弃发展生产力为代价，

① 参见山东史志编委会编：《山东省志 · 人口志》，齐鲁书社 1994 年版，第 41 页。

搞政社合一，一大二公，从生产关系公有化程度上逐步升级。山东优越的自然条件和经济条件没有得到应有的发掘利用，以革命代生产违背了客观经济规律，导致了山东农业生产长期徘徊，农村经济依然停留在贫困线上。

1980 年 3 月，在山东省综合农业区划委员会和山东省农委领导下，由省农业厅、水利厅、林业厅、气象局、水利局、农业科学院、山东省农学院等委、办、厅、局及有关科研、生产单位，在各地、市支持下，共同制定了《山东省综合农业区划》，对山东农业发展的历史与未来相关问题进行了分析、论证。[①] 这是第一次由省政府发表的有关山东农业历史、现实、发展方向与途径的权威性研究报告。

（二）山东农业经济结构

山东农业的主要问题，是农业经济结构问题。所谓农业经济结构，就是研究农、林、牧、副、渔等各个经济部门的构成情况以及它们在整个农业经济中的地位、作用及相互关联。

合理的农业经济结构，应该具有以下几个指标：因地制宜，发挥优势，取得最佳经济效益；满足国民经济发展和人民生活对各种农副产品一定的需要；保持农、林、牧、副、渔等各个经济部门的协调和相互促进；农业生产处于一种良好的生态环境和良性循环基础上。[②] 总之，合理的农业经济结构，就是能充分而合理地利用人力、物力、财力，即合理利用各种自然资源、技术装备和物质力量，使农业内部各业、农业与工商业以及农业与自然生态、社会需要达到最佳的配置与良性循环。

以上述合理农业经济结构的标准来衡量山东的农业，就会发现山东农业历史和现状确实存在着不利于农业经济发展的障碍性因素，这主要表现在以下几个方面：

1. 农业经济结构不合理，“五业”发展不全面

山东农业经济结构不合理，种植业比重过大，林牧副渔等部门比重过

① 该节文稿，是笔者主要依据《山东省综合农业区划》和《山东省志・农业志》写成，其基本观点都是笔者归纳该书的观点。特向该书作者表示诚挚的谢意，并恕我不能一一注出。

② 参见山东省农业区划委员会编：《山东省综合农业区划》，山东科学技术出版社 1982 年版，第 114—115 页。

小；在种植业中，又以粮食为主，基本上是一种发展粮食生产的单一的农业经济。直到 1980 年，全省种植业产值仍占农业总产值的 70% 以上，其他各业占不到 30%。在种植业内部，粮食作物产值 1979 年占 71.5%，1980 年由于棉花、花生特大丰收，经济作物产值才上升为 26%。由于片面抓粮食，不能充分合理地利用自然资源，影响了经济作物林牧渔业的发展，破坏了生态平衡，使山东直到 1980 年，农业经济结构与新中国成立前没有很大变化。

2. 农业经济发展速度与人口增长不相适应

1949—1980 年间，山东省净增人口 2747 万人，平均每年增加 88.6 万人，平均增长速度为 1.5‰。粮食总产量由 1949 年的 174 亿斤达到 1980 年的 476.8 亿斤，平均每年增长 9.77 亿斤，平均增长速度为 3.3%。若以农业生产较好的 1956 年的产量为基数，把 1956 年、1977 年、1979 年、1980 年的粮食、棉花、大豆都折成粮食统算，① 则从 1956 年到 1979 年的 23 年间，粮食增长 41.7%，人口增长 37.6%，每人占有粮食增长 24 斤，平均每年每人占有粮食只增加 1 斤。②1980 年粮食生产是历史上第二个丰收年，经济作物的棉花、花生产量创历史最高水平，但从 1956 年到 1980 年的 24 年间，统算粮食增长 57%，人口增长 38.8%，每人占有粮食增长 106 斤，平均每年增长 4.4 斤，实在太少了，农民生活无法得到很大改善。

（三）自然经济占优势

近代山东农业的主要问题，是农村商品经济不发达，自然经济仍占很大优势。

新中国成立后 30 年的山东农业，仍是以自然经济占绝对优势。由于人口增长快，劳动生产率低，每个农业劳动力只能供应包括自己在内的 3 个人的消费，农产品主要供内部消费，商品率低，因而农业经济基础薄弱，扩大再生产能力小，资金不足。

在农业生产中占有主导地位的粮食作物，绝大部分被农村人口自己消费了。自 20 世纪 60 年代以来，山东粮食商品率最高年份为 13%，一般年

① 棉花、花生、大豆与粮食的通行折算率是：以 1 斤棉花折 8 斤粮食，1 斤花生折 3 斤粮食，1 斤大豆折 2 斤粮食。

② 参见山东省农业区划委员会编：《山东省综合农业区划》，山东科学技术出版社 1982 年版，第 109 页。

份为11%—12%。1979年农业集体总收入中，出售产品收入占34.4%，如果加上家庭副业中出售产品收入，则农业总收入中，出售农副产品收入约占45%左右。也就是说，55%的农副产品被农民自己消费掉了。商品经济不发达的另一个表现，是农民出售的产品主要是原料。

（四）农业经济效益

经营管理不善，农业生产费用高，经济效益差，是农业生产的限制因素。各项费用占收入的比重，1965年为30.3%，以后直线上升，1977年达43.3%，1980年有所下降，占总收入的36.3%。即每投入1元费用，其回收金额，1965年为3.3元，最低的1978年是2.38元。

山东农业的积累率自1972年以来，大体上摆动于16%—20%之间，远低于当时全省国民收入积累率的27%。但因为农民的收入很低，这样的积累率对农民来说，已经是不轻的负担了。以农业达到初具现代化的规模来说，每亩耕地需固定资金400元，而直到1980年，每一农业人口平均积累17元，每亩耕地平均积累10.5元，① 扩大再生产能力很弱。

新中国成立后，农业生产也有了较大发展，但农业中粮食作物与经济作物、种植业与其他各生产部门之间的关系不顺，种植业中粮食作物与经济作物及其他作物的结构也不合理，最大的问题是农业经济结构不合理。

经过1949—1980年的土地改革运动和农业合作化、人民公社化等被认为是农村生产关系翻天覆地的革命之后，1980年每一个农村劳动力创造的产值，相比经历了抗日战争和国共战争前后12年战争破坏后的1949年，仅增长了147%；平均每个劳动力仅能养活3个人。种植业在农业总产值中仍占71%。与1949年相比，种植业所占比重只降低了8.8%。由于全省农业人口占总人口将近90%，农民生产的农副产品大部分被农民自行消费了，能够作为商品出售的部分，多年来仅占农业总收入的50%以下。另外，劳动生产率低，资金短缺，农民一直处于单纯提供原料的地位，大量农副产品被收购而流入城市加工，农民收入减少，农业本身很难积累资金，扩大再生产能力小，剩余劳动力也难以安排。因此，农村一直不能摆脱困境。

---

① 参见山东省农业区划委员会编：《山东省综合农业区划》，山东科学技术出版社1982年版，第106—113页。

19 世纪下半期与 20 世纪前半期的 100 年与新中国成立后 50 年的历史告诉我们，农业与农村的出路不外乎是四个方面：其一，农村经济必须建立一个合理的农业经济结构，处理好粮食作物与经济作物、种植业与其他各生产部门的关系，提高劳动生产率；其二，应发挥山东省劳动力资源丰富的优势，因地制宜，开展多种经营，大力发展商品经济，为扩大再生产积累资金；其三，充分利用自然资源，发掘林地、牧地、荒山、荒滩、盐碱荒地、内陆水域和浅海滩涂的生产潜力，使人尽其才，物尽其用，地尽其力，把保护和营造生态环境与可持续发展提到日程上来；其四，开展农工商多种经营，提高农民收入，活跃农村经济，为大量劳动力提供就业机会。① 笔者认为：到 1980 年，虽然新中国成立已有 31 年，生产关系似乎发生了革命性的变化，农业经济也有了不小的发展，但农业经济结构没有发生根本性的变化，整个农业经济和农村生产力也没有发生根本性的变化，山东农村依然是落后的自然经济或半自然经济，即传统经济状态，没有迈入现代化的门槛。

二、山东农业区划

山东省幅员辽阔，农业地理和人文地理条件在气候、地貌、水文、土壤、经济、文化、生产习惯等方面有明显的地域差异。全面分析各地农业经济结构、布局及生产环境的历史和现状，综合研究各地农业生产的有利条件和不利条件，主要特点和存在问题，既是综合农业区划的基本任务，也是全面评价各地农业生产的自然条件与经济条件的分类依据。

综合农业区的划分，主要依据以下四个原则：第一，农业生产的相对一致性原则。主要包括自然条件和经济条件。在自然条件方面，着重依据地貌、气候，以及水土资源条件；在经济方面，着重依据生产技术水平。第二，农业生产的特点和发展方向的一致性。主要指农业生产结构和部门内部结构。第三，农业生产中关键性问题及重大措施的相对一致性。主要指重大技术改造和增产问题。第四，保持行政区界的一定完整性。

① 参见山东省农业区划委员会编：《山东省综合农业区划》，山东科学技术出版社 1982 年版，第 102—103 页。

省内各地农业地理和人文地理条件不同，农业内部各业的结构不同、产品种类不一，在历史上形成不同类型的农业分区。山东省农业区划在1980年划分到二级。一级区着重反映农业结构的特点和生产发展方向的共同性，采用地理方位和农林牧副渔结构的二段命名法；二级区着重反映种植业内部结构及生产发展方向的共同性，采用地理方位和种植业内部结构及林牧副渔构成的二段命名法。全省共分为8个一级区，30个二级区。①

（一）东部沿海丘陵农林渔区

1. 区域及环境条件

以胶东半岛和东南沿海为主，包括烟台、威海、日照、青岛大部。农业人口1257.81万人。1990年土地总面积为2.78万平方公里，占全省17.7%，耕地1926.4万亩，耕地率为40.8%，但人均占有果园0.23亩，居全省之首。柞坡面积占全省89%，人均0.8分。沿海线长达2300公里，滩涂138万亩，可供饲养的约40万亩，另有浅海面积约500多万亩，可供饲养的100多万亩。本区农业资源较丰富，是山东省的精种高产区。农业内部各业发展全面，且海岸线长，具有发展海上捕捞和浅海滩涂饲养的良好条件。②

境内以低山丘陵为主，山前平原和山间平原发育较差。山前冲积平原，以西北部莱州、龙口分布较为集中，西部是与胶济农业区相连的地势低洼的胶莱平原。本区主要土壤类型依次为粗骨土、棕壤、潮土三个土类。由于砂砾质土壤比较普遍，所以土壤有机质和全氮含量水平稍低于全省平均水平；三分之二土壤缺速效钾，但速效磷含量相对较高；棕壤心土层内多数有黏化层，有保水保肥作用。该区为湿润半湿润气候区，年降雨量为650毫米—950毫米，大于或等于零度的积温为4200℃—4600℃。

从总体看，本区旱涝灾害较少，但水资源不足，农田一年两熟制所需热量不很充裕，水土流失比鲁中南轻，由于低山、丘陵、平原并存，适宜因

① 参见山东省农业区划委员会编：《山东省综合农业区划》，山东科学技术出版社1982年版，第124—127页。参见山东史志编委会、俞宽钟主编：《山东省志·农业志》，山东人民出版社2000年版，第160—161页。

② 参见山东史志编委会、俞宽钟主编：《山东省志·农业志》，山东人民出版社2000年版，第160—161页。

地制宜地安排粮食作物及水果、牧业生产，其海岸线长，适宜水产业。

2. 农业生产及农村经济

本区农业经济发展水平是山东省较高地区之一。据 1980 年对青岛、烟台地区统计资料显示：人均收入 366.4 元，为全省平均数的 172%；人均分配 175.5 元，为全省平均数的 166.8%；其中现金分配 106.2 元，为全省平均数的 210.7%。种植业产值占农业总产值 56.8%，林牧副渔占 43.2%，比例较为协调。①

1990 年本区粮食总产占全省 18.4%，亩产比全省平均高出 9.7%；花生总产占全省 47%；水果总产占全省 40%；柞蚕茧总产占全省 36.7%；肉类总产占全省 15.7%；水产占全省 77.6%。

1990 年农村社会总产值 524.48 亿元，占全省 27.8%。其中农业各业产值合计 167.22 亿元，占农村社会总产值的 31.9%，第二、第三产业在省内属最发达地区之一。农产品商品率 65.5%。农民人均年纯收入 891 元，比全省平均高出 31%，居各区首位。②

本区又分为 5 个二级区：

蓬黄掖粮油渔区、烟莱粮油林区、文荣油粮林渔区、青岛粮茶林渔区、胶南日照粮油林渔区。

以蓬黄掖粮油渔区为例：该区濒临渤海南岸，包括烟台地区蓬莱、黄县、招远、掖县和长岛 5 个县，耕地 358.5 万亩，耕地率为 44.2%，农业人口 225.5 万人，人均耕地 1.59 亩。③

本区农业生产水平较高，粮食、花生单产居全省首位，林牧副渔在农业总收入中占有相当比重，人均分配水平高出全省平均水平一倍。该区濒临渤海，适于发展浅海滩涂养殖业，是全省闻名的精种高产区，耕地灌溉率为 70%。粮田面积占耕地面积 63.6%，粮食作物以小麦、玉米为主，分别占

---

① 参见山东省农业区划委员会编：《山东省综合农业区划》，山东科学技术出版社 1982 年版，第 127 页。

② 参见山东史志编委会、俞宽钟主编：《山东省志 · 农业志》，山东人民出版社 2000 年版，第 160—161 页。

③ 参见山东省农业区划委员会编：《山东省综合农业区划》，山东科学技术出版社 1982 年版，第 129 页。

粮食作物播种面积的45.3%和36.5%；[①] 经济作物以花生为主，占耕地面积的28.7%。1979 年粮食平均亩产 1090 斤，花生平均亩产 462.5 斤，均为全省最高水平。粮食商品率为 20.9%，在农业总收入中，粮食占 62.1%，林牧副渔占 37.9%，人均占有粮食 1102 斤，[②] 皆属省内较高水平。

（二）鲁中南山地丘陵农林牧区

1. 区域及环境条件

包括临沂、枣庄、济宁、泰安、济南、淄博、潍坊 7 个地市的 35 个县。总土地面积 3.4194 平方公里，占全省 22%；耕地 1783.26 万亩，耕地率仅为 40.6%，荒地 473 万亩。农业人口 1465.2 万人，人均占有耕地仅为 1.43 亩。

境内中山、低山和丘陵并存，地质状况复杂。本区因山多地少，人均耕地不多是特点。主要土壤类型为褐土、棕壤两土类中的各亚类以及粗骨土类中的酸性粗骨土和钙质粗骨土亚类。由于地质和地貌都很复杂，土壤物理性质和养分含量悬殊，但以低水平为主。属半湿润气候，3—11 月平均干燥度为 1.0—1.5，积温高于胶东，为 4500℃—4800℃，稍低于胶济区。地表径流丰富，地下水贫乏，尤其是石灰岩地带，因岩溶裂隙发育强烈，造成严重缺水易旱，只有山间谷地和盆地有丰富的地下水积聚。森林覆盖率低于胶东，为 17%，垦殖过度，农林牧比例失调。

该区山地丘陵多，干旱频率高，但雨季多集中降水，水土流失量为全省之首。因山多田少，土壤较薄，反而促成了农民垦伐林草。1980—1990 年间，耕地率又比 1980 年以前上升了 5 个百分点。[③] 交通不便也是农业和农村经济发展的制约因素。

2. 农业生产和农村经济情况

因为该区复杂的地貌、土壤，造就了物产的多样性，花生、烤烟、水

---

① 山东省农业区划委员会编：《山东省综合农业区划》，山东科学技术出版社 1982 年版，第 129—130 页。

② 参见山东史志编委会、俞宽钟主编：《山东省志 · 农业志》，山东人民出版社 2000 年版，第 164—165 页。

③ 参见山东史志编委会、俞宽钟主编：《山东省志 · 农业志》，山东人民出版社 2000 年版，第 164—165 页。

果、干果、茶、桑蚕、畜牧等都有一定出产。本区是山东花生和烤烟重要产区之一，据 1980 年统计，花生播种面积占全省播种面积的 32.67%，单产虽低，但总产却占全省的 24.77%；烤烟种植面积占全省的 48.2%，产量占全省的 49.5%。粮食作物以小麦、地瓜、玉米为主，分别占该区粮食播种面积的 39.5%、24.1% 和 23.8%。该区也是省内生猪的主要集中产区。

1990 年粮食总产占全省 16.1%，农业人口平均占有粮食 421 公斤，比全省平均数低 17%。花生总产占全省 30% 左右，烤烟占 40% 以上，水果占 20% 以上，干果占 40% 以上，桑蚕茧占 30% 左右。

1990 年农村社会总产值 367.62 亿元，占全省 19.5%。其中农业各业产值 146.9 亿元，占农村社会总产值的 40%。农民人均年纯收入 617 元，低于胶东及胶济平原两区，比全省平均数少 63 元。

（三）湖东鲁南平原农业区

1. 区域及环境条件

包括南四湖和东平湖以东、鲁中山地丘陵西南侧及鲁南以平原为主的县区，涉及泰安、济宁、枣庄、临沂四个地区的二十多个县。土地面积 1.52 万平方公里，占全省 9.7%，其中湖泊水域面积 1307 平方公里。耕地 1359.74 万亩，耕地率 53.5%，农业人口 914.8 万人，人均占有耕地 1.33 亩，[①] 为全省人均占有耕地最少的区域。

境内地貌为冲洪积平原、盆地、谷地。主要土壤类型为褐土土类中的潮褐土亚类以及砂姜黑土和潮土土类；土层深厚，质地适中或偏黏；部分砂姜黑土具有“旱、涝、瘠、僵”的不良性状，经治理改良后有不同程度的好转。大部分土壤自然肥力及耕作熟化程度较高；济宁和枣庄市境内的平原和盆地，化肥用量大；全区土壤有机质和全氮含量一般较高，速效磷含量较低，尤以砂姜黑土为甚；速效钾含量因成土母质而异，变幅较大。土壤的总体肥力水平高于鲁中南山地丘陵区和鲁西北平原。区内大部分为半湿润气候，3—11 月平均干燥度 1.0—1.5，东南部属湿润气候。积温仅次于鲁西

① 参见山东省农业区划委员会编：《山东省综合农业区划》，山东科学技术出版社 1982 年版，第 160 页。山东史志编委会、俞宽钟主编：《山东省志·农业志》，山东人民出版社 2000 年版，第 165—166 页。

南，高于其他地区。地下水量丰质好，但已出现采补失调；地表水也较多，但污染日益加重。该区森林覆盖率较低，为 8.97%。

2. 农业生产情况

该区是省内水土资源较好的地区之一。农业历史悠久，生产技术水平高，农业技术装备条件较好；有效灌溉面积占耕地的 70.5%，① 由于水热条件较好，是种植业产量较高的地区，且由于气候、地貌、土壤等的差异，故而物产种类丰富。粮食作物以小麦、玉米、地瓜为主，分别占粮食播种面积的 43%、20.5% 和 13.8%，主要分布在南四湖和临、郯、苍地区。鲁南沂沭河下游是省内水稻主产区之一。区内粮棉油菜及猪牛羊齐全。1990 年粮食总产占全省 12.8%，亩产比全省平均高 8%。农村社会总产值 158.78 亿元，占全省 8.4%。其中农业各业产值 58.35 亿元，占农村社会总产值 36.7%。农民人均年纯收入 683 元，稍高于全省平均数。②

本区又分为四个二级区：泰、莱、肥、宁粮麻区，曲、兖、邹、滕粮菜区、南四湖粮渔区、临郯苍粮渔区。

以南四湖粮渔区为例：该区包括环绕南四湖、东平湖的 3 县 1 区（不含滕州），涉及济宁市和泰安两市。土地面积 0.41 万平方公里，占全省 2.6%，耕地率 44.2%。农业人口 192.2 万人，人均占有耕地 1.41 亩。耕地率低的原因是土地面积的 32% 为湖泊水域，农民人均占有水田 1.04 亩。

（四）鲁西南平原农林牧区

1. 区域及环境条件

包括菏泽地区全部、济宁地区汶上县全部以及金乡、嘉祥两县的大部。总面积 1.63 万平方公里，占全省总面积 10.4%，耕地 1417.07 万亩，耕地率 62%，农业人口 889.2 万人，人均耕地 1.70 亩。③

本区地貌与鲁北地区同属由黄河决口、改道、泛滥而形成的黄河泛滥

---

① 参见山东省农业区划委员会编：《山东省综合农业区划》，山东科学技术出版社 1982 年版，第 161 页。

② 参见山东史志编委会、俞宽钟主编：《山东省志 · 农业志》，山东人民出版社 2000 年版，第 165—166 页。

③ 参见山东省农业区划委员会编：《山东省综合农业区划》，山东科学技术出版社 1982 年版，第 154 页。

平原。特点是，以缓平坡地和浅平洼地为主，河滩高地较少。微地貌变化多，岗、坡、洼相间，但总体比重小，自然流势滞缓，尤以东部为甚。汶上县多冲洪积平原。全区土壤类型主要是潮土土类的各亚类，东部有少量潮褐土。该区黄河冲积物以轻壤质为主，自然肥力不高，石灰性强，耕作施肥水平逊于胶东、胶济、湖东等地，土壤有机质、全氮、速效磷含量稍高于黄河三角洲，也属全省最低之列；速效钾含量较高，仅次于鲁北和黄河三角洲。潜水均有不同程度矿质化，潜水滞缓区土壤有明显的碱化现象。属半湿润气候，每年3—11月平均干燥度1.2—1.5，但春秋易旱，夏季降水偏多。全年光照时数为2400—2600小时，积温4900℃—5000℃，居全省之首，一年两作时间充裕。地表水较少，地下水较丰富，北中部引黄灌溉。森林覆盖率仅为该区7.4%，但农田间种泡桐树较多。①

2. 农业生产情况

本区农业生产和分配是全省最低的。本区农业生产以种植业为主。据1980年统计资料，种植业产值占农业总产值的75%。棉田263.34万亩，占全省棉田面积的23.82%，棉花总产量28541斤，占全省总产量的26.56%。②粮食耕亩单产433斤，棉花单产108.4斤，每一农业人口占有粮食483斤，人均收入133.3元，人均分配76.8元，为全省的最低值。1990年粮食总产占全省10.8%，亩产比全省平均低18%，农民人均占有粮食432公斤，比全省平均低14.6%。棉花总产占全省28.9%。

1990年本区农村社会总产值143.2亿元，占全省7.6%。其中农业各业产值79.89亿元，占农村社会总产值的比率高达55.8%，第二、第三产业甚不发达；农民人均年纯收入513元，是省内除黄河三角洲外最低的地区，比全省平均数少24.6%。③木材采伐量（主要是泡桐）占全省四分之一。养牛、养羊较多，肉类总产占全省11.8%，水产仅占全省1.1%。

---

① 参见山东史志编委会、俞宽钟主编：《山东省志·农业志》，山东人民出版社2000年版，第168—169页。

② 参见山东省农业区划委员会编：《山东省综合农业区划》，山东科学技术出版社1982年版，第155页。

③ 参见山东史志编委会、俞宽钟主编：《山东省志·农业志》，山东人民出版社2000年版，第168—169页。

该区光热资源丰富，土层深厚，土壤肥力较低，有部分盐渍化及潜在盐渍化土壤。适宜粮、棉、瓜类生产，盛产优质西瓜。由于地处西南角内陆，相对闭塞的地理位置形成了与东部文化、科技、工业的差距，影响农业和农村经济的发展速度。

本区又分为三个二级区：鲁西沿黄林粮区、鲁西粮棉林区、鲁西棉林牧区。

（五）鲁北平原农牧区

1. 区域及环境条件

包括聊城、德州两地区的全部，惠民地区西部的惠民、阳信、高青、博兴、邹平等县的一部分以及济南市历城、章丘、黄河以北地区及淄博市小清河以北地域，土地面积 2.65 万平方公里，占全省 16.9%。现有耕地 2356.1 万亩，耕地率 60.2%，荒地 188 万亩。农业人口 1139.4 万人，人均占有耕地达 2.27 亩，① 仅次于黄河三角洲。

境内全部是黄河冲积平原。地貌和土壤类型与鲁西南类同，土壤质地比鲁西南偏重，有机质、全氮、速效钾含量都高于鲁西南。② 本区土层深厚，土地资源除盐碱地外，一般较好，但因长期养用失调，土地肥力很低，土地瘠薄成为该区农业发展的一个障碍性因素。属半干燥气候，3—11 月平均干燥度 1.5—1.8，春季重旱的频率较高，夏季易涝，秋季偏旱。积温高于沿海而低于鲁西南。地表水少，地下水储量较丰，南部有引黄灌溉。潜水均有不同程度矿质化。全区平均森林覆盖率 5.6%，仅高于黄河三角洲而低于其他区域。光热水资源较丰富，适于粮、棉、水果、瓜类生产。

2. 农业生产情况

该区农业生产以种植业为主。德州地区种植业产值占农业总产值的 69.6%，林牧副渔合计占农业总产值的 30.4%，聊城地区种植业产值占农业总产值的 81.1%，其他四业仅占 18.9%。可见该区农业经济结构明显不合理。本区是山东省内最大最集中的棉花产区，1980 年棉田面积 575.8 万亩，

---

① 参见山东省农业区划委员会编：《山东省综合农业区划》，山东科学技术出版社 1982 年版，第 146 页。

② 参见山东史志编委会、俞宽钟主编：《山东省志 · 农业志》，山东人民出版社 2000 年版，第 170 页。

占全省棉花总面积的52.09%，棉花总产量56930万斤，占全省总产量的52.97%。地理位置较闭塞，影响农业和农村经济发展速度。

1990年粮食总产占全省17.6%，亩产比全省平均高6.9%，农民人均占有粮食550公斤，比全省平均高8.7%；棉花总产占全省49.4%；水果总产占全省12.8%，冠县、阳信的梨和东部枣粮间作为其特色。肉类总产占全省14.5%。由于地多人少，牧业潜力较大。

1990年全区农村社会总产值252.73亿元，占全省13.4%；其中农业各业产值为128.85亿元，占农村社会总产值的51.8%，第二、第三产业也不如东部发达，仅稍好于鲁西南。农民人均年纯收入576元，比全省平均数低15.3%。

本区又可分为四个二级区：乐陵庆云粮枣区、鲁北棉林区、鲁北粮棉林区、鲁北沿黄林油区。[①]

（六）渤海农牧渔区

1. 区域及环境条件

也称“黄河三角洲农牧渔区”，位于鲁北农牧区之东，黄河入海口及两翼，包括东营市小清河以北的部分和惠民地区的无棣、沾化、垦利、利津等县全部，和博兴、广饶、邹平、阳信、惠民、滨县的一部分以及潍坊地区的寿光、潍县、昌邑三县北部。土地面积1.1万平方公里，占全省总面积的7.8%；现有耕地497万亩，耕地率为27.7%，在全省是最低。但农村人口较少，只有221.4万人，人均占有耕地3.5亩，居全省之首。[②]牧草地和盐荒地属全省最多，共有草地21.4万亩，盐荒地672万亩；有600公里长的海岸线，滩涂广阔，是山东省土地后备资源最集中的地区之一。

本区基本特点：人均土地资源最多，但质量不高。土壤类型为潮土、盐土、新积土三个土类。潮土以盐化潮土亚类为主，占全区土壤面积的31%；盐土占土壤面积的35.1%，这两项盐渍化土壤合计占66.1%。新积土类中的冲积土亚类（黄河入海口沉积物）是无盐化的淡质土壤，但被覆盖的下层土

---

① 参见山东史志编委会、俞宽钟主编：《山东省志·农业志》，山东人民出版社2000年版，第170—171页。

② 参见山东史志编委会、俞宽钟主编：《山东省志·农业志》，山东人民出版社2000年版，第171—172页。

壤都为老盐土。土壤耕作熟化程度低，施肥少，除成土母质富含速效钾外，有机质、全氮、速效磷含量均居全省最低水平。气候属半干燥，每年 3—11 月平均干燥度 1.5—1.8，春旱严重，夏季降水集中，且受自上游过境入海的洪水影响及海水顶托，易受内涝。积温稍高于胶东而低于其他区域。潜水矿化度高，自西向东由 10 克 / 升左右，增至 30 克 / 升左右，威胁上层土壤，且无法用于灌溉。深层淡质地下水有限，因而灌溉全靠引黄河水，但因地处黄河最下游，用水保证率不高。森林覆盖率仅为 2.7%，居全省最低，所植树木存活及生长困难。

2. 农业生产情况

本区农业以种植业为主，种植业以粮食为主，粮田面积占耕地面积的 79.4%。粮食作物的构成，新中国成立 39 年间有很大变化，主要表现为秋收作物所占比重减少，夏收作物增大；小麦、玉米、地瓜生产大幅度增长，而谷子、高粱、大豆大幅度下降。以 1949 年与 1980 年相比，秋收作物分别由 71% 降为 58%，夏收作物则由 29% 升为 42%。①

该区地广人稀，光照充足，热量稍低，水资源不足，耕作期在全省是最短的。年平均日照时数为 2700—2800 小时，积温在 4700℃左右，适宜于种植小麦、大豆等粮食作物。

1990 年粮食总产只占全省 2.6%，亩产比全省平均低 44.1%。但由于土地宽裕，农民人均占有粮食仍达 519 公斤，不但高于鲁西南，而且比全省平均数还高 13 公斤。棉花总产占全省 5.1%。肉类总产占全省 2%，尚有很大潜力。海产品总产占全省 5.3%。

1990 年农村社会总产值 23.96 亿元，占全省 1.3%。其中农业各业产值仅 13.68 亿元，但占农村社会总产值的比率却高达 57%，第二、第三产业滞后。农民人均年纯收入 420 元，为全省最低。②

区内分布着大面积的滨海潮盐土。在黄河两侧和河口三角洲，因受现代黄河泛滥沉积的影响，分布有滨海潮土。潜水和土壤含盐多，即使非盐化

① 参见山东省农业区划委员会编：《山东省综合农业区划》，山东科学技术出版社 1982 年版，第 138—139 页。

② 参见山东史志编委会、俞宽钟主编：《山东省志 · 农业志》，山东人民出版社 2000 年版，第 171—172 页。

土壤，也因开垦不当而盐化撂荒，适宜发展牧业。部分地方实施科学耕作灌排措施，可以发展棉花、水稻等作物。

资源缺乏是本区发展农业生产的突出问题。本区农业技术装备水平较低，灌溉面积占耕地面积的 47.6%，每亩施用化肥 12 斤，均低于全省平均水平。黄河入海口泥沙年年淤积延伸，向海推进 0.3 公里—0.5 公里，① 是该区的开发潜力所在。

（七）胶济平原农业区

1. 区域及环境条件

位于泰、鲁、沂山北侧，沿胶济铁路两侧及小清河沿岸，呈东西向带状分布的以平原为主的县区，包括济南、淄博、潍坊三市，惠民和东营的小清河以南地带，青岛市平度县。土地面积为 2.32 万平方公里，占全省 14.2%；耕地面积为 1522.5 万亩，耕地率为 53.8%；荒地约为 52 万亩，农业人口 973 万人，人均耕地 1.85 亩。②

本区水土资源条件优越，农业历史悠久，有较大的增产潜力。境内以冲洪积山前平原为主，东部为较低洼的胶莱平原，潍坊市北部莱州湾沿岸为河流冲积和海积交互沉积的平原，易受海潮影响。全区土壤主要为褐土土类中的潮褐土和褐土亚类，山丘与平原交接洼地有砂姜黑土分布。潍坊北部有盐化潮土和滨海盐土。大部分地方土层深厚，质地适中，耕性良好，地面比降适宜，排水出路好。土壤自然肥力较高，更因精耕细作，施肥多，土壤熟化程度高，因而有机质和全氮含量显著高于全省平均水平；速效磷含量因受土壤石灰性影响而与全省平均水平相近或稍低；速效钾含量大多高于全省平均水平。土壤肥力居全省各区之首。区内为半干燥至半湿润气候，3—11 月平均干燥度 1.5 左右，积温高于胶东沿海，具有较好的地下水汇集条件。但该区内工矿区比较集中，工农业争水争地矛盾较大，农田逐年减少，地下水开采过量，水位下降甚剧；地表水较贫乏且污染严重。林地少，森林覆盖率仅为 5.7%。

---

① 参见山东史志编委会、俞宽钟主编：《山东省志 · 农业志》，山东人民出版社 2000 年版，第 172—173 页。

② 参见山东省农业区划委员会编：《山东省综合农业区划》，山东科学技术出版社 1982 年版，第 171—172 页。

2. 农业生产情况

该区大部分为历史悠久的粮食精种高产区，粮食、烤烟、蔬菜、瓜果均有较好基础。粮地面积1073.6万亩，占耕地面积70.5%，每一农业人口占有粮田1.2亩。粮食作物以小麦、玉米、地瓜为主，一年两作，部分两年三作，粮田复种指数为1.7—1.9，粮食耕亩产量为758斤，人均占有粮食907斤。以益都、临朐为中心的烤烟集中产区，种植面积和总产分别占全省的41.8%和40.6%，在全省占重要地位。1990年粮食总产占全省18.6%，亩产比全省平均高出21.7%，农民人均占有粮食高达703公斤。农村社会总产值366.94亿元，占全省19.5%。其中农业各业产值115.53亿元，占农村社会总产值的31.5%，第二、第三产业相对发达。农民人均年纯收入832元，比全省平均数高22.4%，仅次于胶东。以高密、平度为中心的胶莱棉区，是山东重点商品棉基地之一，种植面积占全省面积的14.59%，总产量占全省棉花总产量的10%。① 由于该区大、中城市较多，受市场需求的驱动，加之粮食高产，饲料充足，又因交通运输便利，故而蔬菜和畜牧生产也愈益发达。此外，潍坊北部沿海有水产养殖和贝类资源。该区热量发达，提水灌溉条件较好，但用水日趋紧张，环境污染日益严重。随着农业的进一步发展，保护基本农田、治理污染、进一步培肥土壤、节水等举措已经提上日程，并正在逐步实施。②

（八）南四湖东平湖农渔区

1. 区域及环境条件

该区是鲁西沉降区和鲁中上升区的交接洼地地带。历史上从南到北排列着南四湖、北五湖。现代南四湖犹在，北五湖只剩北端的东平湖，其余四湖已淤积消亡。土壤类型，南四湖的北、西两面陆地以水稻土为主，其余地方为褐土、潮土、砂姜黑土三个土类。分布于湖滨的潮土，多为通气排水不良的湿潮土亚类。为半湿润气候，3—11月平均干燥度1.0—1.5。灌溉条件较好，但工业发展带来水质污染。滨湖部分地方汛期易涝。

---

① 参见山东省农业区划委员会编：《山东省综合农业区划》，山东科学技术出版社1982年版，第172页。

② 参见山东史志编委会、俞宽钟主编：《山东省志·农业志》，山东人民出版社2000年版，第162—163页。

该区南四湖周围水资源较丰富，稻田占耕地面积30%以上，是省内又一水稻主产区；南四、东平两湖也是省内最大的淡水产品的产地。除鱼、虾、贝、蟹、藕、菱、芡、菰、苇、蒲以外，鸭、鹅饲养也很多。但在130万亩可养水面中，人工养殖开发面积还不到十分之一，主要靠捕捞采集。

2. 农业生产和农村经济

1990年粮食总产占全省3.4%，亩产比全省平均高7%。淡水产品产值占全省13.7%。农村社会总产值46.3亿元，占全省2.5%。其中农业各业产值21.03亿元，占农村社会总产值45.4%。农民人均年纯收入657.1元，略低于全省平均数。①

以上八个基本农业区的划分，是山东省农学专家们集体智慧的结晶，成为对山东三农问题进行研究的科学依据。多年来，尽管做了很多工作，但并没有真正弄清山东的农业资源。如山东的土地资源就是一例，至1980年年上报的耕地数目为10862万亩，但仅据16个农业区划县的调查统计，实际耕地较年报数平均多12.05%，其中德州市和广饶县分别多出29.8%和21.3%；水资源，特别是地下水存量，因计算参数不够统一，也不够精确，山东省地质局的计算为261亿立方米，而山东省水利厅的计算为168亿立方米，相差93亿立方米；山东林木总株数，据10个农业区划县的实际调查，实有量较原统计上报数平均减少52.7%，其中德州减少71.4%，章丘县减少69.7%，定陶县减少66.7%，兖州县减少63.6%。② 如果统计数字不准确，就难以把农村经济研究建立于客观真实的基础之上。

① 参见山东史志编委会、俞宽钟主编：《山东省志·农业志》，山东人民出版社2000年版，第167—168页。

② 参见山东省农业区划委员会编：《山东省综合农业区划》，山东科学技术出版社1982年版，第199—200页。

第三节　山东农业产业结构与传统耕作制度

一、农业产业结构

（一）农业产业结构

山东农村经济，自古以来就是一种传统的小农经济，除去新中国成立后合作化和人民公社化的行政干预的三十多年的集体化外，按其自然运行形态，可以说直到20世纪末，依然是小农经济占绝对优势的前现代农业经济。在很长时期里，农业是国民经济主要的生产部门，农业在国民生产总产值中占有90%以上的比重；在农业中的农、林、牧、副、渔“五业”中，单一的农业种植业又占有百分之八九十的比重，林牧副渔业所占比重很小；在农业种植业中，则是粮食种植占有绝对的优势。这种情况，可以概括为四个第一：传统社会小农经济第一，农村经济中农业第一，农业五业中种植业第一，种植业中粮食第一。说白了，就是中国的经济主体是小农经济，小农经济就是种地打粮吃饭的单一经营。由于生产结构较为单一，农业资源利用不充分，农业经济效益不高。

农村经济的一、二、三产业结构长期不合理、不平衡的状况存在的原因，是因为没有根本解决粮食问题。粮食供需矛盾尖锐，是制约农业经济内部结构调整的关键因素。

新中国成立前，农业是自在地发展，没有人为的产业调整，在种植业中，粮食作物与经济作物的种植，也是农民自发自主的行业行为，因为粮食供求关系上的紧张关系，人们的主要精力都集中在粮食种植上，最紧迫的事情是多打粮食吃粗吃饱。这就注定了农村经济一、二、三产业结构中，第一产业占有绝对优势，而二、三产业只是零星存在。全省各县市一直没有产业结构统计，就是说二、三产业处于一种被忽略不计的状态。

新中国成立后，随着国民经济的发展以及各种建设事业对林牧副渔产品的需要，农业结构的调整改革逐步被提上议事日程。山东省为恢复发展农业生产，随着人口增长和国家建设事业的发展，贯彻“以粮为纲”的农业生产方针，农业结构形成以粮为主、有计划地发展经济作物的格局，林牧副渔业所占比重较低，农村经济发展缓慢。

1978 年以前，山东省农村二、三产业发展缓慢，1978 年全省一、二、三产业产值占农村经济总产值的比重分别为 54%、41.7% 和 4.3%。

党的三中全会后，把乡镇企业当作农业生产的重要支柱和引导广大农民群众走向共同富裕的重要途径。山东省召开全省乡镇企业工作会议，提出了加快乡镇企业发展的 10 条政策，包括放宽乡镇企业的经营范围、增加对乡镇企业的投入、放宽乡镇企业的税收政策等。1986 年省委、省政府又下达 20 条优惠政策，提出了搞活农村商品流通的 10 条政策措施。通过这些政策的贯彻落实，有力地推动了二、三产业的发展。至 1990 年，全省农村社会总产值达 1770 亿元（当年价），比 1978 年增长了 8.4 倍。一、二、三产业所占比重，分别为 36.6%、58.6% 和 4.8%。农业总产值在农村社会总产值中的比重由 1978 年的 54% 下降到 1990 年的 36.6%；而第二和第三产业的比重由 46% 上升为 63.4%。与 1978 年相比，第一产业的比重下降了 17.4 个百分点，二、三产业的比重分别上升了 16.9 和 0.5 个百分点，显著地改变了农村长期单一经营农业的状况。①

1949 年以前，烟台境内农业以种植业为主。1949 年全区农业总产值 61465 万元（按 1980 年不变价折算，下同），其中种植业产值 44009 万元，占总产值的 71.6%；林业产值 2397 万元，占总产值的 3.9%；畜牧业产值 5102 万元，占总产值的 8.3%，副业产值 7007 万元，占总产值的 11.4%；渔业产值 2950 万元，占总产值的 4.8%。到 1978 年，产业结构基本上仍是封闭型的自给经济和单一结构，以种植业为主，以粮食作物和油料作物为主。

1949—1956 年，广大农民医治战争创伤，经过三年经济恢复和社会主义改造，农林牧副渔五业均向前发展。1957—1960 年，受"左"的指导方针影响，农业生产受到破坏，农业总产值大幅度下降，1960 年农业总产值下降到 79235 万元，其中种植业产值平均年递减率为 13.2%，林业产值递减率为 10.5%，畜牧业产值递减率为 35.4%，副业和渔业产值稍有增长。1961—1965 年，农业生产开始恢复，五业结构中仍以种植业为主。"文化

① 参见山东史志编委会、俞宽钟主编：《山东省志·农业志》，山东人民出版社 2000 年版，第 209、213 页。

大革命”期间，农业生产处于徘徊不前的局面，到 1968 年，农业总产值为 104136 万元，平均年递增率仅为 1.58%，其中种植业、林业产值下降，畜牧业、副业和渔业产值上升。1978 年全区种植业产值占农业总产值的 62%，林业产值占 0.9%，畜牧业产值占 9.6%，副业和渔业有较大发展，副业产值占农业总产值的 16.6%，渔业占 10.9%。①

威海市的农业产业结构，是很有典型性的。

明清时代，威海的农业经济比较单一，以种植粮食作物为主。英国强租威海卫后，港口开放，花生出口量增加，种植面积逐渐扩大。至 1920 年后，一般自耕农除保证种植自食粮食外，尽量增种花生。1928 年，全区种植花生总面积约 40000 亩，约占农作物播种总面积的 13%。随着生丝、花边的大量出口以及欧洲苹果的引进，林业、副业相应发展，产值占农业总产值的 30% 左右。1935 年，全区播种面积 31.3 万亩，其中经济作物（主要是花生）57612 亩，占 18.4%。

1949 年，在威海市的大农业中，农林牧副渔各业产值比重依次是农 57.4%、林 11.4%、牧 8.1%、副 17.8%、渔 5.3%；与山东省同期相比，威海农业比重比山东省平均值低 22.41%，林业是山东省平均值的 22.78 倍，渔业是山东省平均值的 3.82 倍，副业是山东省平均值的 1.77 倍，牧业略低于山东省平均值。②

临朐县，1985 年始有产业结构统计，是年，临朐县第一、二、三产业的产值依次为 23752 万元、10950 万元、10808 万元。至 1987 年，第一、二、三产业的产值在国民生产总值中的比重依次为 50.9%、29% 和 20.1%。③

利津 1978 年后积极开展多种经营，逐步改变了 60 年代以来种植业内部不合理的状况。1978 年全县农业总产值中，农业产值占 58.6%，林业产值占 2.5%，畜牧业产值占 17.4%；副业产值占 17.3%；渔业产值占 4.2%。全县乡镇企业产值 345.22 万元。到 1985 年，全县农业总产值中农业产值占 81%，林业产值占 1.7%，畜牧业产值占 9%；副业产值占 6.6%；渔业产值占

① 参见烟台市史志编委会编：《烟台市志》，科学普及出版社 1994 年版，第 941 页。

② 参见威海市地方志编委会：《威海市志》，山东人民出版社 1986 年版，第 218 页。

③ 参见临朐县史志办编：《临朐县志》，山东人民出版社 1991 年版，第 182 页。

1.7%。全县乡镇企业产值 445 万元。[①]

（二）调整农业产业结构

党的三中全会以后，探索了正确处理农村经济中三个主要比例的关系，即在农业内部正确处理种植业与林牧副渔业的关系；在种植业内部正确处理粮食作物与经济作物的关系；在农村经济中，正确处理一、二、三产业的关系，保持了农业的稳定发展，推动了农村经济的全面繁荣。

1. 山东省农林牧副渔五业结构的调整与变化的过程

首先，以 1949—1978 年为第一阶段。1949 年在全省农业总产值中，种植业所占的比重为 79.8%，牧业占 8.3%，林副渔三业占 11.9%，是一种比较单一的种植业经济。在 1978 年以前，粮食供需矛盾紧张是制约农业结构调整的重要因素，因而，存在着片面强调抓粮食生产而不注意多种经营和全面发展的倾向，致使林牧副渔各业发展缓慢，丰富的自然资源得不到充分利用。至 1978 年，全省农业总产值由 1949 年的 47.19 亿元（按 1980 年不变价计算，下同），增长到 144.84 亿元，虽增长 2.07 倍，但农业生产结构不合理的状况，仍未得到根本改善。在农业总产值中，种植业占的比重仍高达 78.4%，而林副渔三业占 7.4%，牧业占 14.2%。[②]

其次，1979—1990 年为第二阶段。党的三中全会以后，山东省把农业结构的调整作为农村经济改革和发展的一项基本战略措施来抓，在稳定发展粮食生产的基础上，加大了林牧副渔业各业的投资比重，加快了发展经济作物和林业、牧业、副业、渔业的生产发展。1984 年，全省粮食总产突破 300 亿公斤之后，从 1985 年起，山东省拿出 15 亿公斤粮食扶持农民发展林业、牧业、渔业生产。还拿出 9 亿多公斤定购粮换购猪肉，以及号召大力发展草食畜禽等，加快了畜牧业的发展。同时，还在加快林业、海岛、滩涂开发等方面实行了一系列鼓励政策。这些政策的实施，使农林牧副渔五业出现了全面增长的势头。1990 年全省农业总产值达 331.34 亿元，比 1978 年增长 1.29 倍，种植业产值在农业总产值中的比重由 1978 年的 78.4% 下调为 66.4%，

---

① 参见山东省利津县史志编委会编：《利津县志》，东方出版社 1990 年版，第 199 页。

② 参见山东史志编委会、俞宽钟主编：《山东省志・农业志》，山东人民出版社 2000 年版，第 205—206 页。

牧业产值由14.2%上升为20.4%，林业、副业、渔业的产值由1978年的7.4%上升为13.2%。牧业成为占全省农业总产值20.4%的第二大产业。①

2. 山东省农林牧副渔产值发展变化的情况

（1）种植业。1949年全省种植业产值为37.64亿元（按1980年不变价计算，下同），占农业总产值的79.8%。1978年113.52亿元，比1949年增长了2.02倍，平均增长速度为3.9%。在农业总产值中的比重一直维持在75%—88%之间。1978年全省种植业产值占农业总产值的78.4%，与1949年相比仅下降了1.4个百分点。1979—1990年，种植业生产保持了较高的增长速度，1990年种植业产值219.96亿元，比1978年增长了93.8%，平均每年增长5.7%，和1949年比增长4.8倍，年均增长4.4%。在农业总产值中的比重由1978年的78.4%，1990年下调为66.4%，下降12个百分点，较1949年下降了13.4个百分点，但一直在五业中居主体地位。

（2）林业。1949年全省林业产值只有0.29亿元，占农业总产值的0.6%。新中国成立后，山东林业生产发展较快，1959年林业产值2.95亿元，在农业总产值中的比重上升到3.5%。六七十年代林业生产出现了较大波折。80年代以来，全省林业生产保持了增长的趋势，1990年全省林业产值为6.3亿元，比1949年增长了20.7倍，平均每年增长7.8%，高于农业总产值的增长速度，在五业产值中的比重为1.9%。②

（3）牧业。1949年全省畜牧业产值为3.91亿元，占农业总产值的8.3%。1949—1978年，全省畜牧业生产的发展速度超过了种植业，1978年畜牧业产值达到了20.63亿元，比1949年增长4.3倍，平均每年增长5.9%，在农业总产值中的比重上升到了14.2%。畜牧业在五业中的位次由第三位上升到第二位。1979—1990年，山东省畜牧业发展速度明显加快，1990年全省畜牧业产值达67.76亿元，比1978年增长了2.3倍，平均年增长速度达10.4%，在农业总产值中的比重达20.4%。全省畜牧业产值比1949年增长了16.3倍，平均每年增长7.2%，在农业总产值中的比重上升了12.1个百

① 参见山东史志编委会、俞宽钟主编：《山东省志·农业志》，山东人民出版社2000年版，第204—206页。

② 参见山东史志编委会、俞宽钟主编：《山东省志·农业志》，山东人民出版社2000年版，第206—207页。

分点，其地位从家庭副业逐步成为大农业中仅居种植业之后的第二个骨干产业。①

（4）副业。1949 年全省副业产值为 4.7 亿元，占农业总产值的 9.9%，在农林牧副渔五业中居第二位。新中国成立初期，副业生产曾有一定发展，1955 年产值达 9.14 亿元。但此后由于体制政策等方面的原因，使副业长期处于徘徊下降状态，在农业总产值中的比重下降到不足 1%。20 世纪 80 年代以后，副业生产恢复发展较快，1990 年副业产值达到了 20.42 亿元，在农业总产值中的比重上升到 6.2%，在五业中回升到第三位，与 1949 年相比，副业产值增长了 3.34 倍，平均每年增长 3.6%。

（5）渔业。1949 年全省渔业产值为 0.65 亿元，占农业总产值的 1.4%。新中国成立后，山东渔业生产发展较快，至 1990 年全省渔业产值增长了 25 倍，平均每年增长 8.3%，在农林牧副渔五业中增长速度最快，其中 1949—1978 年，渔业产值增长了 7.7 倍，年均增长 7.7%，在农业总产值中的比重由 1.4% 上升到 3.9%。1979—1990 年，渔业生产发展明显加快，全省渔业产值由 1978 年的 5.64 亿元增加到 16.9 亿元，增长了 2 倍。年均增长 9.6%，在农业总产值中的比重进一步上升到 5.1%。

从林牧副渔业占农业总产值的比重看，1990 年，全省林牧副渔业产值占农业总产值的比重为 33.6%，比 1949 年上升了 13.4 个百分点，比 1978 年上升了 12 个百分点。特别是 80 年代以来，林牧副渔业的发展速度超过了种植业。②

1949—1990 年山东省农业总产值和结构变动情况，见表 2–2。

3. 几个代表性地区情况介绍

与全省同步，山东各县市的情况也与全省大同小异。因为各县市很少有农村经济的详细统计，仅就见到的几个地区情况列举如下。

（1）威海市。农业内部的产值比重很值得注意。新中国成立后至 1957 年期间，威海市采取重点发展粮食生产、适当增加副业生产的方针，把主

① 参见山东史志编委会、俞宽钟主编：《山东省志 · 农业志》，山东人民出版社 2000 年版，第 207—208 页。

② 参见山东史志编委会、俞宽钟主编：《山东省志 · 农业志》，山东人民出版社 2000 年版，第 208—209 页。

表 2–2 1949—1990 年山东省农业总产值构成表①

（按当年价格计算）单位：亿元

年份	农业总产值	其中				
		种植业	林业	牧业	副业	渔业
1949	100	79.8	0.6	8.3	9.9	1.4
1950	100	79.7	0.5	7.5	10.7	1.6
1951	100	79.2	0.4	8.5	9.9	2.0
1952	100	77.9	0.6	10.0	9.7	1.8
1953	100	76.4	1.1	9.8	10.6	2.1
1954	100	78.8	1.1	8.8	9.3	2.0
1955	100	78.7	1.5	7.5	10.3	2.0
1956	100	82.4	1.9	8.7	5.0	2.0
1957	100	83.3	2.4	9.7	2.3	2.3
1958	100	87.9	3.1	6.5	0.2	2.3
1959	100	87.2	3.5	6.4	0.3	2.6
1960	100	88.3	1.1	6.5	0.1	4.0
1961	100	88.2	0.6	7.9	0.2	3.1
1962	100	85.4	0.7	10.6	0.2	3.1
1963	100	82.9	0.7	13.4	0.2	2.8
1964	100	82.2	0.9	13.6	0.2	3.1
1965	100	84.7	1.1	11.4	0.2	2.6
1966	100	82.2	1.0	14.3	0.2	2.3
1967	100	82.4	1.1	14.1	0.2	2.2
1968	100	81.6	1.2	14.3	0.3	2.6
1969	100	83.8	1.0	12.0	0.2	3.0
1970	100	83.3	1.3	12.2	0.2	3.0
1971	100	80.4	2.5	14.4	0.2	2.5
1972	100	80.0	2.9	13.9	0.2	3.0

① 山东史志编委会、俞宽钟主编：《山东省志·农业志》，山东人民出版社 2000 年版，第 212 页。

年份	农业总产值	其中				
		种植业	林业	牧业	副业	渔业
1973	100	80.7	2.8	13.4	0.2	2.9
1974	100	78.3	3.0	15.1	0.2	3.4
1975	100	81.0	2.8	13.2	0.2	2.8
1976	100	76.8	2.5	13.7	4.0	3.0
1977	100	75.7	2.0	14.2	4.6	3.5
1978	100	78.4	2.4	14.2	1.1	3.9
1979	100	78.6	2.1	14.8	1.4	3.1
1980	100	77.0	2.0	16.3	1.5	3.2
1981	100	77.6	1.8	16.1	1.7	2.8
1982	100	77.1	2.7	15.5	1.8	2.9
1983	100	78.5	2.3	14.0	2.6	2.6
1984	100	78.1	2.1	14.1	3.2	2.5
1985	100	75.3	2.6	15.3	4.2	2.6
1986	100	73.8	2.5	15.8	4.9	3.0
1987	100	74.5	2.3	15.0	4.8	3.4
1988	100	69.4	2.2	18.5	5.7	4.2
1989	100	67.7	2.1	20.0	5.7	4.5
1990	100	66.4	1.9	20.4	6.2	5.1

要资金和劳力投入农业生产，初步形成比较合理的产业结构。1958年以后，片面强调“以粮为纲”，忽视农业经济的全面发展。农林牧副渔业比例失去平衡。党的三中全会以后，农业获得生机，产业结构发生变化，至1982年，粮油种植业的产值占农业总产值的28.6%，林业产值占农业总产值的0.5%，牧业产值占农业总产值的8.5%，副业产值占农业总产值的41.6%，渔业产值占农业总产值的20.9%。①

（2）胶东乳山县。农业产业结构。乳山境内山、丘、泊、滩、海均有，农、林、牧、副、渔各业俱全。由于政府在各时期发展农业经济指导方针上

① 参见威海市地方志编委会：《威海市志》，山东人民出版社1986年版，第218页。

的变化和农民经济观念的更新，农业内部经济结构也发生较大变化。农林牧副渔产值比例。1949 年，全县农业总产值 4217 万元，其中种植业占 63%，林业占 5%，牧业占 8%，副业占 12%，渔业占 12%。50 年代，种植业产值稳步上升（1959—1960 年下降），林业生产发展迅速，牧业、副业、渔业生产发展缓慢。60 年代，单一粮食生产，林业、副业、渔业产值相对下降。80 年代后，牧业、副业、渔业产值比例大幅度上升，种植业、林业产值比例相对下降。1995 年，渔业产值占农业总产值的 45%，其他依次是种植业 41%，牧业 9.8%，副业 3.5%，林业 0.7%。①

（3）烟台市。全区十七个县市，1978 年以后，开展多种经营，从调整种植业内部结构入手，全面调整了农业产业结构，由过去长期单一注重粮食生产转向农林牧副渔全面发展，促进传统农业向现代化农业转化、自给经济向商品经济转化，一个开放型的商品经济多元结构正在形成。种植业在确保粮食自给的前提下，按宜粮则粮、宜油则油、宜果则果、宜林则林的原则，适当压缩粮田种植面积，扩大花生、果品等经济作物面积。畜禽饲养在数量上有较大增加，结构和布局趋向合理。林业生产注重农田林网建设和两旁植树，并在封山封滩基础上，根据地貌特征选择适宜树种，森林覆盖率提高。果品生产发展速度加快，产量大幅度提高。渔业生产由过去长期单一海洋捕捞转向捕养结合与加工并举。乡镇企业发展速度居各业之首，1985 年乡镇企业总收入为 574206 万元，为 1978 年的 5.84 倍，7 年间年递增率为 28.66%。到 1985 年，全市农业总产值上升为 551802 万元，种植业产值下降，为 218448 万元，占总产值的 39.6%；林业产值偏低，为 13258 万元，占总产值的 2.4%；畜牧业产值明显提高，为 62696 万元，占总产值的 11.4%；工副业产值上升幅度最大，为 212638 万元，仅次于种植业的产值，占总产值的 38.5%；渔业产值较为稳定，为 44762 万元，占总产值的 8.1%。从 1978—1985 年，7 年间农业总产值增加 263858 万元，平均年递增速度为 9.74%。种植业的相对比重逐年下降，林牧副渔的产值增长速度快于种植业，占农业总产值的比重，由 1978 年的占农业总产值 38%，提高到 1985 年的占 60.4%。从 1985 年开始，全市贯彻沿海开放城市要逐步建立“贸工

① 参见山东省乳山市史志编委会编：《乳山县志》，齐鲁书社 1998 年版，第 367 页。

农”型产业结构指示，开始以出口创汇为导向，按照国际市场需要，着手抓紧农副产品出口基地建设和乡镇企业出口产品生产。调整后的农业产业结构，仍不尽合理。一是境内丰富的山、海、滩涂资源开发利用率低，林牧渔的生产比重小，尤其是林业比重最需提高。二是工副业生产还有大发展的条件，没得到全面利用，农副产品仍处在初加工阶段，缺乏深加工、精加工的条件和技术；各业内部结构也存在一些问题。三是渔业生产在开发海洋资源方面很有潜力，大量的浅海、滩涂资源有待于开发利用。①

(4) 胶州市。全市的农业总产值自新中国成立以后，除了受“大跃进”和自然灾害影响的年份外，都是逐年增加，农业经济结构趋向合理。1949年，全县农业总产值2593万元，其中，种植业总产值为2568万元，占99.04%，其他林、牧、副、渔统称为副业，产值共25万元，占0.96%。到1962年，种植业和副业结构有比较明显的变化。是年，全县总产值为2529万元，其中，种植业总产值2236万元，占88.42%，林、牧、副、渔业总产值293万元，占11.58%。1979年以来，种植业和林、牧、副、渔业的结构迅速变化。1981年，全县农业总产值为16363万元，其中种植业162万元，占52.49%；林业产值162万元，占2.05%；牧业产值3266万元，占19.38%；副业产值4089万元，占24.25%；渔业产值220万元，占1.83%。1987年，全市农业总产值为30068万元，其中，种植业21069万元，占70.1%；林业产值312万元，占1%；牧业产值6469万元，占21.5%；副业产值1478万元（此时乡镇村企业已列入统计）占4.9%，渔业产值740万元，占2.5%。②

(5) 临朐。农业是临朐的传统产业，在国民生产总值中始终占主要地位。新中国成立后工业逐步发展，第二产业（工业、建筑业）开始发展，速度较缓，但一直处于上升趋势。1978年以前第三产业薄弱，80年代起迅速发展，在国民生产总值中所占的比重逐步接近第二产业。③

(6) 青岛市。农业内部结构自1978年后趋向合理。到1986年，种植业产值占农业总产值的比重，由1949年的83.33%下降到67.16%，林、牧、

① 参见烟台市史志编委会编：《烟台市志》，科学普及出版社1984年版，第941—942页。

② 参见胶州市志编委会编：《胶州市志》，新华出版社1992年版，第348页。

③ 参见临朐县史志办编：《临朐县志》，山东人民出版社1991年版，第182页。

副、渔四业的比重上升到 32.84%。①

（7）利津。农业素以种植业为主。新中国成立前，粮食亩产百市斤左右，林牧副渔各业微不足道。新中国成立后，农业恢复发展较快。虽然仍以种植业为主，但种植业比例比较合理。1949 年全县的棉花、花生等经济作物面积，人均占有 1 亩，粮食作物产量人均占有 210.9 公斤。全县农业内部结构为：种植业产值占 92%；畜牧业产值占 2.4%；副业产值占 4.2%；渔业产值占 1.4%。1959 年人民公社化后，单纯经营粮食生产，导致种植业本身比例失调，农业发展缓慢，粮食产量低而不稳。②

（三）农业劳动力的分布与转移

与农业产业结构调整相应的是，农业劳动力的内部分布与转移。山东省农业在 1982 年以前基本上是封闭式的单一经营模式，多种经营不发达。所以，到 80 年代初期，农业劳力主要分布在种植业。一般统计资料都以党的三中全会确定以经济建设的总方针开始，实际上政策的落实各地参差不齐，山东各地真正实行联产承包和发展二、三产业，应该推后到 1982 年和 1985 年，如烟台地区的农民抵制联产承包，是到 1985 年后才开始开放农村政策。随着农村产业结构的调整，二、三产业特别是乡镇企业得到了迅速发展，非农业收入不断增加，农村劳动力逐步由种植业向林、牧、副、渔业转移，由第一产业向二、三产业转移。据统计，1987 年与 1980 年相比：从事种植业的劳动力由 2221 万人减少到 2104 万人，减少 117 万人，减少 5.3%，占农业劳动力的比重由 90.1% 下降为 88.9%；从事林、牧、副、渔业的劳动力由 245 万人增加到 261.7 万人，增加 16.7 万人，增长 6.8%。

20 世纪 80 年代末，部分在乡村企业务工、经商的农民纷纷归田还乡，致使劳动力在农村内部转移的规模缩小，向城镇转移的规模扩大，由二、三产业向农业“逆转”的劳动力增多。据省统计部门资料，1988 年农村劳动力通过各种途径向城镇转移的总人数达到 43 万人，比 1987 年增加 11.9 万人，增长 35%，占农村劳动力总数的比重约为 1.3%。1988 年、1989 年、1990

① 参见青岛市史志编委会编：《青岛市志・农业志》，中国大百科全书出版社 1996 年版，第 8—9 页。

② 参见山东省利津县史志编委会编：《利津县志》，东方出版社 1990 年版，第 199 页。

年全省农村由二、三产业转回农业的劳动力分别为 15.8 万人、38 万人、27 万人。

表 2–3　农村劳动力分布情况表①（单位：万人）

年份	农村劳动力合计	第一产业劳动力		其中：林牧副渔劳力		第二产业劳动力		第三产业劳动力	
		数量	比重（%）	数量	占第一产业劳力（%）	数量	比重（%）	数量	比重（%）
1980	2652.88	2466.46	93.0	245.31	9.9				
1981	2704.75	2522.46	93.3						
1982	2768.12	2502.32	90.4			127.40	4.6	138.40	5.0
1983	2827.47	2498.83	88.5			139.64	4.9	189.00	6.7
1984	2919.28	2491.36	85.3			176.21	6.1	251.71	8.6
1985	3010.32	2365.65	78.6			359.43	11.9	285.24	9.5
1986	3079.80	2353.60	76.4			416.80	13.5	309.40	10.1
1987	3149.60	2365.90	75.1	261.74	11.1	467.50	14.8	316.20	10.1
1988	3227.10	2397.00	73.3	254.76	10.6	496.40	15.4	333.70	10.3
1989	3271.80	2442.63	74.7	256.93	10.5	494.39	15.1	334.78	10.2
1990	3348.30	2507.93	70.3	246.61	9.8	492.93	14.7	347.44	10.4

注：表中第一产业劳动力（即农林牧副渔劳力）与农业劳动者因资料来源不同，数字略有差异。改革开放以来，农村劳动力行业分布发生了一定变化，但农业剩余劳动力基数大，就业门路不足，农村劳动力转移问题十分突出。

从 1978 年农村改革以来，农村劳动力行业分布总的趋势是第一产业劳动力所占比重越来越小，二、三产业劳动力所占比重越来越大，但行业分布格局没有发生根本性变化，仍然是第一产业劳动力分布最多，第三产业劳动力最少。据 1982 年与 1990 年统计资料表明，第一产业劳动力 1982 年为 2502.32 万人，1990 年为 2507.93 万人，占农村劳力的比重由 1982 年的 90.4%，到 1990 年降为 74.9%；第二产业劳动力由 127.4 万人，增加到

① 参见俞宽钟主编：《现代山东农业》，山东科学技术出版社 2000 年版，第 98 页。

492.93 万人，占农村劳动力的比重由 4.6% 上升为 14.7%；第三产业劳动力由 138.4 万人，增加到 347.44 万人，占农村劳动力的比重由 5% 上升为 10.4%。自 1987 年以来，农村第二产业消化劳动力的作用减弱，第三产业无多大变化。①

青岛市随着农业产业结构的调整，农业劳动力也向第二、第三产业转移，从事第二、第三产业的劳力由 1980 年的 7.5% 增长到 36%，增长了 28.5%。②

我们考察山东农业的发展历史，可以大致划分为三个时期：

明中期之前，算是第一个时期，属于古代农业。

明中期到清末，算是第二个时期，这是引进与推广美洲作物而引起绿色农业革命的时期。玉米、甘薯、马铃薯、辣椒、甘蓝、番茄、花生、棉花相继引进，在资源、农具、传统农业技术相对不变的情况下，美洲新品种的引进与推广，是最为关键的因素，成为与中国的小农经济相适应的有利于农业发展和社会进步的诱致性农业技术。这是一种可以大量垦殖废地成良田的品种技术，也是需要劳动力高投入、劳动力密集生产而资金少投入的很适合省情国情的技术。

进入 20 世纪，算是第三个时期。延续二百多年的绿色农业革命，又因为大花生、美棉和烟草的大量引进与种植，使小农经济成为一种亦农亦工、亦农亦商的生产组合体。笔者从小学到高中都是在烟台读书，大学毕业后又回到烟台工作了八年，可以说是烟台的土地把我养育长大。这个我前后生活了近三十年的地方，在 1985 年以后，就是因为农业政策的联产承包制的实行，而在全地区十七个县市发生了不可思议的奇迹。曾经长期“吃粮靠救济，花钱靠贷款”，一个劳动日仅有几毛钱甚至只有几分钱的农村，在一夜之间发生了翻天覆地的变化。还是那些土地，还是那些农民劳力，还是那些农具，还是那些耕作方法，却使农村经济奇迹般地提升了，一举脱贫致富，粮棉油产量大幅提高。

---

① 参见俞宽钟主编：《现代山东农业》，山东科学技术出版社 2000 年版，第 97—98 页。

② 参见青岛市志编委会编：《青岛市志·农业志》，中国大百科全书出版社 1996 年版，第 8—9 页。

笔者认为，美洲作物品种引进与推广，对山东农业生产的影响力如同核裂变一样产生巨大的震撼，称为绿色农业革命并不为过。由于1937年后发生了八年抗日战争和四年国共战争，新中国成立后又走了20多年违背生产规律的曲折路，使农业产业结构和种植结构到80年代末才完成农业中农林牧副渔五业的良性配置，完成了种植业中粮食作物与经济作物种植的良性配置。美洲作物品种引进所引发的绿色革命，这个绿色革命在近三百年的延续对农业耕作制度、种植结构和土地垦殖所造成的影响，让我们可以清醒地评判关于土地数量、粮食亩产总产、劳动力过剩、人口与土地、投资与效益等问题，可以为我们解开学术界争讼不休的在土地垦殖未大增，粮食产量未大增，而清代和近代人口增长几个亿却能生存的千古之谜。

（四）种植业结构

所谓种植业结构，是种植业布局，亦即种植业中粮食作物与经济作物区域布局。作物布局，是指一个地区或生产单位作物结构与配置的总称。作物结构是指作物种类、品种、面积、比例等。配置是指作物在区域或田间上的分布。作物布局解决种什么作物、种多少、种在哪里的问题，是种植制度的主要内容与基础。①

作物布局的依据是作物的生态适应性，主要是气候因素和地学因素，包括作物对光热、温度、土性、水分的适应性。山东温暖湿润，土质肥沃，在距今四千年前就有了粟、黍、稻等农作物的遗存。在长期的历史发展中，形成了丰富的农作物种植结构。其中主要的品种有粟、小麦、玉米、高粱、大豆、花生、甘薯、棉花、芝麻等。在山东农业发展的历程中，通过作物种植结构的调整，达到增产粮食的目的，保证人口增长的口粮，是一个行之有效的办法。

1. 传统的种植业结构

远在汉代，据《史记·货殖列传》："齐带山海，膏壤千里，宜桑麻，人民多文采布帛"，"沂泗水以北，宜五谷桑麻六畜"，"齐鲁千亩桑麻，其人皆与千户侯等"。《汉书·地理志》也说："邹鲁滨洙泗，……颇有桑麻之业。"

① 参见王立祥主编：《耕作学》，重庆出版社2001年版，第89页。

临淄、定陶、亢父是汉代山东地区三大纺织中心，也是全国重要的纺织业基地。耕织结合，亦耕亦织，亦农亦商的形式，是山东小农的传统生产方式。明代中期以前，山东的农业和小农经济是一种“五谷、桑麻型”农耕结构，“一夫不耕，或受之饥；一女不织，或受之寒”。

明代前期，山东没有复种之地，耕地仅有夏秋之分，并无清代明确的麦豆地与秋谷地的耕地分类。明代后期到清代中叶，山东省小麦播种比率逐渐增加，为扩大复种面积、提高土地利用率创造了良好的条件。明末清初小麦种植面积大量增加，加之麦后种植大豆逐渐盛行，二年三熟的农业种植制度在山东形成并成功推广开来。①

清代前期，只要条件许可，农民就尽力扩种小麦，各地已经形成基本符合本区自然社会特点的稳定的种麦比率。青州府寿光县“十亩之田必种小麦五亩，其收早而利嬴也”。② 历城县也“专以麦为生”，小麦为生产大宗，自给外辄输出。③

农业是个小而全的产业，小农经济更是一个小而全的生产组织。如李伯重所言，南方农户，专业桑农以及只种稻不种桑、养蚕所需桑叶通过市场获得的农户都是少数。大多数农户既种桑，又种稻，几乎所有农户都养蚕。那么在山东的旱农业中，专种粮食不纺织或纺织的棉花专靠市场获得的农户也是少数，大多数农户既种粮又纺织，棉花主要是自家所种。

清代农民新的生产结构，是清代农民自给性生产与商品性生产相结合的生产结构，已获得了普遍而充分的发展。这就是既种植粮食，又种植经济作物的模式。粮食种植作为自给性生产，保证家庭的口粮供给；经济作物种植作为商品性生产，取得货币、支付家庭的各种开支。其中，比较普遍的是以粮食种植为主，经济作物种植为辅模式。呈现出大量增加趋势的是以经济作物种植为主、粮食种植为辅模式。自给部分口粮，购买部分口粮。还有为数不多的全不种粮，专门种植经济作物或经济林木模式。这种生产结构，适应于各种不同的自然条件及农民经济条件。农民根据各自的生产条件，灵活

---

① 参见李令福：《明清山东农业地理》，台湾五南图书出版公司 2000 年版，第 204 页。

② 《物产》，《（嘉庆）寿光县志》卷九。

③ 《风俗》，《（乾隆）历城县志》卷五。

配置自给性生产与商品性生产的比例，使它们互相补充，相辅相成，较好地解决了家庭的温饱问题，推动了整个社会经济的发展。①

清朝建立后，山东推行垦荒政策，不仅粮食产量提高，而且棉花、烟草等经济作物也开始大量种植。乾隆年间，甘薯由福建传入山东的胶州等地并试种成功。嘉庆初年，小粒花生传入山东种植；19世纪末，又传入大粒花生。清代还传入了马铃薯、辣椒、甘蓝、番茄、西洋苹果等。由于外来作物的引进，山东农作物的结构发生了新的变化，小麦、甘薯、玉米等逐步成为重要的粮食作物；棉花、花生、烟草及其他经济作物的种植，逐渐占有较大比重，棉花花生的扩种尤快。山东省罂粟面积不断扩大，到光绪末年，全省种植罂粟面积达57.6万亩，鸦片产量达90万公斤，山东农业形成畸型发展的局面。②

2. 民国时期的种植结构

明清及民国时期，引进推广了棉花、花生、烟草等经济作物和许多蔬菜、水果品种，使种植业结构更加丰富。但由于人口增加快而土地生产力低，粮食作物生产始终占绝对优势并且以耐旱、抗涝、耐瘠的杂粮等为主体。经济作物和蔬菜面积很小，果业更处于从属地位。据省农业厅1981年编《农业经济统计提要》附录，1931—1936年作物播种面积17583万亩(不含瓜菜)，其中粮食91.9%，棉花3.5%，花生3.5%，其他1%。

山东省种植业门类比较齐全，产品纷繁，有小麦、玉米及其他旱作杂粮和水稻等粮食作物，棉花、花生、芝麻、烟草、大麻等经济作物以及蔬菜、温带水果、茶和特色花卉等。棉花、花生、苹果、小麦、蔬菜在国内居重要地位。

民国建立后，山东在清末劝业道的基础上，先后设立了实业司、实业厅、农矿厅、建设厅等行政机构，加强农业生产的领导和管理。同时先后增设农事试验场、棉业试验场、区农场、蚕业试验场、烟草改良场、气象测候所、淤荒垦丈局、棉业研究改良委员会、省立植棉指导所、农业推广委员会、合作事业指导委员会等，培养人才、推广农业技术，鼓励种植，使农业

---

① 参见张研：《18世纪前后清代农家生计收入的研究》，《古今农业》2006年第1期。

② 参见山东史志编委会、俞宽钟主编：《山东省志·农业志》，山东人民出版社2000年版，第8—9页。

有了较快发展。据1931—1936年的统计，年均粮食作物种植面积16156.9万亩，总产107亿公斤，亩产66公斤。棉花种植623.1万亩，总产0.86亿公斤，亩产13.9公斤。花生种植641万亩，总产6.4亿公斤，亩产99.7公斤。1936年大牲畜发展到508.9万头，养猪408.7万头，羊225.5万只，家禽2708.9万只，人均占有粮食仅281.5公斤。这是战前山东农业的最好时期，生产水平仍较低。①

"七七事变"后，日本侵略者在山东极力推行殖民政策，控制棉花产销，以低价搜刮粮、棉、油、蚕丝等农副产品和皮革、羊毛等畜产品，使山东农业日趋畸形和殖民地化，农业遭受严重损失。抗战胜利后，据山东省建设厅调查，抗战期间，山东农业直接损失达19000多亿元（法币），粮食总产较战前减少64.7%，大牲畜（牛马骡驴）较战前减少77.5%，猪减少57%，羊减少56.8%，家禽减少57.1%。②

（五）农业产业结构的优化

近四百年来，山东农业一直在通过农业产业结构和种植结构的调整，持续进行着农业产业结构的优化。

16—19世纪山东农业结构的调整，从空间分布看是不均衡的，由明代中期前因赋税制度制约而按比例种植，其后，农业生产结构便趋向于因地制宜，作物种植趋向集中。农业生产布局从均衡走向集中，正是经济布局优化过程。到清代中叶，山东几个农业经济区，形成了各具特色的农业生产结构。③

明中期由美洲作物的引进与推广，在山东引起了一场悄悄的绿色农业革命。玉米、甘薯、棉花、马铃薯、花生为主流的美洲作物的引进，成为一种诱致性的技术革新，必然要求农业生产的结构进行调整，而农业产业结构调整的过程，也就是经济布局的合理化过程。

山东的农业产业结构调整，经历了一个漫长的过程。可以说，农业产

---

① 参见山东史志编委会、俞宽钟主编：《山东省志·农业志》，山东人民出版社2000年版，第9—10页。

② 参见山东史志编委会、俞宽钟主编：《山东省志·农业志》，山东人民出版社2000年版，第139—140页。

③ 参见许檀：《明清时期山东商品经济的发展》，中国社会科学出版社1998年版，第73—76页。

业结构调整，是由美洲作物的引进为标志的这场绿色革命的必然结果。这个绿色农业革命，从明中期始，到清末甚至到20世纪80年代，中间有明末清初改朝换代的战争，有清末的军阀混战，有国共合作对北洋军阀的战争，有国共分裂后十年间国共及新老军阀间的内战，有日本十四年的侵华战争，有抗战胜利后国共的四年内战，有四百年间大大小小天灾打击。虽然每次天灾人祸都破坏了农业经济，都大量破坏农业生产力，都不同程度地打断和延迟了农业革命，但绿色农业革命还是不可阻挡地发生与扩展着，有如燎原之火，愈挫愈炽。

这个农业绿色革命，从明中期到乾隆中期，是早期引进阶段；自乾隆中期到清末民初，是官民推广种植美洲作物阶段；从20世纪初到80年代，是设立农业科研机构、发展农业教育、推动美洲作物普遍种植大发展的阶段。美洲作物的引进与推广，可以认为是两条线，一是粮食作物，一是经济作物，主要是20世纪重点推广的美棉、大花生和烟草。如果没有历史上的各种动乱，农业革命应该进行得更加顺畅些，山东的农业产业结构的调整优化会更加有效。

二、作物种植制度

种植制度是指一个地区或生产单位的作物组成、空间配置、种植熟制、种植方式与种植顺序的综合技术体系，包括作物布局、种植模式和作物轮作等内容，研究种什么种类的作物、各种多少面积、种在哪里和如何种等问题，实现充分利用光、热、水、土资源，增加农田产出的目标，是种植制度的核心内容。

种植模式是指一个地区或生产单位，在一年内于同一农田上采用的特定作物种类与时空配置的规范化种植方式，反映了一个地区对土地等农业资源利用的程度和主要利用方式。一个地区的种植模式是经过长期选择而形成的稳产、高产、高效型种植方式，具有相对的稳定性，并在作物种植方式中占主导地位。①

---

① 参见王立祥：《耕作学》，重庆出版社2001年版，第99页。种植模式表达符号：→表示隔年；—表示年内复种；‖ 表示间作；× 表示混作；/ 表示套作。

据农学家王立祥研究，种植模式由作物结构与种植熟制两部分组成。作物结构指田间作物种群组成与空间配置，包括单一作物结构（单作）和多作物复合结构（多作）；种植熟制指一年内种植作物的季数，包括一熟制和多熟制。

（一）种植结构的调整

山东种植结构的调整，一是通过各作物布局的调整，二是通过引种和普及美洲作物，促成作物结构的调整和农业经济结构的优化。

1949 年全省人均占有粮食仅为 191.2 公斤，作物种植结构不可能有明显变动。当时农作物播种面积中，粮食占 90%，经济作物占 8%，其他占 2%。粮食作物占用耕地 84.5%。

粮食作物播种面积中，小麦与大豆合计就超过半数，居第三、第四位的是高粱和谷子，小杂粮占 5.4%。经济作物中，棉花、花生面积各占 40% 以上，小油料和麻、烟等不到 20%，其他 2% 的面积主要是蔬菜。

从 50 年代中期起，种植结构开始有较明显调整，粮食作物种植比率稍减，棉花、花生增加；粮食作物中玉米、稻谷、甘薯的比率略增。此后直到 70 年代前期，粮食和经济作物的种植比率无大的变化。但在粮食作物内部，小麦和玉米各自的面积比率，均维持上升的走势，大豆、杂粮逐步下滑。经济作物棉花与花生的面积，50 年代至 60 年代初大体相等，自 60 年代中期开始，棉花超过花生。

70 年代末至 80 年代，农村经济体制、农产品管理体制和价格政策的改革，对种植业结构起到宏观调控作用；同时，农业科技成果的推广应用加快，农田投入增加，人均占有粮食大幅度增加，为发展经济作物和瓜菜提供了一定的余地，促进了作物种植结构的较大幅度调整。1980 年人均占有粮食达到 326.8 公斤，为 1949 年的 1.7 倍。粮食作物占作物播种面积比率调减到 80.2%，占用耕地的比率降到 67.4%。玉米大幅上升，大豆、高粱、谷子剧降。经济作物面积比率相应增加到 15.5%，瓜菜等增至 4.3%。

至 1990 年，人均占有粮食进一步增至 464.1 公斤，粮食作物占作物播种面积比率调减到 74.9%，占用耕地降为 63.2%；经济作物播种面积比率增至 21.1%，瓜菜等占 4%。粮食作物播种面积中，小麦、玉米合计占 80%，大豆仅占 5.5%，小杂粮占 0.9%。小麦的增加提高了农民膳食的细粮比率。

但另一方面，谷子、大豆、小杂粮面积的大幅度压缩，与人民膳食要求的提高之间存在一定的矛盾。在经济作物中，棉花种植面积比率大增，为花生种植面积的两倍。①

粮食生产一直是农田经营的最主要项目。据民国初期1914—1918年不完全统计资料，仅小麦、高粱、大豆、谷子4种当时主要粮食作物，合计年播种面积即达566.67万公顷以上；抗日战争前的1931—1936年和1949年，粮食作物都占作物播种总面积90%左右，占耕地85%左右；至50年代中期，粮食作物占作物播种总面积降至85%，占耕地降至80%左右，经济作物比率稍有增长；80年代经济作物种植比率又有增加，但直到1990年，粮食作物仍占作物播种总面积的74.9%，占耕地63.8%。

新中国成立后，随着人口增长和物质生活的提高，工业和外贸对农产品需求的增长，农田投入增加和农业新技术的推广，山东省逐步进行了种植制度改革和种植结构调整。尤其是80年代以来，改革调整进一步加快，一年两作取代了二年三作为主的传统地位，推广了粮粮、粮棉、粮油等套种措施，复种指数比60年代增加了10个百分点以上。粮食作物占用耕地的比率，由60年代以前的80%左右，压缩到65%左右；在总播种面积中所占的比率，由85%以上调整到75%以下，经济作物和瓜菜面积增加。粮食作物的种类构成也有极大变化，小麦、玉米扩大，其他杂粮和大豆压缩。同时，果园面积增加迅速，80年代末为60年代末的4.4倍。种植制度及结构的调整，缓和了人增地减和粮食与经济作物争地的矛盾，促进了产量和产值的增长，提高了产品的商品率，增加了农民收入。同时，使农民膳食由粗粮、薯干、“瓜菜代”，变成细粮、粗粮搭配，许多地方细粮已成为农民主食。②

第一，胶州种植业结构。清末至民国初，胶县总耕地面积中，粮食作物种植面积占90%，1936年，全县总耕地面积123.3万亩，其中，粮田占89.8%，经济田占10.2%。新中国成立后的头20多年中，单一粮食的种植结构虽有所改变，但变化缓慢。全县粮食作物播种面积的比重仍占82%—

① 参见山东史志编委会、俞宽钟主编：《山东省志·农业志》，山东人民出版社2000年版，第268—270页。

② 参见山东史志编委会、俞宽钟主编：《山东省志·农业志》，山东人民出版社2000年版，第265页。

88%。70 年代期间，粮食作物播种面积的比重调整到 80% 以下。

在粮食作物中，清末至 1970 年以前，小麦面积的比重一直变化不大，历年均占粮田播种面积的 30% 左右。70 年代，小麦面积开始逐年增大，占粮食播种面积的 40%，1987 年为 46.7%；玉米面积的比重 1955 年以前不足 1%，1956 年增加到 14.8%，1975 年以后又增加到 15% 以上；地瓜栽种面积，1936 年比重为 15.8%，新中国成立后至 1970 年增至 41.6% 左右，以后逐年下降，1987 年降为 28%。谷子、大豆、杂粮等作物播种面积的比重急剧减少。

在经济作物中，花生播种面积所占比重始终较大，1936—1965 年，其比重为经济作物面积的 65% 左右。1970 年以后，随着棉花种植面积比重的增加和大椒等新经济作物的出现，花生面积的比重相应减少，1980 年仅为 35.5%。1981 年后，花生面积在经济作物中的比重又逐渐增大，1987 年达到 64.76%。1949—1979 年县内开始大面积种植棉花，其中 50 年代呈逐渐增加趋势，50 年代末至 60 年代初大幅度减少；1965 年以后又迅速上升；所占比重最大的年份是 1970 年，占经济作物面积的 24.2%；以后，又逐渐减少，1987 年仅占经济作物的 0.05%。各种蔬菜，1936 年，仅占经济作物面积的 13%。1949 年以后，蔬菜面积比重逐渐增大，1975 年后增加到 21.2%，1987 年增加到 27.0% 以上。①

第二，莒县的种植业结构。莒县历史上以粮食作物为主，经济作物次之。民国初年，粮田占耕地 95% 左右，1935 年占 86.53%，其比例直到新中国成立前无大变化。新中国成立后，经济作物增加，粮田面积减少。1976 年后，大面积引种黄烟，与花生、棉花成为莒县三大经济作物。其变化见表 2-4：

表 2-4 莒县粮食与经济作物占用耕地面积变化表②

单位：万亩

年份	耕地面积	粮食作物		经济作物	
		面积	（%）	面积	（%）
1935	193.34	167.29	86.53	26.05	13.47
1949	145.96	125.00	85.64	20.96	14.36

① 参见胶州市史志编委会：《胶州市志》，新华出版社 1992 年版，第 350—351 页。

② 参见莒县志编委会：《莒县志》，中华书局 1999 年版，第 218 页。

年份	耕地面积	粮食作物		经济作物	
		面积	（%）	面积	（%）
1955	154.30	126.67	82.10	27.63	17.90
1960	125.20	115.80	92.50	9.4	7.50
1965	137.10	117.60	85.77	19.50	14.22
1970	130.29	108.79	83.50	21.50	16.50
1975	126	99.90	79.29	26.10	20.71
1978	124.70	96.30	77.23	25.40	20.37
1980	121.77	87.97	72.24	33.80	27.76
1985	118.36	78.84	66.61	39.52	33.39
1990	113.25	77.80	68.70	35.45	31.30
1996	107.51	74.79	69.56	32.72	30.40

第三，临朐县农业结构。临朐县为综合性农业区，粮食作物、经济作物、蔬菜等皆宜种植。1949 年前，农户自由种植，90% 以上耕地种粮而不能自给，且多系粗粮。新中国成立后，农作物逐步按计划种植，粮田面积适当缩小，注重提高单位面积产量；经济作物面积适当扩大，以增加农民经济收入，种植业结构渐趋合理。详见表 2–5。

表 2–5　临朐县部分年份农作物结构比较表①

年份	农作物总播种面积	分别占总播种面积的 %		
		粮食作物	经济作物	其他作物
1933	108.9	93.3	6.7	
1949	129	89.9	8.5	1.6
1956	156	81.4	17.3	1.3
1965	149	85.2	14.1	0.7
1970	146	85.6	13.0	1.4
1978	145	86.9	11.7	1.4

① 参见临朐县史志办编：《临朐县志》，山东人民出版社 1991 年版，第 195 页。

年份	农作物总播种面积	分别占总播种面积的 %		
		粮食作物	经济作物	其他作物
1983	141	85.8	12.1	2.1
1987	133	82.0	16.5	1.5

第四，青岛市农业结构。青岛市在新中国成立前，农作物以种植粮食作物为主。新中国成立后，随着农业生产的发展，不仅粮食作物与经济作物种植结构发生了变化，而且粮食作物和经济作物内部种植结构也发生了变化。

1949 年青岛市农作物总播种面积 1405.10 万亩，其中粮食作物 1260.8 万亩，占农作物总播种面积的 89.73%；经济作物 109.2 万亩，占 7.77%。随着工业生产的发展及人民生活的提高和对农产品的需求的变化，种植业内部结构逐年调整。粮食与经济作物播种面积之比，1949 年为 1：0.09，1978 年为 1：0.17，到 1986 年上升为 1：0.28。

青岛市 1949 年粮食播种面积为 1260.8 万亩，其中小麦占粮食播种面积的 28.64%、地瓜占 21.83%、大豆占 16.93%、谷子占 13.42%，高粱占 9.61%、玉米占 3.87%、大麦和豌豆占 3.45%、小杂粮占 2.07%、稻谷占 0.21%。1986 年小麦、玉米的播种面积占农作物总播种面积的百分比，比 1949 年分别上升了 17.9% 和 23.5%；地瓜、大豆、高粱、谷子分别下降了 6.4%、9.9%、3.3% 和 12.2%。

新中国成立后，青岛市经济作物种植结构发生变化，首先是经济作物种植面积逐年扩大，到 1986 年经济作物播种面积达到 240.75 万亩，比 1949 年增加了 131.55 万亩。其次是花生播种面积逐年增加，且增加较大。1986 年比 1949 年增加了 103.23 万亩，占经济作物增加面积的 78.47%；棉花播种面积亦有增加，占经济作物增加面积的 8.19%。①

第五，全省的农业调整。农业中的产业结构与种植结构都因自然条件而有差异，但农业中以种植业为主，种植业中以粮食为主的格局是各地共同的。从全省总体情况分析，可观察种植业产值变化与部分年度农作物种植面

① 参见青岛市志编委会编：《青岛市志 · 农业志》，中国大百科全书出版社 1996 年版，第 27—28 页。

积结构情况，也从更核心的层面上看到山东农业的调整脉络。

表 2–6 新中国成立后山东省种植业产值变化动态表①

单位：亿元

年份	种植业产值	占 %	年度	种植业产值	占 %
1949	37.64	100	1978	113.52	301.6
1957	64.19	170.5	1985	208.16	553.0
1960	45.80	121.7	1990	219.96	584.4
1965	69.14	183.7			

注：产值按 1980 年不变价计算。

表 2–7 新中国成立后山东省部分年度农作物面积结构表②

单位：万亩

年份	作物播种总面积	粮食作物		经济作物		其他	
		播种面积	占总面积 %	播种面积	占总面积 %	播种面积	占总面积 %
1949	18298.1	16463.3	90.0	1494.8	8.2	340.0	1.8
1952	19881.7	17553.0	88.3	2044.9	10.3	283.8	1.4
1956	20160.8	17060.7	84.6	2647.7	13.1	452.4	2.3
1965	17425.1	14909.4	85.6	1928.7	11.1	587.0	3.3
1970	16562.6	14017.3	84.6	2002.0	12.1	543.3	3.3
1975	16574.6	13808.2	83.3	2082.4	12.6	684.0	4.1
1978	16108.5	13211.9	82.0	2138.1	13.3	758.5	4.7
1980	15857.3	12712.0	80.2	2459.2	15.5	686.1	4.3
1983	15740.9	11692.3	74.3	3464.0	22.0	584.6	3.7
1985	16291.6	11976.4	73.5	3653.0	22.4	662.2	4.1
1990	16323.8	12227.9	74.9	3450.6	21.1	645.4	4.0

① 参见山东史志编委会、俞宽钟主编：《山东省志 · 农业志》，山东人民出版社 2000 年版，第 273 页。

② 参见山东史志编委会、俞宽钟主编：《山东省志 · 农业志》，山东人民出版社 2000 年版，第 270 页。

第六，作物的茬口特性及其轮作。茬口是作物在轮、连作中给予后作物以种种影响的前茬作物及其茬地的泛称。它是作物轮作换茬的基本依据。茬口特性是指栽培某一作物后的土壤生产性能，是在一定的气候、土壤条件下栽培作物本身的生物学特性及其措施对土壤共同作用的结果。根据不同作物的茬口特性，选择作物并组成适宜的轮作顺序，形成特定的轮作方式。

作物茬口特性的形成和评价。影响茬口特性形成的因素有三个方面。主要是时间因素。前作收获和后作播种、移栽季节的早晚，是茬口季节特性的表现。一般前作收获早，茬地有一定的农闲期，有充分的时间施肥与整地，土壤熟化好，有效态养分丰富，对后作影响好，称为“早茬”。反之则差，称为“晚茬”。作物茬口的季节特性，对后作影响的时间较短，一般只影响一季后作物。①

胶东烟台地区的情况在清中后期有相当的代表性。威海的轮作体系也能说明这种茬口替代现象：其耕种亩数之分配，春秋各半，春田玉蜀黍占十分之三，花生、甘薯及杂粮等占十分之二，秋田小麦占十分之五，割麦后则种植黄豆。②威海的作物结构要趋向于简单化，玉米、甘薯成为主要的春季作物。在这里，另一美洲作物花生也进入了新的作物结构，对于粮食作物和经济作物新体系的形成产生了重大影响。③

据曹树基研究，山东粮食种植业的茬口替代形成新的种植体系。玉米、甘薯进入肥地成为主要农作物的过程，即是一个茬口替代的过程。通过改茬，玉米、甘薯融入作物结构中并形成新的种植体系。

山东半岛原有的农作物种类繁多，如麦、粟（谷子、小米）、黍、稷、高粱、豆、芝麻等。这些作物的不同组合构成了稳定的种植体系。

康熙《莱阳县志》记载：春播百谷，正月种春麦，二月布谷及黍、稷、芝麻、枲，三月种火豆与禾、旱稻，谷雨前种棉，收麦后种豆，黍后俟秋社种麦；又有冬麦，俱来年五月初收耕，有春耕、秋耕。康熙年间，这里存在

① 参见王立祥：《耕作学》，重庆出版社 2001 年版，第 127—128 页。

② 参见胶济铁路局经济调查委员会：《胶济铁路经济调查报告》，分编《威海》，胶济铁路车辆管理处印。

③ 参见曹树基等：《清至民国山东东部玉米 甘薯的分布》，原载《中国历史地理论丛》第 24 卷第 4 辑。

一年一熟和两年三熟两种种植制度。一年一熟制体系主要种植春播作物，秋季收获。两年三熟的轮作复种体系，以春杂粮—冬小麦—夏杂粮（以豆类为主）为最主要。以冬小麦为核心，分为春秋两季。第一年，种植春麦、谷子、黍、稷、高粱、芝麻等生长期长的春杂粮，秋收之后接种冬小麦，来年夏天收割小麦，小麦收获后种豆类及其他秋杂粮，秋收后接种冬小麦或者留待明年种植春杂粮。这种组合既保留了作物种类的多样性，又有保地养地的作用。

玉米、甘薯开始种植后，引起了胶东半岛的茬口改变。光绪《登州府志》云：正月种春麦，夏收，二月种谷及黍、稷、薥秫、麻、枲，三月种火豆与稻及甘薯，谷雨前种棉花，麦后种豆及包米，俱秋收，秋社种麦，又有冬麦，俱来年夏收。

光绪年间，依然是两种种植制度并行，但与康熙年间相比，春杂粮和秋杂粮的接茬作物发生变化。甘薯成为春杂粮的一部分，并且融入这种轮作体系。玉米与大豆一样，成为小麦收获后的接茬作物。作为根系特别发达的作物，玉米吸收肥料的能力很强。这与大豆的养地作用完全相反。这种变化预示着农业结构的一场新变革。

民国时期，虽然原有的轮作制度没有变化，但新作物种植面积日益增加，而旧作物的种植日益缩小。

在牟平县大致分为春秋两季，春田玉蜀黍占30%，谷与高粱占15%，花生与甘薯占5%，秋田小麦占50%，割麦后种黄豆，此其大概情形也。①

与康熙和光绪年间相比，民国时期作物种类结构由多样趋向于简单。在春作物中，玉米占有主导地位。即使是谷子和高粱，两者相加也仅及玉米种植面积的一半。茬口替代的现象非常明显。不过，大豆重新独占小麦后接茬作物的主要位置，与玉米在春季的大量种植有关。大豆的根瘤菌具有固氮作用，小麦收获后种植大豆，不仅不损耗地力，反可为来年的玉米种植提供养分。这在当时应该是一种比较不错的选择。可以这样说，玉米在成功替换掉其他杂粮成为主要的春播作物后，与大豆形成一种生态和经济的平衡。这

① 参见胶济铁路局经济调查委员会：《胶济铁路经济调查报告》，分编《牟平》，胶济铁路车辆管理处印。

种平衡直到化肥大量使用时才被打破。[①]

（二）作物种植熟制

山东的种植制度，特别是作物种植熟制，在近三百年间是逐渐调整组合并稳定下来。

其一，单作一熟型。单作一熟指单一的作物种类构成单一的群体结构，生产上通常称为单作（或清种、纯种），是历史上应用最悠久和最基本的种植模式类型。主要作物是棉花、春花生、春甘薯一年一熟等。

如乐陵县，经济作物主要是一年一作，粮食作物也有一年一作制度。50 年代至 60 年代，主要种植棉花、花生、高粱、大豆、地瓜等。70 年代，主要种植地瓜、棉花、花生等。1979 年，经济作物面积扩大，一年一作面积增加。一年一作制，在 1949 年占耕地面积 27.3%，1956 年占耕地面积 29.4%，1965 年占耕地面积 31.8%，1975 年占耕地面积 32.5%，1978 年占耕地面积 19.2%，1979 年占耕地面积 22.7%。30 年中，一年一作面积变化不大。1980 年占耕地面积的 25.7%，1981 年增到 42.2%，1982 年，再增到 47.7%，种植作物主要是棉花。[②]

其二，是一年二作制，主要是冬小麦—玉米或夏杂粮，春播瓜菜——夏播秋菜。在轮作内容上，一年二作以冬小麦——夏玉米为主。乐陵县粮食作物多为一年二作，新中国成立后一年二作的作物种植面积逐年增加。50 年代至 60 年代，主要是小麦、夏玉米、夏大豆；70 年代至 80 年代，主要是小麦、夏玉米、夏谷子、夏大豆、夏播棉。1949 年，一年二作面积占耕地面积的 40.1%，1956 年占 44.2%，1970 年占 47.4%，1975 年占 54.8%，1979 年占 63.3%，1980 年占 66.3%，1981 年棉田面积扩大，粮田面积减少，一年二作面积下降，占耕地面积的 47.6%，1982 年占 48.9%。1983 年开始种植夏播棉，一年二作面积回升为 51.2%，1984 年占耕地面积 53.4%，1985 年占 55.7%。[③]

其三，多作多熟型，如二年三熟制。多作多熟型指在同一块地上，一年内分期种植两种或两种以上生育季节不同作物并构成复合群体结构的种植

---

① 参见曹树基等：《清至民国山东东部玉米　番薯的分布》，原载《中国历史地理论丛》第 24 卷第 4 辑。

② 参见乐陵县史志编委会编：《乐陵县志》，齐鲁书社 1991 年版，第 135—136 页。

③ 参见乐陵县史志编委会编：《乐陵县志》，齐鲁书社 1991 年版，第 135 页。

方式，既在空间上实行种植集约化，又在时间上实行种植集约化。两茬或两茬以上作物套种是多作多熟型的典型代表，如小麦/棉花、小麦/玉米、甘薯。由于山东是年降水量不能满足连年复种要求的二熟制旱作地区，于是形成了适应山东气候和水利条件的二年三熟制，即在二年内收获三季作物。以春夏播杂粮与冬小麦轮作调茬。

二年三熟制的典型形式是：春播高粱和谷子——冬小麦——夏播大豆或玉米；春播小杂粮——冬小麦——夏大豆；冬小麦——大豆、杂粮，大麦或豌豆—夏甘薯或秋杂粮、夏花生。①

乐陵县的粮食作物为二年三作或一年一作，总的趋势是二年三作面积逐年减少，主要是因为春播粮食作物减少。作物种植在五六十年代，主要是小麦、春高粱、春谷子、春大豆；七八十年代主要是小麦、春高粱、春地瓜、棉花等。1949年，二年三作面积占耕地面积的32.8%，1956年占26.4%，1965年占16%，1975年占耕地面积10.7%，1979年占14.1%，1980年占8%，1982年占耕地面积4%。1980年后，推广棉麦间作，复种面积提高，复种指数增加。②

表2–8 乐陵县的复种指数变化情况

年份	1949	1956	1970	1975
复种指数	143.3	163.1	157.2	175.5
年份	1980	1983	1985	
复种指数	174.3	173	174.5	

资料来源：山东省乐陵县史志编纂委员会编：《乐陵县志》，齐鲁书社1991年版，第135—136页。

鲁西巨野县种植制度自清朝早期即定型：小麦"先大麦播种，历冬至夏五月收刈；大麦先熟，小麦必夏至方收"；"秋禾以高粱、谷豆为主，其次黍稷，沙地多种棉花，芝麻与稻间有种者"；"初伏种豆，末伏种荞麦，多用麦

① 参见山东史志编委会、俞宽钟主编：《山东省志·农业志》，山东人民出版社2000年版，第267—268页。

② 参见乐陵县史志编委会编：《乐陵县志》，齐鲁书社1991年版，第135—136页。

地，俱秋杪收刈”。[①]

山东省因降雨量过少（每年平均不过600毫米—830毫米），一般不适宜种植喜高温多雨的作物，因而小麦、玉米、大豆、谷子、高粱、地瓜、棉花、花生、烟叶等耐旱作物占主要地位。[②]从先秦的五谷概念中，就有了粟，粟成为北方和山东最重要的粮食作物。“北人以粟为主，粟收遂称大稔”。[③]一年二作和二年三作，都要求有与气候、土质、水分相适宜的作物组合和品种组合，以充分利用光热资源。

清季以来，山东已普遍推行了两年三熟制，个别地区有实行一年两熟制者。咸丰年间，沂水县令吴树声《沂水桑麻话》记载了鲁中沂州府一带的情况：“坡地（俗谓平壤为坡地）两年三收，初次种麦，麦后种豆，豆后种蜀黍、谷子、黍子等”；“涝地（俗谓污下地为涝地）两年三收，亦如坡地，惟大秋概种稷子，……麦后亦种豆。”[④]

可见，作物熟制还受肥料、水利、劳动力等条件的制约。丁宣增的《西石梁农圃便览》也反映了乾隆年间该村典型的两年三熟制的种植方式。第一年三月种的黍、谷、穆、高粱、早稻等作物，从六月大暑时的早黍开始，按照黍、谷、穆、高粱的顺序，直到八月的早稻，依次进行收割，早收作物收割后，间种绿豆作绿肥，以便随后种麦。八月秋分时种麦，到第二年芒种时收割，然后待下雨后播种大豆。大豆到九月寒露时总算收获了，但已过了冬季作物的播种期，为了来春时播种粟，此时要将豆叶犁入地中以进行整地。这是一个黍粟等——冬麦——大豆——休闲的典型两年三熟制。两年三熟制的种植方式，除受光照、土壤资源条件的制约外，这种轮作制本身还反映了近代山东农民对土壤资源利用的主观创造性。

至民国时期，两年三熟制的轮作方式在山东地区仍然得以实行。如胶东半岛地区的招远县，“土地的耕种是休耕制，即今年春天种谷或高粱或玉蜀黍及黍之类的地，秋收后则种麦子；第二年收了麦子后，就种豆子或玉蜀黍或地瓜，秋收后即不再种，将地休息一冬，至次年春再种谷、高粱之

① 《风俗》，《（康熙）巨野县志》卷七。

② 参见鲁档：《山东省农业生产调查统计资料（1949—1952）》，内部资料1955年，第88页，原档案件编号为TD4-497-2。

③ 《方产》，《（崇祯）史乘》卷十二。

④ 参见刘贵阳编：《说经残稿·沂水桑麻话》，中华书局1985年版，第63页。

类”。[①] 鲁北平原地带的邹平县，“农作物系轮回种植，二年一周，平均每两年耕种三季，亦有一年二季者，极为寥寥”。[②]

其四，除单纯套种外，还有与间混作组成的其他形式的多作多熟型，如：小麦 × 豌豆一玉米 ‖ 大豆、小麦 / 玉米 ‖ 大豆、小麦 × 豌豆 / 玉米 ‖ 马铃薯等。在间、混、套作的共生期内，多种作物构成复合群体结构，田间结构复杂，种间竞争和互补同时存在，必须选配合理的田间结构和套种时期，才能发挥空间上和时间上集约化种植作用而起到增产增收效果。

（三）作物组成和间作复种

据唐启宇著的《中国农史稿》和《中国作物栽培史稿》研究结果显示，北方二年三作的种植制度，西汉时即已出现。[③] 至迟在 13 世纪就已普及。山东省直至20世纪60年代前期，二年三作制一直是农作物种植制度的主体，其面积占耕地三分之二左右，此外尚有少数一年一作及一年二作制。

我国通常用复种指数来表示耕地利用程度高低的指标。复种指数是指全年播种面积占耕地面积的百分比。[④] 国际上称为种植指数。据 40 年代国民政府主计处统计局的统计，全国平均复种指数为 135%；北方冀鲁豫三省的复种指数，据土地委员会 1935 年调查，河北省为 122.56%，山东省为 143.69%，河南省为 154.52%。[⑤]

山东的种植业的复种指数，随种植制度的改变而相应提高。1949 年全省农田平均复种指数 139.8%，其中粮田复种指数 148.8%。而后 30 年间，农田平均复种指数逐步由 140% 增加到 147%，粮田复种指数由 160% 增至 170% 左右。[⑥]

麦地复种大豆比率的提高，直接影响两年三熟制的普及。两年三熟制

---

① 参见晓梦：《山东招远农村概况》，见冯和法编：《中国农村经济资料续编》，华世出版社，第 238 页。

② 参见胶济铁路局经济调查委员会编：《邹平县》，《胶济铁路经济调查报告汇编》分编，胶济铁路车辆管理处印。

③ 参见唐启宇：《中国农史稿》，农业出版社 1985 年版，第 269—271 页。

④ 参见余松烈主编：《作物栽培学》，重庆出版社 2001 年版，第 38 页。

⑤ 参见侯建新：《农民市场与社会变迁》，社会科学文献出版社 2002 年版，第 120 页。

⑥ 参见山东史志编委会、俞宽钟主编：《山东省志 · 农业志》，山东人民出版社 2000 年版，第 268 页。

以豆麦复种为主，即以十分之五六的土地在农历八月播种小麦，第二年夏五月收刈。小麦收后复种大豆，晚秋收获；种大豆一则可固氮，增加土地肥力，一则增加土地产量；翌年春天种植大秋作物，即种植高粱、谷子、棉花等。在两季大粮作物中，以大豆作土地与季节的调节的中心。

20 世纪 70 年代以后，各地先后向一年二作过渡。粮食作物一般以春夏播杂粮与冬小麦轮作调茬；经济作物棉花、花生等基本上是一年一作。二年三作的主要形式是：春播高粱或谷子——冬小麦——夏播大豆或玉米，春播小杂粮——冬小麦——夏大豆，春播杂粮——大麦或豌豆——夏甘薯或杂粮、夏花生。

经济作物一般是一年一作，主要是棉花、春花生、春甘薯。

一年二作的主要形式是：冬小麦——夏玉米或夏杂粮，以及春播瓜菜——夏播秋菜等。80 年代一年二作面积迅速扩大。1990 年一年二作面积占总耕地面积的 48%，一年一作面积约占 26%，二年三作面积约占 23%，还有少量一年三作以上的粮菜套种农田，分布在城市郊区及平原高产区。

在轮作内容上，一年二作以冬小麦——夏玉米为主，亦有麦田套种棉花、花生，或夏播甘薯、谷子、高粱、秋菜者。一年一作内容照旧。二年三作除原有轮作内容外，亦有春播棉花——冬小麦——套种夏棉的方式。①

1984 年以后，由于大力推广麦棉、麦油一年两作，并由于棉田增加和粮田持续减少，促使粮食一年两作迅猛扩大，农田复种指数迅速提高。1990 年农田平均复种指数达 158.8%，比新中国成立初期增加 19 个百分点，比 1983 年增加 12.7 个百分点。其中粮田复种指数升幅大，全省平均达 186.4%，平原地区近 200%，基本上无冬闲粮田，山地丘陵粮田复种指数也普遍在 170% 以上。②

在华北和山东有轮作复种的典型方式。在华北平原十分流行小麦与豆类及高粱、玉米、谷子、黍、稷等粮食作物的轮作复种。典型的方式是：第一年种一茬秋粮，收获后种冬小麦，次年麦收后接茬种豆类作物或杂粮，秋

---

① 参见唐启宇：《中国农史稿》，农业出版社 1985 年版，第 715—730 页。

② 参见山东史志编委会、俞宽钟主编：《山东省志・农业志》，山东人民出版社 2000 年版，第 267—268 页。

收后休闲一季，再周而复始。山东登州府志称“麦后种豆、黍”。①

蒲松龄的《农桑经》亦记载有其家乡济南府淄川县小麦与豆、谷、黍等作物轮作复种的情形。在河南，尹会一奏报乾隆，说许多地方“于五月刈麦之后，在麦地播种豆子、晚谷”。②

复种。复种是指同一耕地上在一年内顺序接茬种植二季或二季以上作物的种植方式，是在时间上集约利用土地的种植技术。按收获作物的季数分别称为二茬复种、三茬复种和四茬复种。复种的方法包括直播复种、移栽复种、再生复种和间套复种等多种形式。以单作多熟型为主，套种属多作多熟型的种植模式。

复种因素对北方旱粮产量的影响不可低估。在麦、豆、杂粮两年三熟的轮作复种情况下，以中等偏下产量计算，即便平均一熟的产量仅6—7斗，该地一年的总产量也完全可以达到或接近1石。③

间套复种技术成为关键性农业增产措施。间套复种是山东省传统的重要农业增产技术。早在古农书《齐民要术》中就有关于间套复种技术应用的记载。1956年《全国农业发展纲要》中，明确提出“合理轮作（换茬）、间作、套种和密植，是增加农作物产量的重要措施”。山东推进农作物耕作制度改革，1971年全省各种农作物间套复种面积达66.67多万公顷，到1978年发展到200万公顷，进入80年代，间套复种技术已发展为集约利用资源的立体种植方式。

间套复种技术的推广应用，使山东省农作物种植制度发生了很大变化。1990年全省二年三熟制面积由1949年占耕地面积的80.1%，下降到23%；一年两熟制面积由1949年占耕地面积的1.3%，上升到48%；一年三作三收以上的种植面积达到126.67多万公顷，农田复种指数由1949年的139.8%，提高到1990年的158.8%。在粮田面积减少300.53万公顷的情况下，粮田复种指数由1949年的148.8%，提高到1990年的186.4%；经济作物播种面积由1949年的99.65万公顷，到1990年扩大到230.04万公顷，比1949年

① 《风俗》，《（康熙）登州府志》卷八。

② 尹会一：《河南疏二·敬陈农桑四事疏》，《尹少宰奏议》卷三。

③ 参见龚景瀚：《平凉府纪恩碑》，《澹静斋文钞》卷三。

增加 130.4 万公顷。其中：棉花增加 95.23 万公顷、花生增加 26.87 万公顷（403.1 万亩），对缓解全省人多地少，粮食作物与经济作物争地的矛盾，起到了重要作用。①

（四）种植制度的演变

在 20 世纪的百年间，山东的种植制度特别是种植模式、复种指数，经历了巨大变化。这从山东各地的统计中都可以清楚看到。

1. 烟台地区的种植制度

烟台种植制度的演进，具有相当的代表性，基本可以反映胶东山地丘陵区的种植制度的特点。

1900 年以前，境内作物种植多一年一熟，如春谷子、春玉米、春高粱、春甘薯、春花生等。

1910—1949 年间，西北部平原地区作物种植二年三熟面积显著扩大，如春玉米、小麦—大豆、稷子、小麦—大豆、谷子—豌豆、花生等。一年两熟也开始出现，如小麦和夏玉米。到 1951 年，全市一年一熟制占总耕地面积的 44.4%，二年三熟制面积占总耕地面积的 41.8%，一年两熟制占 13.8%，全年复种指数为 134.7%。1952—1960 年间，全区扩种小麦、玉米、甘薯，压缩种植春谷子、春高粱、稷子等作物，种植制度发展为以两年三熟为主，掖县、黄县平原区广泛推行一年两熟制。

1960 年前后，全区一年一熟制种植面积占总耕地面积的 36%，两年三熟制面积稳定在 35% 左右，一年两熟制面积增加到 29% 左右，全年耕地复种指数为 147%。1961—1970 年间，作物种植以两年三熟和一年两熟为主，一年一熟制面积逐渐下降。到 1976 年，一年一熟制面积下降到占总耕地面积的 28%，同时广泛开展间种套作，全年耕地复种指数为 148%。间种套作方法分为一般水浇地、水利精种地、山丘旱地、涝洼地、蔬菜基地和果园六类地区，采用多种办法进行粮粮、粮薯、粮油、粮菜、菜菜、果粮间套作。

1970—1980 年间，依据各地自然条件和生产基础，政府及农业部门进行分类指导，有计划地改制复种，山丘薄地或每人平均 2—3 亩地的地区，提倡一年一熟制，有一定水浇条件或每人平均 1 亩地的地方，提倡一年两熟

① 参见俞宽钟主编：《现代山东农业》，山东科学技术出版社 2000 年版，第 787 页。

制，肥水条件一般或每人平均 2 亩地左右的地方，提倡两年三熟制。上述三种种植制度若在一个生产单位同时采用，以某一两项为主，交错进行，以便倒茬轮作，培养地力。到 1980 年，全区一年一熟制面积占总耕地面积的 29%，一年两熟制面积为 28%，两年三熟制面积为 43%，全年耕地复种指数为 150% 左右。

1981 年以后，农业政策调整，商品经济逐渐发展，种植业内部结构发生变化，粮食作物面积减少，经济作物面积增加，为充分利用地力、空间和时间，在原有熟制基础上，实行空间播种，进行“立体种植”。①

2. 鲁中地区种植制度

泰安的作次沿革。新中国成立前，境内平原水浇地农作物种植多以一年两作为主，山丘旱地一年一作或两年三作。1929 年，一年一作面积 86.3 万亩，占耕地面积的 44.8%；两年三作面积 48 万亩，占耕地面积的 24.9%；一年两作面积 58.5 万亩，占耕地面积的 30.3%。1949 年，一年一作面积占 40.6%，两年三作面积增加到 30%，一年两作面积占 29.4%，复种指数为 144.5%。后逐步推广一年两作和两年三作制。一年一作面积逐年减少，复种指数逐年增加，1984 年达到 159.7%。②

临朐耕作制度如表 2–9。③ 经过半个世纪，临朐的耕作制度方面发生了很大变化，一年一作由 53.0% 下降到 31.2%，一年二作由 32.3% 上升到 61.7%，一年三作下降三分之二，一年多作上升 3 倍，但总比率只有 2.4%；复种指数，由新中国成立初的 132%，上升到 1987 年 169.3%，粮面积复种指数由 142% 上升到 170%—180% 之间。

表 2–9　临朐县耕作制度和复种指数演变表

年份	耕作制度				复种指数	
	一年一作	一年二作	一年三作	一年多作	种植面积复种指数	粮田面积复种指数
1936	53.0	32.3	14.0	0.7		

① 参见烟台市史志编委会编：《烟台市志》（上下卷），科学普及出版社 1994 年版，第 981 页。

② 参见泰安市地方志编委会编：《泰安市志》，齐鲁书社 1996 年版，第 143—144 页。

③ 参见临朐县史志办编：《临朐县志》，山东人民出版社 1991 年版，第 202 页。

年份	耕作制度				复种指数	
	一年一作	一年二作	一年三作	一年多作	种植面积复种指数	粮田面积复种指数
1949	48.3	36.7	14.3	0.7	132.0	142.0
1956	45.3	39.8	14.2	0.7	141.0	149.0
1965	36.6	50.4	12.2	0.8	151.0	158.0
1975	31.3	56.2	11.5	1.0	159.0	170.0
1978	32.1	58.0	8.6	1.3	158.0	170.0
1980	29.7	57.8	11.4	1.1	157.0	177.0
1983	29.4	59.6	10.0	1.0	158.0	179.0
1985	30.8	57.7	10.0	1.5	175.0	182.0
1987	31.2	61.7	4.7	2.4	169.3	172.1

3. 山东西部地区的种植制度

东平县的种植制度是：一年一作，1949 年达 30.30 万亩，占耕地面积的 38%；二年三作，1949 年达 36.8 万亩，占耕地面积的 46.50%；一年两作，1949 年达 12.10 万亩，占耕地面积的 15.30%；1957 年 28.40 万亩，占 33.80%；1965 年 26.10 万亩，占 36.50%。东平全县历年的复种指数是：1956 年为 170.7%；1965 年 163.9%；1978 年 171.7%；1980 年 175.2%；1985 年 174.5%。①

西部地区的曹县，也可以代表鲁西平原地区的种植制度的一种类型。1949 年前，普遍实行一年一收和二年三收的种植制度。粮食作物实行二年三收，即收麦后种豆，收豆后留作春茬，下年种高粱或谷子等，收了高粱谷子再种小麦，循环轮作；棉花一般实行重茬，一年一收。

70 年代，主要轮作方式有一年两作制：粮食作物与粮食作物轮作，如小麦与玉米、大豆、地瓜、绿豆、谷子等的轮作；粮食作物与经济作物的轮作，如小麦与棉花、花生、芝麻或蔬菜的轮作。二年三作制：如春棉花—小麦—夏玉米或夏地瓜、夏大豆、夏花生等；春花生—小麦—夏玉米或夏地

① 参见东平县史志办编：《东平县志》，山东人民出版社 1989 年版，第 135—136 页。

瓜、夏花生、夏大豆等。一年一作制：主要是春棉花、春花生、春地瓜。轮作方式的经济效益一般是蔬菜收入高于经济作物，而经济作物收入又高于粮食作物；一年多作收入高于其他轮作方式。

80年代，主要推行间作套种，如在麦田中套种棉花、玉米、花生等。间作即系将高秆作物与低秆作物共植，如玉米、芝麻与绿豆、大豆间作，俗称“隔耧青”，小麦与豌豆混播，俗称“满天星”。实行间作套种，既能分散农活，避免农活集中，又能提高土地利用率，增加产量。①

曹县种植制度演变如表2–10所示：②

表2–10 曹县部分年份种植制度演变表

单位：万亩/%

年份	一年一作		一年二作		一年三作		一年多作		复种
	面积	占总面积	面积	占总面积	面积	占总面积	面积	占总面积	指数
1949	26.49	10.73	98.51	39.00	119.08	48.23	2.81	1.14	150.9
1952	30.86	9.12	135.66	40.09	168.52	49.80	3.96	1.17	153.7
1956	31.59	8.92	149.72	42.27	165.52	46.73	6.62	1.87	161.4
1965	26.53	11.64	101.69	44.70	93.17	40.88	4.44	1.95	156.3
1975	33.41	14.57	119.69	52.20	71.63	31.24	4.86	2.12	163.9
1978	33.70	15.06	127.81	57.11	57.07	25.50	4.97	2.22	167.8
1980	36.47	16.30	143.14	63.98	40.07	17.91	4.05	1.81	175.5
1982	31.49	13.77	164.85	72.08	27.29	11.93	5.24	2.29	183.2
1983	33.25	12.93	187.60	72.95	32.15	12.50	5.81	2.26	189.5
1984	29.21	11.36	200.34	77.90	22.32	8.68	6.01	2.36	195.8
1985	27.56	10.2	220.88	82.10	13.18	4.90	7.50	2.80	196.2

曹县的复种指数，在新中国成立初期即达150.9%，1980年后达175.5%，到1985年后，更达到196.2%，这在全省也是较高的。

① 参见曹县地方史志编委会编：《曹县志》，中华书局2000年版，第164页。

② 参见曹县地方史志编委会编：《曹县志》，中华书局2000年版，第165页。

（五）种植制度演变的影响

种植制度的演变，对山东农业产生了深刻影响，主要表现在以下几方面：

首先，复种有利于增加农作物播种面积与耕地作物年产量，使二年三熟制得以在全省范围普及确立。通过复种，在有限的耕地上扩大了农作物播种面积，全国每年增加复种面积0.5亿公顷以上，显著地提高了耕地年产量。在耕作制度方面，由于小麦的种植扩大，麦豆复种促使以麦作为中心的二年三熟制得以在全省范围普及确立。实现二年三熟制，麦作处于中心环节，只有扩大麦作生产，才能保证麦后复种用地的增加。因此康熙以后，麦作在山东的种植比重明显上升，绝大部分地区小麦已占到粮田面积的一半以上，成为名副其实的第一大粮食作物，这就为以麦作为中心的二年三熟制的普遍发展奠定了基础。

其次，扩大主粮复种、二年三熟耕作制提高土地利用率，是增加粮食生产解决粮食问题的根本途径。清代粮食亩产的提高和总产的增加，更多的应归功于增加复种指数。

在北方实行二年三熟制土地的亩产量，较比一年一熟制，低的可增产12%，高的可增加达32%。在南方实行稻麦二熟制，最低增产20%，最高增产91%。双季稻，最低增产25%，最高增产250%。旱地一年二熟，以陕西汉中盆地为例，可增产162%—186%。实行多熟制，等于提高了单位土地利用率，其意义十分重大。① 在麦作占耕地面积一半的地区，复种指数一般都能保持在130%—140%之间，而麦作比重高达60%—70%的地区，复种指数则可达140%—150%左右。②

再次，在农业经营方面，种植结构的变化促进了农产品的商品化，致使商业性农业经营日渐兴起发展。粮食作物方面，由于麦作与高产粮作种植的扩大以及二年三熟复种制的确立，粮食总产量大大增加，从而为社会提供了更多的商品粮，粮食商品化程度明显提高。如在小清河流域地区，明清时

---

① 参见郭松义：《明清时期的粮食生产与农民生活水平》，《中国社会科学院历史所学刊》第1集。

② 参见陈冬生：《明清山东种植结构变化及对农业的影响》，《古今农业》2001年第2期。

期，由于扩大了稻作生产，“岁增粮石数万”，其中大部分作为商品粮投向了市场。[①] 博兴县出产的稻米，“一郡食稻者，赖以贩给”。[②] 历城、章丘生产的稻谷，也多“贩至东昌”市场。[③] 城市以及出产缺粮区，每年都需要贩进大批粮食，因此，在广大城乡市场上，粮食始终是交易数量最多的大宗商品。

粮食商品化，从粮食加工业的兴盛也可见一斑。以酿酒业为例，酿酒一直是明清时期山东用粮最多的农副加工业。如在章丘县，“每岁上农酿酒数十石，中者十数石，下者数石”。[④] 在滕县，“酿户大者，池数十；小者三四池。日一酿，酿费粟一石二斗”。[⑤] 在禹城，“邑百里地，计烧锅四十余所，每年败毁米麦、高粱不下数千石，由一邑推之通省，不胜计矣”。[⑥] 每年还有大量的麦豆及其他杂粮，通过运河与海舶运销河北及江南各地。粮食商品化的加深直接反映了商业性粮食种植业的发展。[⑦]

复次，种植结构的变化提高了对自然资源的开发利用，农作生产的布局更趋合理，资源配置日趋优化，并为近代山东农业格局的形成奠定了基础。

明清时期，山东种植结构发生了较大变化，这个变化主要是以麦作为中心的二年三作制。山东种植结构发生变化的主要粮作是小麦、玉米、甘薯和稻谷，经济作物是棉花、烟草、花生和果树。其中，小麦的种植急剧扩大，并超过粟谷成为第一粮作，由此在全省形成并确定了以麦作为中心的二年三作制。冬小麦的大量种植，提高了对冬闲地的开发利用；稻作的扩大种植加大了对河泊滩涂的利用开发，这就为棉、烟等其他经济作物在平原地带的种植发展提供了用地。而玉米、甘薯、花生及果树的种植发展，则对较贫瘠的山地丘陵开发利用意义重大。从种植分布的变化看，地处黄泛和山前平

---

① 《建置志》，《（民国）重修新城县志》卷六。

② 《宦绩志》，《（道光）重修博兴县志》卷十；卷二《河渠志》，卷五《风土志》。

③ 《户书》第二，《（嘉庆）清平县志》卷三。

④ 《舆地志·风土》，《（康熙）章丘县志》卷一。

⑤ 《艺文志》，《（道光）滕县志》卷一二。

⑥ 《食货志·造作》，《（嘉庆）禹城县志》卷五。

⑦ 参见陈冬生：《明清山东种植结构变化及对农业的影响》，《古今农业》2001年第2期。

原的鲁北、鲁西、鲁西南及鲁中地区，形成了小麦、稻谷、棉花、烟草及果树的主要产区；而处于山地丘陵地带的鲁中南与胶东地区，则是玉米、甘薯、花生、烟草和果树的主要产地。这种变化调整适应了不同自然条件的种植发展需要，农作生产的布局更趋合理，资源配置日趋优化，从而形成与奠定了近现代山东农业种植的结构与生产的格局。①

第四节 粮食作物内部结构

20 世纪粮食种植结构演变动态是由新中国成立前的缓变到 70 年代以后的剧变；演变趋向是小麦、玉米面积比率上升，高粱、谷子、大豆由长期稳定到大幅下跌，甘薯比率在 60 年代升至高峰并持续十多年后回落，小杂粮在 70 年代被大幅调减。

民国初期，据 1914—1918 年的不完全统计资料，承接秋收早茬并相对稳产的小麦，当时就有 266.67 万公顷左右；麦茬夏播作物以省工省肥的大豆为主，达 106.67 万公顷左右；冬闲地春播作物中，高粱达 133.33 万公顷以上，谷子不足 66.67 万公顷；当时以春播为主的玉米和夏种为主的甘薯，各仅 20 万公顷（300 万亩）左右；其余尚有小杂粮 66.67 万公顷左右、大麦 26.67 万公顷（400 万亩）左右、稻谷不足 6.67 万公顷（100 万亩）。

抗日战争前的 1931—1936 年，秋播以小麦为主，后茬以大豆为主，春播以高粱、谷子为主的格局更为明晰。直到新中国成立之初，这种格局基本不变。

50 年代中后期贯彻《农业发展纲要》，水利工程和农田基本建设也取得了一些成绩。由此开始扩种高产作物，提高复种指数，结构比率开始有较明显的改变，主要是小麦、玉米上升，高粱、谷子下降；甘薯由一般意义上的高产作物，至 60 年代前期成为解决粮食紧张危机的春夏播当家作物。

60 年代后期至 70 年代，影响粮食作物结构的各项因素的变化更加活跃，包括人口剧增，耕地渐减，生产条件改善，小麦、玉米应用技术有了巨大进步等，促使粮食作物结构沿着原来的走势进一步调整。增幅最大的玉米，从

① 参见陈冬生：《明清山东种植结构变化及对农业的影响》，《古今农业》2001 年第 2 期。

1965 到 1978 年，面积比率上升超过 10 个百分点；小麦增加 4.7 个百分点；大豆减少 6.1 个百分点；小杂粮及稻谷大幅压缩，其中稻谷压缩是因气候干旱。

80 年代仍持续上述调整走向。到 1990 年，小麦、玉米一年两作面积合计占粮食作物播种面积的 80%，为粮食总产再上新台阶打下基础，提高了细粮的比率。小麦、玉米播种面积的大幅提高，相应出现了豆杂类粮食和小米不足的问题。①

一、粮食作物种类组合

（一）古代的“五谷”

山东是黄河下游的主要农业区之一，远在 4000 年前就有了粟、黍、稻等农作物的种植，有人工栽培的粳稻米。大豆在古代称为“菽”，山东是我国大豆的原产地之一，栽培大豆的历史可能远在新石器时代晚期。小麦种植也有 4000 多年的历史，或者更早些。高粱也是古老的栽培作物之一，距今约有三四千年的历史。

历史上华夏农耕社会即有“五谷”之说。战国时期，“五谷”的称说便已很普遍，《荀子·王制》“五谷不绝而百姓有余粮也”；《管子·立政》“五谷宜其地，国之富也”；《孟子·滕文公上》“五谷熟而人民育”。各家对“五谷”的解释不一，如郑玄释“五谷”为“麻、黍、稷、麦、豆”，又释为“黍、稷、菽、麦、稻”；王逸释为“稻、稷、麦、豆、麻”；韦昭释为“麦、黍、稷、粟、菽”。古人也有笼统的说法，如“粱者、黍稷之总称，稻者、溉种之总称，菽者、众豆之总称”。② 综合各家之言，“五谷”中必有黍、稷、麦、菽，至于“五谷”中麻、稻之有无与地区作物构成有关。“五谷”把“百谷”中粮食作物与其他作物区别开来了。③ 说明远在春秋战国时期，山东即成为北方重要的先进的农业区，形成了较为固定的粮食作物序列。

① 参见山东史志编委会、俞宽钟主编：《山东省志·农业志》，山东人民出版社 2000 年版，第 167 页。

② 王毓瑚校：《王祯农书》，农业出版社 1981 年版，第 77 页。

③ 参见王宝卿：《明清以来山东种植结构变迁及其影响研究：以美洲作物引种推广为中心(1368—1949)》，中国农业出版社 2007 年版，第 45 页。

黍、稷的地位在春秋以前是五谷之首。春秋战国以后，粟、菽、麦的地位上升，黍、稷的地位退到粟、菽、麦之后。其主要原因是，粟、菽、麦皆是产量比较高的作物，在当时社会的增产要求和精耕细作的情况下，菽已经和粟并列为北方主要的粮食作物。

秦汉以降，人们开始对粮食作物的地宜重视了。菽下降为副食品，麦的地位逐渐上升，《淮南子·坠形训》曾提道："东方，其地宜麦；南方其地宜稻；西方其地宜黍；北方其地宜菽；中央其地宜禾。"东方，是指今天的山东一带，自古就是麦作的中心区域。在明代以前，基本还没有复种轮作的耕作制度。隋唐时期麦与粟处于同等地位。自西汉起小麦生产渐盛。绿豆栽培至迟在公元 6 世纪前、高粱至迟在 13 世纪前也已开始。大豆在战国秦汉时期已成为基本的农田作物。它的生长期短，对土地的要求不高，具有极强的耐旱性，属稳定保收作物。汉代以后，大豆因多被用来制作豆腐、豆豉等副食品或榨制豆油，作为粮食作物的地位开始下降。

自东汉至唐代中期，山东地区的农业生产虽也有兴衰起伏，但其发展水平却一直很高，总是居于全国的先进行列。

隋唐五代时期，山东农业生产达到了空前兴盛的阶段，堪称封建社会的鼎盛时期。山东成为全国主要的粮食产区之一，农业经济水平位居全国前列。当时农田水利事业发展较快，不仅扩大了农田面积，而且还形成了著名的水稻种植区。《隋书·薛胄传》载："兖州城东沂泗二水合而南流，泛滥大泽中，胄遂积石堰之，使决之西注，陂泽尽为良田。"贞观元年，今枣庄市峄城"筑十三陂，蓄承洳二水灌田"。唐人李邕《登历下古城员外孙新亭》诗云："负郭皆秔稻，安时歌吉祥"，描写了济南一带水稻生长的兴旺景象。

"安史之乱"后，山东地区遭受了长期的战火摧残，致使人口大量死伤流徙，土地荒芜，经济的发展受到严重摧残。这一时期，传统农具的发展已较完备，种类齐全，基本适应了农业特别是粮食生产的需要。

晚唐至北宋时代，山东地区农业出现相对停滞现象，失去了在全国的重要地位。宋代为发展农业，明令各地招抚流亡，劝导耕垦，实行租佃制，减免赋役，并倡导奖励农民种植农作物优良品种，实施退牧还耕等有利于发展农业生产的政策措施，刺激了农民的生产积极性，使农业得到一定程度的恢复和发展。从真宗到神宗时期（998—1077 年），山东新开垦的土地达

“三十万顷”，其中民田“二十九万顷”，官田“万余顷”。水稻虽然不是山东的主要农作物，但其发展令人瞩目。宋淳化年间，朝廷下令在鲁北的博、棣、德、滨等州试种粳稻，其后，山东水稻种植面积不断扩大，许多地区都开垦了稻田，也在较大范围播种。

金元两代，山东农业因遭到外来民族的侵扰而衰敝，女真族在山东推行民族压迫政策整整 100 年（1126—1226 年），使山东农业遭到空前浩劫。1227 年，山东又被蒙古军占领。山东农业经济更出现了长期的衰落萧条阶段。① 元朝建立以后，采取有利发展农业的政策。元末，棉花已传入山东种植。棉花的传入给农业种植业结构的变革和人民生活带来深远影响。元代王祯的农学著作《王祯农书》，全面记述了 80 多种谷物、蔬菜、果树和药材的起源、品种及栽种方法，详细记述了 257 种农业生产工具，展示了我国古代农业生产器具方面的卓越成就，是我国古代记载农具最详赡的一部农书。②

明朝建立后，采取了奖励垦荒、奖励种植棉桑、轻徭薄赋等措施。明政府极为重视水利，如开挖登州蓬莱河、疏浚大小清河和会通河等，京杭大运河也全线通航。除漕运外，商船、民船来往于南北各地，对南北物资文化的交流，商品经济的发展，起到了极大的推动作用。明代著名农学家及其农学著作，有徐光启的《农政全书》、宋应星的《天工开物》和王象晋的《群芳谱》。王象晋独自完成《群芳谱》的编纂，《群芳谱》共 28 卷，计 40 万字，按天、岁、谷、蔬果、茶、竹、桑麻葛、棉、药、木、花卉、鹤、鱼等谱分类，对每一植物都详述形态特征，是其他农书所不及的，是 17 世纪初期论述多种作物生产的巨著。这些著名农学家和农学著作的出现，不是偶然的，它既是明代农业实践的总结，也是引导农业走向科学种田的开始。明代农学在耕作、栽培、施肥、选种、治虫等方面都有了新的研究和创新，使传统农业的精耕细作技术进入到了高效有序和更加深入发展的时期。

明代粮食生产重视多熟种植，“一岁数收”是这一时期农业技术的主要特点之一。该时期山东开始了大规模治理不良土壤，其中盐碱地治理规模较大，还创造了许多行之有效的改良方法。绿肥种植技术也得到推广。在栽培

① 参见李令福：《明清山东农业地理》，台湾五南图书出版公司 2000 年版，第 16—17 页。

② 参见俞宽钟主编：《现代山东农业》，山东科学技术出版社 2000 年版，第 6—7 页。

管理上，特别强调“粪多力勤”，讲究精耕细作。小麦育种移栽，初见于明代《沈氏农书》。

宋元以来，山东粮食作物结构中，粟，即谷子，是最重要的粮食作物。明末崇祯朝的《历乘》仍然说：“北人以粟为主，粟收遂称大稔。”① 自明朝中叶起，随着传统作物内部结构的调整和美洲作物的引进，这一种植结构开始发生变化。

交通的开拓和与外国交往的扩大，使许多作物相继传入山东种植。万历年间，玉米传入山东种植。棉花的种植进一步扩大，已具相当规模，嘉靖《山东通志·田赋·物产》有“棉花六府皆有之，东昌尤多”之记载。明万历年间，烟草传入山东种植。明代在果树、蔬菜的栽培上都有了新的发展，果树种类不断增加，明代《群芳谱》中记载的果树种类有42种，地方性的品种也相继培育成功，如明代育出了莱阳茌梨和秋白梨。②

在明代，小麦后来居上，种植比例在明后期的鲁西、鲁北平原地区已经达到40%，不少地区甚至超过50%，成为名副其实的第一作物。《天工开物》卷一《乃粒》云：“齐鲁诸道，蒸民粒食，小麦居半，而黍、稷、稻、粱仅居半。”③

高粱的播种面积远远超过粟。据孔府资料显示，有个别地区甚至超过小麦。山东主要农作物是小麦、高粱、小米、豆、玉米、甘薯、棉花、花生等。明清时引进玉米和甘薯，引进作物加入原有的传统作物种植系列，连同原来的粮食作物，形成了新的复种轮作系列，奠定了山东粮食生产的基本格局。

明清以后，随着山东地区社会经济的全面恢复以及各地对水利的重视，水稻的种植又有了较大发展。在鲁中地区的小清河流域、鲁南地区的沂沭河流域、鲁西及鲁西南地区的运河流域，鲁东南的沿海及胶东半岛等地，稻作生产的发展尤为明显。④ 山东的蚕丝业在唐代就成为一大地方特产，杜甫著名的《忆昔》诗曰：“齐纨鲁缟车班班，男耕女桑不相失。”明清时代，农民

---

① 《方产考》，《(崇祯) 历乘》卷十二。

② 参见俞宽钟主编：《现代山东农业》，山东科学技术出版社2000年版，第7—8页。

③ 李令福：《明清山东粮食作物结构的时空特征》，《中国历史地理论丛》1994年第1期。

④ 参见陈冬生：《山东古代稻作史考述》，《古今农业》1992年第3期。

普遍植桑养蚕，为丝织业提供了充足的物质来源。

从《王祯农书》开始，到《农政全书》、《天工开物》、《群芳谱》，粮棉蔬果都有了系统的研究，农学的发展标志着农业生产进入了有研究有管理有人为选择的阶段。作物的种类组合和品种取舍，不再是自发自流的了；统治者也关心作物种植和推广了，说明精耕细作得到进一步发展，两年三熟的耕作制度发展成为主流的耕作制度。

（二）农业转型期的粮食结构

明清时期是山东农业经济转型的时期，即由之前的纯农粮食桑麻纺织型，转变为亦农亦工亦商的粮棉油副业型。

山东农业经济的发展，表现在山东农业生产结构的调整上。而农业生产结构的调整，则主要是粮食结构的调整和经济作物种植的发展。粮食结构的调整，初期是始于粮食作物结构中小麦地位的上升及取代粟稷成为首要主粮，而大豆由春播转为麦后夏播，使两年三熟的麦—豆—秋杂轮种制形成并普及，这是传统粮食作物内部的调整。

美洲作物的引种与推广，则在农业技术层面，在农业种植业的粮食作物与经济作物两个方面引发绿色革命。美洲作物的生物特性及其引种后参与到轮作体系，一面使两年三熟得到丰富，一面也对土地开发与提高粮食亩产和总产起到了关键作用。

明代万历后美洲作物玉米的传入，对粮食作物结构产生了重大影响。玉米的传入，使传统作物黍、稷的种植量大为减少。受经济条件所限，我国自古以来着力发展产量高的粮食作物，劳动人民以果腹为首选目标，质量口味在其次。清乾嘉年间，玉米随着大批流民涌入地广人稀的山区，人口的迅速增长，使粮食需求显著增加，低产的黍粟类作物已不能满足需求了。在人口大量增长的情况下，产量高、适应范围广、具耐旱耐瘠特性、有救荒裕食之功的玉米，以很快的速度在广大山区普及开来。

甘薯的传入和推广，则迅速取代了蔓菁和传统薯类如芋、山药（薯蓣）等粮食功用，使它们退居蔬类行列。甘薯甜美可口、适应性强、产量高，“种之利胜种谷”，在国内传播很快，不久就以其独特的优势压倒传统薯类，不但在薯类作物中占绝对优势，而且在粮食作物中也跃居重要地位。马铃薯在我国的发展，在明清和20世纪前半期都不显著，其扩展主要得益于新中国成立后政府的大力提倡。

山东大豆种植历史悠久。大豆品种甚多，但明代中期以前的大豆，大多是春播豆为主，而春播豆三四月下种，不适合麦后复种。所以在明清时期，山东大豆种植有一个由春播为主到夏播为主的转化过程，这个过程开始于鲁西和鲁北平原，渐次向东昌府、鲁中南及胶东推广。大豆的由春播到夏播的转变有重大意义，完成了二年三收的关键因素到位，作为麦收后的后茬过桥作物，麦后复种大豆成为主要的复种轮作制度定型下来。夏大豆复种率提高，直接使耕地复种指数得到提高。

大豆成为主要的复种作物，明代孔府庄、厂田的 86.4% 实行麦后复种，其中，麦地复种率超过 50%，全部进行复种更是高达 27.2%。① 麦后复种的作物即以大豆为主。其他的豆类还有豌豆、绿豆等。近代山东省豆类播种面积一般在 2000 万亩上下，占作物播种面积 10%—15%。②

明代前期粟米播种面积最大，产额也最高，在粮作结构中地位最为重要，其次是二麦、豆类、高粱，他如黍、稷、糁子，仅在个别州县占据了农作物结构的较重要的位置。有明一代，小麦、高粱的播种比率逐渐增加，到明末清初，小麦发展成为山东最重要的粮食作物，无论是播种面积还是产量都位居粮食作物榜首，高粱在全省主要农业种植区的鲁西南与鲁西北平原上播种面积超过了粟米，粟的种植地位在全省范围来看，似由第一位下降到了第三位。大豆基本完成了由春播向夏播复种的转化过程，随着复种率的缓慢上升，大豆栽培面积也在稳步增加，不过其地位似仍位于四大主粮作物之末。③

从历史上黍、稷、粟、菽、麦诸作物品种的自然调整，似乎可以发现一个规律：在北方旱作区农业历史发展中，古人是以对作物序列和种植结构的调整，达到粮食增产目的。种植结构的变化是社会发展的一个重要杠杆。④ 这种调整作物序列和种植结构的农业经营方式，是行之有效的，保证

---

① 参见成淑君：《明代山东农业开发史研究》，齐鲁书社 2006 年版，第 236 页。

② 参见唐致卿：《近代山东农村社会经济研究》，人民出版社 2004 年版，第 191 页。

③ 参见李令福：《明清山东农业地理》，台湾五南图书出版公司 2000 年版，第 361 页。

④ 参见王宝卿：《明清以来山东种植结构变迁及其影响研究：以美洲作物引种推广为中心（1368—1949）》，中国农业出版社 2007 年版，第 47 页。

了民食国赋。

清朝建立后，采取招抚流亡、奖励垦荒、发展水利等措施恢复经济。不仅粮食产量提高，而且棉花、花生、烟草等经济作物也开始大量引进种植和在各地推广。清朝建国经过百余年的发展进入了“康乾盛世”，人口也增长较快。

清末民国的不少人认为清代的农业是一潭死水，耕作没有任何改进，固守祖宗老法，工具也没有改进，先进的技术也没有引入。到了30年代，更是各方学者和政治人物众口一词地认为中国正遭遇到浩劫般的农村危机、农业破产。其实这都是一些瞎子摸象式的以偏概全的片面认识。如果说明清时期的京杭大运河作为流经山东的交通大动脉，对物资文化交流及商业经济发展有巨大推动作用的话，那么清末海禁开放之后，胶济铁路开通，山东就有了联结全省的陆路和海路交通线，一条内陆运河，一条铁路，一条海上交通线，这种陆路和海路交通线开通的作用是不容低估的。

在明代以前，山东农业的最大限制因素不是农具，而是作物品种，明代美洲作物的引种与推广，解除了农业发展的“瓶颈”限制。到了清代中后期，随着海上交通与国外的经济文化交流，实际上二次引进与推广了国外的优良品种，把国外的优良品种直接引进试种，又逐步解决了化肥等农业投资因素，引进的粮棉品种优势就显现出来。

（三）清中期以后粮食结构的调整

山东粮食结构，在清中期以后发生了很大变化，粮食组合因新品种引进与推广及生产更多粮食的社会需要，也发生了很大变化，主要促成粮食组合的演变。随着玉米、棉花、甘薯、花生等新作物品种的引种与推广，导致作物种植结构的变化，粮食种植结构也发生变化。

清中期以后粮食结构的调整显示出新的历史特点，主要表现在三个方面：

其一，清中期以后粮食结构的调整，是与新一轮美洲作物新品种的传入同步。在清代中期，又有许多新作物传入山东种植。乾隆年间，甘薯传入山东的胶州、青州等地试种成功，嘉庆初年小粒花生传入山东种植。19世纪末，又传入大粒花生的种植。清代还传入了马铃薯、辣椒、甘蓝、番茄等。由于外来作物的引进山东农作物的结构发生了新的变化，甘薯、玉米等逐步成为重要的粮食作物，棉花、花生、烟草及其他经济作物的种植，逐步占有较大比重，棉花发展尤快。山东的果树、蔬菜栽培上也有了新的发展。果树种类不断增加，元代《王祯农书》中记载的果树种类就有23种，到清代《授时通考》中果树种类增加到45种。清代嘉庆年间，山东肥城培育出驰名中外的肥城桃。果树的品种也有增加，如枣的品种，元代柳贯《打枣谱》中记有73个，到清代《植物名实图考》行世，枣的品种增加到87个。①

清代山东沿海地区，随着对外贸易的兴起，新作物品种的引入和技术交流，对农业技术的改进与传播有着重要作用。据清乾隆元年《山东通志》记载："至嘉靖十七年（1538年）后，商贾云集胶州，其海路、河道北自天津至海仓，南自淮安（今江苏）至胶州，舟辑屡通中间。"清乾隆十四年（1749年），福建人陈世元、余瑞元、刘曰羲等人，经商于胶州，首次将甘薯传于胶州大珠山迤西古镇口，历时两载，试种成功。当时甘薯在山东推广得到了山东布政使李渭的支持，李渭亲自写了《种甘薯法则十二条》，进行大力宣传普及。

晚清时期有些农业技术推广还受宗教活动的影响，成为传教的附属手段。传教士在传教的同时，将西方的农业技术和作物新品种传播到山东。据《中国近代农业资料》载，1889年美国教会副主教汤普森，从美国将大花生带到山东登州府蓬莱县，经试种很快推广。

其二，晚清民国山东粮食结构的调整，显示出与以往很不同的特点，就是这种调整，是一种主动的调整。一面主动引进新品种，一面引进新机具、新肥料，突破了以往消极的任其自流的状态，而开始兴办农业科技教育，培养人才，学习外国方法，实行了全方位的试种、引进与科学试验，这些做法都是前所未有的。

光绪三十二年（1906年），山东农事试验场还从日本购进十多种化学肥料，并附设了新式肥料试验场进行试验，编制施肥法，其功效广为传播。同年，山东农事试验场还从美国购进农机具二十余种，从日本购进农机具数十种，在场里进行试验，结果是"多能试验合用"。同期也引种了许多粮食作物的品种。小麦是山东的主要粮食作物，清末民初山东农事试验场就从美

① 参见俞宽钟主编：《现代山东农业》，山东科学技术出版社2000年版，第8—9页。

国、日本等国引入一些小麦品种，被农民统称为“洋麦”、“美麦”。洋麦在胶县、高密、寿光、潍县等地推广种植，表现抗灾力强、抗倒伏、产量高，但抗旱、耐寒力差，成熟较晚，水浇地种植较多。

清末，为扩大农业技术的普及推广，又引进许多作物品种进行试种，并开始兴办农业学堂培训农业人才。1903 年，山东农事试验场从美国引进小麦、大豆、蔬菜、果树等品种；从日本引进小麦、水稻、马铃薯等品种，1924 年从澳洲引入春小麦品种，如泗水三八麦（又名碧玉麦）主要在济宁沿湖地区种植，按外国的种法进行试种。据当时试验，“与山东土质相适应者尤以美国大豆、小麦、棉花，日本的马铃薯为最”。1922 年 1 月 25 日省实业厅训令，要求各县劝业所附设种子交换所，征集、交换、推广地方优良品种。

1904 年，周馥倡设兖州初级农业学堂和中级农业学堂，以授农业知识与技能，从事农业改良工作，提高农业成效。1906 年省按察使朱钟琪在济南创立了山东高等农业学堂，“以授高等农业学艺，使将来能经理改良公私农务产业，并可充实各农业学堂教员、管理员为宗旨”。在学堂附近设立农业试验场，以进行试验、示范、推广农业新技术。

其三，晚清和民国时期，政府对农学教育和农业科技引进推广，都起了相当大的倡导扶持作用，受洋务运动的影响，讲究科学实验、科学方法，以开风气，启民智为宗旨。1903 年山东农事试验场还请日本人谷井恭任农桑教习指导，“以考天时，验土质，试肥料，选种类，考蔬圃禾稼各事，耕、耩、锄、割等法为科则”，力图“开风气，启民智，考有良法，劝民仿种”。辛亥革命以后，省政府从事农业推广工作：政府使用经济和物质补助的手段诱导农民。办农业学校，致力于引进美国棉花、玉米等优良品种，进行试验示范推广。1912 年，国民政府设农会，指导农民改良农具、整修农田水利、选种、施肥、防御水旱虫灾等农业改良工作。①

晚清和民国山东粮食结构调整，从山东全省的情况看，都是全局性方向性趋势，而不是局部的微调或某地某时的个别随意性的调整。

---

① 参见俞宽钟主编：《现代山东农业》，山东科学技术出版社 2000 年版，第 769—773、765 页。

首先，表现为清代小麦种植面积的大幅度增长，小麦成为主导粮食作物，而且这种提高的趋势一直在延续。山东省小麦、高粱、大豆的播种比率仍然继续增大，清末小麦成为全省种植最多的主导粮食作物。高粱的播种面积在绝大多数地方超过粟米成为春播杂粮的首选作物，粟、黍、稷在整个粮食作物结构中的地位越来越不重要。大豆，主要是黄豆，在清后期的播种面积随着国内外市场的需求剧增而迅速膨胀，成为麦后复种的最主要作物品种，一般为复种麦地的70%—80%。①

清代小麦种植面积大致占总耕地的45%—50%，以48%计算，播种面积约为5803万亩，以亩产110斤计算，年产6383.3万担。这种趋势一直延续发展，20世纪以来仍然在粮食作物中占据首位。

粮食结构的这一变化以农业种植条件较好的鲁西南平原开始最早，也最显著。鲁北平小麦原种植比例稍低于鲁西，但也达50%左右。② 明清以后的方志中，记载了各地粮食作物和经济作物种植的情况，小麦成为主要粮食品种，则几乎是一致的呈现。

康熙《巨野县志》记载："种植五谷以十亩为率，大约二麦居六，秋禾居四"，"二麦种于仲秋，小麦更多，先大麦播种，历冬至夏五月收刈，大麦先熟，小麦必夏至方收"；"秋禾以高粱、谷豆为主，其次黍稷，沙地多种棉花，芝麻与稻间有种者"；"初伏种豆，末伏种荞麦，多用麦地，俱秋杪收刈。"③ 康熙《峄县志》载："二麦则阖境有之，视他禾十居六七。"④ 乾隆《鱼台县志》："谷之品，惟麦收独厚，小麦尤多。"⑤ 光绪《菏泽县志》："通计小麦居十之六七，余谷居十之三四。"⑥ 嘉庆《寿光县志》："十亩之田必种小麦五亩，其收早而利赢也。"⑦

其次，显示华北平原上玉米种植面积不断扩大，其他传统杂粮作物的

① 参见李令福：《明清山东农业地理》，台湾五南图书出版公司2000年版，第361页。

② 参见许檀：《明清时期山东经济的发展》，《中国经济史研究》1995年第3期。

③ 《风俗》，《（康熙）巨野县志》卷七。

④ 《物产》，《（康熙）峄县志》卷二。

⑤ 《物产》，《（乾隆）鱼台县志》卷一。

⑥ 《风俗志》，《（光绪）菏泽县志》卷六。

⑦ 《物产》，《（嘉庆）寿光县志》卷九。

种植面积则迅速缩小。经过近三百年的发展，玉米、甘薯终于成为我国主要粮食作物，并与其他杂粮作物一起，共同构成全国粮食产量的三分之一。渐次形成了相对稳定的农作物品种结构。其中主要的粮食作物品种有粟、小麦、高粱、大豆、玉米、甘薯和经济作物棉花、花生、芝麻等。山东粮食作物按栽培面积和重要性排列，形成稻、小麦、玉米、甘薯、谷子、高粱、大麦、马铃薯的构成次序。①

民国时期高粱品种有三十余个，种植面积一般在1600万亩—2000万亩左右。20世纪30年代玉米的平均栽培面积小于谷子和高粱，40年代玉米的栽培面积上升，而高粱下降，玉米超过了高粱，位于谷子之后。

再次，粮食种植结构的变化，使小麦、大豆取代粟谷成为山东主要粮食作物，而且小麦、大豆地位的上升，是与粮食的商品化趋势相关。小麦在粮食作物中品位最高，市场需求也大，价格大大高于杂粮。山东民食以高粱、谷粟为主，而小麦主要是作为商品出售的，粜精籴粗提高了小农的经济收益。每到麦收季节，外地商人纷纷赴山东收购小麦外运，或籴麦踏曲，故民间多有“一麦抵三秋”，“一麦胜三秋”之谚。②

大豆的种植也主要是为出售的。如《临朐县志》言，“黄豆、黑豆最为民利，与麦同重。农人有田十亩，常五亩种豆，晚秋丰获，输租税，毕婚嫁，皆恃以为资。岁偶不熟，困则重于无禾”。③山东大豆自明代即向江南大量输出，清乾隆年间大豆的输出量每年约在200万石左右。

复次，粮食种植结构的变化，使山东农业种植实现了从一熟制向两年三熟制的转变，从而提高了土地复种率，使同样面积的耕地可养活更多的人口。这一方面适应了清代人口增长对粮食的需求，另一方面也为经济作物种植面积的扩大提供了可能。

自20世纪80年代起，各县市都在政府内设立史志办，以行政力组织文史工作者从事各县市史志的撰写，各县市志大都在1983—1990年间陆续出版。以当地文史工作者修本县市的史志，得地利人和之利，易于成功，也容

---

① 参见曹玲：《美洲粮食作物的传入对我国农业生产和社会经济的影响》，《古今农业》2005年第3期。

② 《方产》《（崇祯）历乘》卷十四；《土产》，《（康熙）濮州志》卷四。

③ 《物产》，《（光绪）临朐县志》卷八。

易发掘保留当地史料。笔者借鉴了山东省七十余部新县市志，从中获得了较为实用而精确的资料。山东各县市的粮食史料，也从多方面启示和佐证了我们对山东粮食经济的一些观点。

临清境内历史上农作物种植主要以粮、棉两大类为主，其中粮食作物以小麦、玉米、谷子、高粱为主，地瓜、豆类次之。1949 年全县（市）粮食种植面积为 58 万亩，占总耕地面积的 58%，其中小麦面积 32.8 万亩；玉米面积 14.9 万亩；谷子面积 18.2 万亩；高粱面积 11.3 万亩。1965 年粮食种植面积占总耕地面积的 50.3%，1985 年粮食面积占耕地面积的 45.38%。全市粮、棉、菜类比大体为 1∶1∶0.01。①

从各县市历史的情况看，粮食作物品种的组合升降脉络也是很清楚的。山东全省皆属北方旱地农区，明清时期，各地农产大宗皆不出小麦、高粱、大豆、粟四种，不过由于各种作物对土壤、水分的不同需求，会导致粮作结构随地形高下发生极大的差异性。②

聊城粮食作物有小麦、玉米、谷子、大豆、绿豆、小豆、高粱、地瓜、黍子等类，以小麦、玉米、谷子、大豆为主。近百年聊城的种植结构不断进行调整。1949 年，粮食作物种植占总播种面积的 92.1%；1965 年，粮食作物种植面积占总播种面积的 78.2%。1980 年以后，农业转变，经济作物面积迅速扩大，1985 年粮食作物占总播种面积的 62.5%，1949—1985 年，粮食作物种植面积呈减少趋势，其他类作物呈增加趋势。

聊城小麦种植面积最大，在粮食作物中占首要位置。1949 年种植面积 85 万亩，占粮食作物总面积的 38.5%；1985 年种植面积 60.32 万亩，占粮食作物面积的 58%，单产比 1970 年增加 4.93 倍。玉米种植面积仅次于小麦，是境内第二大粮食作物，新中国成立后逐渐增加。谷子是聊城主要粮食作物之一，种植较为普遍，新中国成立前和新中国成立初期种植面积较大。1933 年占粮食作物总播种面积的 11%。1958 年以后，种植面积减少，至 1983 年，减至占粮食作物播种总面积的 1.7%。大豆是粮食、油料兼用作物。1921—1931 年，亩产在 50 公斤左右。由于战争的影响，1949 年大豆占粮食总产量

---

① 参见临清市史志编委会编：《临清市志》，齐鲁书社 1997 年版，第 139 页。

② 参见李令福：《明清山东农业地理》，台湾五南图书出版公司 2000 年版，第 364 页。

的12.2%。1954年，大豆占粮食总产量的17.7%。70年代以后，随着棉花种植面积的扩大，大豆占粮食作物播种面积1.8%。高粱是境内涝洼地主要粮食作物。新中国成立前，因高粱有抗旱、耐涝、适应性强的特性，农民大量种植。1933年全县高粱种植面积达25.68万亩。新中国成立后，高粱的栽培面积逐年缩小。1978年下降到仅占粮食作物总播种面积的0.6%，占粮食总产量的0.16%。聊城县种植地瓜始于清乾隆五十一年（1786年），有二百多年的历史，是境内重要的粮食作物。1933年全县种地瓜0.8万亩，新中国成立后种植面积不断增加。1960年种植面积占粮食作物总面积的17.5%。1980年以后，随着小麦、玉米等作物产量的大幅度提高，种植面积逐年减少，1983年只有1.25万亩。①

乐陵县则以麦、粟、高粱、菽、玉米为农产大宗。②

菏泽市的作物种类，主要粮食作物有小麦、高粱、大豆、谷子、地瓜、大麦、稻谷，另有豌豆、扁豆、小豆、黍子、豇豆、绿豆等小杂粮。菏泽市作物结构：1949年粮食作物种植面积占耕地面积比重是91.2%。1985年粮食作物种植面积所占比重为71%。各种粮食作物之间的比重，1949年，各种作物分别占粮播面积的比率为：小麦占37.45%、大豆占17.46%、玉米占13.67%、高粱占12.12%、谷子占11.31%、小杂粮占3.29%；至1985年，各种作物分别占粮播面积的比率为：小麦占60%、大豆占9%、玉米占20%、高粱占1%、谷子占1.5%、稻谷占2.5%、地瓜占4.9%、小杂粮占1.1%。③

曲阜县南池庄高粱播种面积最大，占总播种面积的36%，小麦次之，占32%，其次为豆类占了25.7%，其他杂粮仅占了6.3%。④

蒲台县光绪年间农产物以“棉花、高粱、豆为大宗，麦谷次之，其余黍稷、甘薯、芝麻……又次之”。⑤

沂蒙山区沂河流域的沂水县，地形复杂，田地类型繁多，而且宜种作

① 参见山东省聊城市史志编委会编：《聊城市志》，齐鲁书社1999年版，第145—146页。
② 参见《物产》，《（光绪）乐陵县乡土志》。
③ 参见山东省菏泽市史志编委会编：《菏泽市志》，齐鲁书社1993年版，第109—110页。
④ 参见中国社会科学院曲阜文物管理委员会编：《孔府档案选编》（上册），中华书局1982年版，第300—303页。
⑤ 《物产》，《（光绪）蒲台县乡土志》。

物也有不同，俗称平壤为坡地，以麦豆高粱的二年三熟制为主；污下之地为涝地，亦能两年三收，惟大秋概种穇子，麦后种豆，收成惟艰，多种旱稻；较涝地尤下地叫洼地，不过一年种麦或蜀秫一季耳；高阜者为石田、岭地、山场地，多种玉米、甘薯、花生、谷子等。按土壤性质又可分出沙土地，尤宜甘薯、花生、棉花。①

青州府安丘县明代“齐民岁所树艺菽粟为多，麦次之，黍、稷又次之，稻颇不宜……又有秫（高粱）穇二种，亦谷属最下品者”。②

民国《重修泰安县志》记载：主要农作物有麦、稻、粟、黍、稷、秫蜀、麻、薏苡仁、玉蜀黍（玉米）。次之有豆类、花生、芝麻、棉花、烟草、地瓜等。1933 年，全县粮食种植面积占种植总面积的 94.78%，经济作物占种植总面积的 5.22%。1949 年，粮食种植面积占种植总面积的 88.5%，经济作物占种植总面积的 11.5%。新中国成立后至 1984 年，泰安主要农作物的种类变化不大，作物主体结构由新中国成立前的谷、麦、黍、菽、蜀黍等，变为麦、玉米、地瓜、花生等，大豆、谷子、高粱等作物逐渐减少。1952 年，粮食作物种植面积占种植总面积的 88.85%。1960 年，粮食作物占种植总面积的 91.02%。70 年代逐步扩大经济作物种植面积。1975 年，粮食和经济作物的种植面积分别占 87.05% 和 12.95%。80 年代经济作物种植面积进一步扩大，至 1984 年，全市农作物种植面积为 196.95 万亩，其中粮食、经济作物分别占种植总面积的 82.44% 和 17.56%。③ 泰安境内农作物种植结构，随着生产条件的变化和群众生活的需要不断发生变化。据清道光《泰安县志》记载：境内主要农作物有谷、黍、稷、菽（大豆）、粱（小米）、蜀黍（高粱）、穇、荞麦、胡麻（芝麻）等 10 余种。另有少量的棉、烟草、麻、水稻和玉米。

莱芜市粮食作物结构。境内种植的粮食作物，谷类作物有小麦、大麦、玉米、谷子、高粱、稻谷、荞麦、黍、稷，薯类作物有甘薯、芋，20 年代种过萨摩芋。历来粮食作物面积占种植总面积的 85%—90%。在粮食作物种

① 参见吴树声：《沂水桑麻话》，《山东史志》总 26。

② 《方产考》，《(万历）安丘县志》卷一〇。

③ 参见泰安市地方志编委会编：《泰安市志》，齐鲁书社 1996 年版，第 134 页。

植结构中，历来以小麦、谷子、高粱、大豆为主。50 年代后，玉米、地瓜面积增加。70 年代起，粮食作物基本由小麦、玉米、地瓜构成。①

桓台县农作物种植结构。1949 年，全县有农作物总播种面积 832135 亩。其中，粮食作物播种占总播种面积的 88.99%；1965 年，粮食作物播种面积占总播种面积 85.49%；1978 年，占 86.17%；1987 年，占 89.66%。粮食作物品种构成：1949 年，小麦占粮食总产量的 30.90%；玉米占 12.58%；大豆占 5.95%；谷子占 33.57%；高粱占 14.79%；地瓜占 0.07%；杂粮占 2.14%。1965 年，小麦占粮食总产量的 44.94%；玉米占 27.66%；大豆占 1.22%；谷子占 5.71%；高粱占 5.18%；地瓜占 14.51%；杂粮占 0.78%。1980 年，全县小麦占粮食总产量的 45.8%；玉米占 51.33%；大豆占 0.81%；谷子占 0.13%；高粱占 0.19%；地瓜占 1.68%；杂粮占 0.06%。1987 年，小麦产量占粮食总产量的 48.41%；玉米占 47.88%；谷子占 0.01%；高粱占 0.03%；地瓜占 0.49%；大豆占 3.04%；杂粮占 0.13%。②

诸城境内粮食作物以小麦、玉米、地瓜、大豆、高粱、谷子为主，其次为大麦、豌豆、荞麦、吉豆、豇豆、蔓豆、黍子等，稻子极少。粮食作物历来所占比重最大，其次为经济作物。1932 年，境内粮食作物播种面积占农作物总播种面积的 90%。1936 年，粮食作物面积占总播种面积的 96.5%。③

临朐县的粮食作物结构。新中国成立前至 50 年代初，县内粮食作物种植面积，由大而小依次为：小麦、大豆、谷子、高粱、地瓜、玉米、小杂粮。1957 年，高产作物玉米、地瓜的种植面积扩大，与小麦一起共为县内三大粮食作物。1965 年，各种粮食作物面积的比例分别为：小麦占 42.6%、玉米 19.8%、地瓜 15.1%、大豆 9%、谷子 8.8%、高粱 3.7%、小杂粮 1%。1980 年后，小麦种植面积基本稳定，玉米种植面积逐步扩大，地瓜面积逐渐减少，小杂粮面积开始增多。临朐花生是县内第二大经济作物。④

胶南县境内作物种植结构，随着时代的变迁也在不断发生变化。1936

① 参见山东省莱芜市地方史志编委会编：《莱芜市志》，山东人民出版社 1991 年版，第 422 页。

② 参见桓台县史志编委会编：《桓台县志》，齐鲁书社 1992 年版，第 144 页。

③ 参见山东省诸城市史志编委会编：《诸城市志》，山东人民出版社 1992 年版，第 152 页。

④ 临朐县史志办编：《临朐县志》，山东人民出版社 1991 年版，第 195 页。

年，粮食作物占耕地面积的82.3%。粮食作物以谷子、地瓜、大豆、小麦、大麦为主，占粮食作物总播种面积的83.5%。1949年开始，农作物种植结构渐渐发生变化。到1965年，粮食作物播种面积占农作物总播面积的83.8%，比1936年增加1.5%；粮食作物种植结构中，谷子面积逐渐减少，玉米面积相应增加，地瓜、小麦、大豆、玉米、大麦5种主要粮食作物，占粮食作物总面积的85.5%。1966年后，作物种植结构变化较大，到1982年，粮食作物以小麦、地瓜、玉米为主，占粮食作物总播种面积的92.7%。1987年，粮食作物播种面积占农作物播种面积的73.6%，是历史上比重最小的一年；经济作物占22.3%，是历史上比重最大的一年。其后，小麦、玉米、地瓜三大主要粮食作物占粮食作物总播面积的89%。①

高密县清末“密之植，麦、谷、秫、豆为多，黍、稷次之，稻与䅟又次之…别种曰玉蜀黍…，又有薯豫者俗名地瓜……至今生殖繁衍，乡人皆蓄以御冬”。②

威海的粮食作物品种清康熙年间有几类：稻、秫、粟、大麦、小麦，豆。乾隆初年，境内山丘地多种植麦、黍、谷、黄豆、绿豆等，涝洼地多种植秫、稗、黑豆等，并出现玉黍、甘薯（地瓜）栽培。乾隆《威海卫志·物产》也说“高地宜麦、黍、谷、黄豆、绿豆，洼地宜秔、稗、黑豆”。1862年前后，威海境内开始种植花生。收回威海卫后，1936年全区种植小麦、大麦、大豆、玉米、地瓜、高粱、黍、粟、稻、稷等粮食作物，约占耕地面积的63%。新中国成立初期，威海农作物品种仍以小麦、玉米、地瓜、花生为主，大豆、谷子次之，其他杂粮如大麦、豌豆、高粱、黍子、绿豆、豇豆、荞麦等都有种植。1949年全市小麦播种面积占耕地面积的29.4%；50年代末播种面积占耕地面积的41.0%；60年代末播种面积增加到占耕地面积的57.2%；进入70年代后，最高播种面积达占耕地面积的65.6%。③

宁海州明代（今牟平）则是“五谷同于天下，而麦为佳，多黍及䅟”④。胶东宁海州各地亦有类似分法，“平原田地俗称泊地（原田），山坡地俗称堪

---

① 参见胶南县史志编委会编：《胶南县志》，新华出版社出版1991年版，第125—126页。

② 《物产》，《(光绪）高密乡土志》。

③ 参见威海市志编委员会：《威海市志》，山东人民出版社1986年版，第231页。

④ 《地理·物产》，《(嘉靖）宁海州志》卷上。

地，山间地曰山地也。坡田（即堵地）、山田多种花生、甘薯、烟草……而原田则宜小麦、高粱、青黄豆、玉蜀黍、黍、谷子等。又河流两岸辄有小块水田，种植糁稻”。①

栖霞1936年粮食作物占农作物总播面积的89.3%。粮食作物以小麦为主，占粮食作物面积的28.72%；地瓜、谷子各占粮食作物面积的17.82%和17.32%；大豆占16.23%；玉米占9.74%、高粱占8.22%；小杂粮占1.95%。经济作物以花生为主，占经济作物面积的93.6%。②

乳山县清末改县时，境内粮食作物以地瓜、大豆、小麦为主，其种植面积，地瓜占粮食作物种植总面积的35%、大豆占21%、小麦占20%。农作物复种指数为120%，基本耕作制度是一年一作。至40年代无大变化。50年代后，玉米播种面积逐渐扩大，大豆、谷子播种面积渐少。至60年代末，农作物复种指数上升到140%，基本为二年三作。70年代后，小麦、地瓜、玉米种植面积继续扩大，大豆和其他杂粮播种面积继续减少。至1980年，全县粮食作物播种植面积99.2万亩，其中小麦占43%，玉米占25%，地瓜占28%，复种指数达150%，平原泊地全部实行一年二作，山丘地实行二年三作或一年一作。80年代以后，小麦播种面积继续扩大，玉米播种面积微减，地瓜栽植面积压缩，大豆、小杂粮播种面积扩大。农作物复种指数达170%，除少数山丘地春季种植地瓜、花生外，其余全部实行麦田套种或夏季直播。③

近百年山东的农作物结构变化较大，各地虽然因地理条件有差异，但明显显示出几个特点：一是小麦种植面积急剧增加。二是春播面积减少，夏播面积增加，玉米、地瓜、花生由春播转为夏播，且成为粮食主体。三是大豆、谷子种植面积锐减，其他小杂粮很少种植。

进入20世纪后，农业科学开始推动，化肥开始施用，注重农田水利，品种引进和推广成为一种常态，政府和农业科研机构对农民进行宣传示范，外贸与内贸都刺激了农民去接受新的知识和试种可以更有经济效益的作物品

① 《政治志·农业》，《（民国）牟平县志》卷五。

② 参见栖霞县志编委员会：《栖霞县志》，山东人民出版社1990年版，第164—165页。

③ 参见山东省乳山市史志编委会：《乳山县志》，齐鲁书社1998年版，第381页。

种，这些都是前所未有新的事物。

1928 年到 1937 年的山东粮食作物，主要是小麦、高粱、小米、玉米、大麦、甘薯、绿豆及糜子（稷）、稻、豌豆、蚕豆、燕麦等食用作物。据统计，1931—1936 年期间各主要粮食作物播种面积、产量占粮食作物总面积、总产量百分比如下表 2–11 所示。

表 2–11　1931—1936 年山东主要粮食作物

所占百分比（市斤 / 市亩）

作物	占总面积（%）	占总产量（%）	作物	占总面积（%）	占总产量（%）
小麦	47.2	32	小米	15.1	16.4
高粱	16.5	17.2	大麦	4.5	3.2
玉米	8.1	7.2	甘薯	3.1	20.2

根据上表，以上六种作物无论就面积还是产量而论均为最主要粮食作物。亩产量方面甘薯最高，其次是小米、高粱，玉米、大麦、小麦；① 本期山东小麦、小米、高粱、玉米等粮食作物的面积、产量在全国也都占了相当大的比重，以 1935 年为例，山东小麦、高粱、小米、玉米耕种面积和产量及占全国百分比情形见表 2–12：②

表 2–12　1935 年山东主要粮食作物种植面积产量

所占全国百分比　千市亩 / 千市担

作物种类	小麦	小米	高粱	玉米
种植面积	54482	15197	16018	9519
占全国百分比（%）	17.4	19.2	22.4	13.5
产量	67297	34912	34143	16190
占全国百分比（%）	15.8	26.6	25.9	12.5

① 参见从翰香主编：《近代冀鲁豫乡村》，中国社会科学出版社 1995 年版，第 253—254、268—269、321—326 页。

② 参见张玉法主编：《农业志》，《山东通志》卷十五，（台北）山东文献杂志社 2000 年版，总第 1486 页。

（四）粮食作物结构调度的意义

山东粮食作物的种植制度和粮食结构的调度，对粮食经济的发展，对亩产量和总产量的提高，对解决山东新增人口粮食需求，都具有很重要的意义：

其一，冬小麦的种植，是两年三熟制的基础；而大豆由春播向夏播复种的转化，则使两年三熟制成为可能。大豆品种很多，在山东，大豆原以春播豆为主，所谓“三月种大豆”即是。明清时期，山东的大豆播种，因为要与小麦收获后复种相适应，所以大豆种植便由春播为主转为夏播为主。在鲁西鲁北，明清时期便改为“五月初种，九月中收”，即在麦收后在麦地里耩豆。到雍乾时代，山东麦收后布种秋谷秋豆，两年三熟制与麦豆复种成为一种稳定的耕作制度。① 小麦种植首先从运河沿岸的鲁西南平原地区开始，然后向东扩展。在北方试种水稻的同时，清政府在南方推广种植杂粮。清政府曾选派山东、河南的通晓旱地农作的农民，作为技术员到广东传授种植杂粮技术，到四川传授种麦种秫技术。②

《醒世姻缘传》描述了章丘县明水镇一带明末清初的农事安排，3 月里耕地播种，“俟次种完了棉花、蜀秫、黍、稷、谷、粱，种了稻秧，已是四月半后天气；又忙劫劫打草苫，拧绳索，收拾割麦，妇人收拾簇蚕；割完了麦，水地里要急着种稻，旱地里又要急着种豆，那春时急忙种下的秧苗又要锄治，割菜子，打蒜苔……才交过七月来，签蜀秫，割黍、稷，拾棉花，割谷钐谷，秋耕地，种麦子，割黄黑豆，打一切粮食，垛秸秆，摔稻子，连续了昼夜也忙个不了”。从这段自然描写的文字中，我们可以看出，鲁中一带在明末清初时的农家生产与生活的基本情况。粮食主要是蜀秫、黍、稷、谷、粱、稻、麦、豆，当地的土地使用是分为水田与旱地的，水田插秧种稻，旱地里种植黍、稷、谷、粱、玉米、小麦和大豆，麦前有前茬作物，秋收谷物后，耕地种麦，麦后种豆的二年三熟轮作复种制已经成为定式。③

其二，粮食种植制度的变化，使山东种植业实现了从一年一熟制向两

---

① 参见许檀：《明清时期山东商品经济的发展》，中国社会科学出版社 1998 年版，第 32—37 页。

② 参见《诸城县志》卷 14，第 12 页。

③ 《善气世回芳淑景，好人天报太平时》，《醒世姻缘传》第二十四回，中华书局 2002 年版。

年三熟制的转化，提高了耕地复种率。一则多产粮食可负担更多的人口食粮，一则为经济作物的种植面积的扩大提供了可能。[①]

粮食品种的组合，逐渐形成了两年三熟制轮作模式：以小麦为基础，搭配前后接茬作物。两年三熟制基本上都是以小麦为越冬作物，与之相搭配的前后接茬作物有高粱、粟、落花生、甘薯、玉米、小米、棉花、芝麻、烟草、豆类、黍、蔬菜等，由于农民的需要、爱好和当时的气候土壤等环境因素不同，轮作模式复杂多样：

小麦的前茬作物：

① 高粱 ② 粟 ③ 玉米 ④ 落花生 ⑤ 甘薯 ⑥ 棉花 ⑦ 大豆。

小麦的后茬作物（与前茬作物相对应的）：

① 大豆、粟、玉米、蔬菜、烟草、黑豆、花生、甘薯、绿豆；

② 大豆、甘薯、玉米、绿豆、高粱、落花生、蔬菜、烟草、粟；

③ 甘薯、落花生、大豆；

④ 甘薯、玉米、豆类；

⑤ 甘薯、落花生、粟；

⑥ 高粱、落花生、玉米、豆类、粟；

⑦ 大豆、粟、甘薯。

华北地区的作物组合的类型十分复杂多样，其中美洲作物玉米、甘薯、花生、棉花、烟草等出现的频率相当多，大致有以下几类：

① 与高粱接茬的第二年的夏作物有：大豆、粟、玉米、蔬菜、烟草、黑豆、落花生、甘薯和绿豆等；

② 与粟接茬的第二年的夏作物有：大豆、甘薯、玉米、绿豆、高粱、落花生、蔬菜、黑豆、烟草和粟；

③ 与玉米接茬的第二年的夏作物有：大豆、甘薯、落花生、高粱、玉米、粟、绿豆和蔬菜；

④ 与落花生接茬的第二年的夏作物有：大豆、甘薯、落花生；

⑤ 与甘薯接茬的第二年的夏作物有：落花生、大豆、玉米；

⑥ 与棉花接茬的第二年的夏作物有：粟、甘薯、落花生；

---

① 许檀：《明清时期山东商品经济的发展》，中国社会科学出版社 1998 年版，第 41—42 页。

⑦ 与大豆接茬的第二年的夏作物有：大豆、粟、甘薯。

在以上接茬组合中，我们看到：

① 粟、玉米、落花生和大豆这四种作物有连茬栽培，即连续两年都在同一地块上栽培同一种作物。

② 高粱、粟和玉米这三种粮食作物是华北地区栽培最普遍的作物，与它们接茬的作物组合也比较多，在不同地区、不同经济布局和不同生态类型的农村，都把这三种作物列为主要作物。

③ 与工商业发展密切联系的经济作物如烟草和棉花，只在一些特定的地区栽培，形成相对集中的经济作物布局，体现出近代农业的显著特点。①

农业生产力的发展是商业性农业的前提。只有农业生产力和劳动生产率有所提高，才能生产出商品粮投放市场，也才有可能将原来种植粮食作物的土地用来改种经济作物。清代中后期，山东棉花生产增多，部分地区成为新的棉业生产专业区。江苏东南区棉织业所需的棉花，开始从北方贩运部分棉花，松江的棉业原料部分来自山东、河南。山东济宁州的制烟业发展起来，嘉道之际有名的以烟为业者六家，"每年买卖至白金二百万两"，工人达"四千余名"。② 没有农业生产力的发展和劳动生产率的提高，是不可想象的。

其三，小麦、大豆、高粱取代粟谷成为山东主要粮食作物，提高了粮食的商品率。冬小麦的种植受农民的欢迎，"收早而利赢"，不但因其是越冬作物，不与其他作物争地、争水、争空间，到夏季五月初即可收获；更因为小麦是精粮，优于其他五谷，可作为商业性农作物。因此，小麦能很快在北方和山东全省各地推广开来。农村民食主要以谷粟、高粱等粗粮为主，小麦可作为商品粮出售，换回交赋税所需银钱，或用以粜精籴粗，以少换多，增加口粮数量。民间"一麦抵三秋"的谚语，反映了农民以小麦粜精籴粗扩大食粮与增加收益的实际情况。大豆种植除打油食用外，也是主要为了出卖换钱。山东大豆外运出口，成为农村的商品粮。19 世纪七八十年代，在鲁中临朐"黄豆黑豆最为民利，与麦同重。晚秋丰获，输租税毕婚嫁皆持以

---

① 参见王宝卿：《明清以来山东种植结构变迁及其影响研究：以美洲作物引种推广为中心 1368—1949》，中国农业出版社 2007 年版，第 153、155—156 页。

② 参见李文治等：《明清时代中国农业资本主义萌芽》，中国社会科学出版社 1983 年版，第 10—15 页。

为资”。①

其四，清代中后期，因为部分粮食作物和经济作物的引进，可以根据作物生态适应性、生物学特征和作物经济价值，选择适宜的作物组合和适宜的作物品种搭配，正确运用作物生长发育调控技术。其结果，不但扩大了粮食来源，开通了农民的投资生产与生活费用的银钱来源，而且引起了种植制度的连锁变化，复种率的提高，实际上扩大了土地耕作面积。

其五，商品性农业对农业集约化经营起着巨大的推动作用。小农经济，本质上是以保守的技术与陈旧的生产方式为基础的。但经济作物的种植需要改进耕作方法，如精耕细作、施肥、灌溉、有些经营管理也较种植粮食作物所需投入的人力多、费用大。山东济宁州，种植烟草与种玉米人工费用是四与一之比，或谓种烟草所需人工“其工力与区田同”，区田的人工与肥料的投入较种一般作物要大好几倍。山东烟田每亩种 3000 株，万株烟田约 3 亩地，需农工 7—10 人，种烟人工相当于种水稻的几倍，所需肥料也大于一般作物好几倍。② 经济作物种植技术的传播，推动了粮食作物生产技术和集约经营，在某种意义上，是在墨守祖宗旧法生产的农民中的农业技术推广，对开通民智，提高劳动生产率无疑是有好处的。

关于北方旱地农业发展及粮食作物结构变化，一直未引起学术界的足够重视。学术界普遍认为明清时期北方旱地农业发展缓慢，除引进和传播玉米、甘薯等域外高产作物以外，传统粮食作物结构内部变革不大。其实不然，李令福在研究曲阜孔府档案、地方史志等资料时，大致匡算出各类粮食作物播种面积在明清各时期山东各地区占总耕地的比率以后，发现其传统粮食作物在结构上发生了重大的调整变化，小麦、高粱的播种面积比率不断增加，粟的地位下降，夏播复种大豆得到推广和普及，从而促使复种指数逐渐上升，提高了粮食的单产和总产。这当然不是山东一省的特殊情况，而是代表着整个北方旱地农区农业生产力通过内部结构的合理调整向纵深发展的总特征。③

---

① 《物产》，《(民国) 临朐县志》卷八。

② 参见李文治等：《明清时代中国农业资本主义萌芽》，中国社会科学出版社 1983 年版，第 18—19 页。

③ 参见李令福：《明清山东粮食作物结构的时空特征》，《中国历史地理论丛》1994 年第 1 期。

二、粮食作物的区域分布

20 世纪 80 年代以后，随着山东农业经济的发展，需要对全省农业和粮食作物、经济作物和大农业之农林牧副渔各业发展，有一个总体的战略部署，农业区划应运而生。对山东农业区划，山东省政府农业规划办，从全省宏观的角度，依据各地气候、地貌、水文、土壤、经济、文化、生产习惯不同，农业内部各业的结构不同，产品种类不一，形成不同类型的农业分区，概略分为八个农业区，即 ① 东部沿海丘陵农林渔区，② 胶济平原农业区，③ 鲁中南山地丘陵林农牧区，④ 湖东鲁南平原农业区，⑤ 南四湖东平湖农渔区，⑥ 鲁西南平原农林牧区，⑦ 鲁北平原农牧区，⑧ 黄河三角洲农牧渔区。

李令福从山东农业地理的角度，依据：甲、农业生产的自然资源条件与社会经济条件的相对一致性原则；乙、农作物结构与种植制度的相似性原则；丙、垦殖系数、亩产量与复种指数的相近性三原则，把山东省划分成五大农业区，即 ① 鲁西南平原区，② 鲁西北平原区，③ 沂泰山地东北麓平原区，④ 鲁中南丘陵山区，⑤ 胶东丘陵区。

两套区划系统，从不同角度对山东的农业内部结构、种植制度、产品种类进行了农业区分。省府的区划更精密些，而李氏区划则更简约些。下面依李氏分区划分，对明清两代各区农业布局与粮食作物结构特征，进行简要的论证。

（一）鲁西北平原区

该区清代则相当于东昌、武定府、临清州三属全境以及济南府大清河以北的 8 州县，总数为 32 州县。

明朝前中期本区为山东省移民垦殖的重点区域，种植业发展速度首屈一指，至明代末期更成为山东农业发展水平较高的地区。垦殖系数约为 54%，仅次于鲁西南平原；粮食作物明初的粟麦豆为主改变成为小麦、高粱、大豆与粟并重。

在明朝末年，鲁西南与鲁西北平原地区，粮产结构以小麦、高粱、大豆为主，其次为粟，其余绿豆、黍、稷、荞麦、稻子等皆为零星出产。

顺治年间，邹县、曲阜、菏泽、鱼台五县近 20 个村庄的实际播种情形告诉我们：麦子播种面积占总播种面积的 60% 左右，至少不低于 35%，位居粮食作物结构榜首；各庄每年都有高粱的种植，多数播种比率可达20%，而多数村庄却很少粟米的生产，甚至有三分之一的年份一亩不播，可见粟米地位低微。黄黑大豆多为麦后复种。

临清是当时山东省乃至华北最大的粮食市场，每年的交易额高达五六百万石至一千万石。本区是省内最早引种花生的地方，却只是到了清末才在一些州县推广种植，上升为主要经济作物。

（二）鲁西南平原区

该区在清代相当于兖州、曹州与济宁二府一州全境以及泰安府西部平阴、肥城、东平、东阿、泰安，总数23州县。

该区平原广漠，为黄济泗汶河冲积而成，耕地资源相对充裕；该区位于山东南部，气候温暖，降水丰富，农业种植条件良好。该区明末是山东种植业最为发达的地区，垦殖系数约为57%，居各区首位；主要粮食作物为小麦、高粱与大豆。清末，鲁西南与鲁西北平原的粮食作物结构与明代变化不太大，只有高粱的地位得到巩固加强，同时，甘薯、玉米逐渐得以引进推广，在有些地方成为农产大宗。清中期，垦殖系数约为60%，二年三熟轮作制普及，复种指数上升到135%。鲁西南与鲁西北平原在垦殖、复种、单产各方面，均为山东省最高地区。

乾隆时期鲁西南一带每年约有数百万石小麦、大豆、杂粮销往江南、直隶、河南与鲁西北棉产区，是山东最主要的余粮区。花生在清末飞速发展，成为经济作物的大宗。①

（三）沂泰山地东北麓平原区

该区在清代相当于济南府大清河以南8州县，青州府全部11州县，莱州府除去即墨、掖县的5州县，共24州县，较明代多出者为清中叶升格颜神镇设置的博山县。本区农业开发历史悠久，明末垦殖系数达到38%，处于中等发达水平。

本区粮食生产自给有余，明代粮食作物以粟、小麦、大豆为主；同时，本区引水灌溉的农田水利事业在山东全省最为兴盛，水稻种植也相对较多。

---

① 参见李令福：《明清山东农业地理》，台湾五南图书出版公司2000年版，第380、379—380、376页。

清中后期，主要粮食作物结构演变为小麦、大豆、高粱与粟，部分地区甘薯种植较多，仍然是水稻种植最多的地方。该区是山东桑蚕业得以保留的少数地区，如临朐县光绪年间"约有三分之一的农家种桑育蚕"，生丝与丝织品为该县商品之最大宗。清代发展成新的商品棉产区和烟叶产区，清中后期引种的花生在胶莱平原发展迅速，清末输出数量规模较大。

（四）胶东丘陵区

该区包括明代登州府全部 8 州县与莱州府掖县、即墨，总共 10 州县。清代府级政区没有变化，增加了海阳、荣成二县，总州县数达到 12 个。

该区主要粮食作物为粟、豆、麦，在清代中期前仅丰年可望自给，一般年景已感粮食不足。

清代中后期，本区农业呈现出迅速发展的强劲势头，小麦、大豆、粟与高粱成为粮食作物大宗，而高产作物甘薯也得以大力推广。由于本区较为风调雨顺，没有严重的水旱灾害，所以至少在 19 世纪下半叶和 20 世纪，胶东丘陵区成为山东新的经济区，农业有长足发展。

本区各州县从事沿海贸易者为数甚多，至清末，烟台、青岛开港，胶济铁路建成，胶东丘陵区后来居上，日渐成为山东的"富庶之区"。

（五）鲁中南丘陵山区

该区在清代则相当于沂州府全部 7 州县及泰安府莱芜、新泰共 9 州县。该区的粮产结构则以粟、大豆为主，其次为小麦，黍、稷，穇也在某些地区成为农产大宗，高粱、稻类作物地位较轻。柞蚕养殖是本区优势产业，明中后期有较大发展。

清中期，本区垦殖系数达到 30% 左右，沿沂河向南方输出少量小麦、黄豆。清末，粮产结构与明末相比变化较大，首先是高粱、小麦播种比重上升，与大豆同居主要位置，新兴作物甘薯与玉米得到大规模扩种，有些地方成为居民主要食物，而黍、粟、稷的播种比重相对下降。花生在清中后期也得到迅速推广，兰山、费县、新泰、莱芜等县是山东花生的最重要产地，产销量占到全省的半数以上。烟草也在本区扩大种植，成为主要经济作物之一。①

① 参见李令福：《明清山东农业地理》，台湾五南图书出版公司 2000 年版，第 381、384、382—383 页。

限于篇幅，本节只能就省内农业经济之粮食作物分布进行分析，对经济作物和大农业的其他方面，另书论述。

1873—1933 年的 60 年间，山东的耕地面积，据山东 102 县报告，以同治十二年（1873 年）的耕地指数为固定基年作 100，则光绪十九年（1893 年）为 103，1913 年为 105，1933 年为 99。① 据乔启明研究，1873 年后耕地是趋于增长的，以 1913 年达到最高点，较 1873 年增加 5 个百分点，到 1933 年，土地较 60 年前有所降低，但降低不大，仅为 1%。② 清末对山东的耕地数目估计认为，从雍正至同治年间，耕地约在 96 万—100 万顷之间，雍正十三年（1735 年）为 994459 顷，约 9600 万亩种植粮食，约占总耕作面积的 95%—97%，其中二麦和大豆种植又占粮食播种面积的 40%—50%。③

三、粮食作物的品种分布

就农田而言，山东旱地面积最广，占总数 90% 以上；其次山地，约占 7% 以上，水田湖沼面积极少。故山东农作物多为旱属农作物，有“小麦高粱区”之称。其主要粮食作物有小麦、高粱、小米、玉米、黄豆、甘薯等，主要经济作物有棉花、花生、烟草等。耕作制度主要为两年三收制。一般九月、十月播种小麦，次年五月收获，四月播种高粱、小米、玉米，八月收获；小麦收获后播种棉花、花生、甘薯，大豆，至十月可收获完毕。除农作外，山东林牧渔业在民国时期亦有所成。④

作物分布格局，往往与地形、地貌、水利灌溉及农民的种植习惯相关，农民因地制宜播种各种作物，以求最大限度地利用地利，获得收益。

下文拟从农业地理和粮食作物品种两个方面对粮食分布进行分析。

（一）小麦

小麦在华北平原是一种占地面积最广的作物，它在冀鲁豫三省作物面

---

① 参见《食货·民业》，《（康熙）莱阳县志》卷三。

② 参见乔启明：《中国农村社会经济学》，上海商务印书馆 1946 年版，第 194、69 页。

③ 参见《田赋志》，《（宣统）山东通志》卷七十八。

④ 参见张玉法主编，《农业志》，《山东通志》卷十五，（台北）山东文献杂志社 2000 年版，总第 1457 页。

积构成中独占鳌头。卜凯认为，在主要由冀鲁豫的冬麦高粱区中，“小麦为最宜种于本区之冬季作物，且所需人工较少，故播种颇广。全区低地特宜小麦，盖水退之后，即可播种，而于春末夏初发生大水之前，即可收获。中国小麦作物大部产于本区，其面积约与美国相等”。①

山东自明清之后就是小麦主要栽培区。全省各地种植的麦类作物有小麦、大麦与荞麦三种。小麦是本省种植面积最大的作物，各地皆以小麦为主要农产品，北部胶济铁路沿线，南部沂沭河流域的临沂，“农殖种类以麦为最重，故全年收获亦以麦为最多”。② 西南部的黄河以南的运河以西地区为山东一大产粮区，为国内著名的黄豆冬麦区，③ 特别集中的种植区在西北部平原、西南部平原和中北部平原地带，中部丘陵山地及胶东丘陵的比例稍低。④

小麦在山东省的分布极其广泛，明初山东济南、兖州、东昌、青州、登州、莱州六府夏税实征小麦数量，都占其总税粮数的30%。⑤

明代中叶以后，在商品经济的刺激下，山东各地小麦播种比率不断扩大，而且在自然条件最适宜小麦生长的地区形成了集中种植区。鲁西南平原与鲁西北平原为小麦的生态最适宜区，在明末小麦播种比例最大，产额也丰。兖州府泰山以西各州县地多膏腴，宜麦，如滕县“濒河之民千亩麦”。⑥ 鱼台所属谷亭曾为运河商业重镇，每年销售小麦及其制品以千万计。⑦

清代，山东省小麦的分布具有明显的区域性。鲁西南与鲁西北冲积平原与山麓平原仍是小麦的主要产区，其播种比重最高，多数州县平均播麦都在总耕地面积的55%左右。以鲁西南各县为例，曹州全部农作物中，“通计

---

① 参见卜凯：《中国土地利用》，金陵大学出版社1941年版，第74页。

② 《实业》，《(民国）临沂县志》卷九。

③ 参见陈伯庄：《平汉沿线农村经济调查》，交通大学研究所1936年版，第20页。调查年为1934年。

④ 参见《统计月报》1932年第1—2期合刊，“农业专号”，第36—37页。

⑤ 参见《田赋》，《(嘉靖）山东通志》卷八。

⑥ 顾炎武：《天下郡国利病书》，原编第十五册《山东上》引《滕县志》。

⑦ 《风土志》，《(万历）兖州府志》卷四。

小麦居十之六七余，谷属十之三四，或俟收麦后就其地种之”。① 峄县也是“二麦则阖境有之，视他禾十居七焉”。② 巨野县也是“种植五谷以十亩为率，大约二麦居六，种禾居四”。③ 济南府也是小麦的重要产区，如商河县有“七十二洼，时有积水，高处只能种麦，故有麦丘之名”。④ 而东昌全府与青州府所属山麓平原各州县所获小麦也很著名，嘉靖《山东通志·图考》特别指出东昌府“其谷多黍麦”。

在康熙中叶的13年间，邹县毛家堂小麦播种面积平均都占总耕地的64%。曲阜县齐王庄雍正三年（1725年）与乾隆五十五年（1790年）小麦播种比例分别为58%与51%。东平州“麦，邑人单指小麦而言，食粮中最多之产品”。⑤

乾隆时的威海卫，“高地宜麦、黍、谷、黄豆、绿豆，洼地宜秫、稗、黑豆”。⑥ 麦、黍、谷和豆适应干燥的生长环境，适宜高地种植，低洼地适合秫（即高粱）等作物生长。清末，这种作物分布格局发生很大变化，“六谷之外，高田多包谷，洼田多穆，终岁之际，二者居其半焉”。⑦ 玉米已经成为高地的主要农作物。

据统计，民国时期1924—1929年，山东省小麦常年产量在50万担以上的有以下诸县。南部沂沭河流域的临沂县“农殖种类以麦为最重，故全年收获亦以麦为最多”。⑧ 据统计材料显示：1937年山东小麦种植面积43391千市亩，只相当于1936年种植面积的84%。⑨

表2–13是民国时期山东省小麦常年产量在50万担以上的县份及其产

---

① 《兖州府风俗考》，《古今图书集成·职方典》卷二三〇，广陵书社2011年版。
② 《兖州府物产考》，《古今图书集成·职方典》卷二三八，广陵书社2011年版。
③ 《风俗志》，《（康熙）巨野县志》卷七。
④ 《实业志·物产》，《（民国）商河县志》卷二。
⑤ 《物产志》，《（民国）东平县志》卷四。以上转引自李令福：《明清山东农业地理》，台湾五南图书出版公司2000年版，第208—210页。
⑥ 《食货·物产》，《（乾隆）威海卫志》卷四。
⑦ 《土产》，《（光绪）文登县志》卷十三。
⑧ 参见《实业》，《（民国）临沂县志》卷九。
⑨ 参见山东省粮食局粮食志编纂办公室编：《山东革命根据地粮食史料选编》第12辑，内部资料油印本，1985年，第1—2、3—4、7—8、10页。

量情况。

表 2–13　山东省小麦常年产量 50 万担以上的县份

（1924—1929 年）单位：万担

县名	产量	县名	产量	县名	产量	县名	产量	县名	产量
阳信	61	菏泽	73	阳谷	89	峄县	60	潍县	109
惠民	80	曹县	147	聊城	81	郯城	113	昌邑	59
利津	84	单县	110	历城	70	莱芜	113	高密	163
广饶	56	金乡	57	泰安	72	章丘	58	诸城	108
寿光	447	武城	76	滋阳	53	淄川	51	胶县	163
益都	85	巨野	118	济阳	55	临朐	68	平度	65
邹平	51	郓城	69	鱼台	76	临沂	92	掖县	76
馆陶	66	汶上	72	邹县	82	莒县	113	莱阳	164
濮县	62	东平	62	滕县	273	安丘	88	即墨	77

资料来源：《统计月报》1932 年第 1—2 期合刊，第 36—37 页。

当时山东行政区划共 107 县，小麦年产在 50 万担以上的县就有 45 个，占总数的 42%。这些县所处的地理位置，黄河以西的鲁西北平原有阳信、惠民、利津、馆陶、濮县、武城、阳谷、聊城、济阳 9 县；黄河以东、小清河流域沿鲁中南山地北麓一直到胶莱平原的有历城、广饶、寿光、益都、邹平、潍县、昌邑、高密、胶县、平度、掖县 11 县；黄河以东、鲁中南山地以西的鲁西南平原有菏泽、曹县、单县、金乡、巨野、郓城、汶上、东平、鱼台、邹县、滕县 11 县；属于鲁中南山地丘陵地带的有泰安、滋阳、峄县、郯城、莱芜、章丘、淄川、临朐、临沂、莒县、安丘、诸城 12 县，而属于胶东丘陵者只有莱阳、即墨两县。而“以平度、诸城、寿光、泰安、历城五县，产量最丰，各在 100 万担以上”。①

从 1949—1990 年，由于生产条件改善，复种指数提高，各地小麦占作

① 参见胶济铁路局经济调查委员会编：《胶济铁路经济调查报告 · 总编 · 农业》，胶济铁路车辆管理处印，第 1 页。

物播种面积的比率都有增长，但增长幅度因水利建设、栽培技术水平、种植业结构等条件不同而有差异。鲁西南黄泛平原因引黄灌溉扩大和原来复种指数较低，故小麦比率增长较大，由1949年占作物播种面积33.7%上升到42.9%，增长了9.2个百分点。黄河以北虽也有引黄灌溉，但系本省棉花主要产区，复种指数的提高受一定限制，故小麦比率由31.1%增至37.4%，仅增长了6.3个百分点。胶东半岛低山丘陵区生产条件和栽培水平提高快，小麦比率由27.4%上升到36.4%，增长了9个百分点。鲁中南山地丘陵区也由27.2%提高到35.7%，增长了8.5个百分点。山地丘陵外围的山前平原，原来土壤和水利条件就较好，复种指数较高，小麦面积比率上升幅度较小，由32.7%上升到39.6%，增长了6.9个百分点。

新中国成立后，政府号召农民增种商品粮食作物，故小麦面积逐年扩大。1952年全省小麦种植面积占耕地面积的43.12%，超过战前1931—1936年种植面积的14%，但因地势、土壤与耕作条件不同，种植面积各地也有多寡之异，鲁中山麓冲积平原灌溉区麦田比重最大，占耕地面积的49.45%，占全省麦田面积的29.25%；鲁西北黄河冲积平原区次之，占耕地面积的43.53%，占全省麦田面积的41.37%，胶东丘陵区和鲁中南山区种植较少，分别占耕地面积的38.39%和37.27%，占全省麦田面积的13.72%和15.66%。①

从小麦分布情况看，棉区和山区种植面积较少，平原地区，特别是水浇地区、洼涝地区和滨湖地带种植比例最大。全省麦田面积占耕地面积的43.12%，惠民专区15个县中有13个县低于此平均数，德州专区13个县中有9个县低于此数，主要原因是这些地区是植棉区，而棉花是一年一作的作物，棉花种得多，麦田面积就相应少了；而洼涝地区的禹城、平原、寿张（滞洪区）麦田种植比例占57%—62%。这些地区小麦种植比例之所以比较高，原因是地势低洼，秋作物常常被涝，农民为多打粮食，故多增种小麦；金乡、嘉祥、鱼台等和滨湖地区，种植比例占60%以上，因滨湖地区水势涨落不定，夏季不能耕作，只好在冬季湖水退落后种一季小麦，故麦田面积

① 参见山东省农林厅编：《山东省农业生产统计资料（1949—1952）》，内部资料，1955年，第33页。原档案件编号TD4-497-2。

特别大；水浇地区则因灌溉条件好，一般是一年二作，故麦田比重也很大，如黄县小麦种植面积占耕地面积的 64.7%。①

（二）谷子

谷子是地方对粟的俗称，古代又称禾、粱，是历史上的重要粮食作物。从种植的地域分布看，20 世纪 50 至 60 年代鲁中山地丘陵区占的比率最大，其次为鲁北，其他地区又次之。

谷子是耐旱作物，故本省栽培极为普遍。1952 年全省种植面积为 2002 万亩，占耕地面积的 14.48%，其中春谷占 96%，晚谷占 4%。在各种类型地区中，以鲁中山麓冲积平原区种植比重最大，为 17.8%；鲁中南山区次之，为 14.86%；鲁西北平原又次之，为 13.56%；胶东丘陵区比重最小，为 10.96%。其中又以泰安专区和聊城专区较集中，全区占耕地面积的 20% 左右，莘县、莱芜、历城等县种植比重都在 34% 左右。

小米为华北民众最主要的食料。“除豫南之外，华北夏季作物，以小米为主体。”从民众食料的角度看，30 年代初期我国北方主要的小米区域如下：“在山东的东部，尚有一小部分亦应特别提出。总计小米区域所占的位置，在北纬35度至45度之间。”② 小米在粮食作物中地位最重要的是河北省，其次是山东省。

小米在山东省也是主要粮食作物之一，种植相当普遍。如在胶济铁路沿线一带“产谷颇丰，尤以诸城、历城二县为最，各在 100 万担以上。谷为当地主要食品，需要甚多，故除西部平原，禹城、德县、历城、诸城有盈余，每年输出济南外，其余本路沿线各县，仅足自给；胶东各县，则惟莱阳县稍有盈余，其余皆嫌不足，农户食料，类以玉蜀黍代之”。③ 据曲直生主持的民食调查，该省以小米为主要食料的有 17 县，主要集中在胶东半岛和西部平原。

---

① 参见山东省农林厅编：《山东省农业生产统计资料（1949—1952）》，内部资料，1955 年，第 33—34 页。原档案件编号 TD4-497-2。

② 曲直生：《华北民众食料的一个初步研究》，参谋本部国防设计委员会，内部资料，1934 年，第 10 页。

③ 参见胶济铁路局经济调查委员会编：《胶济铁路经济调查报告·总编·农业》，胶济铁路车辆管理处印，第 5 页。

表 2－14　山东省小米常年产量 50 万担以上的县份

（1924—1929 年）单位：（万担）

县名	产量	县名	产量	县名	产量
德平	58	聊城	65	临沂	52
广饶	67	济河	96	安丘	62
寿光	155	历城	63	潍县	64
益都	115	泰安	55	高密	93
陵县	82	济宁	75	诸城	67
濮县	56	滕县	76	胶县	116
曹县	70	莱芜	193	莱阳	63
阳谷	66	章丘	57	即墨	67

资料来源：《统计月报》1932 年第 1—2 期合刊，第 36—37 页。

小米种植主要属于自给性生产，其商品化程度远低于小麦，但也有一部分进入流通流域，主要是供给省内大城市和一般城镇居民消费。如胶济铁路沿线生产小米较多的“西部平原，禹城、德县、历城、诸城有盈余，每年输出济南”。①

（三）大豆

大豆是中国传统主要农作物之一，是主要粮食品种。山东气候比较适宜大豆生长，在平原广泛种植，尤以鲁西南黄河滩地和一般洼地分布最集中。

分布较集中的主产区当推菏泽地区，其次为潍坊市北、东部，青岛市中、北部，烟台市西北部，临沂地区南部，南四湖外围。1933 年全省种大豆 2640.8 万亩。现属菏泽地区的 8 个县（除东明外），在当时种植大豆面积达 406.7 万亩，平均每县 50.8 万亩。种植面积达到和超过 100 万亩的县，为胶县、平度、单县。

大豆的分布以鲁西北黄河冲积平原为最多，鲁中山麓冲积土灌溉区次之，鲁中南山区又次之，胶东丘陵区最少。从种植面积占耕地面积百分比来

① 参见胶济铁路局经济调查委员会编：《胶济铁路经济调查报告·总编·农业》，胶济铁路车辆管理处印，第 6 页。

看，鲁中山麓冲积土灌溉区比重最大，其中又以菏泽专区最集中。

因此，大豆的分布与小麦的分布相关性很大，一般是小麦种植较多的地区，大豆种植也较多。①

（四）高粱

高粱种植最多的是东北各省和山东、河北、河南，1957 年山东种植 14261 多万亩，占全国高粱种植的 14%。②

高粱是山东主要传统粮食作物。高粱抗旱、耐涝和耐碱，在北方的干旱地区、低洼地区和盐碱地区的农业生产中具有重要的栽培价值。③

就高粱种植的地区分布而言，高粱集中区是在山东省中部和西部，历史上除了胶东半岛外，高粱种植很普遍，播种面积仅次于小麦、大豆。据曲直生估计：高粱主要分布在鲁西黄泛平原、黄河三角洲以及鲁中、鲁南的涝洼和丘陵，是当地农民的主粮。④ 就食料方面看，以高粱为主食者竟高达65县。

山东省气候一般是春旱秋涝，而高粱能抗旱抗涝，洼涝地和盐碱地也适宜种植，因此分布极为普遍，仅次于小麦和大豆。1952 年全省种植面积为 2417 万亩，占耕地面积 17.48%，仅次于小麦和大豆。其后，高粱从种植面积 2000 万亩左右的主要粮食作物，下降为仅百万亩的零星作物。

从分布图看，全省以鲁中山麓冲积平原区种植比重最大，占耕地面积的 20.96%；鲁中南山区和鲁西北平原次之，均在 18% 左右；胶东丘陵区比重较小，仅为 8.07%。其分布的多寡，除与土壤和气候密切相关外，也与各地种植习惯有不小影响，如胶东农民喜食玉米和地瓜，而不喜食高粱，因此，高粱在胶东种植较少。⑤ 这些以高粱为主食的县份几乎遍及除胶东半岛

---

① 参见山东省农林厅编：《山东省农业生产统计资料（1949—1952）》，内部资料，1955 年，第 34 页。原档案件编号 TD4-497-2。

② 参见农业部办公厅计划处编：《全国主要农作物分布图集》，内部资料，1961 年，第 84、88 页。

③ 参见农业部办公厅计划处编：《全国主要农作物分布图集》，内部资料，1961 年，第 89—90 页。

④ 参见曲直生：《华北民众食料的一个初步研究》，参谋本部国防设计委员会，1934 年，第 10 页。

⑤ 参见山东省农林厅编：《山东省农业生产统计资料（1949—1952）》，内部资料，1955 年，第 34 页。原档案件编号 TD4-497-2。

少数几县以外的各个地区，非仅限于中部和西部。其中胶济铁路沿线“如平度、胶县、诸城、寿光、益都、历城等县，产高粱最丰”。该省虽盛产高粱，然“犹求过于供，每年尚有大批输入，博山济南等处输入犹多”。① 可见高粱消费量之大。

从统计数字看，山东省高粱产量较多者有下列诸县。由于山东省高粱产额较大，故仍以 50 万担为口径。②

表 2–15　山东省高粱常年产量 50 万担以上的县份

（1924—1929 年）（万担）

县名	产量	县名	产量	县名	产量
滨县	52	巨野	63	高密	75
广饶	84	济宁	75	诸城	55
寿光	290	邹县	83	平度	76
益都	99	滕县	272	掖县	55
曹县	56	安丘	79	莱阳	61
武城	71	潍县	57		

资料来源：《统计月报》1932 年第 1—2 期合刊，第 36—37 页。

上述高粱产量较多的 17 县还是有一定集中性的，它们的主要分布地为西北部黄河入海处、胶东平原以及鲁西南地区，中部反少，这与曲直生的估计不符。

从总体上看，华北平原冀鲁豫三省是我国重要的高粱产地。1924—1929 年全国平均常年高粱产量约 278 亿市斤，其中山东省的产量有 43 亿斤，仅次于辽宁，居全国第二位。

（五）水稻

林传甲的《大中华山东省地理志》物产项中列有稻产项的，为以下数县：章丘、莱芜、博兴、峄县，并说，“历城章丘之间，漠漠水田，大似江

① 参见胶济铁路局经济调查委员会编：《胶济铁路经济调查报告·总编·农业》，胶济铁路车辆管理处印，第 8 页。

② 参见从翰香主编：《冀鲁豫乡村》，中国社会科学出版社 1995 年版，第 287 页。

南风景，粳稻颇香美。陆稻出日照沿海”。[①]张心一的《山东省农业概况估计报告》中，列出淄川、日照、胶县、招远、文登五县为产稻县份，这些县集中于胶东半岛。

在华北地区，水稻的商品化程度是很高的，一般供应城镇人口食用，农民既无食大米习惯，又觉得食用大米太过奢侈，因而除豫南稻米集中产区食米较多外，只有在生活程度比较高的地方，农民食品中才有大米。……“食麦者多，食稻者少”，稻米主要用于政治机关和民间庆吊活动，足以证明它是一种比小麦还贵重的细粮。

在旱作农业区中，粮食作物的分布依据自然和社会历史状况各有特点，各种作物的增减趋势也各不相同，从总体上看，作物结构是朝着合理的方向缓慢变化着。[②]

（六）玉米

玉米在冀鲁豫地区的分布状况，据曲直生的民食调查，山东省的玉米区甚小，极东部靠海滨有3县，即荣成、文登、福山；靠河北省有两县，即乐陵和阳信，这两县与河北省东部的玉米区相联结。但从该书的民食分布图上看，山东省以玉米为主食的县有鲁西黄河两岸的禹城、历城，鲁中丘陵的淄川及鲁西南的莘县。

山东自然条件适宜于玉米生长，玉米发展快，分布广。省内“西南北三部，消用玉米较少，玉蜀黍仅约高粱十分之一”。文登县“人民食粮以苞谷为主要；有耕地5亩以上之农民（无论自耕农、半自耕农与佃农），往往能种1亩半以上之花生，2亩以上之苞米，余下少数地亩，则分种白薯及其他作物”。[③]胶东为该省出产和消费玉米的集中地，山东、河南两省，玉米相对来说并不算最重要的作物。

从整个发展趋势看，玉米的地位逐渐超过小米与高粱，在北方旱作地区已成为仅次于小麦的第二大粮食作物。

玉米生长期短，对气候适应性大，在本省种植甚广，主要为乐陵、章

---

① 《大中华山东省地理志》，武学书馆1920年版，第91页。

② 参见从翰香主编：《冀鲁豫乡村》，中国社会科学出版社1995年版，第296—298页。

③ 参见隋德民：《山东文登县农村市场概况调查》，载千家驹编：《中国农村经济论文集》，中华书局1935年版，第361页。

丘、阳信、德县、黄县、阳谷等地。玉米籽粒食用价值较高，营养价值较其他谷类作物丰富，除供作口粮外，还是饲料之王，也可供作酿酒和制造淀粉，穗轴可作提取药剂的原料。玉米是高产作物，每亩产量仅次于水稻和薯类。

1925 年《山东省志》载："贫民多恃稷、高粱、山芋、玉蜀黍等"，玉米已成为农民终岁之粮。1931 年《统计月报》载，山东当时 107 个县，有 63 个县种玉米，以鲁西北地区面积最大；其次是胶东地区，鲁南地区无分布。1934 年出版的《中国实业志・山东省》记载："玉蜀黍在鲁分布颇广，栽培者计达一市、一区、七十六县……" 1949 年全省 118 个县（市）中，有 107 个县（市）种植玉米。鲁省未种玉米的县为巨野、成武、单县、鱼台、金乡、兖州、曲阜、邹县、平邑、临沂、莒南。据《中国实业志・山东省》记载，玉米种植"其中面积最大的前 5 个县是：乐陵县、章邱县、阳信县、德县、阳谷县"。①

按当时种植面积比率，鲁西占全省玉米种植面积一半以上，胶东其次，鲁中又其次，鲁南最少，只占 1.7%。以后随着生产条件的改变，玉米普及全省，胶东和鲁南面积比率大幅度上升，鲁西种植面积虽也有较大增长，但在全省所占比率相对下降。

玉米生产有约 70% 以上面积集中在胶东丘陵区和鲁西北平原区。鲁西北平原区种植面积最大。胶东丘陵区种植面积虽不如前者，但集中程度则高于前者，全区种植面积达 13.62%，超过鲁西北平原区。

由于农民种植习惯不同，鲁中山麓冲积土灌溉区和鲁中南山区种植玉米较少，前者仅占耕地面积的 8.6%，后者仅及 4.79%。济宁、菏泽、临沂专区种植最少，玉米种植面积仅占耕地比重的 1% 左右。

本省玉米种植面积中，春玉米占五分之一，秋玉米约占五分之四。一般是鲁西北麦茬玉米较多，而胶东地区春玉米较多。如惠民专区春玉米占 11%，德州专区占 5%，聊城专区占 1%；而莱阳专区春玉米达 34%，胶州达 48%，文登达 66%。②"胶东各县，则玉蜀黍消用最广，俗名包米，乡间一

---

① 参见王忠孝主编：《山东玉米》，中国农业出版社 1999 年版，第 7、9 页。

② 山东省农林厅编：《山东省农业生产统计资料（1949—1952)》，内部资料，1955 年，第 35 页。原档案件编号 TD4-487-2。

日三餐，包米实占其二，当地产量虽较其他各乡为丰，然以需要太巨，仍嫌不足，每年由东三省输入者甚多。本区域内出产玉蜀黍，以牟平、文登二县最多。”①

（七）甘薯

甘薯也许是官方提倡促播最力的一种，这主要是因为这种作物对自然条件的广泛适应性，以及高出一般粮食作物几倍的亩产量。甘薯被当作一种备荒救荒作物而在全国各地广为种植。

在近代冀鲁豫三省，甘薯的种植是非常普遍的，曲直生的民食调查报告显示，山东省填报的73县中，报有甘薯者61县。② 甘薯对自然条件虽有广泛的适应性，但它不喜潮湿板结的土壤，而适宜在干燥疏松的土地上生长。

与河北省一样，即使是在甘薯种植面积较小的地方，它仍是农民赖以果腹的一种重要食料，如鲁西南平原上的东平县即是如此。③

我们从张心一的冀鲁豫三省农业概况估计报告看，统计处对甘薯面积产量的统计是很不全面的。河北省129个县中，填报甘薯者仅42县；山东省107县只填报了33县；河南省113县只报36县。事实上，甘薯的种植要普遍得多。这一统计上出现偏差的原因，基本上可解释与抗战前七年平均数的差距，尽管这种作物在近代一直在扩展中。

甘薯是非常重要的乡农食物。甘薯有时也是农民经济收入的一个来源。山东省的甘薯种植，以胶东丘陵和鲁中南丘陵山区较多，特别集中在胶东和黄河沿岸各县，而平原较少。

在登州府，甘薯也从贫瘠土地向肥沃土地扩展。“今竞种之，山田沙土无不蕃育，所获可抵粮田，俗名地瓜”，就很好地证明了这一点。在牟平县，平原“居民除种植五谷外，利用土宜，种植甘薯、落花生等，收获颇丰”。④

① 参见胶济铁路局经济调查委员会编：《胶济铁路经济调查报告·总编·农业》，胶济铁路车辆管理处印，第14页。

② 参见曲直生：《华北民众食料的一个初步研究》，参谋本部国防设计委员会，1934年，第30页。

③ 《（民国）东平县志》卷五。

④ 《地理志·土质》，《（民国）牟平县志》卷一。

牟平县平原面积很小，而且早已被开发为良田。牟平平原上甘薯的大面积种植，说明其已经进入原有耕作区并且融入进平原的农业种植体系。

在平度，甘薯也进入了原有作物耕作区。清光绪年间《平度志要》云："野薯蓣，俗名地瓜，麦收而栽，霜降而出。三月栽者，名曰'春瓜'，最宜沙田，山地，近洼地亦盛栽矣。以其不畏旱潦。易为食，且耐久，兼无弃物，煮而食之，甘如饴。掘地做井，深部及泉，藏于井中可食经年。丰收而不胜食，切尔晒之，犹易藏，且易饱。秋叶盛时，茎叶采而干之，可做菜蔬。其蔓喂猪，易肥。山居约十亩之产，率以其半栽地瓜矣。"①

据日人胶济铁路调查，甘薯"亦鲁省主要食料之一，寻常蒸而后食，然亦有煮与烤者。磨成粉末，可与其他食粮掺合制饼。切片晒干，可制干粮。鲁省乡民之食甘薯者，以即墨、胶县、高密三县为最多。调查区域内出产甘薯，以胶县、即墨、莱阳等县最盛。大约东部各县较多，西部各县甚少。其有盈余而能输出者，惟即墨所产，能销青岛；济阳历城所产，能销济南，德县所产，能销天津"。②

即墨县土地多为砂砾薄地，保水保肥能力极差，此种土地种植他种作物几乎产不出几十斤粮，而特别适宜甘薯生长。山东省内的百姓也称即墨是"地瓜干县"，甘薯的大量种植解决了该县农民食粮的大困难。"普通农民每户拥田十亩以内者最多，因而中下农民率多种植甘薯以代粮食，平常 8 口之家有田 10 亩，约种 4 亩甘薯即能维持生活矣。"③

老百姓中流传的民谚称："收了地瓜，吃的不怕。"当地土地甚少，所以但有隙地，农民即栽种甘薯。收而曝干，以供一岁之食。④

山东民食艰难，加之丘陵山地地区中、下农民的土地多为山岭薄地，上水上肥困难。而甘薯耐旱，对肥料要求不高，又是高产作物，1 亩甘薯折

① 《田赋》，《(光绪）平度志要》，吴绍田：《平度旧志校注》，山东人民出版社 2002 年版，第 190 页。

② 参见中国自然资源丛书编撰委员会编：《中国自然丛书・山东卷》，中国环境科学出版社 1995 年版，第 246 页。

③ 参见胶济铁路局经济调查委员会编：《胶济铁路经济调查报告・总编・农业》，胶济铁路车辆管理处印，第 18 页。

④ 周至元编：《崂山志》，齐鲁书社 1993 年版，第 16 页。

干后可抵2亩土地所出。因此，甘薯在山东丘陵地区的种植和迅速扩大是必然的。胶县“境内土地硗确，生齿日繁，一般人民，生活简单。南岭山岳地带，农民多种植甘薯，以充食料，谷类殆为其次要食品”。①

甘薯主要分布在胶东丘陵区和鲁中南山区，鲁中山麓冲积土灌溉区次之，鲁西北平原区最少。在胶东区又以文登、胶州两专区甘薯种植比重最大，文登专区甘薯种植占耕地面积的25.2%，胶州专区占24.4%，即墨、胶南、日照、乳山等县甘薯种植比重高达30%以上。此类地区种植面积如此集中，是因土质、气候相宜，农民有种植习惯，以地瓜当作食粮和喂猪饲料。

四、种植制度的进化

新中国成立后，经过几十年的探索，形成了农业种植业数项关键性增产措施，使山东粮食种植制度沿着科学化的方向进化，提高了粮食亩产量和总产量，也初步形成了生态化的农业体系。

山东关键性农业增产措施，主要有以下几个方面：

（一）旱地农业增产技术

在众多的农业增产措施中，山东农业传统的第一个关键性增产措施，就是旱地农业增产技术。

山东省地形复杂，山地丘陵多；鲁北降水量少，属半干旱区，易形成干旱。根据1990年统计年报资料：全省现有耕地685.2万公顷（10278万亩），其中无水浇条件的易旱地面积238.87万公顷（3583万亩），占耕地面积的35%。这些旱地主要分布在鲁中南山区、半岛丘陵区和鲁西北高亢地带。临沂、日照两市旱地面积占耕地面积的50%左右；青岛、威海、烟台、济南、枣庄、泰安和菏泽7市地，旱地面积占耕地面积的40%左右。全省有26个县旱地面积占耕地面积的50%以上，有39个县旱地面积占耕地面积的35%—50%。山东引进和推广了旱地农业先进技术，开展水土保持，兴修梯田，封山育林育草，工程措施与生物措施相结合，抓小流域治理，改善旱区

---

① 参见胶济铁路局经济调查委员会编：《胶济铁路经济调查报告·分编·胶州》，胶济铁路车辆管理处印。

农业生产条件与生态环境，旱区农业生产有了较大发展。

针对70年代中后期和80年代水资源短缺旱情持续发展的情况，农业主管部门确定北方旱地农业建设的指导思想是："种树种草，发展牧业，实行旱作技术，综合治理，农林牧全面发展。"从此旱作农业更加受到重视。1984年省农业厅把"旱薄低产小麦增产技术"列为旱作农业第一条。山东农业技术"黄淮海低产区小麦综合增产技术"，在莱阳、莱西、平度、胶州、邹城、滕州、兖州、临沭、费县、安丘10个县市的丘陵旱地和砂姜黑土贫水区示范推广，3年累计示范推广38.63万公顷（579.4万亩），平均0.067公顷产（亩产）219.5公斤，比邻近对照田平均0.067公顷（亩）增产了51.9公斤。1986年6月山东省政府在全省大沟麦现场会，重点推广了文登大沟麦、莱阳旱地综合开发和临沭县蓄水聚肥抗旱丰产沟等县市旱地增产的经验。1988年省农业厅把旱地农业增产技术列为全省种植业8大重点推广技术之一。到1990年全省旱地农业增产技术推广面积66.67万公顷（1000万亩），取得了良好的经济效益和社会效益。①

（二）间套复种技术

间套复种是山东省传统的重要农业增产技术。早在古农书《齐民要术》中就有关于早期间套复种技术应用的记载。新中国成立后，政府对这一传统技术非常重视，1956年《全国农业发展纲要》中明确提出"合理轮作（换茬）、间作、套种和密植，是增加农作物产量的重要措施"。山东农业科技工作者不断总结群众间套复种经验，推进农作物耕作制度改革。1971年全省各种农作物间套复种面积达66.67多万公顷（1000多万亩），到1978年发展到200万公顷（3000万亩），已成为全省种植业生产上的一项重要增产技术。进入80年代，间套复种技术已发展为集约利用资源的立体种植方式。1986年秋，省政府在昌邑县召开了全省立体农业种植经验交流会，确定把发展立体农业，作为农业科技的重点来抓。昌邑、平原、泰安市郊区、嘉祥、莱阳5市县为发展立体农业的试点县。省科委在16个市地建立46个立体农业最佳种植模式基点县，到1990年已从400多种种植模式中，筛选出30种三作三收最佳种植模式。主要三作三收最佳种植模式类型有：

---

① 参见俞宽钟主编：《现代山东农业》，山东科学技术出版社2000年版，第788页。

其一，粮粮型。粮粮型是以小麦、玉米为主体作物，在保证粮食作物稳产增产的前提下，参与作物或瓜、菜作物。如小麦间作玉米套种大豆（或谷子）；小麦套种越冬菜间作玉米，再间作大白菜等。

其二，粮棉型。粮棉型是在保证粮食（小麦）、棉花双扩双增（产）的前提下，还可以间套瓜菜。如小麦间套大蒜、间作棉花再间套绿豆（小豆）等。

其三，粮油型。粮油型是在小麦套种花生一年两熟的基础上，利用套种花生的套作行再间套瓜菜。如小麦套种越冬菜间作花生，再套种西瓜；小麦套种西瓜、套种花生再间套玉米等。

其四，粮烟型。粮烟型是在小麦、黄烟一年两熟的基础上，再间套矮秆作物或瓜菜。如小麦间套越冬菜、套种黄烟再间套秋菜；小麦间套越冬菜、套种黄烟、间套甘薯等。

此外，还有粮菜、粮肥、粮果、粮菌、粮桐、粮枣等间套复种类型。

间套复种技术的推广应用，使山东省农作物种植制度发生了很大变化。1990 年全省二年三熟制面积由 1949 年占耕地面积的 80.1%，下降到 23%；一年两熟制面积由 1949 年占耕地面积的 1.3%，上升到 48%；一年三作三收以上的种植面积达到 126.67 多万公顷（1900 多万亩），农田复种指数由 1949 年的 139.8% 提高到 1990 年的 158.8%。在粮田面积减少 300.53 万公顷（4507.9 万亩）的情况下，粮田复种指数由 1949 年的 148.8% 提高到 1990 年的 186.4%，经济作物播种面积由 1949 年的 99.65 万公顷（1494.8 万亩），到 1990 年扩大到 230.04 万公顷（3450.6 万亩），比 1949 年增加 130.4 万公顷（1956 万亩）。其中：棉花增加 95.23 万公顷（1428.5 万亩）、花生增加 26.87 万公顷（403.1 万亩），对缓解全省人多地少，粮食作物与经济作物争地的矛盾，起到了重要作用。①

（三）美洲作物品种的引进

第三个关键性农业增产措施，是美洲作物品种的引进推广所引发的农业绿色革命。耕作制度的浮沉，可以威海市 1956—1982 年近 30 年的变化为代表。详见表 2–16。

① 参见俞宽钟主编：《现代山东农业》，山东科学技术出版社 2000 年版，第 787 页。

表 2–16　威海市耕作制度沿革表①

单位：亩

年份	一年两熟		一年一熟		二年三熟	
	面积	占播种总面积 %	面积	占播种总面积 %	面积	占播种总面积 %
1956	44562	15.5	56081	19.5	186357	65.0
1965	55454	19.0	28997	9.9	207291	71.1
1970	95052	31.7	26799	8.9	178302	59.4
1975	140593	47.9	32330	11.0	120778	41.1
1978	171700	58.4	39356	13.5	82623	28.1
1979	160836	55.9	43383	15.1	83319	29.0
1980	161840	57.3	50721	17.9	70077	24.8
1981	150056	50.2	8884	3.0	140082	46.8
1982	133375	52.2	82111	32.1	40202	15.7

从表 2–16 可知，从 1965—1978 年的 14 年间，一年两熟的作物在统计的年份中，几乎是每一统计年份都以百分之十的高速度增长；一年一熟作物，在丰收的 1956 年曾经达到 19.5%，其后就掉下来；在 1975—1980 统计年份，略有增长；只是到了土地承包后，才从 17.9% 猛增到 32% 以上。两年三熟在 1975 年前达到最盛期，以 1956 年的 65% 为最高，其后就落下来；两年三熟似乎与一年两熟有对应关系，在 1975 年有过一次黄金交叉，其后就是一年两熟一路超过播种面积的一半以上，而两年三熟则在 30% 以下波动。

① 参见威海市史志编委会：《威海市志》，山东人民出版社 1986 年版，第 231 页。

第三章　山东粮食作物生产与绿色农业革命

第一节　山东传统粮食作物生产——作物播种面积与比率

山东是北方的农业大省，在明中期后的四百年间，特别是清中期后的近二百年间，发生了翻天覆地的大变革，主要靠种植制度的变革和引进推广美洲作物品种，解决了新增加的几千万人的口粮问题。然而这个悄悄的农业革命，包括清末民国的许多贤能之士，却全无察觉。从张之洞到民国时期的著名学者和政治家，不是都认为中国的农业全无进步，毫无成效可言吗？《管子》一书中，有一则史料讲到管仲对民人的看法，很耐人寻味。他说：民人“分而视之则愚，合而视之则圣”。农民和农业，真的是分而视之则愚，合而视之则圣的。今天大家公认的民国二三十年代是中国农业的黄金时期，不是直到八九十年代一直被各方人士众口铄金般地说成是农业危机、农村破产吗？所以，我们这一代研究者，都应该用新的观念、新的方法来重新研究农村、农业和农民。笔者在研究山东农村社会经济时，痛感清末之前，没有系统科学的统计资料，现有的文献史志资料，多是文人的文学语言，而文人中没有多少人真正懂得农业，关心农事，所以他们提供的资料，或语焉不详，或系夸饰之词，全不足凭。笔者下文所呈现的粮食经济研究，主要根据各方调查资料，特别是本人搜集的档案资料、田野调查资料，以及 80 年代山东省政府和各级政府下设的地方史志编纂委员会所撰写的省志及各地县市志，试图能对研究有所助益。

上文已经叙述山东粮食作物的组合和内部结构。山东近二百年的粮食品种基本稳定在小麦、玉米、高粱、谷子、大豆、甘薯，经济作物也主要是引进的棉花、花生、烟草等。随着玉米、花生、甘薯效益被社会承认而形成共识，这些作物品种成为农民的主要粮食作物，它们必然从原先的沙瘠薄地向大田转移，原先的低产量低效益的作物纷纷被排挤，种植面积大幅下滑甚至少种不种了。

山东省粮食作物种植结构。据北洋农工商部的统计，在1914—1918年间，山东的粮食种植面积为1.1亿多亩，主要粮食作物总面积依次是：小麦、高粱、杂粮、小米，其他有大麦、稻、玉米和薯类。据国民政府立法院统计处在1930年后发表的《统计月报》第1—2期《农业专号》统计数据，1924—1929年间山东粮食作物总面积为9900万亩，占粮食作物总面积前五位的是：小麦、高粱、谷子、玉米、大麦。据中央农业实验所调查所得的1931—1937年数据，山东省7年平均粮食作物总面积为1.08亿多亩，占有前五位的作物依次是：小麦、高粱、小米、玉米、大麦。[①]

另据民初1914—1918年不完全统计资料，山东仅小麦、高粱、大豆、谷子4种主要粮食作物，合计年播种面积即达8500万亩以上。据民初抗日战争前1931—1936年的调查统计资料，山东总耕地面积为1.26亿亩，复种指数为140%。抗日战争前和战后的1949年，粮食作物都占作物播种总面积90%左右，占耕地的85%左右。20世纪30年代至抗日战争前，小麦占粮食作物播种面积的三分之一左右，总产量占粮豆总产量的四分之一左右；玉米不足10%，大豆、高粱、谷子合计占45%左右，小杂粮占3%以上。[②]

表3-1　1914—1929年山东主要农作物种植面积[③]

单位：千市亩

年份	小麦	玉米	高粱	谷子	甘薯	大豆	花生	棉花	烟草
1914	38913	3055	28353	—	—	16366	1629	1592	59
1915	31617	3055	20829	—	—	12750	2891	1354	168

① 参见从翰香主编：《近代冀鲁豫乡村》，中国社会科学出版社1995年版，第250—254页。

② 参见山东史志编委会、俞宽钟主编：《山东省志·农业志》，山东人民出版社2000年版，第274页。

③ 参见许道夫：《中国近代农业生产及贸易统计资料》，上海人民出版社1983年版。

年份	小麦	玉米	高粱	谷子	甘薯	大豆	花生	棉花	烟草
1916	43865	2897	20159	—	—	16557	2790	2188	164
1918	33345	285	18869	7195		16841	2158	—	119
1924—1929	45812	5516	20504	19506	1897	27577	3758	4261	119
增长率（%）	17.7	80.6	－27.7	—	—	68.5	131	167.6	237.3

注：增长率是指 1929 年较 1914 年的增长率。

从几组可比的数据看，相比 20 世纪初，30 年代山东花生的种植面积增长率为 131%，较棉花的 167.7%、烟草的 237.3% 为低。而粮食作物中玉米增长率为 80.6%，小麦为 17.7%，相比经济作物的大幅增长，其速度缓慢得多，且高粱出现了负增长，为－27.7%。①

表 3－2　1931—1937 年山东省各粮食作物面积指数

作物＼年份	1931	1932	1933	1934	1935	1936	1937
小麦	100	105	97	102	105	100	84
高粱	100	87	84	83	75	78	82
小米	100	99	108	105	93	98	96
玉米	100	115	83	79	100	86	79
大麦	100	99	88	93	102	91	79
甘薯	100	91	109	109	114	121	120
糜子	100	96	75	81	72	69	64
稻	100	105	183	180	191	224	206
豌豆	—	—	100	95	110	88	82
蚕豆	—	—	100	60	77	66	39
燕麦	—	—	100	94	53	34	17

小米的种植面积比较稳定。玉米的种植面积升降很大，从指数上看，

① 参见李军主编：《历史视角中的“三农”》，中国农业出版社 2008 年版，第 53 页。

也有下降态势。大麦也有缩减，但并不明显。甘薯几乎是唯一一种呈迅速上升趋势的重要作物。其他作物中，糜子、豌豆、蚕豆、燕麦的种植面积均迅速缩减。山东省稻米的种植极少，实在无足轻重。

各粮食作物占粮食作物播种总面积的比例，我们将立法院统计处的数字和中央农业实验所的数字加以平均，得出二三十年代的一般比例，①1932年冀鲁豫三省作物种植面积的百分比是：在1932年山东省各作物占粮食作物总播种面积百分比，小麦是46.7%，与河南持平；小米是17.4%，低于河北的21.7%，高于河南的14%；高粱是18.6%，高于河北、河南；玉米是6.9%，不及河北15.3%的一半，略少于河南；大麦是4%，与河北相类，而是河南的一半；甘薯是2.5%，与河南相似，高于河北；水稻0.25%，在三省中是最少的，其他杂粮是3.7%，也少于河南、河北。

表3–3 山东省1931—1936年平均粮食作物面积及比重

单位：万市亩

作物种类	亩数	占%
小麦	4547.8	37.89
大豆	1752.8	14.6
高粱	1636.6	13.64
小米	1403.5	11.69
玉米	822.0	6.85
薯类	307.7	2.56
稻谷	46.7	0.39
其他	1485.8	12.38
全省合计12002.9万市亩		

资料来源：《修订的抗战前全国各省粮食作物产量统计表》，《中国农业生产统计资料》（一），（1951年8月），编号1150；第19—20页，第12表。

表3–3显示：小麦种植亩数为4547.8万亩，占播种面积37.89%，是列

① 参见徐秀丽：《近代华北平原的粮食产量和农业劳动生产率估计》，社会科学文献出版社2001年版，第128页。

山东第一位的作物；下面依次是大豆，种植亩数为1752.8万亩，占14.6%；高粱种植亩数为1636.6万亩，占13.64%；小米种植亩数为1403.5万亩，占11.69；玉米种植亩数为822万亩，占6.85%；薯类当时种植尚少，约为307万亩，占2.56%；小杂粮及棉花类共种植1485.8万亩，占12.38%。统计资料显示，玉米和薯类当时种植尚少，就是说直到20世纪30年代，玉米和甘薯还没有大量推广。

民国时期有三组统计资料，一是北洋政府农工商部的《农商统计表》，统计的是1914—1918年的粮食作物种植面积与比率；二是国民政府立法院统计处《统计月报》的统计资料，统计的是1924—1929年粮食作物种植面积与比率；三是中央农业实验所的《农情报告》，统计1931—1937年时期的粮食作物种植面积与比率，三组统计资料在山东粮食种植面积与比率上有高度的一致性。

表3-4　山东主要粮食作物种植面积与占粮食作物面积百分比

单位：千市亩

品种	种植面积			占粮食作物总面积 %		
	A	B	C	A	B	C
小麦	45470	45812	51213	41.1	46.2	47.2
玉米	1460	5516	8757	1.3	5.6	8.1
高粱	25780	20504	17958	23.3	20.7	16.5
小米	13970	19560	16347	12.6	19.7	15.1
稻类	1900	181	338	1.7	0.2	0.3
杂粮	14990	2343	5407	13.5	2.36	5.1
大麦	6350	3384	4919	5.7	3.4	4.5
薯类	760	1897	3410	0.7	1.9	3.1

说明：A指北洋政府农工商部《农商统计表》，1914—1918年；B指国民政府立法院统计处的《统计月报》，1924—1929年；C指中央农业实验所《农情报告》，1931—1937年。

资料来源：许道夫：《中国近代农业生产及贸易统计资料》，上海人民出版社1983年版，第15—22页；珀金斯：《中国农业的发展》第337—347页各表，由徐秀丽编制；引自从翰香主编：《近代冀鲁豫乡村》，中国社会科学出版社1995年版，第250—252页。农业部中央农业实验所档案，二档，全宗号四二四，案卷号581。

在有统计资料的23年间，小麦种植面积是一直上升的，增加6个百分点；高粱则下降了将近7个百分点；小米一直保持在12%以上的种植面积，也是增加的，以15%为常数；在战前，玉米的种植面积虽然不是很大，但增长势头很大，从仅占粮地面积的1.3%猛增到8.1%，增加6倍有余；薯类从0.7%上升为3.1%，增加近3倍。抗日战争时期，玉米和薯类特别是地瓜的种植面积增加更多。

1952年全省粮食作物种植面积为17670万亩，占耕地面积的127.78%；经济作物种植面积为2086万亩，占耕地面积的15.08%。①

表3–5 山东主要粮食作物播种面积比率②

单位：%

年份	小麦	大豆	高粱	谷子	玉米	甘薯	其他
1931—1936	32.4	19.9	15.3	13.8	7.0	6.6	5.0
1936	32.7	18.2	14.1	12.4	8.7	8.6	5.3
1949	36.0	17.3	8.2	9.0	12.0	11.0	6.5
1957	37.5	12.5	6.7	4.1	13.7	19.5	6.0
1965	42.0	6.3	3.4	2.3	24.3	18.0	3.7
1978	50.9	5.5	0.8	1.7	29.5	9.1	2.5
1990							

表3–6 山东十六县四十九村各种作物种植面积表③

单位：市亩

作物 \ 年份	1931—1936	1948	1949	1950
小麦	625.9	558.2	635.1	653.3
大麦	25.8	25.4	34.9	43.4
高粱	282.2	265.9	244.6	244.1

① 《统计月报》1932年第1—2期合刊，“农业专号”；二档，农林部档案，全宗号四二四，案卷号581。

② 参见俞宽钟主编：《现代山东农业》，山东科学技术出版社2000年版，第168页。

③ 参见山东农林厅：《山东省十六个县四十九个村典型调查》，内部资料，1950年，第230—231页。

作物＼年份	1931—1936	1948	1949	1950
谷子	269.9	283.2	264.4	267
玉米	154	208	229.2	246.1
甘薯	92.4	121	126	146.1
大豆	422.9	309.5	337.7	316
绿豆	5.7	12	21.3	16.1
稻子	3.2	5.1	5.2	4.2
黍子	21.2	17.4	13.6	6.7
穇子	28.4	13.7	14.1	11.3

资料来源：鲁档：《山东省农业生产调查统计资料统计资料（1949—1952）》，内部资料 1955 年，第 88 页。原档案件编号为 TD4-4017-2。

综合各种材料看，1952 年及随后的六七年间粮食作物亩产量不及战前，但耕地数目和种植面积在 1952—1957 年间基本赶上或超过战前，所以全省粮食作物种植面积为 17670 万亩，占耕地面积的 127.78%，应是可信的。

以上几种关于山东省粮食作物种植面积的估算，都失之过低。笔者更倾向于新中国成立后山东省政府的估算。据山东省政府测算，抗战以前（1931—1936 年）山东省粮食作物种植面积为 16157 万亩，产粮食 214 亿斤，每亩平均亩产 132.4 斤，植棉 632 万亩，产皮棉 172.6 万担，每亩产皮棉 27.7 斤。①

关于山东农村土地、粮食等核心资料的取得与使用，这些资料科学价值的高下，我要说明个人见解，以与同行研究者切磋商榷。笔者之所以相信中共政权对山东农村土地和粮食等核心资料的调查与估算，是因为笔者在研究山东解放区的过程中，知道中共为了发动群众，在农村是怎么深入农村工作、怎么深入群众调查的。自从 1938 年中共在山东建立敌后抗日根据地之后，到 1941 年，山东解放区猛烈扩张，事实上占有山东三分之二的土地和三分之二以上的人口，在敌占区也有相当大的号召力，山东解放区事实上控

① 山东省农业厅统计局编印：《山东省农业生产调查统计资料（1949—1952）》，内部资料，1955 年，第 133 页。原档案件编号 TD4-497-2。

制了敌伪统治的主要城市和交通线之外的广大农村。从 1942 年起，中共为了在根据地和敌占区实行减租减息和征收给养，特别 1946 年以后，为在老区及新区实行土地改革，为了大规模战争需要筹粮筹款，征收公粮田赋和民夫，山东解放区有大批干部投入到各地农村工作队，进行土地、粮食、租佃制、雇佣制、息借制等调查。从 1942—1952 年的十年间，连续在全省数万个村庄挨村挨户调查，并事实上进行了土地丈量测算。土地和粮食是农民永久的秘密，是乡村社会共同的资源。对土地和粮食的调查和测算，是任何不深入到乡村的政权无法办到的。中共的政权深入到乡村，在每个村都有政权、党支部和民兵的组织，所以这种调查就缜密到无以复加的程度，就可以清查出以往人们永远无法知道的农村人口、土地与粮食的真实情况。我对日本满铁资料的取得方式屡有批评，因为我知道日本人的调查方法，表面上看似专业，事实上调查员不敢深入到农村，只是在县城和区镇所在地，将农村地保村长招来询问，然后笔录成书。一则这些村长地保慑于日本人的淫威，不敢说出本村土地、劳力、粮食数目，怕日本人竭泽而渔，必然大量隐瞒真实情况；二则这些村长地保大都尚有民族气节，不愿当汉奸，不愿为侵略者当帮凶；而中共的地方军政人员，也会警告各地乡村领袖，不得向日本人透露农村土地、劳力、人口、粮食的真实情况。这就决定了日本人在山东农村的调查，是很难得到真实材料的，所以表面上满铁调查资料洋洋洒洒，蔚成大观，事实上却是真假难辨，甚至全无根据。我手里有一份惠民文化区孙家庙的调查资料，据称 1942 年 2 月日本人曾对该村做过调查，到同年 5 月该村光复后，中共在该村重新做了调查。我现在还不能确定，日本人和中共所调查的是不是同一个孙家庙村，所以目前尚不能下结论。如果日本人和中共所调查的真是同一个孙家庙村，人们就会看到两份有天壤之别的资料，谁也无法想象这是同一个村庄。

下面笔者以笔者所选择的资料，就各种粮食和播种面积和比率，加以分别叙述。

一、小麦

二年三熟制一直是山东农作物种植制度的主体，其耕种面积占全省耕地面积的三分之二左右。明中期之后，山东的作物种植结构发生变化，二麦特别是小麦种植面积大幅度增长，种植面积和产量都以小麦为第一、第二位。种植结构的变化在地方志中也有反映，如明万历年间曲阜县张阳庄在161亩分种地中，小麦占了66亩，占全部播种地的40%以上；清初，汶上县孔府屯庄的1220亩土地，共种植小麦947.95亩，种大麦84.93亩，二麦合计占耕地面积的84.6%以上，占播种面积的72.4%。① 光绪朝菏泽县“通计小麦居十之六七，余谷居十之三四”；② 康熙年间鲁西巨野县“种植以十为率，大约二麦居六，秋禾居四”。③

中国农产分布格局向有“南稻北麦”之称，作为麦类之长的小麦早就成为北方旱地农区的代表作物。山东省地靠沿海，降水为北方各省之冠，而且平原辽阔，土壤相对肥沃，历来为小麦分布最广、产额较丰之区。明清时期，小麦在山东各地的播种特别普遍，还有逐渐增加的趋势。

小麦种植遍于全省，但其分布因地貌、土壤、水资源等条件不同而有差异。平原农田，无论是绝对面积，还是小麦占作物播种面积的比率，都大于山地丘陵区。其中棉区因棉花一年一作，一般土壤条件也稍差，种麦比率不如平原粮区。

从1990年各地小麦面积与耕地面积的比值看，以耕地面积作为1.0，则鲁西南黄泛平原小麦面积为0.73、山前平原为0.64、胶东低山丘陵区为0.60、鲁中南山地丘陵区为0.58、鲁北棉花主产区为0.55。④

小麦之所以成为本区最重要的粮食作物，原因是多方面的。第一，本区内干燥疏松的土壤有利于小麦的生长。第二，本区冬季气候严寒，极大地限制了越冬作物的品种。在近代，境内大部分土地实行冬季休闲，只有大小麦、豌豆、油菜籽等少数几种作物可以越冬，在安排轮作复种时，人们很自然地要尽量多种冬小麦，以减少冬闲地数量，提高土地利用率。第三，小麦是一种细粮，其食用价值超过北方的其他任何作物，而与南方的大米相埒。因此，这种作物不仅成为当地人民特别珍视的食品来源，而且商品率极高，它同时又是一种经济作物。近代，一方面随着城市人口的增加和交通运输条

① 《曲阜孔府档案史料选编》第3编第11册，第44—150页。

② 《物产》，《(光绪) 峄县志》卷二。

③ 《风俗》，《(康熙) 巨野县志》卷七。

④ 参见俞宽钟主编：《现代山东农业》，山东科学技术出版社2000年版，第171页。

件的改善，小麦有了更广阔的市场；另一方面，粜精籴粗成为人们维持生存的一种重要手段，小麦的重要性随之增强。在有些地方，“农家一年之计全在小麦，以麦换高粱为食，换人粪黄豆为肥料。浇水施肥，不惜工资，种植得法，无不收成。麦收则无凶年”。① “谷类最重视小麦，缘人口过密，粮食不敷食用，以小麦易粗粮为食。”② 与此相应，小麦的种植面积在近代呈扩大趋势。

从 1949—1990 年，由于生产条件改善，复种指数提高，各地小麦占作物播种面积的比率都有增长，但增长幅度因水利建设、栽培技术水平、种植业结构等条件不同而有差异。鲁西南黄泛平原因引黄灌溉扩大和原来复种指数较低，故小麦比率增长较大，由 1949 年占作物播种面积的 33.7% 上升到 42.9%，增长 9.2 个百分点。黄河以北虽也有引黄灌溉，但系本省棉花主要产区，复种指数的提高受一定限制，故小麦比率由 31.1% 增至 37.4%，仅增长 6.3 个百分点。胶东半岛低山丘陵区生产条件和栽培水平提高快，小麦比率由 27.4% 上升到 36.4%，增长 9 个百分点。鲁中南山地丘陵区也由 27.2% 提高到 35.7%，增长 8.5 个百分点。山地丘陵外围的山前平原，原来土壤和水利条件就较好，复种指数较高，小麦面积比率上升幅度较小，由 32.7% 上升到 39.6%，增长 6.9 个百分点。

冀鲁豫的小麦生产在全国占有重要地位。据统计，1924—1929 年全国常年小麦总产量约为 504 亿市斤，其中河南省约 74 亿市斤，山东省约 73 亿市斤，河北省约 36 亿斤，三省相加，小麦年产量约为 183 亿市斤，占全国总产量的 36%。另外，据中央农业实验所的统计，抗战前七年（1931—1937 年）平均全国小麦总产量约 435 亿市斤，其中河北省约 37 亿市斤，山东省约 72 亿市斤，河南省约 81 亿市斤，三省相加约 190 亿市斤，占全国总产量的 44%。③

① 参见胶济铁路局经济调查委员会编：《胶济铁路经济调查报告 · 分编 · 泰安》，胶济铁路车辆管理处印。

② 参见胶济铁路局经济调查委员会编：《胶济铁路经济调查报告 · 分编 · 泰安》，胶济铁路车辆管理处印。

③ 《统计月报》1932 年第 1—2 期合刊，二档，中央农业实验所存档，全宗号四二四，案卷号 581。

表 3-7　冀鲁豫三省及全国小麦播种面积和总产

（1924—1929 年；1931—1937 年）

地区	1924—1929 年		1931—1937 年	
	面积（千市亩）	产量（千市斤）	面积（千市亩）	产量（千市斤）
河北	28820	3645145	32211	3651900
山东	45713	7259234	51213	7170500
河南	54766	7397566	58455	8136700
全国	314981	50381579	302311	43485800

资料来源：《统计月报》1932 年第 1—2 期合刊，第 2 页；二档，四二四，581。

随着小麦商品率的提高，它的种植面积也有相应扩张。上一章论证主要粮食作物的面积构成时，即已指出过近代华北平原冀鲁豫三省小麦面积有所上升，而高粱、大麦等粗粮面积逐渐缩减的事实。从一些县份在不同时期的种植面积和产量数字，亦可看出这一趋向。如山东省胶济铁路沿线产麦特多的平度、诸城、寿光、泰安、历城 5 县，如把 20 世纪 20 年代和 30 年代的调查作一比较，即可发现两个时期有较大的差别，见表 3-8。

表 3-8　胶济铁路沿线 5 县小麦生产的扩展

（1924—1929 年与 1932—1933 年比较）

县名	1924—1929 年		1932—1933 年	
	种植面积（亩）	产量（担）	种植面积（亩）	产量（担）
平度	540000	647700	900000	1350000
诸城	805000	1078090	521000	1042000
寿光	2352000	4469370	600000	1200000
泰安	505000	716970	900000	1080000
历城	415000	702090	1013500	1013500

资料来源：1924—1929 年见《统计月报》1932 年第 1—2 期合刊。1932—1933 年见《胶济铁路经济调查报告》，总编，“农业”。

上述 5 县中，平度、泰安、历城 3 县小麦面积和产量后期比前期均有所增加，诸城有所减少，而寿光不明。小麦种植面积从总体上说呈扩大趋势应是没有问题的。①

1957年全国小麦种植面积4亿多亩，占全国粮食作物种植面积的23%……小麦总产量达到470多亿斤。种植面积超过1500万亩以上的省份有河南、河北、山东、山西等10省。其中全国种植小麦最多的省份为河南省，当年小麦种植面积为6800万亩，占全国小麦种植面积的16%，总产量达到75亿斤，占全国总产量的16%。种植面积占全国第二位的是山东省，种植小麦6300万亩，占全国种植面积的15%，总产量71亿斤，占全国的15%，单产量为113斤。山东全部都属北方冬麦区，是我国小麦的主要产区，种植多，产量高，质量好，麦田管理技术较为细致。②

表3-9　1931—1943年山东小麦种植面积比重

年份	种植面积（市亩）	年份	种植面积（市亩）	占耕地（%）
1931	51677000	1939	23309341	
1932	54185000	1940	39266495	
1933	50172000	1941	32339481	31.5
1934	52856000	1942	29754441	29.0
平均	52222500	1943	28923138	28.1
		平均	30718579.2	29.5

资料来源：战后根据伪山东公署《工作报告》；民国二十八年资料为二市七十六县，民国二十九年为二市九十五县，其余为二市（济南、烟台）一百零二县。战前资料，系根据《中国经济年鉴》民国二十五年版改制。

表3-10　1931—1943年山东大麦种植面积比重

年份	种植面积（市亩）	占耕地（%）	年份	种植面积（市亩）	占耕地（%）
1931	5280000	4.7	1939	717115	
1932	5233000	4.7	1940	877892	
1933	4631000	4.1	1941	1037368	1.0

① 参见从翰香主编：《冀鲁豫乡村》，中国社会科学出版社1995年版，第270—281页。

② 农业部办公厅计划处编：《全国主要农作物分布图集》，内部资料，1961年，第26页。

年份	种植面积（市亩）	占耕地（%）	年份	种植面积（市亩）	占耕地（%）
1934	4928000	4.4	1942	1623686	1.5
平均	5018000	4.5	1943	1769359	1.7
			平均	1205084	1.4

资料来源：战后根据伪山东公署《工作报告》，民国二十八年资料为二市七十六县，民国二十九年为二市九十五县，其余为二市（济南、烟台）一百零二县。战前资料，系根据《中国经济年鉴》民国二十五年版改制。

抗日战争期间的1939年、1942年、1943年，小麦平均种植面积为2925.2万亩。抗战胜利后的1946—1948年，小麦平均种植面积是3808.8万亩。

表3–11　小麦播种面积表

单位：万亩

年份	播种面积	年度	播种面积
1949	5375.7	1954	6310.8
1950	5646.6	1955	6102.3
1951	5578.2	1956	5988.7
1952	5885.9	1957	6221.8
1953	5944.2		

资料来源：参见山东地方史志编纂委员会、俞宽钟主编：《山东省志·农业志》（上），山东人民出版社2000年版，第277页。

冬小麦是东平主要粮食作物之一。平原、洼地皆盛产小麦。1949年，播种面积为48.80万亩。①

聊城小麦的种植面积最大，在粮食作物中占首要位置。1949年种植面积为85万亩，占粮食作物总面积的38.5%；1970年种植面积为60.32万亩，占粮食作物总面积的40%；1974年播种面积为71.15万亩；1985年种植面积为60.32万亩，占粮食作物面积的58%。②

① 参见东平县史志办编：《东平县志》，山东人民出版社1989年版，第130页。

② 参见聊城地方史志办编：《聊城市志》，齐鲁书社1999年版，第145—146页。

乐陵县冬小麦秋种夏收，畦田条播，播种量每亩 20 斤左右，一般 9 月下旬至 10 月上旬播完。有“白露早、寒露迟，秋分种麦正当时”的农谚。冬前浇冻水，开春耧划松土，浇返青水，施拔节肥，浇拔节水，孕穗水，灌浆水，麦黄水。1978 年以后广泛增施磷钾肥、复合肥、喷施激素。①

小麦是蒙阴主要粮食作物之一，1936—1975 年，种植面积均在 18 万亩左右，很少年份突破 20 万亩，亩产大都在 50 公斤左右。②

二、谷子

谷子是我国有历史传统的粮食作物之一，是仅次于玉米种植的作物，居杂粮种植的第二位。谷子有抗旱能力和适应性较强的特性，宜于干旱和土壤比较瘠薄的地区种植。谷子的早熟品种生长期短，可以进行复播和早秋播。谷子耐贮藏，宜作贮藏粮。谷子的营养价值很高，可作食料。谷糠是很好的饲料，谷草是北方饲养役畜最好的粗饲料。谷子在轮作制度中亦占有重要地位，可作麦类、薯类和棉花等作物的前作。1931—1943 年 9 年平均，山东省的谷子种植面积达 1562 多万亩，占全国 12%，高于河南、山西等省，低于河北。谷子一般是旱地种植，有 110—120 天成熟的春播早熟品种，水浇地种植 90 天成熟的品种，沿海地区种植 125—130 天成熟的晚熟品种。1957 年山东亩产高于全国平均产量。③

山东省 1924—1929 年平均种植谷子 1950.6 万亩，1931—1936 年平均种植 2233.5 万亩，1949—1954 年山东省谷子种植面积稳定在 2000 万亩左右，在粮食、大豆播种面积中居第四位，高于玉米和甘薯。④

黍稷种植一直是山东省内种植的大项。据许道夫的《中国近代农业生产及贸易统计资料》及《中国经济年鉴》、《山东农业概况》、《农林统计手册》、《山东省农业生产统计资料》统计，1915—1932 年全省黍稷种植面积

---

① 参见乐陵县史志编委会编：《乐陵县志》，齐鲁书社 1991 年版，第 136 页。

② 参见蒙阴县志编委会办公室编：《蒙阴县志》，齐鲁书社 1992 年版，第 105 页。

③ 参见农业部办公厅计划处编：《全国主要农作物分布图集》，内部资料，1961 年，第 102、108 页。

④ 参见农业部办公厅计划处编：《全国主要农作物分布图集》，内部资料，1961 年，第 102、108 页。

400 万亩左右，1933—1937 年降至 300 万亩左右；日伪时期种植面积不足 50 万亩，抗战胜利后 1947 年恢复到 364 万亩。

表 3－12　1931—1934 年山东主要农作物谷子种植面积与比率①

种类	年份	种植面积（市亩）	占耕地（%）	年份	种植面积（市亩）	占耕地（%）
谷子	1931	16355000	14.8	1939	10798478	
	1932	16249000	14.7	1940	13152445	
	1933	17662000	15.9	1941	16442311	16.0
	1934	17211000	15.6	1942	14725310	14.3
	平均	16869250	15.2	1943	16153937	15.7
				平均	14254496	15.3

在新中国成立前后黍稷都和小麦、大豆构成二年三作。由于黍稷育期多为 80—90 天，有利于及早腾茬，整地种麦。50 年代后提倡间作套种。1955 年黄县西渠乡红星农业社以小麦套种玉米，麦收后在麦行间种黍子，后茬栽白菜，亩产粮食 550 公斤、白菜 3500 公斤。黍稷春夏播都可。春播在 5 中旬开始，夏播 6 月底前结束，最迟不过 7 月上旬。播种方式，历史上撒、条、穴播都有，50 年代变为条播方式。当时每亩留苗仅 11000—16000 株。②

由于谷子绝大部分是春播，与高粱播种时节相冲突，因此种高粱较多的地区，谷子播种面积就较少。如滨湖地区的凫山、薛城、峄县，高粱种植面积高达 20%，谷子种植面积被挤，仅占耕地面积的 5% 左右。③

聊城市谷子是主要粮食作物之一，种植较为普遍，新中国成立前和新中国成立初期种植面积较大。1933 年种植面积为 20 万亩，总产 2000 吨；1949 年种植面积为 24 万亩，占粮食作物总播种面积的 11%，总产 15965 吨，

① 参见山东省农林厅编：《山东省十六个县四十九个村典型调查》，内部资料，1950 年，第 34 页。原档案件编号 TD4-487-2。

② 参见山东史志编委会、俞宽钟主编：《山东省志 · 农业志》，山东人民出版社 2000 年版，第 380—382 页。

③ 参见山东省农业厅统计局编印：《山东省农业生产统计资料（1949—1952）》，内部资料，1955 年，第 34—35 页。原档案件编号为 TD4-497-2。

占粮食总产量的17.7%。1958年以后，种植面积减少，至1983年，种植面积减至1.49万亩，占粮食作物播种总面积的1.7%，总产3180吨，占粮食总产量的1.4%。①

东平县的谷子在丘陵地种植较多，平原较少。分春、夏两种。春种称早谷，夏种称晚谷。1949年，播种面积13.40万亩。新中国成立后，平原地区逐步改二年三作（谷、小麦、玉米）为一年二作（小麦、玉米），谷子播种面积减少。1959年，播种面积2.9万亩，总产349万斤，亩产120.30斤。1969年，播种面积3.9万亩，总产979万斤，亩产251斤。②

乐陵县的谷子分春种、夏种。1949年，谷子播种面积占耕地面积的18.7%，到1956年降到了8%；70年代下降到2%。80年代引进优良品种“安三一六”、“青到老”、“鲁谷四号”等，产量提高，播种面积有所增加。播种一般为麦收来茬后耧播或开沟撒播，及时间苗，重视防治病虫害，因地制宜的追肥、浇水。③

蒙阴谷子栽培历史悠久。1949年，全县种植面积11.84万亩，亩产75公斤，人均占有41公斤。1955年后，谷子种植面积逐渐减少，到1983年，全县仅种植1.03万亩。

另据中央农业实验所的统计，抗战前七年平均全国小米产量约133亿斤，其中山东省32亿斤，河北省31亿斤，河南省23亿斤，三省相加得86亿斤，占全国总产量的65%。④ 小米作为这一地区的主要民食来源，以及由于它本身对于自然条件的良好适应性，其在种植面积和产量两方面都是比较稳定的，没有大的起落。⑤

三、大豆

大豆是我国主要农作物之一，用途极广，经济价值也高，除供榨油和副食外，是重要的工业原料和出口物资。

---

① 参见聊城地方史志办编：《聊城市志》，齐鲁书社1999年版，第146页。

② 参见东平县史志办编：《东平县志》，山东人民出版社1989年版，第132页。

③ 参见乐陵县史志编委会编：《乐陵县志》，齐鲁书社1991年版，第136页。

④ 二档，农林部档案，全宗号四二四，案卷号581。

⑤ 参见从翰香主编：《冀鲁豫乡村》，中国社会科学出版社1995年版，第281—285页。

山东栽培大豆有3000年左右的历史。《孟子·尽心上》有“圣人治天下，使有菽麦如水火”的论述。6世纪出现的《齐民要术》中，系统地搜集总结了大豆的土宜、施肥、整地、播种、密度、中耕、收获、产量等经验以及大豆对光照的要求，当时大豆栽培已有较丰富的实践经验，达到相当高的技术水平。

山东的气候比较适宜大豆生长，种植省工省肥，加之大豆营养丰富，历来种植面积大。农民以大豆作为主食、油料和大牲畜精饲料。民国时期全省粮食作物中，大豆种植面积仅次于小麦，其总产居第四位，高于玉米、甘薯、小杂粮等。①

表3-13　1931—1943年山东大豆种植面积比重

年份	种植面积（市亩）	占耕地（%）	年份	种植面积（市亩）	占耕地（%）
1931	17761000	16.0	1940	21168146	
1932	17963000	16.2	1941	21029914	20.5
1933	20183000	18.2	1942	12664652	12.3
1934	21071000	19.0	1943	15801502	15.4
平均	19244500	17.3	平均	17666053	16.1

资料来源：战后根据伪山东公署《工作报告》。民国二十八年资料为二市七十六县，民国二十九年为二市九十五县，其余为二市（济南、烟台）一百零二县。战前资料，系根据《中国经济年鉴》民国二十五年版改制。

近代山东大豆播种面积，一般在2000万亩上下，占作物播种面积的10%—15%。1933年全省种大豆2640.8万亩，当时平均每个县超过平均面积，都在上述主产区。全省大豆播种面积，从民初到60年代前期，在2000万亩到3000万亩左右波动，其间日伪时期种植面积锐降至1200万—1500万亩。②

① 参见山东史志编委会、俞宽钟主编：《山东省志·农业志》，山东人民出版社2000年版，第354—355页。

② 参见山东史志编委会、俞宽钟主编：《山东省志·农业志》，山东人民出版社2000年版，第355页。

表 3-14 1916—1950 年山东大豆播种面积表①

单位：万亩

年份	面积	年份	面积
1916	1655.7	1951	3136.2
1931—1936	3215.8	1952	3384.4
1939	1533.1	1953	3276.5
1942	1266.4	1954	3359.9
1949	3001.2	1955	2834.5
1950	3120.5	1956	2787.9

资料来源：山东史志编委会、俞宽钟主编：《山东省志·农业志》，山东人民出版社 2000 年版，第 354—355 页。

1952 年山东全省大豆种植面积为 3445.9 万亩，占耕地面积的 24.9%，栽培面积仅次于小麦。从种植面积占耕地面积百分比看，鲁中山麓冲积土灌溉区比重最大，其中又以菏泽专区最集中，全区种植面积占耕地面积的 36.6%，梁山一县达 80 余万亩，占该县耕地面积的 57.7%。

山东省大豆栽培，多与小麦轮作，春大豆比例很少，97.2% 均为麦茬大豆，大豆种植面积占麦田种植面积的 56%—58%。②

1957 年，山东、河南和黑龙江的种植面积均在 2000 万亩以上。大豆种植主要在东北松辽产区和黄淮平原产区。山东、河南、河北、江苏、安徽等省共有大豆面积 9700 多万亩，占全国大豆种植面积的 51%；大豆产量为 93 亿斤，占全国总产量的 46%。山东大豆除有与高粱和玉米间作外，大都是夏季单作，每亩产量一般在 100 斤左右。1957 年大豆播种面积的 3057 万亩，占全国大豆种植的 15.98%。③

大豆是粮食、油料兼用作物，聊城境内各县均有种植，以白家洼、后

① 参见山东史志编委会、俞宽钟主编：《山东省志·农业志》，山东人民出版社 2000 年版，第 354—355 页。

② 山东省农林厅编：《山东省农业生产统计资料（1949—1952）》，内部资料，1955 年，第 34 页。原档案件编号 TD4-487-2。

③ 参见农业部办公厅计划处编：《全国主要农作物分布图集》，内部资料，1961 年，第 118、124 页。

田、老吕、周集、河洼刘种等地种植为多。1954 年，种植面积 43.42 万亩。70 年代以后，随着棉花面积的扩大，大豆种植面积减少。1983 年种植大豆 4.25 万亩，占粮食作物播种面积的 1.8%。①

东平大豆，有黄、黑两种。黄豆粒大而圆，为境内名产，除食用和榨油外，还可制作多种副食品。因豆科根生菌瘤，自身有固氮能力，需肥量小，在湖区大面积种植。常与高粱混作，有“上八石、下八石”之说。平原、丘陵常与玉米间作。1949 年大豆播种面积 10.80 万亩。50 年代，面积扩大，最高为 1956 年，播种 13.6 万亩。60 年代初，东平湖蓄洪后，全县播种面积减少，平原地区间作的增多。1969 年，播种 11.2 万亩。70 年代初，政府限制播种面积。播种最少者为 1977 年，仅播种 5.70 万亩。80 年代起，重视粮食的质量和价格，播种面积扩大。1985 年，播种 13 万亩。②

乐陵县大豆分春播、夏播。有黄、黑、青皮等品种。20 世纪 50 至 60 年代初，播种面积占耕地面积的 10%，60 年代以后，占耕地面积 5% 左右。五六十年代，多为春播。七八十年代，多为夏播。70 年代前单产不足百斤，80 年代单产提高到 200 斤以上。麦后“黑墒”耧播大豆，花期追施少量氮肥，一般不浇水。③

新中国成立前，大豆是蒙阴县主要粮油作物，种植历史悠久，春、夏均可播种。1949 年种植面积 21.8 万亩，亩产 50 公斤。④

四、高粱

高粱原名蜀黍或蜀秫，《王祯农书》以为“种来自蜀，形类黍，故有诸名”。

高粱的原产地在非洲。当地土人在史前已掌握了高粱栽培技术，逐渐传入到埃及、印度而到达我国的西部四川，然后蔓延全国各地。我国最早关于高粱的记载是“地三年种蜀黍，其后七年多蛇”。迄今已有一千六七百年

---

① 参见聊城地方史志办编：《聊城市志》，齐鲁书社 1999 年版，第 146 页。

② 参见东平县史志办编：《东平县志》，山东人民出版社 1989 年版，第 132 页。

③ 参见乐陵县史志编委会编：《乐陵县志》，齐鲁书社 1991 年版，第 137 页。

④ 参见蒙阴县史志办编：《蒙阴县志》，齐鲁书社 1992 年版，第 105 页。

的历史。13—17世纪时，高粱在北方已扩散种植。①

高粱能成为山东的主要粮食作物，源于其超强的生物特性，适宜于山东的农业地理环境。高粱是北方主要粮食作物之一。高粱在北方的干旱地区、低洼地区和盐碱地区的农业生产中都具有重要的栽培价值。有几种原因使高粱成为华北仅次于麦谷的重要粮食作物。山东省气候一般是春旱秋涝，而高粱能抗旱抗涝，洼涝地和盐碱地也适宜种植，因此分布极为普遍。高粱生长最适温度为20℃—30℃。对土壤要求不严，抗逆性强，较耐旱，成熟期抗涝，即使顶叶淹水不超过两天，下部淹水不超过7天，仍能获得一定的收成。同时，耐瘠薄，较耐盐碱。既适合在干旱环境下生存，有“作物中的骆驼”之称。《尹少宰奏议》所载：“高粱枝粗而秆长，较他谷为耐水，故种植者广。”高粱不仅耐旱涝，而且种植成本较低，在涝地上种植基本上不需要施肥。高粱有多种多样的用途，主要是供作食用，同时也可作工业原料。高粱的籽粒含有丰富的淀粉，可以用来制造工业用淀粉，也可用作制酒原料，高粱秸秆含有糖分可供制糖，成熟的秸秆也是农村建筑和编织的重要原料，又是农村的主要燃料。

明代高粱的播种面积远远超过粟，据孔府资料显示，有个别地区甚至超过小麦。

清代高粱在山东省各地都有种植，尤以鲁西南与鲁西北平原与胶莱平原播种比重较大。1919年海阳、潍县、益都、蒲台、乐陵、范县、滕县、莒县八州县各种粮食作物的产量，除莒县外，高粱的产量都高过粟，尤以范县最为突出。

从全省范围来看，清末高粱的播种面积远远超过粟而位居杂粮之首。那种以为清末山东粟米占据春播作物优势地位的观点应该修正。据光绪三十四年（1908年）《山东实业统计表》，当年山东种植高粱2032万亩，谷子1412万亩，高粱超过了谷子不少。又据山东省林业技术训练所编纂《山东农业概要》记载，20世纪30年代中叶，山东播种高粱1601万亩，粟只有340万亩，高粱种植地位在民国仍不断提高。②

① 参见唐启宇编：《中国作物栽培史稿》，农业出版社1986年版，第192页。

② 参见李令福：《明清山东农业地理》，台湾五南图书出版公司2000年版，第238—239页。

在鲁西、鲁北地区，高粱种植面积最广。据民国时期对山东全省 108 县中的 73 县的调查，高粱在 36 个县中处于粮食作物的首位，在 14 个县为第二位，在 19 个县为第三位，前三位总计 69 个县。小米分别是在 14 县为首位，在 25 县为第二位，在 14 个县为第三位，前三位总计 53 个县。小麦分别是在 11 县为首位，在 11 县为第二位，在 12 个县为第三位，前三位总计为 34 个县。从农作物的播种面积来看，也是抗旱耐涝能力强的播种面积为广，据《山东省实业统计表》载：1908 年，山东省小麦、高粱、谷子种植面积最广，分别为 38945000 亩、20324000 亩、14122000 亩。

高粱栽培遍布全省，而以滕县、博兴、平度、峄县、历城、沂水、栖霞、潍县、益都、诸城等地为主要产地。民国时期品种有 30 余个。种植面积战前为 1800 余万亩，次于大豆，而居于第三位。至 1948 年又增至 1700 余万亩，恢复到战前水平。①

全省以鲁中山麓冲积平原区种植比重最大，占耕地面积的 20.96%；鲁中南山区和鲁西北平原次之，均在 18% 左右；胶东丘陵区比重较小，仅为 8.07%。

高粱是聊城市境内涝洼地主要粮食作物。新中国成立前，农业生产力落后，旱涝灾害频繁，农民利用高粱抗旱、耐涝、适应性强的特性大量种植。1933 年，全县高粱种植面积达 25.68 万亩。

从总体上看，华北平原三省是我国重要的高粱产地。民国时期，山东高粱种植面积一般在 1600 万亩—2000 万亩。据农商部《第三次农商统计表》(1916 年版)，1914 年山东高粱种植面积达 3075.2 万亩，为已知最大面积。1924—1929 年全国平均常年高粱产量约 278 亿市斤，其中山东省的产量有 43 亿市斤，仅次于辽宁，居全国第二位。

日伪统治时期（1938—1945 年），日伪严禁铁路沿线种高粱以防袭击，全省种植面积降至 1200 万亩—1500 万亩。

高粱在战后种植面积从 1500 万亩恢复到战前水平后 1800 万亩后，新中国成立后再进一步提高到 2500 万亩。但从发展趋势来看，高粱在冀鲁豫三省，特别在山东省种植面积，也是一路波动下滑的大趋势。

---

① 参见鲁档：《山东省农业生产调查统计资料（1949—1952）》，内部资料 1955 年，第 88 页。原档案件编号为 TD4-497-2。

表 3–15　山东高粱播种面积

单位：万亩

年份	1914	1931—1936	1939	1946	1949
面积	3075.2	2464.0	1242.6	1631.8	2317.1

资料来源：山东史志编委会、俞宽钟主编：《山东省志·农业志》，山东人民出版社 2000 年版，第 365—369 页。

表 3–16　1931—1943 年山东高粱种植面积比重

年份	种植面积（市亩）	占耕地（%）	年份	种植面积（市亩）	占耕地（%）
1931	21335000	19.2	1939	11099120	
1932	18568000	16.8	1940	13977624	
1933	17854000	16.1	1941	15420907	15.0
1934	17631000	15.9	1942	14613606	14.2
平均	18597000	17.0	1943	14264810	13.9
			平均	14766441	14.4

资料来源：战后根据伪山东公署《工作报告》。民国二十八年资料为二市七十六县，民国二十九年为二市九十五县，其余为二市（济南、烟台）一百零二县。战前资料，系根据《中国经济年鉴》民国二十五年版改制。

高粱种植面积下降趋势十分明显。高粱种植面积的下降，不只是因为日伪严禁在铁路沿线种植高秆作物，怕青纱帐起来后中国军民借以袭击日伪。其实高粱种植面积下降趋势在战前就开始了。从面积绝对数上看，1931 年、1932 年它还是山东省的第二大作物，1933 年后则退居第三位。

高粱是山东仅次于小麦和大豆的第三大作物，1949—1955 年播种面积 135 万公顷以上，1952 年全省高粱种植面积为 2417 万亩，占耕地面积 17.48%，仅次于小麦和大豆。1953 年曾达到 163.5 万公顷。

高粱种植最多的是东北各省和山东、河北、河南三省，1957 年山东种植 14261 多万亩，占全国高粱种植的 14%，每亩产量达 123 斤。①

① 参见农业部办公厅计划处编：《全国主要农作物分布图集》，内部资料，1961 年，第 89—90 页。

从各种资料看，高粱种植面积逐渐下降，有三方面的原因值得注意：其一，传统农业的集约化程度有所提高。高粱种植面积缩减的结果，导致了经济作物和小麦等细粮作物种植面积的扩大，从反面证明了粮食生产的商品化程度有提高。其二，随着人口压力增大，农民更倾向于种植玉米和甘薯。从粮食作物内部结构的调整，我们可以发现农业进步的一些迹象。① 高粱分布的多寡，除与土壤和气候密切相关外，也与各地种植习惯有不小关系，如胶东农民喜食玉米和地瓜，而不喜食高粱，因此，高粱在胶东种植较少。其三，1956 年以后播种面积显著下降，原因是生产条件的改善，导致轮作制度的改革，两年三熟制的春高粱逐步被一年两熟制的夏玉米所取代。高粱种植面积的下降，是与小麦、玉米、甘薯的扩大种植成反比的。

这期间有一点反复，就是 60 年代后期，杂交高粱因具有杂种优势而显著提高了产量，但自 1974 年以后，全省播种面积又逐年下降。1978 年下降到 30.3 万公顷，到 1980 年仅有 23.4 万公顷，1982 年以来在 10 万公顷上下徘徊。②1983 年聊城高粱播面积仅有 0.51 万亩，占粮食作物总播种面积的 0.6%。③

五、水稻

水稻并不是华北的主要粮食作物，但它在该地区的农业政策及个别地方的农业经营上都具有比较特殊的地位。首先，清政府继续元明政府的做法，一直试图在该地区扩大水稻种植面积，以缓解京师的粮食供需矛盾，并提高北方农业的经济效能。这种做法产生了一定的效果。其次，水稻在华北的种植区域比较集中，在水稻的集中种植区，这种作物在当地的作物结构中就占有比较重要的地位。尤其是在豫省和淮南地区，水稻面积占作物种植面积的 30% 左右，是当地最主要的粮食作物。由于上述两个原因，我们把这种从总体上说在华北农业中并不占重要地位的作物单独进行考察。

清代山东种植稻谷的州县已达 58 个。但从各地方志记载看，多为“稍

---

① 参见从翰香主编：《冀鲁豫乡村》，中国社会科学出版社 1995 年版，第 285—289 页。

② 参见山东农科院、省计划委员会编：《山东农业概况（1949—1990）》，山东科技出版社 1993 年版，第 59 页。

③ 参见聊城地方史志办编：《聊城市志》，齐鲁书社 1999 年版，第 146 页。

有之”、“间亦有之”、“惟洼地宜之，种者少”和利用“斥卤”种稻，可见种植面积和规模不大，仍以零星局部种植为主。

据《大中华山东地理志》、《鲁豫晋三省志》、《中国实业志》等书记载，水稻常年分布区域主要局限在鲁中山区北侧山前平原的泉水出露带、小清河流域和鲁南局部河谷平原；旱稻主要分布在鲁东南和胶东半岛东南部。稻谷主要生产县有章丘、历城、桓台、日照、郯城、胶县、文登、费县等。

新中国成立后，随着水利条件改善，稻谷布局也相应变迁。据《山东省农业生产统计资料》，1952—1957 六年平均稻谷种植面积为 58.6 万亩，其中水稻仅占 15.6%。水稻种植 5000 亩以上的县份依次是文登、日照、荣成、章丘、东平，其中文登、日照均在万亩以上，但年际面积稳定的县是日照和章丘。旱稻占总面积 84.4%，其中年平均种植 2 万亩以上的县依次为郯城、日照、文登、莒南、招远、乳山，其中郯城和日照 4 万亩以上。

1958 年以后，旱稻逐渐消失，水稻逐渐扩种。水稻主要分布在南四湖和东平湖的滨湖洼地，沂沭河中下游平原，黄河三角洲，沿黄低洼盐碱地，鲁中山区北侧的平原区。其中滨湖洼地和沂沭河中下游从 1958 年开始发展，80 年代各占全省水稻面积三分之一以上；黄河三角洲是新兴稻区，占六分之一以上。引黄灌溉工程的建设，为沿黄稻改提供了条件，使山东稻区得以扩展，“滨州小营稻”已成为地方名产。①

限制水稻向淮北地区推广的主要的甚至可以说是唯一的障碍是水。就温热条件而言，甚至极北的东三省也适宜于种植水稻，在现代化的水利事业出现以前，水资源的利用总是受到很大的限制，在干旱的华北平原，可以有足够的水种植水稻的地方极为有限。因此，稻米的生产地也就很集中，水稻产地主要有鲁中丘陵地下水源丰富浅埋处。冀鲁豫三省比较而言，豫省稻米产量最丰，近代稻作面积占耕地总面积的 2%—3%；冀省其次，占总面积 1% 左右；鲁省面积最少，占总面积 0.5% 以下。

山东省是华北平原冀鲁豫三省中产稻米最少的省份。该省沿海一些地方的自然条件是适宜于营治水田的，但迄至近代，未闻有引水种稻之举，大

① 参见山东史志编委会、俞宽钟主编：《山东省志 · 农业志》，山东人民出版社 2000 年版，第 321—322 页。

概是由于山东人民既无食米的习惯，它又不像京畿之地那样与京城的粮食供应问题紧密相联，因此官府既未着力倡导，民间也未自发易旱地为水田。

山东省有关水稻种植的资料甚为罕见，大约种植颇为零星。有条件种植水稻的地方，就是一些湖泊的边缘地带、河水丰沛之地及涌泉密集之处。如博兴、桓台、高苑之间有锦秋湖，“先时水势甚大，仅湖滨有鱼稻藕苇菱芡之利。湖中汪洋大泊，无何利益。数十年来，水势日小，昔之沮洳，今旱田矣；昔之汪洋，今沮洳矣。沟渠纵横，堤埂罗列，全湖竟无荒芜，肥沃迥异常地。旱田种菜种麦，沮洳之中藕稻蒲苇菱芡鱼蟹之属出产极丰。受乌河孝妇之水，灌溉全湖，有余则泄于小清河，湖河互为调剂”①。像这样一个湖泊淤浅而成的耕种区，又有河水为之调剂，本是种植水稻的理想之地，但从上述引文可见，只是在不能种旱地作物的“沮洳之地”才有水稻的种植，其重要性与藕蒲苇菱芡等相等，从中也可看到与不遗余力地提倡种植水稻的河北省的相异之处。

在华北地区，水稻的商品化程度是很高的，一般供应城镇人口食用。农民既无食用大米习惯，又觉得食用人米太过奢侈，因而除豫南稻米集中产区食米较多外，只有在生活水平比较高的地方，农民食品中才有大米。……“食麦者多，食稻者少”，稻米主要用于政治机关和民间庆吊活动，足证它是一种比小麦还贵重的细粮。

近代华北平原水稻的播种面积，从现有史料看，天津附近由于太平天国战争后由淮军旧部大量开辟水田，同时，灌溉设施的改善也带动了民间的种稻积极性，水田面积有所扩展。其他地方种植本属零星，看不出明显的增减趋势。

六、玉米

玉米于明代传入中国，万历年间在山东种植。玉米又称玉蜀黍，古时尚有御麦、玉麦、番麦、玉高粱等名称。玉米在16世纪中叶传入中国，北方的种植虽然始于清中叶，推广速度不如预期。山东俗称苞米、棒子。

---

① 参见胶济铁路局经济调查委员会：《胶济铁路经济调查报告·分编·桓台》，胶济铁路车辆管理处印。

山东泰安府属及历城、招远、临清、禹城、东阿、胶州等州县都有种玉米的记载。康熙六十一年增修的明崇祯《历城县志》上，称玉米为“玉麦”。① 其后乾隆二十五年的《泰安府志》有较早记载。道光年间的《荣成县志》称：“近年渐种玉粟”。② 稍后，《招远县志》称：“田畔园圃间艺之。”③《胶州志》称“胶土不甚宜，故种稀”。④ 可见当地试种过，只是尚不得法。在民国重修的《增修胶志》中又称：“玉蜀黍，……昔日胶土不甚宜，今种者多，又有……关东禾子。”⑤ 大量记载都在同光两朝，特别是光绪朝出现。

玉米刚传入山东时，仅少量种植。迟至清嘉道以后才得以普及，甚至是清末至民国初年才普遍种植。进入 20 世纪后，玉米逐渐成为山东各地的重要粮食作物。

民国以后，山东的粮食结构发生进一步大的调度。粮食中的玉米，因为水利、化肥和杂交种的推动，单产提高，才得以在平原和山区推广，由此产量得到了空前的提升。不少州县的农民把玉米作为主食之一。

1914 年山东玉米种植面积已达 203.67 万公顷。1931 年的《统计月报》记载，山东省的 107 县，其中有 63 县有玉米统计数字。1933 年，山东省有 78 个县市种植玉米，玉米面积以鲁西北地区最大，胶东次之，鲁南地区无玉米。1934 年出版的《中国实业志（山东省）》记载：“玉蜀黍在鲁分布颇广，栽培者计达一市、一区七十六县……”称全省栽培面积达到 410.57 万公顷。平均每公顷产量最高的前 6 个县依次是：寿光县、宁阳、黄县、青岛市、荣成县和胶县。⑥

就全国和冀鲁豫三省的玉米总产量来说，1924—1929 年常年全国产量约 176 亿市斤，其中河北省有 25 亿市斤，25 省中仅次于四川居第二，河南省约 12 亿市斤，位居第五，山东省约 10 亿市斤，居第六位。三省相加约得

---

① 《赋役志》、《方产》、《谷》，增刻《历城县志》卷五

② 《食货志》、《物产》，《（道光）荣成县志》卷三。

③ 《物产》、《谷属》，重刻顺治十七年《招远县志》卷五。

④ 《（道光）胶州志》卷十四。

⑤ 参见《疆域志》、《物产》、《植物》，《（民国）增修胶志》卷九。

⑥ 参见山东农业科学院、王忠孝主编：《山东玉米》，中国农业出版社 1999 年版，第 7、9 页。

47 亿市斤，占全国总产量的 26%。①

从整个发展趋势看，玉米的种植面积和产量是有所扩大的，这种明末才引入我国的作物到近代已经成为主要的民食之一。在华北平原，它的地位仅次于小麦、小米而与高粱难分轩轾。②

由于玉米易种高产，逐渐成为主要粮食作物，种植面积不断扩大。杂交育成品种的普及应用以及农田投入的增加，使玉米单产迅速提高，在北方旱作地区已成为仅次于小麦的第二大粮食作物。

1904 年，章丘县旧军镇进修堂孟家的玉米，亩产达到 85—115 公斤。据《中国近代农业生产及贸易统计资料》，1914—1916 年山东玉米种植面积 223—305.5 万亩，亩产 40.5—70.5 公斤，生产起伏不稳。至 30 年代抗日战争前，面积进一步扩大，亩产亦有提高。据省农业厅《山东省农业经济统计提要（1949—1980）》附录记载，1931—1936 年，山东省平均种植玉米 1135.4 万亩，平均亩产 72.3 公斤。抗日战争期间生产水平下降，据日伪编印的《山东农业概况》，1939—1942 年，玉米平均面积 802.4 万亩，平均亩产只有 46.3 公斤。③ 进入 1948 年，山东广大农村已基本上结束战事，据省实业厅编《山东省农业生产几项主要作物调查》，该年玉米面积 1133.4 万亩，亩产 72 公斤，与抗日战争前基本相同。玉米的增产在粮食增产中起到首要作用，为畜牧业的发展提供了饲料基础。

表 3-17　1931—1934 年山东玉米种植面积比重

年份	种植面积（市亩）	占耕地（%）	年份	种植面积（市亩）	占耕地（%）
1931	9549000	8.6	1939	6103776	
1932	10982000	9.8	1940	7944162	
1933	7958000	7.2	1941	9012590	8.7
1934	7546000	6.8	1942	9490989	9.2

① 《统计月报》1932 年第 1—2 期合刊，第 2 页。

② 参见从翰香主编：《冀鲁豫乡村》，中国社会科学出版社 1995 年版，第 290—291 页。

③ 参见山东史志编委会、俞宽钟主编：《山东省志 · 农业志》，山东人民出版社 2000 年版，第 298—300 页。

年份	种植面积（市亩）	占耕地（%）	年份	种植面积（市亩）	占耕地（%）
平均	9008000	8.1	1943	9449178	9.2
			平均	9334252	9.0

资料来源：战后根据伪山东公署《工作报告》，民国二十八年资料为二市七十六县，民国二十九年为二市九十五县，其余为二市（济南、烟台）一百零二县。战前资料，系根据《中国经济年鉴》民国二十五年版改制。

1949 年全省 118 个县（市）中，有 107 个县（市）种植玉米，未种玉米的县为鲁西南和鲁南的巨野、成武、单县、鱼台、金乡、兖州、曲阜、邹县、平邑、临沂、莒南。按当时面积比率，鲁西占全省玉米面积一半以上，胶东其次，鲁中又次，鲁南最少，只占 1.7%。以后随着生产条件的改变，玉米普及全省各县，胶东和鲁南面积比率大幅度上升，鲁西种植面积虽也有较大增长，但在全省所占比率相对下降，见下表 3－18。

表 3－18　山东省内各大区玉米分布

单位：万亩

地区	1949 年		1957 年	
	面积	占全省 %	面积	占全省 %
鲁西	796.0	56.0	1316.4	36.5
胶东	343.2	24.1	1172.4	32.5
鲁中	259.6	18.2	668.1	18.5
鲁南	24.8	1.7	450.9	12.5

新中国成立前，全国玉米种植面积约有 1 亿亩，其后有了迅速的发展，到 1957 年已发展到 2.24 多亿亩。玉米在杂粮中的种植面积和产量都居于首位，占杂粮面积的 30%，每亩产量高于杂粮平均产量的 38%，总产量占杂粮总产量的 41%。从种植地区看，1957 年河北省种植面积为 2500 多万亩，占全国的 12%；四川省 2400 多万亩，占全国的 11%；山东省种植面积为 2092 多万亩，占全国的 9%，平均亩产 176 斤。山东属夏播玉米区，一般是在小麦收割后即种植早熟玉米，胶东半岛则属早播、夏播玉米

混合区。①

玉米性喜干燥和温暖气候，是胶东和渤海一带农民的主要食粮之一。由于抗日战争期间政府提倡种高秸作物作青纱帐，种植面积比战前扩大了很多。1952 年全省种植面积为 1469.6 万亩，占耕地面积的 10.63%，其中 70% 以上种植面积集中在胶东丘陵区和鲁西北平原区。鲁西北平原区种植面积最多，为 756.4 万亩，占全省玉米种植面积的一半以上。胶东丘陵区种植面积超过鲁西北平原区。

聊城玉米种植面积仅次于小麦，是境内第二大粮食作物。新中国成立后的 1949 年种植面积为 38 万亩。1950—1972 年，种植面积一直在 30 万亩—40 万亩之间。1980 年全县玉米种植面积 45.79 万亩，占粮食总产量的 48.7%。1984 年种植面积 26.67 万亩，单产与过去最高年份相比增长 1.5 倍，总产占粮食总产量的 28.5%。②

玉米在东平俗称棒子、玉蜀黍。分春夏两种。夏玉米为秋季的主要粮食作物，有与豆类间作的习惯。东平 1949 年播种面积为 16 万亩；1952 年，播种面积增到 28.3 万亩；1959 年，因扩种地瓜，玉米面积减到 18.8 万亩；1960 年，仅播种 8.8 万亩；后逐年调整。1969 年，播种面积 17.6 万亩；70 年代，播种面积逐年增多；1979 年，播种面积 25.90 万亩。③

玉米是乐陵县的主要秋收粮食作物，分夏种、春种，以夏种为主。50 年代至 60 年代，有少量春种。70 年代至 80 年代，夏种面积增加，带麦套种在 20% 左右，麦后耒茬直播占 80% 左右。按土地肥瘦定苗，地肥多留，地瘦少留，一般每亩留苗在 3—5 千株。拔节期或抽穗期追肥，遇旱浇水，及时防治病虫害。麦田套种，越来越被农民接受，因提前播种，满足积温，提前成熟，产量高，可适时种麦。

新中国成立前蒙阴县玉米以春播为主，产量低且不稳。1949 年，全县种植面积 2.86 万亩，亩产 60 公斤。1957 年种植面积达 6.68 万亩。自 1975 年后，多由春播改为夏播，种植面积扩大到 10 万亩左右，亩产提高到 250

---

① 参见农业部办公厅计划处编：《全国主要农作物分布图集》，内部资料，1961 年，第 66、72 页。

② 参见聊城地方史志办编：《聊城市志》，齐鲁书社 1999 年版，第 146 页。

③ 参见东平县史志办编：《东平县志》，山东人民出版社 1989 年版，第 131—132 页。

多公斤。[①]

七、甘薯

甘薯是明代传入我国的美洲粮食作物中引种推广最为普及的物种。甘薯（俗名地瓜）为本省农民主要粮食作物之一。甘薯是高产作物，在生地和山岭薄地上都能获得丰收。山东多为丘陵和山地，适宜种植甘薯。种植甘薯对解决因人口增多粮食短少的困难起了相当大的缓解作用，所以在短期内即在全省各地推广开来。

甘薯的传入较玉米晚 40 年，在乾隆年间传入。农民以之作为主食，足支半年之粮，由此渐次普遍种植。胶州乾隆十五年（1750 年）开始种植，很快传遍全省。如曲阜县“甚为谷与菜之助焉”；[②] 寿光县“邑多种之”。[③]

甘薯的种植面积仅次于小麦和玉米，虽然新中国成立后种植面积有减少的趋势，但仍为本省主要粮食作物之一。夏播甘薯是冬小麦的接茬作物，故一直保持了在粮食作物中的重要地位。[④]

甘薯因其对生长条件的良好适应性和高出一般粮食几倍的高产量，被官方作为备荒救荒的粮食加以提倡而在各地广泛种植。山东有 60 余县种植甘薯，以胶东丘陵和鲁中南山区丘陵地区较多，尤其集中在胶东和黄河沿岸各县，而平原较少。

根据卜凯的《中国土地利用》调查，甘薯面积在近代中国呈逐渐扩大趋势，这是与我们的研究结论相吻合的，即近代冀鲁豫地区表现出了这一同样的趋势。[⑤]

就冀鲁豫三省甘薯占全国总产量的比例来说，在一些统计数据中，这一比例分别为 21%、56% 及 27%。由于甘薯在各省普遍种植，华北三省产量虽不少，但都算不上最大的种植省份，因此 56% 的比例显然过高。这个

---

① 参见山东史志编委会、俞宽钟主编：《山东省志 · 农业志》，山东人民出版社 2000 年版，第 330—331 页。

② 参见《曲阜县志》卷三十七。

③ 《物产》，《（嘉庆）寿光县志》卷九。

④ 参见蒙阴县史志办编：《蒙阴县志》，齐鲁书社 1992 年版，第 105 页。

⑤ 参见从翰香主编：《冀鲁豫乡村》，中国社会科学出版社 1995 年版，第 292—293、295 页。

比例大约在20%—30%之间。这已经是一个不低的数字，说明这种作物在华北民食中占有重要地位。

山东人口密度在北方各省中雄踞榜首，民食十分艰窘，高产作物甘薯的种植面积也较大。从当时的一些统计数字上看，该省1924—1929年常年甘薯产量为25亿多市斤，在25省中占第五位。①1931—1937年七年平均产量为45亿多市斤。②

与河北省一样，即使是在甘薯种植面积较小的地方，它仍是农民赖以果腹的一种重要食料，如鲁西南平原上的东平县即是如此。③老百姓中流传的民谚称："收了地瓜，吃的不怕。"当地土地甚少，所以但有隙地，农民即栽种甘薯。收而曝干，以供一岁之食。④

由于甘薯产量高，所以在抗日战争期间，农民竞相增种，致栽培面积年有增加。

1952年全省种植面积为14941698亩，占耕地面积的10.80%，较抗战前增加了一半。本省大部分地区以小麦与地瓜轮作，故麦茬地瓜在种植面积中比重较大，约占60%，春地瓜约占40%。但各地也不一致，鲁中南和鲁西北地区大部分种麦茬地瓜，而胶东则以春地瓜居多，特别文登专区春地瓜种植比例达90%左右。⑤

蒙阴县的地瓜，1949年种植面积为5.5万亩，1962年面积扩大到20.3万亩。⑥

东平在清乾隆年间奉命劝种。地瓜，俗称红薯。多在山丘地区种植。有春、夏之分。春地瓜育秧栽种或埋窝瓜，多晒地瓜干贮藏；夏地瓜剪秧栽种，收后窖藏。1949年种植3.70万亩。⑦

---

① 《统计月报》1932年第1—2期合刊，第3页。

② 二档，农林部档案，全宗号四二四，案卷号581。

③ 参见《(民国) 东平县志》卷五。

④ 参见周至元编：《崂山志》，齐鲁书社1993年版，第16页。

⑤ 参见胶济铁路局经济调查委员会编：《胶济铁路经济调查报告·分编·胶县》，胶济铁路车辆管理处印。

⑥ 参见蒙阴县史志办编：《蒙阴县志》，齐鲁书社1992年版，第105页。

⑦ 参见山东省农林厅编：《山东省农业生产统计资料（1949—1952）》，内部资料，1955年，第35页。原档案件编号TD4-487-2。

聊城县种植地瓜始于清乾隆五十一年（1786 年），有两百多年的历史，是境内重要的粮食作物。1933 年全县种植地瓜 0.8 万亩，新中国成立后种植面积不断增加。1949 年种植 6.4 万亩，1958—1971 年种植面积一直稳定在 10 万亩以上。其中 1960 年种植面积达到 30 万亩，占粮食作物总面积的 17.5%。1980 年以后，随着小麦、玉米等作物产量的大幅度提高，地瓜种植面积逐年减少，1980 年全县种植地瓜 4.09 万亩，1983 年只有 1.25 万亩。①

乐陵县地瓜有春、夏瓜之分。从 50 年代末到 70 年代，种植面积比 1949 年增加十几倍。进入 80 年代，小麦、玉米种植面积扩大，地瓜种植面积下降。春地瓜施足基肥，起垄插秧，中期提蔓，很少浇水，夏地瓜麦收后栽蔓。②

八、花生

花生原产南美洲，中国明代始见记载。一说传入山东的时间约在 18 世纪末（清嘉庆初）。1887 年《宁阳县志》载："嘉庆初，齐家庄人齐振清试种之，其生颇蕃，近年来则连阡接陌。"1896 年《费县志》载："百年前仅有种者，今则连阡累陌。"当时均为龙生型小果品种。康熙年间东平引进大花生，光绪年间引进小花生。有春种、夏种之分，多种于大汶河和大、小清河沿岸淤沙地。

普通型大花生的传入则在 19 世纪后期。据金陵大学《农林通讯》记载，大花生是大清光绪十五年（1889 年）以前，由基督教圣公会副主教务长汤普森从美国带来上海，交给传教士米勒斯带到蓬莱分给教徒种植。另据中国农业博物馆资料，大花生传入年份在 1887 年，到 1924 年，蓬莱已经是著名的大花生产区。多粒型花生传入山东更晚于大花生。由于花生可利用砂薄地种植，经济效益较高，传入山东后推广颇快。

花生是我国主要油料作物之一，其种植面积和产量在油料作物中占有较大比重。花生的经济价值很高，其含油量一般为 45%—50%，出油量可达 40%—44%，是很好的食用油，也是重要的工业用油，花生饼含有很多蛋白

① 参见聊城地方史志办编：《聊城市志》，齐鲁书社 1999 年版，第 146 页。

② 参见乐陵县史志编委会编：《乐陵县志》，齐鲁书社 1991 年版，第 137 页。

质和碳水化合物，是很好的饲料。

山东省花生主要产区分布在胶东半岛和鲁中南丘陵地区。本省土壤多带沙质，适宜种植花生，所产花生栽培几遍全省，主要产地为莱芜、曲阜、邹县、滕县、郯城、沂水、诸城、日照、高密、乐陵、莱阳、冠县、恩县、武城、朝城等地。种植面积在“七七事变”前为440余万亩，产量达1400余万担。①“花生种植在30年代已达六百万亩，年产一千万担以上，成为山东最主要的出口物资。”②

据1934年出版的《中国实业志》称，山东省当时已有82个县种植花生。山东花生主要出产县，据1932年张心一著《中国农业概况估计》记载，有泰安、恩县（今属平原县）、莒县、沂水、诸城、冠县、莱阳、蒙阴、滕县、广饶10个县市，共种植花生156万亩，占全省花生面积45.9%。

表3–19　1933—1937年山东花生种植面积

单位：千市亩　千市担　市斤/市亩

年份	1933	1934	1935	1936	1937
面积	4241	4700	4293	4407	4336
总产量	13995	14476	10383	13232	10700
亩产量	330	308	242	300	247

资料来源：《中国近代农业生产及贸易统计资料》，第162页。

20世纪30年代，山东花生平均种植面积超过430万亩，产量在1250万担以上，均大幅度超过前二十年，而居于全国首位。③至“七七事变”前，山东省有82县种植花生，恩县、莒县成为全省种植面积最大、产量最高的县份。20年代末30年代初，泰安产额及品质被称为“山东第一”。④

据《中国近代农业生产及贸易统计资料》（1983年）和《中国土产综览》（1951年）记载：山东省民国初期种花生200多万亩，到30年代已发展

① 参见鲁档：《山东省农业生产调查统计资料（1949—1952）》，内部资料1955年，第89页，原档案件编号为TD4-497-2。

② 参见孙敬之：《华北经济地理》，科学出版社1957年版，第122页。

③ 参见张玉法主编：《农业志》，《(民国）山东通志》卷十五，（台北）山东文献杂志社2000年版，第1496页。

④ 参见《中国实业志（山东省）》（戊），民国二十三年，第203—206页。

到400多万亩，1948年超过500万亩。亩产量在抗日战争前达到一个高峰，1931—1937年平均亩产142.8公斤。日本侵华期间花生产量锐减，1942年降至92公斤。抗战胜利后，恢复到100—120公斤。

表3-20 1914—1941年山东省花生面积表

单位：万亩

年份	平均面积	年份	平均面积
1914—1918	236.7	1942	447.8
1931—1937	439.5	1946	295.8
1941	409.9	1948	506.8

表3-21 1933—1943年山东花生种植面积统计表

单位：市亩

年份	种植面积	占耕地%
1933	4241000	3.8
1934	4700000	4.2
平均	4470500	4.0
1939	1478381	
1940	2500013	
1941	2463459	2.4
1942	2229037	2.1
1943	2133691	2.0
平均	2160916	2.2

资料来源：参见山东农林厅编：《山东省四十九个村典型调查》，内部资料，1950年。

新中国成立后，花生种植以山东、河北、河南、广东、江苏、辽宁为最多，山东一省种植面积就达1064多万亩，占全国花生总种植面积的27.91%，亩产量达128斤。花生仍然是山东省的重要油料作物，并在全国花生生产中占有显著的地位，播种面积占全国的四分之一，产量占全国的三分之一，面积和产量均居全国首位。① "山东大花生"驰名全国，以胶东半

① 《中国自然资源丛书·山东卷》，中国环境科学出版社1995年版，第247页。

岛最为集中，有的地区花生种植面积几乎达到作物种植面积的40%。山东大部分是春播花生，也有一部分麦茬花生。①

山东中南部山区和东部半岛丘陵区，砂质土壤多，宜于花生的栽培。1952年全省种植花生8179754亩，占全国花生种植面积的30%以上，占全省耕地面积的5.19%。山东花生粒大、质高、含油量多，适宜于榨油。山东花生多属春季种植，晚秋时间收获；麦后伏花生不多。春花生占花生种植比重的78%，麦茬花生仅占32%。②

1950—1957年发展阶段：当时征购任务实行粮油统算的政策，调动了农民因地制宜种植花生的积极性。8年平均年种植面积980.7万亩，亩产96.5公斤，总产8.58亿公斤，其中1956年种植1138万亩，亩产113公斤，总产12.83亿公斤，面积、总产首次创全省历史最高纪录。③

省内花生种植面积虽广，但地区间分布很不均衡。占全省耕地面积三分之一的鲁中南山区和胶东丘陵区，却占花生全省栽种面积的71%，而占全省耕地面积三分之二的鲁西北平原和鲁中山麓冲积土灌溉区，仅占花生栽培面积的29%。从花生种植面积占耕地面积百分比来看，也以胶东丘陵区和鲁中南山区为高，前者达13.62%，后者达11.63%；而鲁西北平原仅占2.35%，鲁中山麓冲积土灌溉区仅占2.95%。种植最多的是临沂专区，共种植1764488亩；其次为文登专区，共种植1332689亩；再次为莱阳专区，种植1327436亩；第四为胶州专区，共种植1155286亩。该四个专区共种植花生6679899亩，占全省种植面积的68.21%。花生大县是临沭、沂南、即墨、胶县、日照、昆嵛、牟平、沂水、平邑、胶南、莱西、文登、荣成、乳山、海阳、莒县、莱阳、栖霞、莒南等县，一般在15万亩—25万亩之间。特别是莒南县花生种植面积更为集中，多达30万亩以上。

---

① 参见农业部办公厅计划处编：《全国主要农作物分布图集》，内部资料，1961年，第138页。

② 参见山东省农林厅编：《山东省农业生产统计资料（1949—1952）》，内部资料，1955年，第39页。原档案件编号TD4-487-2。

③ 参见山东史志编委会、俞宽钟主编：《山东省志·农业志》，山东人民出版社2000年版，第420—441、422—423页。

表 3-22 山东各产区花生播种面积表

单位：万亩

年份	胶东半岛		鲁中南		鲁西平原	
	面积	占全省（%）	面积	占全省（%）	面积	占全省（%）
1949	226.2	34.0	314.6	47.4	123.4	18.6
1956	411.1	36.1	525.2	46.1	202.3	17.8
1960	247.1	63.2	113.0	29.0	30.3	7.8
1964	309.2	43.8	334.9	47.5	61.9	8.7
1985	554.7	40.2	585.6	42.5	238.3	17.3
1990	458.1	43.0	510.5	47.8	98.7	9.2

说明：1990 年花生面积在 10 万亩以上的县（市）达 36 个，其中面积 30 万亩—40 万亩的有海阳、莱阳、莱西、即墨、胶南、莒南 6 个县（市），40 万亩以上的有平度、文登、荣成 3 个市。

第二节 美洲作物品种的引进与绿色农业革命

一、美洲粮食作物的引种与推广

（一）玉米

明代玉米传入中国，万历年间在山东种植。玉米又称玉蜀黍，古时尚有御麦、玉麦、番麦、玉高粱等名称。山东俗称苞米、棒子。

玉米来自西方，古时称玉米为“番麦”、“西天麦”，又因它作为罕见的珍品奉献给皇帝，故又称“御麦”。已知最早记载玉米的文献，是明嘉靖三十年（1551 年）的河南《襄城县志》，书中有“玉麦”之记载。明嘉靖三十九年（1560 年），赵时春撰写的甘肃《平凉府志》记载了玉米植株的形态：“番麦，一名西天麦，苗如蜀秫而肥，短末有穗，如稻而非实。实如塔，如桐子大，生节间，花垂红绒，在塔末长五六寸，三月种，八月收。”作者把玉米与高粱的形态性状区分开来。玉米被称为“麦”，说明人们认识到它的食用价值了。元代中央政府所设的“尚食局”有“御麦面”，则可能在 14

世纪已有了玉米的食用，[①] 而且当作高档的食品管理。

从玉米传入中土到被学人认识，再到被当作当地一件重要的事物写入志书，一般要经过较长的时间。玉米传入我国的时间应在 16 世纪早期。明万历元年（1573 年）田艺蘅所著《留青日札》卷二十六《御麦》记载："御麦出于西番，旧名番麦，以其曾经进御，故曰御麦。干叶类稷，花类稻穗。其苞如拳而长，其须如红绒，其粒如芡实大而莹白，花开于顶，实结于节，真异谷也。吾乡传得此种，多有种之者。"这可能是通过印度和西南亚传入的美洲玉米，是在 16 世纪经缅甸传进云南和中国内地的。《留青日札》在隆庆六年（1572 年）已经撰就，玉蜀黍必在若干年前已经传入。西班牙教士厄拉达于 1575 年在漳、泉、福州所见玉蜀黍的种植，更证明田艺蘅纪事之正确。可以推断，上述古书记载的玉米，是通过印度，西南亚传入的美洲玉米。[②]

《本草纲目》载："时珍曰：玉蜀黍种出西土，种者亦罕，其苗叶俱似蜀黍而肥矮，亦似薏苡。苗高三四尺，六七月开花成穗，如秕麦状，苗心别出一苞，如棕鱼形，苞上出白须垂垂，久则苞拆子出，颗颗攒簇，子亦大如棕子，黄白色，可炸炒食之，炒拆白花，如炒拆糯谷之状。"[③]

徐光启在崇祯元年（1628 年）撰就《农政全书》，正文里根本没有提到玉蜀黍，只在底注中附带一提。[④]

清代学人包世臣的《安吴四种》中称："玉黍，一名包谷，一名陆谷，一名玉高粱，一名御麦。……生地瓦砾山场皆可植，其嵌石罅尤耐旱，宜勤锄，不须厚粪，旱甚亦宜溉。麦舂为饭，亚于麦，惟不耐饥，可炒食，磨粉为饼，味黏涩。收成至盛。工本轻，为旱种之最。"[⑤]

玉米原产美洲，其中的硬粒型玉米于 16 世纪初传入我国。山东始见于

---

① 参见唐启宇：《中国作物栽培史稿》，农业出版社 1986 年版，第 213—214 页。

② 山东农业科学院、王忠孝主编：《山东玉米》，中国农业出版社 1999 年版，第 5、6 页。

③ 李时珍：《谷》之二，《本草纲目》卷 23，北京出版社 2007 年版。

④ 参见何炳棣：《美洲作物的引进、传播及其对中国粮食生产的影响》，《历史论丛》第 5 辑，齐鲁书社 1985 年版。

⑤ 包世臣：《齐民四术》卷一，《农》一上，《农政》，《辨谷》，见《安吴四种》，沈云龙主编：《近代中国史料丛刊》第三十辑，文海出版社。

文字记载是在明代万历年间。万历十八年（1590年）《平原县志》有“玉麦”的记述。成书于万历年间的《金瓶梅词话》第三十一回中，描写西门庆宴客情节中写道：“迎春从上边拿下一盘子烧鹅肉，一碟玉米面，玫瑰果、蒸饼儿与奶子吃。”“两大盘玉米面鹅油蒸饼儿。”书中记有当时人在临清食用玉米面的情形，说明至少在嘉靖、万历时，鲁西临清一带就已有玉米种植了；或者虽不是临清所产，也是经过大运河从南方运来，而当时山东交通枢纽临清是把这种稀有的玉米当作是一种珍品粮食待客了。① 另外，《群芳谱》一书中所载有关玉米的描述文字甚详，也证实了明代玉米已在山东引种的史实。②

玉米是在多个时间点、多途径、多种方式传入山东，农学界普遍认为玉米传入中国有三条途径：第一路，西南陆路先从北欧传入印度、缅甸等地，再由印度、缅甸等国传入我国的云南和川黔地区；第二路，由西北路自西班牙传至麦加，再由麦加传入中亚、西亚到我国西部甘肃，沿着古代丝绸之路传入中国黄河流域；第三路，海路自欧洲传入菲律宾等东南亚各地，之后由葡萄牙人或者当地商人经海路引入到中国的东南沿海闽广等省，然后向内地扩展。③

玉米传入我国是多路线的，系由海路、西北古丝绸之路及西南云南等地分别引进的，而且存在反复引种的可能。④ 玉蜀黍在山东的引种推广，散见于大量方志及其他记载。玉米进入山东的时间较其他省要稍晚。大约在17世纪初期（以地方志为准）。明代最早的玉米记载是万历三十一年（1603年）的《诸城县志》卷七，以事物在方志记载先后论，比河南晚50年，比江苏晚50年，比安徽晚30年。根据当时山东的交通运输条件可以推断：山东的玉米可能是经过京杭大运河从南部地区传入的，或沿黄河从河南传入的，也有可能是从胶州古镇（山东青岛的重要通商之地，也是山东五大交通枢纽之一）传入相邻的诸城。这也是诸城最早有玉米记录的原因之一，同甘

① 参见俞宽钟主编：《现代山东农业》，山东科学技术出版社2000年版，第187—188页。

② 参见陈冬生：《明清山东种植结构变化及对农业的影响》，《古今农业》2001年第2期。

③ 参见咸金山：《从方志记载看玉米在我国的引进和传播》，《古今农业》1988年第1期。

④ 参见王宝卿：《明清以来山东种植结构变迁及其影响研究：以美洲作物引种推广为中心1368—1949》，中国农业出版社2007年版，第63—64页。

薯传入中国一样，玉米也可能是通过多个时间点、多途径、多种方式传入山东的。

顺治《招远县志》记载，当地人称玉米为“玉膏粱”和“玉蜀黍”，“田畔园圃间艺之”。① 玉米在明代已引种山东，但并未被大众认识其食用价值，还只是作为一种观赏作物，种植稀少，并未进入大田作物行列。招远近海，处于南北海运的通道上，其引种玉米可能从海路传来。

康熙六十一年（1722 年）增修的明崇祯《历城县志》上，谓有“玉麦”，乾隆《历城县志》上，有“玉黍”，而《古今图书集成·职方典》卷202《济南府物产考》在引用《历城县志》时，谓历城县有“玉米、玉黍”两种作物，把一种玉米当作两种作物。② 乾隆二十五年（1760 年）的《泰安府志》有“玉蜀黍”较早记载，乾隆三十六年（1771 年）《东平州志》记载：“谷属，玉蜀黍。”并引用李时珍评语。道光年间的《荣成县志》称：“近年渐种玉粟。”③ 道光《胶州志》记述当地栽培玉米“胶土不甚宜，故种稀”。可见当地试种过，只是尚不得法。④ 清末胶州一带已推广种植，且积累一定经验。在民国重修的《增修胶志》中又称：“玉蜀黍，……昔日胶土不甚宜，今种者多，又有……关东禾子。”⑤ 大量记载都在同光两朝，特别是光绪朝出现。

20 世纪初，马齿型玉米由美国传入我国，1915 年《山东省物品展览会报告·第二编》已见记述。1925 年《山东省志》载：“贫民多恃稷、高粱、山芋、玉蜀黍等”，玉米已成为农民终岁之粮。⑥

清后期到民国年间，除了南方各省山区玉米栽培深入发展之外，华北平原玉米种植进入大发展阶段，玉米代替了旧有传统低产作物的一部分面积，成为黄河中下游地区人民的主要粮食作物之一。华北和东北的玉米集中区主要在清后期至民国年间形成。

---

① 《谷属》、《物产》、《（顺治）招远县志》卷五。

② 《方产》、《谷》、《赋役志》，增刻《历城县志》卷五。

③ 《物产》、《食货志》，《（道光）荣成县志》卷三。

④ 《物产》，《（道光）胶州志》卷十四，《志》三。

⑤ 《疆域志》、《物产》、《植物》，《（民国）增修胶志》卷九。

⑥ 俞宽钟主编：《现代山东农业》，山东科学技术出版社 2000 年版，第 187—188 页。

就全国和冀鲁豫三省的玉米总产量来说，1924—1929 年常年全国产量约 176 亿市斤，其中河北省有 25 亿市斤，25 省中仅次于四川居第二，河南省约 12 亿市斤，位居第五，山东省约 10 亿市斤，居第六位。三省相加约得 47 亿市斤，占全国总产量的 26%。①

由于玉米易种且高产，逐渐普及成为主要粮食作物，种植面积不断扩大。杂交育成品种的普及应用以及农田投入的增加，使玉米单产迅速提高，在北方旱作地区已成为仅次于小麦的第二大粮食作物。

表 3-23　1931—1934 年山东玉米种植面积产量统计表

年份	种植面积（市亩）	占耕地（%）	总产量（市担）	亩均产量（市斤）
1931	9549000	8.6	16525000	194
1932	10982000	9.8	20646000	188
1933	7958000	7.2	13608000	171
1934	7546000	6.8	13960000	185
平均	9008750	8.1	16184750	179.65
1939	6103776	—	5747801	95
1940	7944162	—	10557883	132
1941	9012590	8.7	9578017	106
1942	9490989	9.2	8939118	94
1943	9449178	9.2	5316448	56
平均	8400139	9.0	8027853.4	96.57

资料来源：战后根据伪山东公署《工作报告》，民国二十八年资料为二市七十六县，民国二十九年为二市九十五县，其余为二市（济南、烟台）一百零二县。战前资料，系根据《中国经济年鉴》民国二十五年版改制。

从明中叶到 20 世纪的四百年间，山东对玉米的认识经过两个飞跃，一个是乾隆中期到嘉庆、道光年间的第一次飞跃；另一个则是新中国成立后四十年的第二次飞跃。

从明中期到清乾隆朝，在两百年间，玉米仅限于在我国个别省份小范

① 《统计月报》1932 年第 1—2 期合刊，第 2 页。

围种植，尚处于未被大众认识阶段。乾隆中期到嘉庆、道光年间，是玉米大规模推广时期，此时人们开始认识到玉米的广泛适应性和高产意义，纷纷种植。嘉庆以后，玉米在全国普遍栽培。①

山东玉米的引种很早，却在二百多年间发展甚微，发生大的曲折，不能普及扩种，是因为长期认识上的偏差，对玉米生物适土性和利用价值的认识不正确。

从玉米传入山东后，一般人视玉米为杂粮，常种植于硗瘠干旱土地，先有“蜀黍宜下田”说，后有“生地瓦砾山场皆可植，其嵌石罅尤耐旱”的说法。这就在土宜上妨碍了玉米种植的扩大，掩盖了玉米的生物学特性和它的利用价值。无肥无水无沃土，这是玉米在引种后长期发展不力的原因。

山东有三分之一的土地是丘陵山地，各地贫瘠土地所在多有。这些地方，原先都不种粮食，或种而收成甚微，聊胜于无。贫瘠土地上玉米固然可以生长，也可以增加些粮食，而毕竟那些肥沃腐殖质多的肥美壤土，尤为适宜；地势干燥，排水利便，均利于结实；北地怕旱，重在保墒，旱甚且须灌溉。

认识的片面性，种植玉米局限于瘠地山田，因而其栽培技术甚为粗放，除中耕除草外，粪肥鲜施，非遇甚旱之时不行灌水。“宜勤锄，不须厚粪，旱甚亦宜溉。”所以其收成亦不多。“每亩得子可六七石”而已。玉米在生地瓦砾山场等下地皆可植，反而成了玉米的宿命。玉米是喜肥喜水具有较高增产潜力的作物。在荒废地上种植，却又不施肥，不浇水，任其生长，只能是粗放经营，产量自然低下；而产量低下，也就使农民不愿大量引种，不愿在好地沃土上栽培。以收成与工本较，则收成固不高，而工本则更低，多饶收益，浸为旱地作物的翘楚，而瘠地及山乡，农民亦乐种之，“收成至寥，工本轻，为旱种之最”②。广种薄收的思想很长时间在农民头脑中作怪。

清嘉庆、道光后到清末民国时期，玉米逐渐进入主要大田作物行列，但种植面积仍然局限于总种植面积的10%以下。随着施肥、灌溉、品种、植保

---

① 参见曹玲：《美洲粮食作物的传入对我国农业生产和社会经济的影响》，《古今农业》2005年第3期。

② 参见唐启宇：《中国作物栽培史稿》，农业出版社1986年版，第217页。

等条件日渐臻于完备，人们对玉米生物学特性和价值的认识也日益提高。

玉米所以能在几百年间引种成功，广为传播，终于成为山东的主要粮食作物，是由多种原因促成的。就其本身来说，则是因为玉米的生物学特性和它所具有的利用价值使然。

其一，是玉米等美洲作物具有超强的生物适应性。山东作为北方旱作区与南美洲的地理、气候等自然条件有相似之处，玉米易于种植，在高山、丘陵、平原都可栽植。美洲作物中的甘薯、花生、马铃薯等具有超强的耐旱、耐瘠性，适应以山东为代表的北方旱作区的土壤条件和自然环境，这是外来作物能够在山东推广的前提。玉米的耐干旱、耐瘠薄（山地可种）、不占良田等特点，玉米对土壤和水分的要求较低，适宜于旱地、薄地和山地栽培，且收种方便，易运输、易贮藏。

其二，是美洲作物自身优异生物学特性的吸引作用及人们对玉米生物学特性和利用价值认识的提高。对玉米使用价值的认识和开发，以 20 世纪 50 年代为一大分野。1950 年以前，主要用途限于人们的食粮，其次始及于牲畜的饲料。1950 年以后，由于人们对于玉米营养价值的认识以及玉米在轻工业原料、药品用料用途方面需要的增加，就刺激着它的栽培面积的扩大和生产的激增。

玉米的利用价值是多方面的，主要可以概括为：

第一，玉米具有耐旱耐瘠适宜于旱地和山地栽培的特质，使其易于成为东北、华北农村地区和西南山区的主要食粮，有食用耐饥等优点。因此，在有些地方，一年中半年以上的口粮要靠玉米来维持。玉米营养丰富，籽粒中含淀粉 72%，蛋白质 9.8%，脂肪 4.9%，糖 1.6%，还有大量矿物元素和多种维生素，是人们的重要食粮之一。玉米作为食粮烹制的方法可蒸可煮，可磨为玉米粉以制各种饼饵及糖果。甜玉米又充蔬菜及罐头食物。这些特点在清代已经被广大农民认识到，这也是玉米被广为栽培的原因。

第二，近年来山东生产的玉米也多用作饲料，适时收割的整个植株是优质青贮饲料，食粮型畜牧业的发展要求玉米生产进一步的稳定增长。① 玉

---

① 参见山东省农业科室院、山东省计划委员会编：《山东农业概况（1949—1990）》，山东科技出版社 1993 年版，第 54 页。

米的籽粒用作猪、牛、家禽等的精饲料，玉米的茎叶等也是猪、羊、家禽的良好饲料，玉米穗轴，磨碎也可以喂猪做粗饲料。玉米籽粒的饲料价值以每百斤饲料单位计，较燕麦、大麦、黑麦为高，以玉米果穗和茎叶制造青贮的饲料，价值亦比马铃薯、甜菜、向日葵、燕麦、萝卜的青贮饲料价值为高。

第三，玉米可作为各种轻工业的原料，由玉米制成的产品有150种以上。

第四，玉米在作物栽培上具有特殊价值，其产量高而稳定，且适应性强；由于它是中耕作物，适宜于为其他作物的茬口，在耕作制度中的轮作、间作、套作方式中，占有一定的地位。① 玉米对增加复种指数，提高土地利用率，增加粮食单产和总产具有重要意义。

其三，明清时期，政府倡导、官方劝种，也是美洲作物普及推广的一个重要因素。清末民初新品种的引进、改良、推广示范作用，是美洲作物迅速推广的关键因素。

清朝李绂在《请种包谷议》（1762年）中说：玉米的优势，对土壤要求不严格，"但得薄土，即可播种"；能接济青黄不接，"乘青半熟，先采而食"；与水稻、小麦相比，"大米不耐饥，包米能果腹"。《齐民四术》里说："玉米生地、瓦砾山场，皆可种植"，② 玉米具有易播种、易运输、易收藏、易贮藏等优点。

清代有识之士对玉米的生物学特性及其利用价值已经有了较深刻的认识。

乾隆二十七年（1762年）《延安县志·示谕》卷十曰："玉米有十便五利：查百谷限时树艺，独玉米自一月至四月皆可种，不必尽日赶耕，致穷农力，一便也；布籽吐苗叶粗易长，不受蔓草蒙翳，锄可稍迟，二便也；苗易疏散，视高粱更甚，镬锄用力，不致促密受伤，三便也；吐丝带苞披缨，狂风疾雨无碍，四便也；结实成熟可俟各谷登场后徐收，不虞黄落，五便也；颗粒坚附穗心，不剥不易下，易于携挑，六便也；收获到家，随便堆放，无须板厫土囊，七便也；到场滚打，有心无壳，易于收扫，不用筛扬，八便

① 参见唐启宇：《中国作物栽培史稿》，农业出版社1986年版，第214—215页。

② 王忠孝主编：《山东玉米》，中国农业出版社1999年版，第9页。

也；或舂碾、或米、或面、或将圆秸煮煨，熟食甚易，九便也；远路袖带，冷亦可食，可抵馁粮，十便也。”

“十便既详五利宜悉，种须深耕，耕深则根远，每枝可结四五穗，每穗可结数百粒，所获自多，其利一也；赤种为黏，白种为糯，与各谷分软硬同，黏宜做饭，糯可酿酒，蒸馍食之宜饱，其利二也；粒无粗皮，比他谷糠粃较细，计每斗可碾米面八九升，余麸一二升，煮喂牲畜尤易肥长，其利三也；单煮固可饱餐，若以粉伴麦面、米伴稻粱煮食尤美，其利四也；梗既作薪耐焚，亦能垫桥铺屋，其利五也；惟不耐久贮，即舂碾不可过多，为不及他种耳。”①

其四，人地矛盾加剧的推动作用。明清时期人口增长很快，粮食等基本生活资料需求量加大，然而可耕地面积在经过一定时期的增长之后，不会持续增长，增长速度和数量落后于人口增加。

明清时期人口增长过快，食物需求量加大。清代前期的顺治年间，山东人口已经比明末有显著提高，达到 880 万人，比万历六年（1578 年）多了 300 多万人。从顺治十八年（1661 年）到康熙二十四年（1685 年）的 24 年里，山东人口增加了 175 万人之多，期间年均增长率达 8.32‰。从洪武二十六年（1393 年）到同治元年（1862 年），山东人口由 525 万人猛增到 3400 多万人，但是人均耕地从顺治十八年（1661 年）的 8.43 亩下降到同治十二年（1873 年）的 2.79 亩。巨大的人口压力推动了人们对高产、稳产的美洲作物的急迫需要和美洲作物品种的迅速推广。

人口增长和美洲作物的普及推广两者间存在一种相互依存互动共进的关系，人口迅速增加，为美洲作物的推广提供了足够多的劳动力；而美洲作物种植面积加大，为急剧增加的人口提供了必要的食物，两者存在着一种天然的互动促进关系。②

正是由于以上的原因，山东各地玉米播种面积大幅提高。

玉米（玉蜀黍，俗称棒子）为滨州传统作物，品种繁多，境内分春夏

---

① 参见王宝卿：《明清以来山东种植结构变迁及其影响研究：以美洲作物引种推广为中心 1368—1949》，中国农业出版社 2007 年版，第 113 页。

② 参见王宝卿：《明清以来山东种植结构变迁及其影响研究：以美洲作物引种推广为中心 1368—1949》，中国农业出版社 2007 年版，第 102—103 页。

两季播种和麦收前套种、麦收后播种。1919 年全境玉米种植面积 37.2 万亩，总产 6512.3 万公斤。1936 年种植面积 103.8 万亩，总产 5809.8 万公斤。1949 年，种植面积 140 万亩左右，总产 6550.9 万公斤。1978 年，种植面积 248.7 万亩，总产 33746.3 万公斤，平均亩产 136 公斤左右。1985 年种植面积 195.4 万亩，总产 50702 万公斤，平均亩产 259.48 公斤。①

枣庄市种植玉米历史悠久，但种植极少。自 1955 年开始推广玉米种植，发展很快。到七八十年代，面积、产量仅次于小麦，居第二位，已成为全市主要粮食作物之一。玉米广泛分布于全市各地，但主要分布于滕县四周和滕县西部地区、峄城区南部地区和薛城区西部地区等平原区，其次为台儿庄区的运河两岸低洼地区。

新中国成立前，1936 年滕县种植玉米 1110 亩，亩产 165 斤。1942 年峄县种 50 亩，亩产 90 斤。1949 年至 1951 年全市每年平均种玉米 2000 亩，亩产 120 斤。1955 年种植玉米 6 万亩，亩产 151 斤，1965 年种植玉米 10 万亩，亩产 194 斤。1975 年发展到种植玉米 48 万亩，亩产提高到 443 斤。1984 年种植玉米 99.9 万亩，亩产 771 斤。②

清代末年，在青州府辖各地，玉米也未形成集中产区。临朐县的玉米种植情况很有代表性，“别有玉蜀黍，或曰玉高粱，或曰包谷，俗称为棒槌，以形似名，宜坟壤润解，多有种者，其味特甘”。③ 似乎仍处在引种的阶段。

清代中叶潍坊种植玉米者已较普遍，但多属零星种植，而且都是春播。在潍县，农民以谷子为主要食物，“其他如甘薯、花生、黍、玉蜀黍则种植不蕃，全为佐食之需”。④

民国初期，青州的玉米种植规模扩大。1919 年，青州玉米产量为 1.2 万石，同时期，青州“麦三万两千五百石，谷六万五千石，高粱九万七千五百石，豆两万六千石”。⑤ 玉米种植具有一定的规模。民国中叶，青州府各县

---

① 参见滨州市史志编委会编：《滨州市志》，齐鲁书社 1993 年版，第 112 页。

② 参见枣庄市史志办编：《枣庄市志・农业志》，第 27 页。

③ 《(光绪）临朐县志》卷八《风土》。“坟壤”即丘陵地，“润解”指土壤比较疏松。

④ 胶济铁路局经济调查委员会：《胶济铁路经济调查报告・分卷・潍县》，胶济铁路车辆管理处印。

⑤ 林修竹：《胶东道・益都》，《山东各县乡土调查录》第 4 册，1920 年，第 111 页。

玉米种植规模依然很小。1919 年的《山东各县乡土调查录 · 潍县》记载，当年潍县的玉米产量仅为 8.2 石，潍县种植规模甚小。①1938 年全境播种玉米达 14.34 万亩。1949 年播种 45.6 万亩，占粮田面积的 3.58%。新中国成立以后逐渐发展为全市三大主粮（小麦、玉米、地瓜）之一。1990 年播种面积达 509.4 万亩，全部为夏玉米。②

玉米为肥城主要粮食作物之一。主要分布于平原，涝洼、丘陵次之，各乡镇、办事处均有种植。常年种植面积稳定在 3 万公顷左右，单产逐年提高。1988 年，播种面积为 31552 公顷，单产 5355 公斤 / 公顷。1992 年，播种面积 30826 公顷，单产 6465 公斤 / 公顷。1997 年，播种面积 29615 公顷，单产 7969 公斤 / 公顷。2002 年，播种面积 29373 公顷，单产 5099 公斤 / 公顷。③

玉米在淄博约有四百多年的栽培史。明清时期，种植面积较少，产量很低，被列为杂粮。新中国成立初期年种植面积在 60 万亩左右，亩产 100 公斤左右。1957 年种植面积为 72.52 万亩，1965 年为 85.8 万亩，1976 年增至 143.31 万亩。由于推广玉米良种，特别是杂交一代种和较先进的管理技术及化肥施用量的大增，玉米单产提高较快。1957 年亩产只有 91 公斤，1965 年达到 150 公斤，1975 年为 222 公斤，1980 年增加到 272.5 公斤，被列为高产作物。1985 年全市玉米平均每亩产量已由新中国成立初期的 100 公斤左右提高到 314 公斤，种植面积由 1949 年的 58.57 万亩（占粮食作物总播种面积的 15.88%），增至 137 万多亩（占粮食作物总播种面积的 42.15%）。④

在道光年间的莱州府，玉米仅处于初步推广阶段。1933—1934 年，莱州府的玉米种植比例仅为总种植面积的 1.4%，与登州府相差甚多。在种植规模最大的胶县，民国二十年（1931 年）《增修胶志》的记载是："昔年胶土不甚宜，今种者多。"⑤ 这可以看作是玉米在胶州种植迅速上升的时期，其种植规模也仅占总播种面积的 7.7%。1936 年《平度县续志》的有关记载也

① 参见曹树基等：《清至民国山东东部玉米、番薯的分布》，原载《中国历史地理论丛》第 24 卷第 4 辑，2009 年。

② 参见潍坊市地方志编委会编：《潍坊市志》（上卷），中央文献出版社 1995 年版，第 196 页。

③ 参见肥城县史志办编：《肥城县志》，齐鲁书社 1992 年版，第 263 页。

④ 参见淄博市志编委会：《淄博市志》，中华书局 1992 年版，第 1319 页。

⑤ 《物产》，《（民国）增修胶志》卷九。

能印证上述数据的正确性："种植以麦、菽、粱、稷、甘薯为主，黍及落花生次之，稃、穄、稻、玉蜀黍、棉、蔴又次之。"①

高密县的记载与此相似，"玉蜀黍，俗曰苞米，逐节生穗，粒如薏苡，近中选种者亦所在多有，其由东三省所输之包米试种者较本处秆高苞大，种者渐多"。

民国中叶，登州府境 11 县玉米种植的总比例为 17.7%。分县而论，荣成、文登、牟平、福山、黄县等县玉米种植亩数都占到了耕地面积 20% 以上；威海、蓬莱、招远等地区的比例均在 17% 左右；栖霞所占比例较低，为 7.6%；莱阳的种植比例略小，仅 5.4%；海阳县最少，玉米种植面积仅占当地耕地面积的 0.4%。

民国时期胶东各县的情况很值得注意，玉米需求与种植，显示与以往有很大不同。

文登县"农民生活，夙感艰难，普通食粮，以玉蜀黍为大宗，全县出产，不足自给，需仰东北输入，以资弥补"。②

牟平县的情况与之类似，"玉蜀黍，俗称苞米，为农家常食，土产不给，多由外方输入"。③

福山县的粮食缺口也很大，"山多地瘠，物产不丰，食粮不敷百分之三十左右，向恃海运救济，均自烟台输入，以玉蜀黍为大宗，分运于八角、门楼、高疃，古岘等市镇销售"。④ 当时该县的玉米种植比例为 40.3%。在如此大的种植规模下仍从外地输入玉米，说明该县的玉米种植已达此地的极限。⑤

荣成的情况则有所不同，作为主要粮食作物的玉米，开始向外地输出。"近十年来，农民操作异常勤谨，农产视前已增至两倍，除稻米、面粉等渐

① 《民社志·农业》，《(民国）平度县续志》卷十。

② 参见胶济铁路局经济调查委员会：《胶济铁路经济调查报告》分卷，《文登》，胶济铁路车辆管理处印。

③ 《地理志一·物产》，《(民国）牟平县志》卷一。

④ 参见胶济铁路局经济调查委员会：《胶济铁路经济调查报告》分卷，《福山》，胶济铁路车辆管理处印。

⑤ 参见曹树基等：《清至民国山东东部玉米、番薯的分布》，载《中国历史地理论丛》第 24 卷第 4 辑。

取给进口货外，苞米等粗粮亦有输出者”。①

黄县位于胶东半岛北部地区，民国时期该县“人口之密为胶东各县之冠……农业发达，人口稠密，故需外粮接资，缺口为十分之四”。在这样的形势下，黄县开始了大面积的玉米种植，成为仅次于小麦的第二大粮食作物。平均一百亩耕地，春田约占40%，分种高粱、谷、花生、甘薯等，秋田种麦，约占百分之六十，翌年割麦后，再以六分之三种玉蜀黍，六分之二种豆，六分之一种杂粮。②

蓬莱县的玉米地位提升，成为第二大农产品。据《蓬莱县地理志》记载：“蓬莱地狭土薄，农产不丰，益以缺乏水利，故不能开发稻田，农产以小麦、玉蜀黍、高粱、谷、豆、马铃薯、落花生等为主，黍子、稷子、荞麦、芝麻及其他北方杂粮次之。”③

莱阳县农作物以小麦、黄豆、谷、甘薯、高粱、花生等为大宗，玉米在此时应该仅处于初步推广阶段。④

海阳县人民“生活极其简单，食料以甘薯、豆、高粱、穇子为主，其余杂粮为辅”，“所产粮食，每不敷用，历年均仰给于东北及邻县输入，以资接济，故农业物产除花生外，无输出可言。再者，穇子似谷而质轻，其粉可供食用，为该县民食大宗之一”。⑤ 民国中叶，海阳玉米种植极少，只是一般产区。

民国初期山东省内玉米种植面积300万亩左右，至30年代，已扩展到600万亩—1000万亩，亩产也由50公斤左右增加到70—90公斤，总产由1.6亿公斤左右增加到5亿—8亿公斤。抗日战争期间，亩产下降到50公斤左右，总产下降到3亿—5亿公斤。抗日战争胜利后逐渐恢复。⑥

---

① 参见山东农业调查会编印：《山东之农业概况·胶东道·荣成》，民国史料丛刊，大象出版社2009年版，第8页。

② 参见胶济铁路局经济调查委员会：《胶济铁路经济调查报告》分卷，《黄县》，胶济铁路车辆管理处印。

③ 袁寅衷编：《蓬莱县地理志·物产》，1934年，第24页。

④ 参见《实业》，《（民国）莱阳县志》卷二。

⑤ 参见胶济铁路局经济调查委员会：《胶济铁路经济调查报告·分卷·海阳》，胶济铁路车辆管理处印。

⑥ 参见俞宽钟主编：《现代山东农业》，山东科学技术出版社2000年版，第188页。

新中国建立后，玉米生产水平的提高超过其他粮食作物。1990 年玉米总产为 1949 年的 14.2 倍。巨幅增长的构成因素是单位面积产量的剧增和总种植面积的成倍扩大。1990 年玉米 0.067 公顷产（亩产）为 1949 年的 5.6 倍，面积为 1949 年的 2.5 倍；玉米面积占粮食作物面积的比率，由 8.6% 上升到 29.5%，玉米产量占粮食总产的比率由 10.1% 上升到 35.1%。玉米的增产在粮食增产中起到首位作用，为畜牧业的发展提供了物质基础。

新中国成立后，山东玉米生产水平的发展分为以下四个阶段：

第一阶段：1949—1958 年。面积、单产、总产稳步发展。随着土地改革和农村经济恢复，特别是 1956 年、1957 年提倡扩种高产作物，玉米面积由 93.33 万公顷（1400 万亩）左右扩大到 133.33 万公顷（2000 万亩）以上。但当时品种、水肥、栽培水平都很低，0.067 公顷产（亩产）增长幅度小，由 70 公斤左右增至 90 公斤左右，总产由 10 亿公斤左右增至 20 亿公斤左右。

第二阶段：1959—1966 年。面积从下降到恢复，单产和总产经过下降、恢复进入提高阶段。“大跃进”运动对农业生产力的破坏和自然灾害的影响，造成种植业衰退，60 年代初期玉米种植面积下降到 93.33 万公顷（1400 万亩）以下，0.067 公顷产（亩产）仅 50 多公斤，总产跌到 8 亿公斤以下，还不及 1949 年。以后通过纠正错误，生产恢复，1965 年玉米面积回升到 133.33 万公顷（2000 万亩）以上；双交种的推广，使 0.067 公顷产（亩产）显著提高，1966 年玉米亩产超过 130 公斤，总产突破 30 亿公斤。

第三阶段：1967—1975 年。面积由短时缓降转入持续缓增，单产、总产增长加速。这一阶段农田水利条件大为改善，化肥生产和施用量成倍增加；玉米杂交种普及，三交种取代了双交种并开始推广单交种，制种纯度也明显提高；一度因耕地减少而下降到 126.67 万公顷（1900 万亩）左右的玉米，又通过发展一年两作回升到 166.67 万公顷（2500 万亩）以上，0.067 公顷出产（亩产）提高到 180 公斤以上，总产接近 50 亿公斤。

第四阶段：1976—1990 年。面积由徘徊到进一步扩大，单产迅猛提高，总产成倍增加。随着农村经济体制改革，农田投入空前增加，加上粮食作物种植结构进一步调整，玉米单交种普及，一批高产、抗病、紧凑型的新良种用于生产，推广麦田套种，使玉米面积由 213.33 万公顷（3200 万亩）进一步扩大到 240 万公顷（3600 万亩）左右，平均 0.067 公顷出产（亩产）接近

350 公斤，总产由 60 亿公斤左右增长到 125.2 亿公斤。

从新中国成立后不同产量阶段经历的时间看，由新中国成立初期总产 10 亿公斤左右到 1966 年突破 30 亿公斤，经历 15 年以上；到 1976 年突破 50 亿公斤，只用了 10 年；又经过 10 年，到 1986 年突破 100 亿公斤；至 1990 年达 125 亿公斤，4 年间又增长 20 多亿公斤。①

在全省粮食作物播种面积中，已发展到 200 多万公顷，仅次于小麦，居第二位。玉米播种面积的扩展，对全省粮食生产的增长起到了重要作用。山东玉米播种面积的变化也反映出耕作制度的改变和农业生产条件发展的历程。新中国成立初期，全省玉米播种面积约 95 万公顷左右，远低于大豆，高粱、谷子，与甘薯面积相近。当时主要实行二年三熟制，在玉米面积中有一部分是春玉米。以后随着水肥条件的改善，逐渐扩大一年二熟制，夏玉米面积不断增加。②

山东玉米生产的发展，不仅表现在播种面积的增加，而且表现在单位面积产量的快速增长。1949 年全省玉米平均每顷 927 公斤，1958 年提高到 1387.5 公斤，1965 年达到 1748 公斤，比 1949 年增长近 1 倍。1973 年每公顷突破 2250 公斤。随着玉米单产的增长和播种面积的扩大，全省玉米总产也同步迅速增长。1949 年总产只有 88 万吨，1958 年提高到 184.5 万吨，1973 年达到 359.5 吨，1976 年突破 500 万吨。玉米占全省粮食总产的比重也发生了重大变化，1949 年为十分之一，1990 年上升到三分之一以上。玉米生产已成为山东粮食生产的重要支柱。③

山东玉米生产中，单产水平的地域分布，以胶东和鲁中的平原地带亩产较高，鲁西黄泛平原和鲁中山区县较低，鲁北黄河三角洲附近最低。1990 年平均亩产超过 350 公斤的县（市、区）共计 68 个，其中属于鲁西黄泛平原区的 11 个；其余大部分为胶东和鲁中、鲁南以平原为主的县。亩产 500 公斤以上的县（市）4 个，为桓台、龙口、招远、兖州。而惠民、东营两地

---

① 参见俞宽钟主编：《现代山东农业》，山东科学技术出版社 2000 年版，第 189—190 页。

② 参见山东省农业科室院、山东省计划委员会编：《山东农业概况（1949—1990）》，山东科技出版社 1993 年版，第 53 页。

③ 参见山东省农业科室院、山东省计划委员会编：《山东农业概况（1949—1990）》，山东科技出版社 1993 年版，第 54 页。

市的北部，一般亩产仅70—200公斤。①

从清乾隆中期以后至20世纪90年代的两百多年间，玉米引种推广的历程显示出清晰的脉络，笔者认为玉米品种作为农业革命的诱致技术，其特点可以表现在以下方面：

第一，尽管玉米引种较早，但大规模推广是在嘉庆、道光年间，形成规模的种植则是清末民国时期。到民国时期玉米潜能仍然未能充分展现，其后发生日本侵华战争和国内战争，打断了玉米品种传播的过程，到20世纪七八十年代，才完成引种推广过程。说不定直到今天，玉米这个引种推广过程也还在进行时。

第二，胶东半岛的东部和东北部形成以文登、荣成、威海、牟平、福山，蓬莱、黄县、招远等县所组成的集中产区；胶东半岛玉米的迅速扩展，与山东经济重心的东移、东部经济起飞、人口的大量增加相关，粮食的区域分布正与人口的分布区域格局相吻合。玉米的大量生产，使山东的粮食格局与人口分布格局很可能是基本重合的。

第三，可以把近四百年划分为三个时期，嘉道以前，是引种时期；嘉道以后至民国时期，是玉米生产第一个大发展时期，开始大田生产，玉米也成为重要粮食作物，同时也是山东人口大发展时期；以50年代以后的50年为第三个时期，是玉米种植面积与产量第二个大发展的时期。

第四，美洲作物玉米的引种扩种，代表着一种新的生产力，新的科学技术，真正成为近四百年间一场史无前例的绿色革命，在农业生产的各个方面都发挥了巨大的革命性的作用。玉米的引种普及，引起了山东和北方种植制度根本性的变化，为人口的大量增长提供了粮食，成为社会的稳定因素。

（二）甘薯

第一，甘薯传入中国与传入山东的历史，与民间慈善人士陈振龙及其后人的引进与传播有很大关系。

甘薯是明代传入我国的美洲粮食作物中引种推广最为普遍的物种。很多晚明清代和民国的各省府州县志中，红、白、紫、黄蓣（芋）、藷（薯）、

① 参见俞宽钟主编：《现代山东农业》，山东科学技术出版社2000年版，第191页。

苕都是指甘薯，而不是指土生的山药。直到今日，甘薯最普通的俗称仍是红薯、白薯、山芋。

据研究，甘薯引进和推广，是在16世纪后期，经过多次从东南亚传入我国东南沿海的闽广两省。甘薯的传入路线有三条：第一条路线，是陈益、林怀兰从越南分别传入广东的东莞和电白县；第二条路线，是由“温陵洋舶”经南澳岛传入福建泉州；第三条路线，就是陈振龙由菲律宾携种至福州。

甘薯于明万历年间引入我国后，17世纪后期开始向江西、湖南等省及浙江、江苏沿海地区扩展；18世纪中叶遍及南方各省并向黄河流域及其以北地区扩展。①

甘薯传华的历史有两种说法。第一种说法以清初久任（1647—1654年）福建按察使和布政使的周亮工为代表。他在《闽小记》中说：“万历中闽人得之外国，瘠土砂砾之地，皆可以种。初种于漳郡，渐及泉州，渐及莆[田]，近则长乐、福清皆种之。盖度闽而南有吕宋国，吕宋国度海而西为西洋……闽人多贾吕宋焉。其国有朱薯，……其初入闽，时值岁饥，得是而人足一岁。其种也不与五谷争地，凡瘠卤沙冈皆可以长。粪治之则加大，天雨根益奋满，即大旱不粪治，亦不失径寸围。泉人鬻之，斤不值一钱，二斤而可饱矣。于是耄耋童孺行道鬻乞之人皆可以食饥焉。”周氏画出了一个传播路线图，也准确认识到甘薯的经济价值与生物特性。

陈氏家族对甘薯引种与普及功不可没。陈氏家族与甘薯有分不开的渊源。先是1593年，陈振龙冒险把甘薯从吕宋带回国内；而后是其子陈经纶献薯种给巡抚金学曾。以后，陈家的后人们更是为甘薯的传播作出了不懈努力，贡献特殊。

影响最大的，是万历二十一年（1593年）陈振龙从吕宋将甘薯引入福州长乐县。1593年年初陈振龙回国的时候，把薯藤秘密缠绕在航船的缆绳上，表面涂上污泥，巧妙地躲过了殖民者的检查，顺利通过关卡，航行7天顺利到达福建。

---

① 参见曹玲：《美洲粮食作物的传入对我国农业生产和社会经济的影响》，《古今农业》2005年第3期。

施鸿保《闽杂记》（光绪元年版）卷十载："若闽之甘薯，李元仲《宁化县志》（康熙二十二年版），周栎园《闽小记》皆言万历间闽人得之南洋吕宋，而不著其人姓名。经纶三世孙世元，[世] 元子，长、云，次、燮，复传其种于浙江、河南、山东、顺天等处，咸食其利。世元刊有《金薯传习录》，是闽中甘薯始自陈振龙父子，确有明证。"

运河沿线甘薯的传入也在乾隆初年，乾隆十六年（1751 年）黄可润"忧归"故里时途经德州，见甘薯"甚多且贱"，"问之，云四五年前有河南浙江粮艘带来，民间买种以为稀物，今则充斥矣"。① 传种之速实在惊人。沂州府费县系"道光以后始盛行种植，同治六年荒歉，人赖全活"。②

第二，甘薯的传播，得力于亲民的官吏的推动和清政府倡导。

万历二十一年（1593 年）六月，陈振龙叫他的儿子陈经纶向福建巡抚金学曾贡献薯藤，并说明甘薯的用途和种植方法。《长乐县志》则称邑人陈振龙贾吕宋，丐其种归。其子陈经纶将薯种及种法，献之巡抚金学曾，金学曾檄所属如法栽植。1598 年，福建巡抚金学曾明令在岁荒之年传播种植甘薯。岁大获，民赖之，名曰金薯。甘薯曾因金学曾大力推荐而得名"金薯"。由于福建巡抚金学曾的大力推广，甘薯不仅遍布福建，更逐渐发展到长江流域和黄河流域。

到了清代，在民间自然传播的同时，清政府也在山东大力推广甘薯种植，并颇获成效。陈宏谋抚陕，于乾隆十年（1745 年）明令治下州县认真引进薯种，教民种植，并正式命令："正杂各官，有闽、广、江、浙、蜀、豫之人，正可从家乡觅带薯种，在城身先试种。如署中有能知种法者，竟可散之民间，教人种植，费力无多。一年生薯，其藤无数，一处得薯，到处传种，不几年而遍一邑矣。"③ 陈宏谋历任封疆二十年，以身体力行闻于当世，终拜大学士。1745 年冬十二月，其下属官确已自江、浙、豫、蜀等省"购觅薯种，并雇有善种之人到陕"。

地方官僚李渭、陆耀等在以官府名义推广甘薯的同时，也十分注意薯

---

① 参见黄可润：《种薯》，《牧令书辑要》卷三。

② 参见《物产》，《(光绪）费县志》卷一。

③ 陈宏谋：《培远堂偶存稿》，《培远堂文檄》卷二十，第 1 页。

种的窖藏过冬、薯秧的温床育培以及“就近购采”等技术问题，所有这些都为甘薯在北方地区的大面积推广提供了技术保证。

甘薯在18世纪传播，固与人口增加和社会经济需要有直接密切关系，官方的倡导符合民众愿望，官方利用其权威，诱导农民栽培，也是甘薯种植飞速发展的重要条件。嗣后，乾隆十七年（1752年），直隶、山东等省又推广甘薯的种植。终18世纪，督抚以下各省大吏，如布政使、按察使之流，不乏热心倡导广种甘薯以备荒者。乾隆皇帝本人，鉴于1785年河南夏粮歉收，亲下谕令。豫抚毕沅，亦不得不认真推广甘薯的种植。当18世纪太平盛世，官方三令五申地督导提倡，的确起到了积极的推动作用。

康熙年间《胶州志》，并无甘薯记载。到乾隆《胶州志》记有：“甘薯，闽人余瑞元、陈世元、刘曦移种于胶滋息，适合土宜，因广其传。”①

乾隆十年（1745年）以后，胶东地区连年水旱蝗灾频仍。清政府从国库拿出银子“数百余万”，“发帑赈恤”。有见于此，陈世元根据其父陈以柱在浙江鄞县教种甘薯得出来的“东西南北无地不宜”正确结论，决定将甘薯继续北移。在向北方传播甘薯的过程中，陈世元父子解决了一个关键性的问题，即甘薯的种薯和薯秧的长途传运问题。山东传播甘薯的初期，薯秧是由“闽省乘时采择”，然后再带到山东来的。

甘薯于乾隆十四年（1749年）由福建传入山东。首先在胶州和即墨试种，即墨没有成功，而胶州试种成功。由于甘薯易种、高产，很快在全省传播种植。清陈世元《金薯传习录》记述：“乾隆十四年（1749年），元（陈世元本人）客胶州时，山东省旱涝蝗蝻三载为灾。……与同伴余友瑞元、刘友曦谋于次年捐资运种及应用犁锄铁耙等器，复募习惯种薯数人同往胶之古镇依法试栽，始人犹不信可佐谷食，秋间发掘子母钩连如拳如臂……乃各骇异，咸乐受种。”至道光年间，“蕃衍与五谷等”了。

在陈世元的《金薯传习录》上，记载了“乾隆十七年（1752年）各州县奉文劝种”说，说明乾隆十七年（1752年）政府已重视劝诱民间种薯。②

① 《物产》，《（乾隆）胶州志》卷六；陈世元：《金薯传习录》卷上；《物产》，《（道光）重修胶州志》卷十四。

② 参见王宝卿：《明清以来山东种植结构变迁及其影响研究：以美洲作物引种推广为中心（1368—1949）》，中国农业出版社2007年版，第72页。

乾隆五十年（1785年）七月，清政府对年逾八旬“教种有效”的陈世元，“赏给举人职衔，用示奖励”。①

如泰安府，“自乾隆十七年（1752年）各县奉文劝种，于高阜沙土地依法种植”，至乾隆末年已是“所在有之”。②可以把乾隆十七年（1752年）各县奉文劝种看作是一个分界岭，乾隆帝的上谕，标志着甘薯在全国的种植，进入了大发展的阶段。鲁西南济宁、巨野、郓城等州县也是“乾隆十七年奉文劝种”，道光年间“遍于中土”。③

清代中叶，山东至少有三十余州县推广了甘薯种植。甘薯传入山东后之所以能在很短时间内得以迅速推广，主要是由于它产量高于一般粮食作物数倍乃至十倍，而对土地的要求甚少，因而很快成为解决日益膨胀的人口对粮食需求的有效手段。④

陈世元等人在山东全省传播甘薯，也曾得到当地各级官僚、地主乡绅等大力支持。乾隆十八年（1753年），陈世元令他的长子陈云将甘薯由古镇向“胶州州治”推广时，得到“本籍举人纪在谱”和胶州知州周于智、宋文锦的支持。“纪在谱，字瑶编，少孤，躬操农圃。……长乃发愤读书，以乾隆十八年（1753年）举人，试用山西夏县知县，多惠政”。纪在谱等，“合庄传种，受法适收。”

知州周于智于乾隆十六年（1751年）五月，出示布告，以示推广。宋文锦接替周于智于乾隆十七年（1752年）任知州，将推广甘薯经验“汇收入志”。

到乾隆十九年（1754年），甘薯再由胶州向潍县推广移种，又得到潍县乡绅，曾任山西沁水县知县的王某支持，“暨其亲邻，竞来传习，到处收掘”。

在山东全省传播甘薯的过程中，任山东布政司使的李渭于乾隆十七年（1752年），总结了《种植甘薯法则十二条》。以官府下令种植，各地也都是在乾隆十七年开始奉命种植。

至清中期的嘉庆年间，甘薯在山东各地的栽培已经非常普遍了。嘉庆

① 参见《（乾隆）清高宗实录》卷一二三五。

② 参见《物产》，《（乾隆）泰安府志》卷二。

③ 参见《物产》，《（道光）济宁直隶州志》卷三。

④ 参见许檀：《明清时期山东经济的发展》，《中国经济史研究》1998年第3期。

时期不仅寿光一带种植很多，“近则寿邑多种之”，甚而推广到“种花地多，种谷地少”的高唐棉区。刚开始高唐棉区种植用为“增杂粮之种”，道光《高唐州志》附《藩司刘饬劝种薯蓣记》称，因为当地“岁丰不见盈余，歉岁则形拮据，如遇连年被灾，情状更不堪言”，故劝谕农民种甘薯。山东布政使刘斯嵋在颁发《饬劝种薯蓣札》时说“甘薯者，乃杂粮中之一种”，把它与五谷并列，要求各级官府“遵照将所禀情节，刊刷告示，劝谕乡民，各将甘薯一项，广为栽种”。同时告诫各官府“不得视为具文”。

第三，在农作物发展的历史上，官方倡导虽能起作用，但新作物之所以能不断地被农民接受，一是要看它的生物学特性和它的经济价值，二是要有社会经济的需求。

从甘薯的生物学特性来说。甘薯不与五谷争地，耐瘠、耐旱，易种易活易产，全身是宝。其种也，瘠卤沙冈皆可以长，粪治之则加大，无雨根益奋满，即大旱不粪治，亦不失径寸围。继而认识其产量，一亩得数千斤，二十倍于稻谷；……其块根供食外，藤蔓都可供畜食，于是甘薯无遗用。其在食物中的食用价值，也有了具体的科学的分析，其适应性也得到完满的阐明：“甘薯的适应性很广，山地，沙地、旱地、水田等各种土壤，都可以种植。抗逆能力很强，主要表现在能抗旱、耐瘠、耐酸、耐碱、抗风，虫害少、具有高产稳收的优点。”

甘薯繁殖力强，不怕蝗蝻风雨为害。“甘薯……扑地传生，一茎蔓延至数十百茎，节节生根。一亩种数十石，胜于种谷二十倍……至于蝗蝻为害，草木荡尽，惟薯根在地，荐食不及，纵令茎叶皆尽尚能发生。”甘薯耐瘠、耐旱，病虫害较少，又能避免风雨灾害，故高地、瘠土、隙地皆可栽植，用能增产。“人家凡有隙地，悉可种薯……即市井湫隘，但有数尺地仰见天日者，便可种得石许。其法用粪和土曝干，杂以柴草灰入竹笼中如法种之”。①

甘薯在救济水旱等灾荒上也具有特殊价值，因其能于一般作物种植不及之时，于蝗害之余，进行生产，对于济荒，特为有益，所谓“用以支岁，有益贫下”。“宅地园圃高仰之处，平时作场种蔬者，悉将种薯，亦可救水灾也。若旱年得水，涝年水退，在七月中气候，其田遂不及艺五谷，荞麦可

① 参见唐启宇：《中国作物栽培史稿》，农业出版社1986年版，第235—236页。

种，又寡收而无益于人，计惟剪蔓种薯，若蝗信到时，则多并人力，益发土遍壅其根节枝干，蝗去之后，滋生更易，是虫蝗亦不能为害矣。故农人之家，不可一岁不种。此实杂植中第一品，亦救荒第一义也。”①

甘薯又可制成干粉充作干粮，酿之为酒以供饮料，其茎叶藤蔓复可饲禽畜。至 20 世纪又发现了工业用途，大增其价值。入 20 世纪后，甘薯在淀粉、酒精工业上的应用又增加了它的效用价值。②

从甘薯可以救急与救荒的方面讲。甘薯主要作为粮食，在平时可以供给人丁增加口粮生存之需，在灾荒期间可以作为人民救荒活命之食的需要。

其一，清中期后，山东人口大增，新增加的人口无日不要吃饭，农民需要提高粮食的亩产量和粮食的总产量，以供给新增的人口。甘薯因其对生长条件的良好适应性和高于一般粮食的高产量，成为农民的首选。由于甘薯系高产作物之一，其单位面积产量远超过稻谷若干倍，并且同样面积养活人数较稻谷为多，故 16 世纪以来为我国人民所重视。

即墨县土地多为砂砾薄地，保水保肥能力极差，此种土地种植他种作物几乎生产不出几十斤粮，却特别适宜甘薯生长。山东省内的百姓也称即墨是“地瓜干县”，甘薯的大量种植解决了该县农民食粮的大困难。“普通农民每户拥田十亩以内者最多，因而中下农民率多种植甘薯以代粮食，平常 8 口之家有田 10 亩，约种 4 亩甘薯即能维持生活矣。”③

山东民食艰难，加之山地丘陵地区的中下农民的土地多为山岭薄地，上水上肥困难。而甘薯耐旱，对肥料要求不高，又是高产作物，一亩甘薯折干后可抵二亩土地所出。因此，甘薯在山东丘陵地区的种植和迅速扩大是必然的。胶县“境内土地硗确，生齿日繁，一般人民，生活简单。南岭山岳地带，农民多种植甘薯，以充食料，谷类殆为其次要食品”。④

---

① 参见徐光启：《树艺窳部》，《农政全书》卷二十七，上海古籍出版社 1979 年版，第 692—693 页。

② 参见唐启宇：《中国作物栽培史稿》，农业出版社 1986 年版，第 237 页。

③ 参见胶济铁路局经济调查委员会编：《胶济铁路经济调查报告 · 分编 · 即墨》，胶济铁路车辆管理处印。

④ 参见胶济铁路局经济调查委员会编：《胶济铁路经济调查报告 · 分编 · 胶县》，胶济铁路车辆管理处印。

山东人口密度在北方各省中雄踞榜首，民食十分艰窘，高产作物甘薯的种植面积也较大。从民国的一些统计数字上看，该省1924—1929年常年甘薯产量为25亿多市斤，在25省中占第五位。①1931—1937年七年平均产量为45亿多市斤。②

就华北冀鲁豫三省甘薯占全国总产量的比例来说，这个比例大约在20%—30%之间。这已经是一个不低的数字，说明这种作物在华北民食中占有重要地位。山东甘薯主要分布于山丘岭坡地、平原河滩高地和高坡地，尤以鲁中南较贫瘠干旱的丘陵、低山种植最多，历史上作为当地农民的常年主食，胶东丘陵种植也较集中，鲁西北黄泛平原则面积较小。

山东鲁中南和鲁东南丘陵山区甘薯激剧扩种的主要原因，撮其大要，可以有如下原因：一是甘薯特别适宜本区的自然特点。本区山田岭地较多，土壤硗薄，种植其他作物产量不高，而甘薯“山田沙土无不蕃育，所获可敌良田”。

甘薯单产特高。陈世元《金薯传习录》记载，甘薯“上地一亩约收万余斤，中地约收七八千斤，下地约收五六千斤”。这应该是农村自然亩的产量，以官亩计，则应该在1500—3500斤鲜薯之间。一般情况下亩产不下一二千斤，折原粮三四百斤，相当于种植其他作物单产的两倍有余。能用较少的耕地获得最大的生产量，这在当时人多地少饥荒连年的情况下，无疑成为农民的最佳作物选择。

李令福作了一个计算，证明甘薯的引种和普及，可大幅提高粮食产量，在山东仅甘薯一种作物就可以多生产出养活两百多万人的粮食。这个思路，跳出了一般学者在明清以来土地数量和亩产总产增加不增加、是否有些微增加的迷宫，找到了自清末和民国以来人口大量增长与土地未增加，产量增加不多，无法平衡的经济难题。据李氏研究，清末山东省甘薯的种植面积和产量没有统计数据，据一般情况作一粗略估计，以登莱二府甘薯播种面积比率15%、沂州府10%、其余各地2%与亩产1500斤计，登莱二府栽培甘薯230万亩，总产3450万担；沂州府105万亩，1577万担；其他地方190万亩，

① 《统计月报》1932年第1—2期合刊，第3页。

② 二档，农林部档案，全宗号四二四，卷宗号581。

2850万担。全省总计栽培甘薯525万亩，总产7877万担，折原粮1575.4万担，大约可以养活276万人口。假如种甘薯地亩80%为清中叶以后开垦成熟的话，则甘薯这一外来作物的引种推广为山东省每年增产粮食1260万担，多养活人口221万人。①

其二，山东旱涝灾害频发，民人丰年没有积储，歉年则立即有饥寒之虞。为了救灾，急需有一种粮食，能有较比现有粮食品种更多的产量，更好的适土性，而这种作物最现成的最救急的就是甘薯。被官方作为备荒救荒的粮食加以提倡而在各地广泛种植。

甘薯是高产作物，在生地和山岭薄地上都能获得丰收。山东多为丘陵和山地，适宜种植甘薯，甘薯的发展对于增加粮食产量，解决农民口粮与提供饲料、发展畜牧业，起到重要的作用。甘薯一经在山东各州县奉文劝种，就受到民众的欢迎，成为本省农民主要粮食作物之一。

日照县"地沙水易涸，种亦不蕃，惟恃甘薯"，光绪中已是"抵谷之半矣"。②

四百余年来，甘薯对中国山地和瘠土的利用，对杂粮种植的多样化，起到了极深刻的影响。朝鲜"湖南按察使"徐有榘，在1834年编辑了一部《种薯谱》，曾征引了1765年某朝鲜大员派人赴日本引进甘薯时所做的一首诗。前两句："万历番茄始入闽，如今天下少饥人。"这首诗虽稍有夸张，但最能说明甘薯的历史作用。直至今日，甘薯仍是我国最重要的辅助食粮之一。③

其三，甘薯的口感也较甜美，较有营养，可以有多种加工和储存方法，适合百姓平时食用。甘薯利用为食品之法甚为广泛："可生啖，可蒸可煮，可煨作粥，可养猪。"其后复进一步制为糕点蜜饯，"或酿为酒，名地瓜烧，或榨为抽，名地瓜抽，或磨为粉，名地瓜粉，或锉为丝，名地瓜丝，粉可和盐，作园蒸食，丝可和糖，拃干瀹食，连城人又切厚片，蜜制成殷红色，匣缄馈远"。

① 参见李令福：《明清山东农业地理》，台湾五南图书出版公司2000年版，第232—233页。

② 参见《食货志·物产》，《(光绪)日照县志》卷三。

③ 参见何炳棣：《美洲作物的引进、传播及其对中国粮食生产的影响》，《历史论丛》第5辑，齐鲁书社1985年版。

据胶济路调查，甘薯“亦鲁省主要食料之一，寻常蒸而后食，然亦有煮与烤者。磨成粉末，可与其他食粮掺合制饼。切片晒干，可制干粮。鲁省乡民之食甘薯者，以即墨、胶县、高密三县为最多。调查区域内出产甘薯，以胶县、即墨、莱阳等县最盛。大约东部各县较多，西部各县甚少。其有盈余而能输出者，惟即墨所产，能销青岛；济阳、历城所产，能销济南，德县所产，能销天津”。①

胶州道光末已“蕃衍与五谷等，南鄙尤农民冬食多仰赖之”。②

文登县光绪时“竞种之，山田沙土无不蕃育，所获可敌良田，俗名地瓜”。③

高密县光绪末年甘薯“生殖番衍，乡人皆蓄以御冬”。④

平度州“同治间始多种者，今可称大宗，最利贫民，州人切片曝干囤藏；以御荒歉”。⑤ 清光绪年间《平度志要》云：“野薯蓣，俗名地瓜，麦收而栽，霜降而出。三月栽者，名曰‘春瓜’，最宜沙田，山地，近洼地亦盛栽矣。以其不畏旱潦。易为食，且耐久，兼无弃物，煮而食之，甘如饴。掘地做井，深部及泉，藏于井中可食经年。丰收而不胜食，切尔晒之，犹易藏，且易饱。秋叶盛时，茎叶采而干之，可做菜蔬。其蔓喂猪，易肥。山居约十亩之产，率以其半栽地瓜矣。”⑥ 平度县“瘠地贫户则仅恃红薯以为生”。贫民则以甘薯之蔓晒干磨粉制为团子以供常食，其野草凡叶之柔软者莫不采以供食，彼东三省以高粱为常食，而此地则以高粱、小麦为高等之食品。其食品之粗劣盖可知矣。⑦

山东有60个以上的县份种植甘薯，甘薯种植以胶东丘陵和鲁中南山区丘陵地区较多，尤其集中在胶东和黄河沿岸各县，而平原较少。

---

① 参见胶济铁路局经济调查委员会编：《胶济铁路经济调查报告·总编·农业》，胶济铁路车辆管处印。

② 参见《物产》，《(道光）胶州志》卷一四；《物产》，《(民国）增修胶志》卷九。

③ 参见《土产》，《(光绪）文登县志》卷一三。

④ 参见《(光绪）高密县乡土志·物产》。

⑤ 参见《物产》《(光绪）平度州乡土志》卷一四。

⑥ 参见《(光绪）平度志要·田赋》，载吴绍田：《平度旧志校注》，山东人民出版社2002年版，第190页。

⑦ 参见《疆域志·户口》，《(民国）平度县续志》卷二。

徐光启曾上《甘薯疏》，将甘薯对于人民食用生产贡献的价值总结为“十三胜”：“一亩收数十石，一也；色白味甘，于诸土中，特为复绝，二也；益人与藷蓣同功，三也；遍地传生，剪茎作种，今岁一茎，次年便可种数百亩，四也；枝叶附地，随节作根，风雨不能侵损，五也；可当米谷，凶岁不能灾，六也；可充笾实，七也；可以酿酒，八也；干久收藏，屑之，旋作饼饵，胜于饧蜜，九也；生熟皆可食，十也；用地少而利多，易于灌溉，十一也；初夏下种，初冬收入，枝叶极盛，草葳不容，其间但须壅土，勿用耘锄，无妨农功，十二也；根在深土，食苗至尽，尚饴复生，虫蝗无所奈何，十三也。”

甘薯的传入较玉米晚 40 年，在乾隆年间传入，由此渐次普遍种植。胶州乾隆十五年（1750 年）开始种植，很快传遍全省。如曲阜县“甚为谷与菜之助焉”。

根据卜凯的《中国土地利用》调查，甘薯面积在近代中国呈逐渐扩大趋势，即近代冀鲁豫地区表现出了同样的扩大趋势。①

总之，甘薯种植因其对土地要求很低，在沙土地废田中都能生长结果；甘薯产量高产量稳定，它的块根、茎叶都能食用，农民以之作为主食，足支半年之粮；它插种时间早晚不严，对救荒，对解决因人口增多粮食短少的困难起了相当大的缓解作用，所以在短期内即在全省推广开来。

第四，甘薯因其重要性的提高，种植区域由山区丘陵旱薄地域向平原地区扩展，取代了部分谷子和高粱，上升为山东主要粮食作物之一。

有人提出美洲作物玉米和甘薯在清末民国时期渐次由丘陵山地进入大田，排挤了原有粟稷高粱等作物。

胶东半岛各地清末在粮食作物中地位很高，其种植面积约占总耕地的 15% 左右，产量则相当粮食总产的 35%，农民食物结构上，甘薯则近乎占食粮一半。②

烟台种植甘薯始于陈世元胶州引种。清乾隆十四年（1749 年），闽人陈世元等自福建引入，境内甘薯种植自此开始。1940 年以后栽种面积显著

---

① 参见从翰香主编：《冀鲁豫乡村》，中国社会科学出版社 1995 年版，第 292—293、295 页。

② 参见李令福：《明清山东农业地理》，台湾五南图书出版公司 2000 年版，第 231—232 页。

增加，到 1945 年种植面积达到 183.3 万亩，亩产鲜薯 583.2 公斤。1949—1956 年，种植面积稳定，产量上升较快，到 1956 年全区面积达到 315.9 万亩，亩产（折粮，下同）177.6 公斤，比 1949 年亩产增加 87%，总产增加 94%。1957—1972 年，增产速度减慢，其间年均种植面积约为 360.96 万亩，亩产 185.1 公斤。1973—1979 年，全区推广甘薯丰产栽培技术，单产、总产明显增加，栽种面积减少，亩产 389.25 公斤。其间 1975—1978 年亩产鲜薯平均达到 2000 公斤以上，出现一批亩产 5000 公斤（春甘薯产鲜薯）的高产田块，成为国内甘薯高产地区之一。全省在乳山县召开会议，推广烟台高产栽培经验。1985 年甘薯栽种面积为 139.8 万亩，亩产 341.5 公斤。[①]

甘薯是山东的主要粮食作物之一，除供食用外，也是主要饲料和酒精工业的重要原料。甘薯耐旱、耐瘠，是适宜鲁南、胶东山区丘陵干旱地区种植的高产稳产作物，对发展山东粮食生产保障人民生活发挥了重要作用。

1958 年后，种植区域由山区丘陵的旱薄地向平原地区扩展，取代了部分谷子和高粱，上升为山东主要粮食作物之一。在 60 年代至 70 年代相当长的时间内，全省甘薯种植面积约占粮食作物种植面积的五分之一，产量占粮食总产三分之一左右。

据 1981 年编印的《山东省农业经济统计提要》，1931—1936 年平均年栽植已达 1059.1 万亩。但据其他多种资料，民国时期甘薯栽种面积都在 190 万—380 万亩。新中国成立后，甘薯面积进一步增加，1949 年为 1412.3 万亩，1956 年起迅速增至 1900 万亩以上。1960 年粮食严重短缺，甘薯种植面积扩大到 3436.5 万亩，占全省粮食作物播种面积的 22.8%，是历史上面积最大的年份。以后直至 70 年代末，种植面积基本上在 2200 万亩至 2900 万亩之间徘徊，1978 年以后，由于生产条件改善，玉米亩产提高，面积扩展，甘薯面积下降。

甘薯的亩产水平，从 30 年代直到 1964 年，一直停滞徘徊在 100—150 公斤（按鲜薯五折一，下同）之间。70 年代增至 250 公斤左右。80 年代生产条件和栽培技术的改进，亩产也相应迅速提高。1982 年起，甘薯亩产突

① 参见烟台市史志编委会编：《烟台市志》（上下卷），科学普及出版社 1983 年版，第 974—975 页。

破 300 公斤，1987 年达 390 公斤，创历史最高水平。①

本省大部分地区以小麦与地瓜轮作，故麦茬地瓜在种植面积中比重较大，约占 60%，春地瓜约占 40%。但各地也不一致，鲁中南和鲁西北地区大部分种麦茬地瓜，而胶东则以春地瓜居多，特别文登专区春地瓜种植比例达 90% 左右。②

甘薯种植区域由山区丘陵地旱薄地向平原地区扩展，取代了部分谷子和高粱的情况，在全省都是普遍发生了的。在登州府，甘薯也从贫瘠土地向肥沃土地扩展。平度县，本来甘薯在沙田山地近洼盛栽，后期也进入了原有作物耕作区。

淄博在 18 世纪中叶开始引种地瓜。新中国成立前，地瓜主要在博山、淄川一带种植，面积2万多亩，亩产鲜瓜500多公斤。据《博山县志》记载："地瓜，鲁山山脉一带宜之，产量丰收，可代谷"。其耕作多为一年一作，以春种为主。

文登县，"今竞种之，山田沙土无不蕃育，所获可抵粮田，俗名地瓜"，就很好地证明了这一点。

在牟平县，平原"居民除种植五谷外，利用土宜，种植甘薯、落花生等，收获颇丰"。③

在福山县，"甘薯，俗称地瓜，来自外洋，故名，今则以为常食，位于五谷之列"。④

光绪《海阳县续志》记载："甘薯，红、白、紫三种，相传明初自小吕宋入中国，故称甘薯，可代米谷，乾隆十七年奉文劝种，大获其利，俗名地瓜。长生果。"

光绪《恩县乡土志》："红薯，原名甘蕷，俗称山芋。其色有深红、淡红及白色三种，邑内所种多淡红色者。小暑即剪穗鄙之，霜降后收获藏之。产量

---

① 参见山东史志编委会、俞宽钟主编：《山东省志・农业志》，山东人民出版社 2000 年版，第 340—341 页。

② 参见山东省农业厅、统计局编印：《山东省农业生产统计资料（1949—1952）》，内部资料，1955 年，第 35 页。原档案件编号为 TD4-497-2。

③ 参见《地理志・土质》，《（民国）牟平县志》卷一。

④ 参见《物产》，《（民国）福山县志稿》卷一。

之多每亩可获五六百斤或千斤，徐元扈《甘薯疏》有十二胜之说，信不诬也。”

光绪二十三年（1897 年）《文登县志》：“番薯，国初来自外洋，今竞种之。山田沙土无不蕃育，所获可敌良田，俗名地瓜。”

光绪三十四年（1908 年）《馆陶县乡土志》：“甘薯，有红、白二种，来自番舶，乾隆十一年各州县奉文劝种，于高埠沙土地依法种植，最易生成，啖之可以代食。”兰山县“种者极多，贫民以为粮，俗呼红芋”。①

宁海州地方“田少山多，田又多系沙质，种薯最宜，贫民依此为生，几取谷类而代之矣”②。

海阳县农民房毅，清末种地 7 亩，每年约收麦豆杂粮 822 斤，甘薯 2400 斤，折原粮 600 斤，相当于麦豆杂粮的三分之二还多，方志所谓“抵谷之半”，委实不谬。以每亩 1500 斤单产计，约有甘薯 1.6 亩，也占其全部土地的十分之二以上。③

《(宣统）山东通志》的作者认为甘薯“今登莱人以为常食，厕于五谷之列”。④ 民国十八年《莱阳县志》。“红薯其本色也，间有白者，本县种植约占农田十分之二，为重要粮食，俗称地瓜”。

如果说，甘薯曾经因其重要性而排斥别的杂粮，而由山地旱薄土地进入大田平原的话，那么到 20 世纪 70 年代后，甘薯作为食用的比重已逐渐减少，种植面积大幅下降，甘薯从大田中退出，回到了丘陵山地等下等地。

在 20 世纪 70 年代以后，甘薯的地位发生了不小的逆转。玉米小麦等作物的产量提高，特别是进入 80 年代以来，随着小麦、玉米等粮食作物生产的发展和人民生活的提高，甘薯种植面积大幅下降。只是由于养猪业和酒精、淀粉工业的需求量大，甘薯生产仍占有重要地位。1990 年全省甘薯种植面积占粮食作物面积的 9.1%，总产占全省粮食的 11.54%，已不能满足饲养业和轻工业发展的需求。⑤

---

① 《物产》，《(民国）临沂县志》卷三。

② 《物产》，《(民国）牟平县志》卷一一。牟平县，系清宁海州改称。

③ 海阳地方史志办编：《海阳县志》第十六篇《居民生活・收入》，内部印行，1983 年。

④ 《疆域志・物产》，《(宣统）山东通志》卷四一。

⑤ 参见山东农业科学院、山东省计划委员会编：《山东农业概况（1949—1990)》，山东科技出版社 1993 年版，第 68—69 页。

烟台市是山东甘薯的主要产区，但在1980—1985年，因小麦、玉米、花生种植面积扩大，甘薯多栽种在山丘梯田。烟台甘薯种植面积不断减少。1985年栽种面积是139.8万亩，仅是1972年最高种植面积360.9万亩的38.73%，少了百分之六十以上。①

第五，20世纪20年代以后到20世纪末，甘薯贮藏、浸种、育苗、除病害和生产技术渐趋完备，产量大幅提高，开始了新一轮甘薯新品种的再引进与新品种培育。

20世纪30年代，引进种植了日本及美国品种。40年代已试验示范温床育苗及不翻蔓等技术。

表3-24　1931—1943年山东地瓜种植面积与比重

年份	种植面积（市亩）	占耕地（%）	年份	种植面积（市亩）	占耕地（%）
1931	3124000	2.8	1939	2234010	
1932	2853000	2.6	1940	3192300	
1933	3396000	3.0	1941	3614320	3.5
1934	3393000	3.0	1942	3814174	3.7
平均	3191500	2.8	1943	4820446	4.9
			平均	3535050	4.0

资料来源：战后根据伪山东公署《工作报告》；民国二十八年资料为二市七十六县，民国二十九年为二市九十五县，其余为二市（济南、烟台）一百零二县。战前资料，系根据《中国经济年鉴》民国二十五年版改制。

50年代中期，引进了几个华北良种，推行了室外火炕，酿热温床育苗技术及增加密度、间作套种技术。50年代末期推广了泗水深井窖、滕县双筒多室改良窖、成武改良棚窖等贮藏经验，和净地、净粪、净水、栽无病蔓苗、温汤浸种等防治黑斑病措施，甘薯生产技术不断发展。②

新中国成立初期，淄博地瓜种植面积不大，每年仅种二三万亩。从50

① 烟台市史志编委会编：《烟台市志》，科学普及出版社1983年版，第974—975页。

② 参见山东史志编委会、俞宽钟主编：《山东省志·农业志》，山东人民出版社2000年版，第338—340页。

年代中后期开始，种植面积逐年增多，并引进“胜利百号”，代替了农家品种。1958 年全市地瓜种植面积为 32.19 万亩。60 年代，地瓜作为高产稳产三大作物（小麦、玉米、地瓜）之一进行大面积推广，全市每年种植面积都在 40 万亩以上，并引进“华北 117”、“济薯 1 号”、“华北 52—45”、“一窝红”等新品种。70 年代推广“余薯 18”、“烟薯 1 号”等良种，种植面积开始减少，1978 年，全市种植面积为 22.6 万亩，亩产鲜地瓜 1500 公斤左右。80 年代后，地瓜种植面积大幅度减少，且多在山丘地区种植。1985 年，全市地瓜种植面积仅 7 万亩，比 70 年代初减少 30 多万亩。①

新中国成立初期，全省甘薯种植面积约为 100 万公顷左右。1958 年以后种植面积迅速扩大，1960 年曾达到 229.1 万公顷，占全省粮食作物面积的 22.8%，是山东发展甘薯生产的顶峰时期。60 年代以后，全省种植面积为 176 万公顷—188 万公顷，约占粮食作物面积的 17%—20%。但到 80 年代，甘薯面积逐年减少，1990 年仅为 74.3 万公顷。从历年甘薯单位面积产量来看，除 1960 年外，一直呈稳定增长的趋势。

1949 年全省甘薯每公顷为 1395 公斤（5 公斤鲜薯折合 1 公斤粮食），五六十年代为 1500—2250 公斤，70 年代初达到 3000 公斤左右，1975 年突破 4000 公斤，1982 年突破 4500 公斤，1987 年最高达到 5850 公斤，比 1949 年增长 3 倍多。

随着甘薯种植面积的扩大和单产的提高，总产也有了很大增长。1949 年总产 131 万吨，占全省粮食总产的 15.08%；1958 年达到 391.5 万吨，占全省粮食总产的 31.9%；1961 年因其他作物遭灾减产，甘薯总产 394.5 万吨，占全省粮食总产的比重上升为 46.94%。以后全省甘薯总产居高不下，最高年份的 1975 年曾达到 749.5 万吨，占全省粮食总产的 34.5%。②

第六，甘薯加入山东原有作物的系列，形成新的种植制度。早期美洲粮食作物的栽培技术大抵沿用西方现成的方法，发展到后来结合中国本土实际，创造出了多种形式的轮作复种制，在栽培管理方面也不断有所创新和发

① 参见淄博市志编委会：《淄博市志》，中华书局 1992 年版，第 1320 页。

② 参见山东农业科学院、山东省计划委员会编：《山东农业概况（1949—1990）》，山东科技出版社 1993 年版，第 68—69 页。

展。这些都客观上推动了美洲粮食作物传播的进程。

甘薯进入山东本地作物的轮作体系，入五谷之列。在莱州府，如即墨县，甘薯进入轮作体系，“高粱、黍、菽与甘薯、糁米杂植”。平度的情况与之类似，“其种植以麦、菽、粱、稷、甘薯为主，黍及落花生次之，穆、穄、稻、玉蜀黍、棉、蔗又次之”。①

这种情况在山东青岛李村区达到极致，“耕作以甘薯为主，占李村区农产总值之过半，小麦、粟、大豆、落花生及梨次之”。② 李村区的情况与登州府境类似。

表 3–25　山东甘薯轮作制度

轮作制度	耕作方式
三年轮作	1. 春薯、休闲
	2. 春谷、小麦
	3. 夏薯、休闲
二年三作	1. 甘薯—高粱、小麦或谷子
	2. 小麦—甘薯
一年二作	甘薯—豌豆

资料来源：唐启宇：《中国作物栽培史稿》，农业出版社 1986 年版，第 254 页。

甘薯在引种与推广过程中，与山东本地的物种相互交叉影响，形成了新的种植制度。这主要是：

轮作：山东历史上以春栽甘薯为主，20 世纪 80 年代夏栽甘薯比率略有扩大，但春甘薯面积仍略大于夏薯。在平原和坡麓地带，甘薯种植制度主要是二年三作制：

小麦—夏甘薯—春甘薯；

小麦—夏大豆—春甘薯；

夏玉米—小麦—夏甘薯；

夏谷—小麦—夏甘薯；

① 参见《民社志 · 农业》，《(民国) 平度县续志》卷十。

② 参见《食货志 · 农业》，《(民国) 胶澳志》卷五。

春甘薯—大麦—夏玉米。

在山区丘陵薄层土壤上，往往是春甘薯一年一熟连作，在花生产区则往往与一年一熟的花生隔年轮作。在水土条件较好地方也有小麦—夏甘薯一年两作制。

间套作：以甘薯为主的间套方式有以下几种：

大垅小麦套作甘薯：在麦收前半个月以上，在预留的垅上套种春甘薯。

甘薯间作玉米：一般为4行春甘薯间作2行玉米。选早熟、矮秆、紧凑型玉米，在栽甘薯前7天左右播种。

甘薯间作芝麻：栽甘薯时隔垄种1行芝麻，春夏薯均可间作。

春薯间作早熟绿豆：每垄间种上绿豆，7月下旬收获，每亩增收绿豆40—75公斤，对甘薯膨大无甚影响。

春甘薯间作棉花：间作行比为4∶1或4∶4。

西瓜套种甘薯：在西瓜行两侧套栽夏甘薯，西瓜收获后，于7月上中旬破畦分土，将两侧甘薯培成垅，垅两侧再套种大白菜。

甘薯套种马铃薯：利用甘薯封垅前的地力和空间。

春甘薯间作黄烟：一般4垅甘薯间作2行黄烟，不仅甘薯增产，更能提高黄烟品质，增加产值。①

二、美洲经济作物的引种与推广

明清及民国时期，山东的经济作物引进推广了棉花、花生、烟草等经济作物和许多蔬菜、水果品种，使种植业结构更加丰富。但由于山东人口增加，土地生产力低下，农民在观念上以糊口为生产第一要义，所以在种植业中，粮食作物种植在作物种植结构布局上始终占绝对优势，并且粮食作物的种植以耐旱、耐涝、耐瘠的杂粮等为主体。在土地使用上，经济作物和蔬菜面积很小，果业更处于从属地位。

据省农业厅1981年《农业经济统计提要》资料显示，1931—1936年作物播种面积为17583万亩（不含瓜菜），其中粮食占91.9%，棉花占3.5%，花生占3.5%，其他占1%。

---

① 参见山东史志编委会、俞宽钟主编：《山东省志·农业志》，山东人民出版社2000年版，第346—350页。

表 3-26　1933—1937 年作物面积产量统计表

单位：万市亩、万市担、市斤

名称	面积（万市亩）	占耕地（%）	总产量（万市担）	亩产量（市斤）
	3023	34.03	4775	—
1. 花生	459	5.17	1262	274.59
2. 棉花	373	4.20	129	34.58
3. 烤烟	93	1.05	175	188.17
4. 其他	190	2.14	187	98.42

资料来源：《1933—1937年平均全国作物面积及产量统计表》，《中国农业生产统计资料》（一）（1951年8月），编号1150；第27页，第十四表（续）。

经济作物种植的面积虽然占总种植面积的比例不是很大，但由于经济作物需要的人工与肥料是一般粮食作物的好几倍，种植、收获和产品的加工方面，都有更多的科学技术含量，所以经济作物种植成为推动农业集约化生产的杠杆。

1949 年农作物播种面积中，粮食占 90%，经济作物占 8%，其他占 2%。粮食作物占耕地 84.5%；经济作物播种面积中，棉花、花生面积各占 40% 以上，小油料和麻、烤烟等不到 20%，其他占 2% 的面积主要是种植蔬菜。①

表 3-27　山东 1949 年经济作物播种面积与产量

种类	棉花	花生	烤烟	麻类	合计
播种面积（万亩）	685.3	664.2	27.6	37.9	1415
占作物总面积（%）	3.7	3.6	0.2	0.2	7.7
占经济作物面积（%）	45.8	44.4		1.8	92
总产量（万担）	162.1	1081.8	42.6	33.91	
占全国总产量（%）	18.2	42.7			
单产量（斤）	23.65	162.87	154	89.47	

资料来源：山东省委调研室编：《山东省经济和社会发展研究资料》，内部资料，1982 年，第 70—71、73、75 页。

① 参见山东史志编委会、俞宽钟主编：《山东省志·农业志》，山东人民出版社 2000 年版，第 269—270 页。

历来经济作物种植面积中，都是花生占第一位。1949 年历经八年抗日战争和四年国共内战，其间还有三年自然灾害之后，山东的棉花种植面积首次超过花生。战前棉花种植面积平均数为 623 万亩，而 1949 年棉花种植面积也超过战前平均数而达到 685 万亩，单产量仍少于战前。种植面积增加，其主要原因是从抗日战争时期，中共即在根据内曾以政府命令形式，大力提倡种植棉花，作军用、民衣和外贸出口之用。中共多次号召农民种植棉花，要求农民每人平均植棉一分地，有植棉习惯的地区要求每亩生产出 20—30 斤棉花，其他地区则要求亩产 20 斤棉花。①

山东的经济作物以棉花、花生为大宗，还有烤烟、麻类、小油料、甜菜等。经济作物在农业中占有重要地位，既是农民的重要经济来源，也是重要轻工业原料。经济作物种植面积 1949 年为 1494 万亩，占省内作物种植总面积的 8.2%，略高于战前经济作物播种面积。到 1990 年发展到 3450 万亩，扩大 1.3 倍，占农作物播种总面积的比重增加到 1990 年的 21.1%。②

新中国成立初期经济作物类播种面积如下表 3–28：③

表 3–28　山东经济作物种植面积

年份	作物播种总面积	经济作物播种面积	占总面积（%）	其他类播种面积	占总面积（%）
1949	18298.1	1494.8	8.2	340.0	1.8
1952	19881.7	2044.9	10.3	283.8	1.4
1956	20160.8	2647.7	13.1	452.4	2.3

资料来源：山东史志编委会、俞宽钟主编：《山东省志·农业志》，山东人民出版社 2000 年版，第 269—270 页。

经济作物一般是一年一作。主要是棉花、春花生、春甘薯。二年三作

① 参见鲁档：《山东农业生产报告》，1948 年。原档案件编号为 TD4-491-1。

② 参见山东史志编委会、俞宽钟主编：《山东省志·农业志》，山东人民出版社 2000 年版，第 387 页。

③ 参见山东史志编委会、俞宽钟主编：《山东省志·农业志》，山东人民出版社 2000 年版，第 269—270 页。

除原有轮作内容外，亦有春播棉花—冬小麦—套种夏棉的方式。①

经济作物如棉花、烟叶、花生的种植，远可追溯到明朝初期。进入20世纪之后，与单纯家庭种植作物品种调剂不同，经济作物的种植、管理和加工，往往是在外资的推动、按外资要求进行的。所种植的棉花、烟叶和花生等经济作物，不是为了自产自用，而主要是提供作为国内、外工业生产的原料，是纯商品性生产。这些经济作物从品种、肥料、农药、辅助原料和初加工技术，都是采用当时较先进的科学技术，按当时外资与国内工业的生产要求加工制作。经济作物所需贷款由外资提供，产品由外资收购或预购，产品等级标准和收购价格由外资规定和解释。山东经济作物种植，因地制宜地在各地形成了若干专业生产区，而专业区的生产和销售，无一例外地都严格受到外资的控制，受国际供求需要调节。

外资把山东作为原料产地，在各地推广经济作物的种植。如日本商人在山东、河北和东北推广美棉、水稻和蚕的饲养等经济作物和技术。1918年日本商人在胶济铁路沿线试种美棉，春季分发种子给农民，秋后直接收购籽棉。日本商人为推广美棉种植，还利用中国农村基层政权的村长、保长劝诱农民种植棉花，凡改种一亩棉田，付给3角钱的“劝诱费”；对试种的农民每年发给10斤种子、农药，不收代价，还贷肥料费2元，并约定收买美棉，价钱比本地棉花高一成，以奖励美棉的种植。美国传教士和农业家也在中国各地推广棉花和花生的种植，山东各地所种植的大花生就是美国品种。②

诸城境内经济作物以棉花、花生、黄烟为主，其次为红麻、大麻、苘麻、药材等，甜菜、油菜极少。新中国成立前，以种植花生为主，棉花、土烟次之。民国二十五年（1936年），境内经济作物总面积为9.74万亩，其中花生7.76万亩，占经济作物种植面积的79.7%；棉花1.39万亩，占14.3%；土烟0.27万亩，占2.8%。1949年，经济作物总面积扩大到19万亩。③

---

① 参见山东史志编委会、俞宽钟主编：《山东省志·农业志》，山东人民出版社2000年版，第268页。

② 章有义编：《中国近代农业史资料》第二辑，三联书店1955年版，第156—161页。

③ 参见诸城市史志办：《诸城市志》，山东人民出版社1992年版，第152—153页。

（一）花生

花生传入山东，历时虽不到二百年，成为主要农作物之一，全省种植面积和产量位居全国之首。

1. 花生引种传播的历史

花生原产南美洲，中国明代始见记载。黄省曾（1490—1540年）在他所著《种芋法》中已经提道："又有皮黄肉白，甘美可食，茎叶如扁豆而细，谓之香芋。又有引蔓开花，花落即生，名之曰落花生。皆嘉定有之。"清代王世懋的《学圃杂疏》原序撰于万历十五年（1587年），也有记述："香芋、落花生产嘉定。落花生尤甘，皆易生物，可种也。"① 具有确定年份的证据是嘉靖十七年（1538年）《常熟县志》的物产之中已经列有落花生的记载，可见是早于1600年。在华北诸省的传播，大抵都是乾隆晚期以后的事。

据许檀研究，花生在山东的引种，是始于乾嘉年间大运河沿岸州县，最早见于《临清州志》记载，鲁西北冠县等地较早引种，其间缓慢发展。清末，恩县花生输出每年约数百万斤。②

花生的引种。花生的引种，源于自16世纪初由闽粤侨商从东印度群岛获得花生种子，传入中国苏浙闽粤沿海地区。19世纪时花生栽培向北推广至山东等省。山东栽培之花生分为小粒、大粒两种，小粒种系最初传入的品种，产量少而油分多，大粒种则系19世纪末传入的，称为洋落花生，以别于原先输入的落花生品种。

山东花生引种最早的当推鲁西北运河沿岸的临清、邱县，乾隆年间已见于记载。1749年《临清州志》、1782年《邱县志》为较早记载落花生的志书。临清是运河上的重要商埠，邱县在临清之西不远。③ 鲁西北虽引种较早，但真正推广却已是光绪年间了。到了19世纪，沿海沿河的沙地，始渐种植落花生。道光《冠县志》（1830年），已有落花生记载，冠县较早引种，至光绪年间始大量种植。

鲁中山区的益都、临朐约在道咸之际开始种植，因花生"工省而易

---

① 《种竽法》、《学圃杂疏》，《丛书集成》，商务印书馆1936年版，第3、12页。

② 《商务》，《（光绪）恩县乡土志》。

③ 参见《物产志》，《（乾隆）临清州志》卷十一。

收”，且对砂碛之地有较强适应性而被视为“贫民之利”，自咸丰至光绪初年逐渐推广，“种者颇多”。[①] 兰山、费县、新泰、莱芜等县是引种最多的地区，1896 年《费县志》载：“百年前仅有种者，今则连阡累陌。”当时均为龙生型小果品种。到清末，花生种植面积占耕地面积的百分之十，居全省之冠。[②]

鲁西南平原花生种植也有较大发展。如宁阳县引种花生始于嘉庆年间。[③] 峄县西境地多砂碛，不宜五谷，光绪年间始种花生，不宜五谷的砂碛地“每亩可获十余石”，“南商每以重价购之，由是境内人远近皆传植之，贩鬻日众”。花生种植成为获利之资，刺激了农民的大量种植，也推动了商业活动，农民在经济作物的种植中获利，因以致小康。[④] 朝城县种植花生后，“获利之厚，优于五谷”。邹县在光绪间有百数十村种植花生，每岁所产约数十万斤。滕县大量种植花生，花生输出高达“八百余万斤”[⑤]。

山东半岛稍晚于临清，是在嘉庆年间开始引种。安丘县“嘉庆十年后始有种者，获利无算”，不宜五谷的土地因改种花生，几年间反成膏壤；[⑥] 以致汶河两岸原不宜五谷的“废田”，因种植花生获利，反被视为“膏沃之地”了。

在同光年间，莱州府、登州府与青州府各县也都种植花生，有些县份开始“以落花生代稼”。咸丰九年（1859 年），郭嵩焘在即墨金家口港见到“小车运载豆饼、花生上船，以数百辆计，填塞街道”[⑦]。可知该县在同（治）光（绪）之前不但种植花生形成规模，且花生已成为输出的货物。如《（同治）黄县志》和《（光绪）日照县志》都以落花生为通产。

胶州也发展较快，道光二十五年（1845 年）《胶州志》即称，州境“南鄙以甘薯蓣为食，东以落花生代稼”，“落花生……东鄙种者尤广。”[⑧]

① 参见《物产》，《（咸丰）青州府志》卷二十三。
② 参见《物产》，《（光绪）费县志》卷一。
③ 参见《物产》，《（光绪）宁阳县志》卷六。
④ 参见《物产》，《（光绪）峄县志》卷七。
⑤ 参见《商务》，《（光绪）邹县乡土志》，《商务》，《（光绪）滕县乡土志》。
⑥ 参见《方产》，《（道光）安丘新志》卷十。
⑦ 参见《郭嵩焘日记》卷 1，湖南人民出版社 1988 年版，第 266 页。
⑧ 参见《（道光）胶州志》卷十四。

郭云陞《救荒简易书》称："洋落花生，近年始入中国，加以洋字，因其来自西洋也，其颗粒甚肥大，其打油略少些。荒年或煮食之，或磨成汁，做如豆沫食之，其功用与落花生等。"①

平度州花生种植系嘉庆末年知州周凤云所教。大花生的记载的引种者，大约同治末年，平度教民袁克仁从美国教士梅里得到美种大花生的种子，子粒硕大，遂改种美种大花生。首先在胶东半岛试种，然后很快传播到山东主要种植区。光绪时则"连阡陌矣"。② 后来美种独盛，发展成为驰名中外的山东大花生。

《(民国）福山县志稿》卷一称："长生果，在昔第充果实，今则随地种植，为出口货之大宗。"

花生对土地的适应性较好，在不宜五谷的砂碛地也可种植，它的田间管理简易，不需很多肥料，在耕地条件较差的山东半岛和鲁中山区更能够显示其经济效益。

总之，花生自传入中土，迄今已有 4 个世纪。虽在各省区传播先后广狭皆有不同，但对我国沿海、沿大小河流及其他沙壤地带的利用，对民食、油料等方面所起的积极影响，③ 从其推广传播中可以反映出来。

2. 花生在山东各地的种植

至光绪年间，花生在山东各地种植面积多达 40 余州县 180 万亩，占全省总耕地的 1.5%，仅次于棉花；产量为 450 万石，其中一半出口，占全国花生总出口量的一半，成为山东第二大经济作物。④ 其中鲁中山区的兰山、费县、莱芜、新泰，山东半岛的平度、胶州，鲁西南的宁阳、峄、滕等县产量甚丰。

据 1934 年出版的《中国实业志》称，山东省当时已经有 82 个县种植花生。

---

① 参见唐启宇：《中国作物栽培史稿》，农业出版社 1986 年版，第 354—355 页。

② 参见《物产》，《(道光）平度州志》卷十；《物产》，《(康熙）平度县乡土志》卷十四。

③ 参见何炳棣：《美洲作物的引进、传播及其对中国粮食生产的影响》，《历史论丛》（第 5 辑），齐鲁书社 1985 年版。

④ 参见许檀：《明清时期山东商品经济的发展》，中国社会科学出版社 1998 年版，第 64—67 页。

表 3–29　清代山东花生种植分布年表

鲁西南平原	鲁西北平原	鲁北平原	鲁中山区	山东半岛
宁阳（嘉庆） 巨野（道光） 城武（道光） 金乡（同治） 朝城（光绪） 郓城（光绪） 嘉祥（光绪） 邹县（光绪） 滕县（光绪） 峄县（光绪） 范县（光绪）	临清（乾隆） 丘县（乾隆） 冠县（道光） 恩县（光绪） 高唐州（光绪） 清平（光绪）	陵县（光绪） 德州（光绪） 平原（光绪） 齐东（光绪） 淄川（光绪） 禹城（光绪） 齐河（光绪）	费县（乾嘉） 益都（道光） 蒙阴（咸丰） 沂水（咸丰） 兰山（光绪） 临朐（光绪） 肥城（光绪） 新泰（光绪） 莱芜（光绪）	海阳（嘉庆） 平度州（嘉庆） 安丘（嘉庆） 胶州（道光） 即墨（同治） 黄县（同治） 潍县（光绪） 诸城（光绪） 高密（光绪） 昌邑（光绪）
合计：43 州县				

资料来源：据各州县方志。括号中是始见于记载的年代。许檀：《明清时期山东经济的发展》，《中国经济史研究》1998 年第 3 期。

宣统二年（1910 年），山东种花生尤盛，经青岛一口出口者达 1400 余吨，价值在 1500 万元左右；其经台儿庄输往江南，经德州输往津沽及零星运售各处者，尚不在内，“其利之厚概可想见”。①

表 3–30　1949 年前山东花生面积产量表

单位：千市亩、千市担

年份	年平均面积	年总产量
1914—1918	236.7	
1931—1937	439.5	62785
1941	409.9	42630
1942	447.8	41210
1946	295.8	36545
1948	506.8	49375

资料来源：山东史志编委员会、俞宽钟主编：《山东省志・农业志》，山东人民出版社 2000 年版，第 423 页。

① 参见中国社会科学院经济研究所编：《经济研究所集刊》，中国社会科学出版社 1979 年版，第 234 页。

山东花生输出额，民国十九年至二十一年共三年统计如下：

表 3–31 1930—1932 山东花生生产统计

年份	花生果（担）	花生米（担）
1930	519230	2765084
1931	1040282	3742628
1932	466687	1862976

资料来源：山东省人民政府实业厅编：《山东省农业》。

20 世纪 30 年代前期，山东全省花生种植面积约占耕地总面积的 3%，而在胶东集中产区，花生种植约占耕地面积的 10% 以上，其中种植比例最高的海阳、栖霞分别为 34.3% 和 19.8%。同一区域内的文登，凡有地 5 亩以上的农户，即有 1.5 亩农地种植花生；胶莱产区，花生种植平均约占耕地总面积的 11.3%，其中高密约占 22%；在汶河流域产区，花生所占农田种植比例在 7% 以上，其中著名产地泰安约为 20%，费县则高达 26.2%；鲁南邹、滕、峄产区的种植比例约占耕地总面积的 8% 左右，其后这一比例又有所提高。①

20 世纪初，山东大花生产区已略具雏形，经过民国初年新种替代旧种的演变发展，形成了数个种植面积广、专业化突出的集中产区。当时以津浦路和运河为轴线，在黄河以南形成了以泰安、新泰、莱芜为中心的汶河流域产区，在黄河以北形成了以德州、恩县为中心的鲁北集中产区，在鲁南则形成了邹、滕、峄集中产区。在这些集中产区，花生种植比例远远高于全省平均水平。②

山东中南部山区和东部半岛丘陵区，砂质土壤多，宜于花生的栽培，所以，山东省花生主要产区也在胶东半岛和鲁中南丘陵地区。本省土壤多带沙质，适宜种植花生，所产花生栽培几遍全省，主要产地为莱芜、曲阜、邹县、滕县、郯城、沂水、诸城、日照、高密、乐陵、莱阳、冠县、恩县、武城、朝城等地。种植面积在事变前为440余万亩，产量达1400余万担。③“花生种植在 30 年代已达 600 万亩，年产 1000 万担以上，成为山东最主要的出

① 参见张心一：《山东省农业概况估计报告》，《统计月报》第 3 卷第 1 期，1931 年 1 月。

② 参见庄维民：《近代山东农作物新品种的引进及其影响》，《近代史研究》2006 年第 2 期。

③ 参见鲁档：《山东省农业生产调查统计资料（1949—1952）》，内部资料 1955 年，第 89 页，原档案件编号为 TD4-497-2。

口物资。”①

民国初期花生种植面积为200多万亩，到30年代已发展到400万亩，1948年超过500万亩。亩产量在抗日战争前达到一个高峰。

1952年全省种植花生8179754亩，占全国花生种植面积的30%以上，占全省耕地面积的5.19%。山东花生粒大、质高、含油量多，适宜于榨油。山东花生多属春季种植，晚秋时间收获；麦后伏花生不多。春花生占花生种植比重的78%，麦茬花生仅占32%。②

山东省花生亩产，历史上是呈上升趋势的，但各时期发展很不平衡。1949—1956年花生亩产提高较快，1949年为82公斤，1959年突破100公斤，1956年达113公斤，比1949年增加31公斤，平均每年增加4公斤。③

3. 山东花生的内外贸易输出

花生输出种类有花生仁、花生油、花生饼等，除部分供应中国沿海省份外，大多出口国外，成为山东农产品中较大的输出物。其中以花生油更畅销于英、美、德、荷、法、意等国，输出商埠以上海、天津、胶州（青岛）、汉口为最著，而胶州尤推第一。

1914年第一次世界大战前，花生在欧洲销路颇盛，1919—1938年期间，则市场转移至北美与日本；1949年新中国成立后主要输往苏联和各东欧国家，五六十年间经历了三度的变化。④

清末，烟台、青岛两地每年输出花生米、带壳花生与花生油折成花生米约在150万担左右，实际上从山东输出的花生总数还应加上卫河水运天津与大运河南运的花生，这两处输出的数额相对较小，以其占青岛、烟台两地输出的二分之一计，则全省每年输出的花生达到225万担，是总产量450万担的一半。⑤

① 参见孙敬之：《华北经济地理》，科学出版社1957年版，第122页。

② 参见山东省农业厅统计局编印：《山东省农业生产统计资料（1949—1952）》，内部资料，1955年，第39页。原档案件编号为TD4-497-2。

③ 参见山东史志编委会、俞宽钟主编：《山东省志·农业志》，山东人民出版社2000年版，第226—227页。

④ 唐启宇：《中国作物栽培史稿》，农业出版社1986年版，第355页。

⑤ 以带壳花生1担折0.7担，花生油1担折3担花生米计算，总共两地输出花生米147万余担，又《中国实业志·山东省》第五编《农林畜牧》，记民国二十二年山东省花生外销额占总产量的55.8%。

从表 3–32 可知，无论是花生还是花生油，山东一省的输出量都差不多为全国的三分之一甚至二分之一，可见山东在全国花生生产中具有举足轻重的地位。

表 3–32 1912—1914 年山东省与全国平均输出花生总额

单位：担

	烟台输出额	青岛输出额	山东省总计	全国总计
花生米	46186	693164	739350	1544106
带壳花生	150959	246696	397655	637855
花生油			151499	383318

资料来源：日人编《支那省别全志·山东省》第三编《山东省的贸易》。

花生于 19 世纪 80 年代开始进入国际市场，大量地向日本、中国香港输出。1908 年直接输欧洲市场，且出口量直线上升，胶州（青岛）从 1908 年起，“以马赛为主要目的地的花生输出，已经从九万五千担上升到 1911 年的七十九万七千担”。由于当时国际市场上花生价格上涨，农民种植花生获利特丰。宣统三年（1911 年）“青岛一处出口已将及一万四千余吨，价值约在一千五百万元左右”。①

山东省花生，除本省消费外，还供应京、津、沪和军需，重点是供应外贸出口。1949 年前后，多由私商经销。新中国成立后花生作为国家统购统销物资，由政府按计划征购。从 1953—1990 年山东花生仁收购及出口统计，也可以还原出山东花生的产量和播种亩数。

表 3–33 1953—1990 年各时期山东省花生仁收购上缴及出口统计表

单位：亿公斤

时期	收购量	占总产量（%）	上缴和出口	
			合计	外贸出口
1953—1957 年	20.57	65.4	16.68	11.67
1958—1963 年	6.92	50.0	3.31	1.85

① 陈凤良、李令福：《清代花生在山东省的引种与发展》，《中国农史》1994 年第 13 卷第 2 期。

时期	收购量	占总产量（%）	上缴和出口	
			合计	外贸出口
1963—1965 年	6.67	58.6	4.71	2.58
1966—1970 年	12.88	55.5	9.41	4.23
1971—1975 年	14.98	56.8	9.34	3.19
1978—1980 年	20.88	55.6	6.42	3.22
1976—1985 年	31.15	55.0	9.58	8.99
1986—1990 年	34.62	53.9	8.14	7.13
1953—1990 年合计	148.67	56.4	67.59	42.86

资料来源：俞宽钟主编：《山东省志・农业志》，山东人民出版社 2000 年版，第 441 页。

新中国成立后，山东省花生外贸出口量占全国花生外贸出口总量的 60%—70%，最多时占 90%。

早在 1890 年，山东的出口即达 30 余万公斤；1891 年增至 375 万公斤；1908 年青岛港出口花生仁和花生油各 450 万公斤，共值 120 余万海关两（银）；1910 年花生出口 1400 万公斤；1927 年出口花生果、仁、油、饼 4 项共值 2450 万海关两（银），比 1908 年增加 20 倍。当时主要销往法、荷、德、意等国，美、英、日次之。新中国成立前多为私商经营出口，新中国成立后由国家组织出口苏联和东欧等国家。60 年代初，因中苏关系恶化，花生转向对西方国家出口，多达 40 多个国家和地区。1972 年以后发展熟制品出口。山东大花生以粒大饱满、果皮洁白、种皮鲜艳、香脆可口、品质优良，享誉国际市场，最多时销往 70 多个国家和地区。①1891 年烟台花生出口只有 2250 担，随着大花生在主产区的普及，1903 年出口量增至 22.7 万担。1907 年，德国商人首次从青岛输出花生，数年之后，大花生竟成为青岛最重要的出口土货。1924—1932 年，青岛平均每年出口花生 248 万担，若与烟台、龙口两口岸的出口合计，约占全国花生输出总量的一半以上。②

① 参见山东史志编委会、俞宽钟主编：《山东省志・农业志》，山东人民出版社 2000 年版，第 440—441 页。

② 烟台港务管理局编：《近代山东沿海通商口岸贸易统计资料》，对外贸易教育出版社 1986 年版，第 190—193 页。

4. 花生种植在山东迅猛发展的原因

花生较同时期引种的玉米、棉花更快更普遍地被山东农民接受，在清末花生种植面积迅猛发展，产品打开国际市场，成为山东出口的第一品牌，山东省也因山东大花生成为全国产量与出口量最大的省份。其发展原因是值得探讨的。

其一，山东的天时地利条件适宜于花生的大量栽培，因而花生产量高、质量佳。山东的气候条件特别适宜花生栽培：山东的温度偏向于炎热干燥和雨水较少，符合花生生长期喜炎热干燥的气候、忌多量雨水的特点；花生属短日照作物，山东的短日照有利于果实良好的饱满程度。

山东的土壤条件适宜于花生生长和大量生产。山东有三分之一的土地是山地丘陵，多是沙质土壤，特别是鲁中南和胶东丘陵山区，热量充足、土质沙性、排水良好，是花生最适宜的种植区。

花生栽培土壤条件，历来有"（花生）宜沙土松浮土"，"宜燥不宜湿，夹沙田易脱水者最好。土贵瘠，不贵肥，肥地种之，大而无实，多空房"的理论。

花生对于土壤的要求不严格，但宜种于松散干燥的砂土或壤土，因其根系分布范围广深，吸收力强，所以瘠薄土壤之排水便利者亦能丰产。①

其二，花生的生物特性是耐旱、耐瘠，花生被认为是不择地的生物特性，决定了它能在全省广泛引种，可以开垦荒地废地，产量稳定，有较高的经济价值。它作为豆科植物，是其他粮食作物的良好前茬，可以与禾本科作物轮作，以提高复种指数，并合理改善土壤的生态结构。② 特别宜于在鲁中南和鲁东丘陵山地种植并形成专业产区。

花生同甘薯一样，"工省而易收"，与其他农作物相比，不争地，不争肥，凡"地多沙土，不蕃五谷"之地，"皆宜此种"。

民国九年《续安丘新志·方产考》载："落花生俗名长生果，宜沙地。嘉庆十年以后始有种者，获利无算。汶河两岸废田尽成膏沃，总之，人力尽

① 唐启宇：《中国作物栽培史稿》，农业出版社 1986 年版，第 356—357 页。

② 王宝卿：《明清以来山东种植结构变迁及其影响研究：以美洲作物引种推广为中心 1368—1949》，中国农业出版社 2007 年版，第 117 页。

则地利出、物产盈，勤惰之攸关得失岂微哉。”花生适宜于山东的土壤，同时也改造了大量以废田和不宜五谷的沙地。

其三，作物品种是农业科技的成果，代表了一种新的生产力。农民引种新品种，就意味着直接在运用新的生产力的特点。农户利用大花生栽培技术上的优势，大量在丘陵地、沙地等低产地及废隙地上种植，不但等于是开垦了原先的废隙地低产地，而且改变了原先低产地粮作粗放经营的状况。

费县大面积种植花生，不宜五谷的沙土地，成了聚宝盆“果子地”。“蒙山以南、浚河以北，地多沙土，不蕃五谷，而宜此种，土人呼为果子地”，花生种植“连阡累陌”。①

济南与东昌府交接地带，在清末也形成较大的花生产区，高唐、夏津、禹城、平原、聊城等地的沙土地上多植花生。

民国二十五年（1936 年）《平度续县志》记载：“商邑多瘠田，宜种落花生，制油出境，农商夙恃为利。”

《(民国）山东各县乡土调查录·安邱》记载：“五谷外以花生地瓜为大宗”，该地“民国三年（1914 年）潍河漫溢沿岸，丰腴之地四十万亩尽被淹没，此后这些土地多半改种花生”。

美洲作物的引进，成为山东农业经济一系列变化的重要诱因。从一个专业化生产地区论，改变了该地区的种植结构和农业生产结构；对千百万个农户，则使他们适应新的栽培需要，获得了较丰厚的利益，也有开启民智的作用。花生新品种引进推广，为近代意义上的商品流通提供了条件。

其四，农民在花生种植中获得了实实在在的利益。花生还不同于棉花和烟叶的无法食用，不会因为种植花生而使粮食短缺，它本身就是粮油产品。而农民引种花生等经济作物，使原先的小农经济，从单纯种地打粮，变为附加了土地商业性生产。

在低产地种植花生的收益明显高于粮作。20 年代中期，章丘农户以种植花生替代小麦或大豆之后，收益增长了 2 倍。同期济阳、益都等地农户改种花生后的收益也明显提高。另据当时烟台海关报告，胶东丘陵地区农户种植花生的收益，比其他任何作物都更为有利，以至出现了花生种植挤占麦

---

① 《物产》，《(光绪）费县志》卷一。

田、豆田的现象。①

鲁中山地西南麓的泰安、兖州两府是清末山东花生的主要产区，这里多沙质土，尤宜花生；有大运河转运方便，史称泰安“居民以能辨土宜之宜，种植花生获大利”。② 农民因种植花生而致富，以至穷乡僻壤都变成比较富饶区。东平州“大小清河、汶河沿岸淤沙地多种之”。③ 兖州府属各州县所产也很多，光绪末年《邹县志》记载：“花生一项，十年前鲜有种者，近来邑东乡、东北乡与南乡沙士之区遍行种植，旱涝皆可有秋，每岁所出以斤计约数十万，有洋庄收买，田舍骤增此利，可谓耕稼外之余资矣。”④

道光二十五年（1845）花生在胶州的种植面积已经不小，《胶州志》称：落花生“东鄙种者尤广”，甚至“以花生代稼”。⑤

《高密县乡土志》：“多获者……南鄙为花生，利倍五谷”，每年输出花生油五万余斤。⑥

光绪三十三年（1907 年）《益都县图志》卷十一：“长生果，一名落花生，宜沙地。二十年民间种者甚广，工省而易收，亦贫民所利也。”

农民种植和出卖花生，就将自己的农业生产与商业市场联到一起了。小农经济已不再是古代以生产粮食为目的的“男耕女织”型了，而是变成了粮棉油果型了，以引种花生这一看似平常的形式，引出了农民农业结构和经营思想的变化。

《重修泰安县志》（清光绪至民国十八年）载：“花生，一名长生果，向惟有短小之一种，种者尚少。自清光绪十许年后，西洋种输入，体肥硕，山陬水滋播植五谷，不能丰获以艺花生，收入顿增，以故种者日多。今年且为出口大宗，民间经济力遂因之而涨。此新兴之利，古无有也。”

其五，山东半岛有海上通道，有烟台青岛天然海港，西部有大运河，便利花生成为内贸和外贸出口商品，也刺激了农民竞相传播引种。

---

① 参见章有义编：《中国近代农业史资料》第 2 辑，三联书店 1957 年版，第 205、207 页。

② 《(民国）泰安县志》卷四，道光以后泰安未有志书之修。

③ 《物产志》，《(民国）东平县志》卷四。

④ 《工商业》，《邹县旧志汇编》第十五章。

⑤ 《物产》，《(道光）胶州志》卷十四。

⑥ 《物产与商务》，《(光绪）高密县乡土志》。

国际市场需求量的扩大，出口需求剧增与价格上升，刺激了农民扩种的积极性。

新泰县除输出大量花生果外，还有“花生果油，岁可收万斤，由陆路用手车运至清口销售”。①

肥城县花生等物亦皆随地种植，可获厚利者也，每年也有输出，“甘薯、长生果每年冬春以手车肩挑贩运于济南、东昌等处，约亦岁进银万余两”。②

峄县可供输出的“花生每年生产约一万二千余斤”。③

曲阜、济宁州也以花生为输出农产大宗。民国《曲阜县志》记载曲阜所产花生，“榨油剥米销上海、青岛，为本县出口货之大宗”。

胶州花生扩种较早，清末种植更多，为出口大宗。

安邱县“自青岛通商以来，舟车便利，落花生始成为出洋大宗”，“农民多种之，为出口大宗”。④

曲阜济宁区所产花生，除北部少数地区陆运济南、清口，转运出省或供应北边缺花生地区外，大部分集运滕县，靠运河水运供应国内外客商。

如清末滕县“销售本境及华洋各商贩运出口岁约八百余万斤”。⑤

而德州“花生水运至天津销行，岁计十三万斤”。⑥

恩县“花生由卫河水运天津，每岁数百万斤”。⑦

陵县“花生销售本境及天津客商岁约十五六万斤”，每年都由卫河水路把大量花生运到天津销售。⑧

朝城县花生种植面积较大，年产50万斤以上，除本境消费外，尚可外销10余万斤，“本境销行每岁三四十万斤，外境销行每岁十余万斤”。⑨

出口增长以专业产区农产品商品率的提高为基础，30年代初，胶东花

---

① 参见《商务》，《(光绪）新泰县乡土志》。

② 参见《物产》，《(光绪）肥城县乡土志》卷十一。

③ 参见《商业状况》，《(光绪）峄县乡土志》。

④ 参见《方产考》，《(民国）续安邱新志》。

⑤ 参见《商务》，《(光绪）滕县乡土志》。

⑥ 参见《商务》，《(光绪）德州乡土志》。

⑦ 参见《商务》，《(光绪）恩县乡土志》。

⑧ 参见《商务》，《(光绪）陵县乡土志》。

⑨ 参见《商务》，《(光绪）朝城县乡土志》。

生产区（12个县）年产花生180万担，其中输出137.5万担，商品率高达77%；胶莱产区年产花生141万担，输出87万担，商品率为62%；汶河流域的泰安、莱芜、新泰三县年产花生120万担，输出近70万担，商品率为58%。①

其六，官府和社会贤达都积极引种推广美国大花生种。

清政府在美洲作物的推广引种方面，也是颇为用心的。1904年，清政府在济南设立农桑总会，并在部分州县设立农桑分会，"凡属可兴之利，可植之物，均令试种考验"。清政府当时曾主持在冠县、阳信、沂水、城武等地试种大花生。数年后花生种植渐渐普及于鲁北地区，并成为鲁北沿黄白沙地"稍次于木棉"的"大宗出产"。②

当时山东各地种植的花生品种为龙生型品种，即小粒种。小粒种花生的特点是生长迟、产量低，适种性差，限制了花生的种植规模和扩种发展。

嘉庆二十二年（1817年）平度州知州周云凤始教民试种花生，③当时知州周云凤教民的品种，应当就是小粒种。

19世纪60年代，美国普通型大粒花生开始传入山东。最先将美种花生引进山东的是美国长老会传教士狄考文和梅里士。而据文献记载，1887年（光绪十三年），美国长老会传教士梅里士曾将大粒花生在平度教人试种，收成颇佳，遂致推行全境，旧种几绝。④记载年代最早的是平度州"同治十三年（1874年），（也有记为光绪十三年的）州人袁克仁从美教士梅里乞种数枚，十年始试种，今则连阡陌矣"。⑤

另据《山东文史资料》（第一辑）《德国人在青岛办教育的片断回忆》一文记载：美国人狄考文1863年来蓬莱办文会馆，曾先后两次传入大花生。第一次送给栾宝德的父亲，因煮而食之没有种植；第二次送给邹立文，他种

---

① 参见庄维民：《近代山东农作物新品种的引进及其影响》，《近代史研究》2006年第2期。

② 参见《实业》，《东方杂志》第2卷第2期，1905年3月。

③ 参见《物产》，《（道光）平度州志》卷十，"长生果知州周云凤教民种之"，查本志卷四周为嘉庆二十二年知州，《（民国）续平度县志》卷十《民社志·工商》记为"道光初年知州……教民种花生"不取。

④ 参见《（民国）平度县志》第2卷（1936年）。

⑤ 参见《物产》，《（光绪）平度州乡土志》，又《物产》，《（民国）续平度县志》。

了，在山东才开始了大花生的种植。

大花生可能是在同治末年到光绪初年间，通过多人、多路、多次传入山东半岛。最早在蓬莱、平度一带试种，光绪年间向山东西部传播开来。①

大粒花生不但具有小粒花生耐旱、耐瘠的优点，还有易种、易收等优点。美种大花生引入后，因其产量高、品质优，获得了较快的传播，光绪末年（1900 年前后）即已在不少地方种植推广。大花生在山东东部试种成功以后，逐渐向山东中西部扩种。

大花生在各地排挤取代土种小花生的趋势也益加普遍。据当时地方文献记载，济阳花生种植先是“有大粒、小粒两种”，民国以后“种大粒者甚多，种小粒者渐少”；《重修莒志》（清光绪年间至民国二十五年前后）载：“落花生，俗曰长生果，旧惟有小者，清光绪间始输入大者，曰洋花生，岭地沙土皆艺之，易生多获，近为出口大宗。”

在平潔河沿岸地区，农户遍植花生，“大者传自美国，小者为土产”，二三十年代“小者多被淘汰”；临朐农家素有种植花生的习惯，“昔年所种颗小。今则颗大两倍，易收而利厚，所榨油曰白油，销运出口，为农民收入大宗”。②

东平种植的花生也有大小两种，“大者，光绪年间由西洋传来，俗名洋花生”，民国年间，“小花生渐少，大者日多”。③

营县花生种植“旧惟有小者，清光绪间始输入大者洋花生，岭地沙土皆宜之，宜生多获”。④

同期地处鲁西的朝城县也引入大花生种植，“且获利颇厚”，成为当地土货出口大宗。⑤

民国初年，美种大花生的种植区域迅速扩展。1914 年在山东第一次物品展览会上，单是种植大花生获奖的县就有胶县、郯城、招远、临朐、黄

---

① 参见王宝卿：《明清以来山东种植结构变迁及其影响研究：以美洲作物引种推广为中心 1368—1949》，中国农业出版社 2007 年版，第 47 页。

② 《物产》，《（民国）临朐县志》第十卷。

③ 《物产》，《（民国）东平县志》第四卷。

④ 《（民国）重修营县志》（1936 年）。

⑤ 《（民国）朝城县续志》第 1 卷（1920 年）。

县、平原、东阿、肥城、范县、邹县、东平、恩县、菏泽、宁阳等十几个县。①

（二）美棉

棉花是山东省的优势经济作物，鲁西南和鲁西北是全国重要的产棉基地，其种植面积和产量均居全国首位。

山东省春末夏初气温回升快，日照充足，利于棉花的播种和苗期生长；省内秋季多晴朗天气，日照充裕，昼夜温差大，利于棉铃增重和吐絮。惟夏季高温多雨，易造成棉花营养过剩，形成透光通风不良的小环境，使棉桃凋落，极利于棉铃虫的生长和繁殖。从本省资源的综合特征分析，本省尤其是鲁西南和鲁西北各季气候条件与棉花发育的各阶段要求条件吻合较好，故能成为棉花种植集中的区域。②

山东植棉历史悠久。自元末明初至鸦片战争前，黄河流域植棉有所发展。明嘉靖年间（1522—1566年），至晚到万历年间（1573—1620年），山东有植棉的记载。据《临邑县志》称，该地“木棉之产独甲他所”；至天启年间（1621—1627年），棉花产量激增，“贩者四方至”。

棉花的传入有两次，第一次是元代初期中棉的传入；第二次是明清时期美洲棉花的传入。棉花的引种生产，首先是引起了衣被原料的巨大变革。北方的衣被原料原先是以桑麻为主，演变成了以棉为主。棉花的传入扩种，在北方旱作农业区里增加了新的作物品种，使山东旱作区种植结构发生了深刻变化。棉花的引入以及由棉花生产而出现的家庭棉纺织业，对山东小农经济家庭内的耕织结合，以及对小农经济向市场经济发展，都有重要意义。山东的小农经济，因棉花的生产，由“五谷桑麻结构型”，衍变为“五谷棉麻结构型”为主了。③

据《山东省志·农业志》作者考证，13世纪末，上海一带棉纺织业发展起来，对原料需求很急，此时京杭大运河船运往来频繁，棉花有可能首先由运河传入鲁西种植。元末杂剧《玉梳记》就有东平府柳姓商人装运棉花

---

① 林修竹辑：《山东第一次物品展览会审查报告书》第1编，1915年，第171—177页。

② 参见《中国自然资源丛书·山东卷》，中国环境科学出版社1995年版，第246—247页。

③ 参见王宝卿：《明清以来山东种植结构变迁及其影响研究：以美洲作物引种推广为中心1368—1949》，中国农业出版社2007年版，第59页。

20载（船）南下松江府发卖的情节。这可以作为鲁西在元末植棉的证据。[①]就全省而言，棉花的传播，在元朝时主要是沿京杭大运河州县得风气之先，在全省还没有推广开，但鲁西平原很可能已有相当规模的生产。

从棉花种植传入山东的时期上看，许檀认为山东植棉在入明之后，李文治则认为植棉在明中期之后。笔者认为，棉花种植的引入，可能更早一些，甚至有可能在元末前后。成书于1313年的《王祯农书》载：棉花“其种本南海诸国所产。后福建诸县皆有，近江东、陕右亦多种，滋茂繁盛，与本土无异，种之则深荷其利”。[②]元至正二十六年（1366年）元廷诏示全国“凡农户有田五亩至十亩者，必须栽种桑麻木棉各半亩，十亩以上按比例加倍”。

许檀举证的明代劝民种棉的政策，也是上承元代遗制。以许檀所列举的明初棉花生产被作为政府赋税的主要项目，指令农民每5—10亩地要种棉半亩，官府亩征木棉4两等政策论，政府政策的出台，特别是向山东的移民屯垦中推行棉花种植令，必定是与棉花种植相关的技术条件和生产条件有保障，也必定在此之前已经在山东完成了棉花的试种与推广。也就是说，农民在政府的植棉政策的推动下，为完纳赋税，为自家收益，都乐于和可能种植棉花，棉花已经成为普遍种植的经济作物。[③]

嘉靖时棉花已是“六府皆有之，东昌尤多，商人贸于四方，其利甚博”。[④]明代中期山东的植棉相当普遍，在省内104州县中，植棉州县占40%，同时出现了一些棉花集中产区（东昌、兖州、济南三府）。地方志中植棉记载不胜枚举，如东昌府“高唐、夏津、恩县、范县宜木棉，江淮贾客列肆赍收，民人以此致富”。[⑤]兖州府郓城县土宜木棉，“五谷之利不及其半”。[⑥]

在万历朝以后，从事商业性植棉生产的就不再是个别现象了。此时，

---

① 参见山东史志编委会、俞宽钟主编：《山东省志·农业志》，山东人民出版社2000年版，第388页。

② 参见徐光启：《农政全书校注》第35卷，上海古籍出版社1979年版，第963页。

③ 许檀：《明清时期山东商品经济的发展》，中国社会科学出版社1998年版，第42—43页。

④ 《物产》，《(嘉靖）山东通志》卷八。

⑤ 《物产类》，《(嘉靖）东昌府志》卷二。

⑥ 《风土志》，《(嘉靖）兖州府志》卷四。

有更多的农户种植棉花除了交纳赋税和自用外，还把相当一部分棉产作为商品投放市场，供商人“转鬻四方”，以此赢利。这说明农民也在从事商业性植棉生产了。在盛产棉花的这些地区，如果没有众多的商业性植棉农户出现，绝不会有大量商品棉上市交易。明代后期，山东棉区生产的“北花”通过运河大量南运，“吉贝则泛舟而鬻诸南”。

如嘉靖时濮州，“土之高者以十计，其二三率莳木棉”，棉田已占到了旱地大田的20%—30%。这一比重基本上也反映了本府与其他植棉县的棉田比重状况。濮州还出现了植棉“万亩”的大专业经营户。种植如此巨量的棉花，为的是“以木棉易布”，“运至京边，利十倍之”。①

在兖州府各植棉县，秋季棉花上市，“与商贾贸易，甲于诸省”。②

清雍正年间，山东六府皆已种棉，东昌一府最多，“商人贸于四方”，“民赖以利”。

据许檀研究，到清中叶山东10府107州县中发展到有90州县种植棉花，占全省州县总数的87%。原先的著名棉产区继续发展，省内又兴起了一批新的棉产区。如清平县至乾嘉年间普遍植棉，“土人望木棉成熟过于黍稷”；原为黄河淤积区的不毛之地利津、沾化县，当地居民“种花为生者居其大半”，“通县所赖惟小麦、棉花二种”。棉花生产已经上升到与小麦同等地位，而超过其他农作物种植，甚至出现棉花种植排斥粮食作物的现象。新棉区扩展到青州府的博兴、寿光等县，大有后来居上之势。

清代的棉作业在明代的基础上又有进一步发展。这主要表现在两个方面：

首先，植棉的地域更加扩大，棉作生产更为普及。据对现存康熙至咸丰时期纂修的山东各地县志记载统计，有棉作生产的县份多达近百个，占当时全省总县数的90%以上，个别没有记载棉作的地区，并不是没有棉作生产，而是当地农家植棉较少，棉作在本地种植业经济中不占明显优势罢了。

其次，在重点棉作区，出现了棉作压倒粮作的种植倾向。专业化植棉生产的趋势日渐明显，棉作业已成为本地区农家经济的支柱产业。总之，棉

---

① 《风俗记》，《（万历）蒲州志》卷二。

② 《食货部》，《（隆庆）兖州府志》卷二五。

作在明清时期山东的种植业中占有重要地位，棉花作为第一大经济作物，完全取代了传统经济作物桑与麻。[①] 康熙《曹县志》称，植棉之利“几与九谷平分轻重”。在郓城，粮作与棉作相比，“五谷之利不及其半矣”，鲁西北清平县棉花种植“连顷遍塍，大约所种之地，过于种豆麦”，[②] 说明棉作在兖州府地区的种植业中占据了重要地位，在部分棉区中出现了棉作压倒粮作的生产倾向，专业化植棉趋势日渐明显。

清代，在山东初步形成了棉花专业生产区和相应的专业棉花市场。一些州县里，棉花种植超过粮田，棉花收入成为农产之首，农民赖棉花为生计。植棉作为一项重要种植产业，已经成为鲁北棉区农家经济收入的主要经济来源。

在齐东，农家“一切公赋，终岁经费，多取办于布、棉”。[③] 在阳信，棉产已列为本地各种农产之首。[④] 在高唐，康熙时期（1662—1722年）“秋成棉市”即为本州“八景”之一。[⑤]

乾隆以后，更出现了棉田压倒粮田的倾向。道光《高唐州志》在记述本地种植业状况时称，本州“种花地多，种谷地少”。高唐县“种花地多，种谷地少”。一般“上田皆种木棉”。在高唐，棉花集市有“数十”处，“每集贸易者多至数十万斤”。[⑥]

蒲台县农民种植棉花，“工本较之五谷费重，其获利亦丰”，“闾阎生计多赖焉”。[⑦] 在临清，乾隆时期（1736—1795年）城内设有两处常日棉花市，“日上（棉）数万斤”。[⑧] 据乾隆《夏津县志》记载，本地“特产多棉花而少五谷”，农家衡量“年之丰歉，率以此花为验”。棉花的丰歉，成为农业丰歉年成好坏的主要标准。棉花与粮食，几乎可以共分年成轻重。

在清平县，“人多种木棉，……过于种豆麦”。农家“望木棉成熟，过于黍稷”。清平县的棉花交易市场“向来新集最盛”，嘉庆以后，王家庄、康家

---

① 参见陈冬生：《明清山东种植结构变化及对农业的影响》，《古今农业》2001年第2期。

② 参见《户书》，《（嘉庆）清平县志》卷八。

③ 参见《杂录编》，《（康熙）齐东县志》卷八。

④ 参见《物产》，《（康熙）阳信县志》卷六。

⑤ 参见《诗纪》，《（康熙）高唐州志》卷一二。

⑥ 参见《田赋考・物产》，《（道光）高唐州志》卷三。

⑦ 参见《物产》，《（乾隆）蒲台县志》卷二。

⑧ 参见《市廛志》，《（乾隆）临清州志》卷一。

庄、仓上等处亦多买卖，四方贾客云集，每日交易以数千金计。① 乾嘉以后，棉花成为武城县“生产之最大者”。②

道光时期（1821—1850 年），冠县的农民为了扩大植棉，纷纷开发原先不堪耕作不生禾苗的沙压贫瘠地，在这些带砂质的地上“改种木棉”。③

济南府临邑县“木棉之产独甲他所，充赋治生依办为最”。④ 棉花遂成当地主要农产和农民生活主要来源。在鲁北棉区，专业化植棉趋势也有明显发展。如在大清河流域的滨州，植棉农户已占到了本地农户总数的十分之八九。博兴县的“物产广为民赖者，尤以棉花为最”。⑤ 植棉业作为高唐农家的“恒产”，已带有了某种专业化生产经营的色彩。

清代，山东商业性棉植业有了长足发展，特别是鲁西和鲁北棉区，植棉已达相当集中的程度，有些县区的植棉比重已超过了其他农作种植面积，明显带有了专业化生产色彩。在鲁西和鲁北棉区，有众多的“木棉花市”应运而生，在茌平、东阿、夏津、恩县、武城、馆陶、冠县等地，也都出现了众多的专业化棉花交易市场，以便利大宗棉花交易。

清代后期美棉的引种扩大，更促进了商业性植棉业的发展。清代后期，山东植棉业即已显露出区域专业化的发展趋势。经过清末民国数十年美棉的引种推广，美棉种植逐渐由最初的小块试种地，扩展至大部分宜棉地区。

在临清，馆陶、堂邑、邱县、冠县等地，专业化植棉生产的趋势都有不同程度的表现。清代光绪时期（1875—1908 年），为了适应世界棉花市场的需求，山东政府选定在东昌棉区引种美种棉。美棉的引种推广，促进了运河地区植棉业的发展。

据宣统三年（1911 年）农工商部的调查统计，光绪时期，山东鲁西、鲁北与鲁西南三大棉区，共计有棉田 200 多万亩。在棉田集中县区，棉田占耕地的比率已高达 30%—50%。⑥

---

① 参见《户书》第二，《（嘉庆）清平县志》卷三。

② 《物产》，《（道光）武城县志续编》卷七。

③ 《食货志》，《（道光）冠县志》卷三。

④ 《（同治）临邑县志》卷二。

⑤ 《宦绩志》，《河渠志》，《风土志》，《（道光）重修博兴县志》卷十，卷二，卷五。

⑥ 参见陈冬生：《明清山东种植结构变化及对农业的影响》，《古今农业》2001 年第 2 期。

1933年全省棉田面积由1918年时的226万亩扩展至535万亩，产量也由72万担增至147万担，而且增加的面积和产量大部分为美棉。此时，原先已具雏形的鲁北、鲁西及鲁西南三大棉区，生产专业化的特征也日臻成熟。最大的鲁北棉区约有棉田350万亩，占全省棉田总面积的65%左右，其中美棉约为200万亩。在部分专业化程度较高的地区，棉作面积甚至超过了粮作。例如，临清县棉作面积常年保持在60万亩以上，其中美棉约占二分之一，相当于全部粮作面积的1.7倍；清平县棉作面积约占全县耕地总数的十分之七；高唐县美棉种植面积约40万亩，相当于小麦、玉米、大豆及甘薯四种粮作面积的总和；夏津棉作面积年平均近30万亩，大体与小麦、高粱和谷子三种粮作面积之和相等。山东的三大棉区，运河地区独占两区。

据1934年有关调查统计，鲁西棉区年产棉80万担，鲁北棉区年产棉30.5万担，分别占全省棉花总产量的61%和23%，其中单是临清一县，年产棉即达16.7万担，占全省总产量的12.7%。专业化程度的提高、使专业产区对农业生产的意义和影响更加重要。①

经过数百年的发展，在山东棉花的种植形成专业化生产区。清代植棉区的新特点是，植棉更向各地宜棉土质区集中。新旧棉区大多因地制宜，由以往的均匀种植，向沙质微碱性土质区发展。冠县有河北、清水各庄；②历城以东北乡植棉独多；③乐陵县西北一带多棉；④邹平县“棉花多产于仁、梁二乡”；⑤青州府博兴县城北为多；⑥光绪十四年（1888年）“山东益都县棉田可收生花一百五十至二百斤”⑦。寿光县的植棉区在新旧弥河两岸。⑧到清代中叶，山东形成了三大棉区，首位是鲁西北棉区，以高唐临清为中心，其次是鲁北大清河棉区，以滨州为中心，再次是鲁西南棉区。⑨

---

① 参见庄维民：《近代山东农作物新品种的引进及其影响》，《近代史研究》2006年第2期。

② 参见《物产》，《（道光）冠县志》卷三。

③ 参见《方产》，《（乾隆）历城县志》卷五。

④ 参见《物产》，《乐陵县乡土志》卷六。

⑤ 参见《物产》，《（康熙）邹平县志》卷八。

⑥ 参见《风土志》，《（道光）博兴县志》卷五。

⑦ 参见《英国皇家亚洲学会中国分会会报》卷二十三，第85、85—89页。

⑧ 参见《物产》，《（嘉庆）寿光县志》卷九。

⑨ 参见许檀：《明清时期山东商品经济的发展》，中国社会科学出版社1998年版，第48页。

德州地区种植棉花有悠久的历史，明代就县县种棉，最早的种棉县有夏津、武城、商河、临邑、陵县、平原、宁津等县，新中国成立后，该地区棉花种植面积、总产量和单产量都占全国产棉区第一位。夏津是山东乃至全国重点产棉区之一，历来有“银夏津”之称。明洪武二十九年（1391 年），人均棉田达 2.05 亩，清末民初棉田占全部耕地的 70%，1979 年皮棉产量突破 200 斤大关。①

清代中叶已在鲁北和鲁西沿黄地区广为种植并形成若干具有一定专业倾向和商品化倾向的棉花集中产区。民国初年，民族纺织业的兴起，加之日本商人在青岛等地投资设厂，进一步刺激了山东的棉花生产，其生产区域主要分布在四个地区：

（1）鲁西区，临清、高唐、恩县、夏津、清平、馆陶、堂邑、冠县、邱县等地；

（2）鲁东区，以高密为中心；

（3）鲁南区，曹县、巨野、定陶、单县、郓城、菏泽等地；

（4）鲁北区，禹城、德县、高苑、广饶，博兴、利津、蒲台、滨县、邹平、惠民、商河、齐东等地。其他丘陵地区也有零星种植，鲁西北的临清、东昌、武定三府境内所产棉花特别以高产优质闻名。②

民国元年至十七年（1912—1928 年），由于西方国家和日本对经济原料需求的猛烈增加，加以国内民族工业发展对棉花需求的空前增加，使省内经济作物的种植逐年扩大。以民国三年至七年间（1914—1918 年）为前期，以民国十三年至十八年（1924—1929 年）为后期，棉花的种植面积，前期为 167.8 万市亩，到后期其平均种植面积上升为 310 多万亩，增加 90%。③

20 年代后期，各地“种植美棉者日见其多，有一户种数十亩者，有一

---

① 参见山东省史志编委会主编：《山东各地概况》，山东人民出版社 1986 年版，第 741、879 页。

② 引自张玉法主编：《农业志》，《（民国）山东通志》卷十五，（台北）山东文献杂志社 2000 年版，总第 1469 页。

③ 张玉法主编：《农业志》，《（民国）山东通志》卷十五，（台北）山东文献杂志社 2000 年版，第 1469 页。

县种数千亩者”。尤其是国内外商人所设的纱厂、花行在棉区设庄大量收买美棉后，棉区“农民改移以往之习惯，无不争先恐后改种美棉”。[①] 到1934年，全省产棉县中，除东平、东阿、博平、嘉祥、鱼台等少数几个县外，无不种植美棉，而清平、夏津、临清、高唐、恩县、邹平诸县的美棉总产量，一般超过当地中棉产量2至3倍。可以说，美棉这时已融入棉区农业生产系统，并形成稳定的种植结构。[②]

在20世纪前30年，山东棉花种植面积与产量大发展。“由于纺织工业的兴起，本省棉花生产不断扩大。在日本资本的诱骗操纵下，鲁西老区棉区大量增加，范围延伸到齐东、邹平等县，东部胶州、高密一带也兴起新棉区。总计欧战后至抗战前（1914—1937年）20余年间，全省植棉面积增加约1倍，达到600万亩的规模。”[③]

20世纪30年代至抗日战争前，山东棉花产量约0.9亿公斤—1亿公斤，油料6.5亿公斤以上，其中花生3亿公斤以上。当时的年度丰产纪录，1930年植棉606万亩，总产1.27亿公斤；1936年种植花生440万亩，总产6.6亿公斤；1933年水果总产1.49亿公斤，均为全国之最。日本侵华战争的十四年中（1937—1945年）粮、棉、油生产剧衰，1939—1942年平均，棉花总产0.22亿公斤，花生总产1.94亿公斤。[④]

表3-34　1914—1928年山东棉花种植面积与产量

单位：千市亩、千市担、市斤/市亩

年份	1914	1915	1916	1918	1919	1920	1921
面积	1592	1354	2188		2980	397	2161
总产量	1243	1133	1363		1047	148	345
亩产量	78	83.67	62.29		35	37.28	16

① 林修竹撰、申丙辑：《茂泉实业文集》，1926年，第81页。

② 庄维民：《近代山东农作物新品种的引进及其影响》，《近代史研究》2006年第2期。

③ 参见孙敬之：《华北经济地理》，科学出版社1957年版，第122页。

④ 参见山东史志编委会、俞宽钟主编：《山东省志·农业志》，山东人民出版社2000年版，第271—273页。

年份	1922	1923	1924	1925	1926	1927	1928
面积	3273	3405	2764	2870	3041	2938	3072
总产量	1176	1624	1097	1165	606	830	726
亩产量	35.93	47.67	39.69	40.59	19.93	28.25	23.63

资料来源：《中国近代农业生产及贸易统计资料》，第203、210、212、213页。

据1925年《山东省志》记载，清末宣统三年（1911年）山东植棉面积190万亩，棉花总产1748.5万公斤，平均亩产9.2公斤。民国时期，据1918年—1948年31年的统计资料，全省年平均植棉288.6万亩，亩产16.3公斤，总产0.47亿公斤。①

1928—1937年的棉花生产，在种植面积和产量方面都较清末民初前15年有了迅速发展。该期棉花的种植区域更加扩大，且形成了专业经济区，成为经济作物中居于首位的作物。至抗战前夕，全省有70个县种植棉花，省内作物种植制度有了明显改善。

表3-35　1928—1937年山东棉花种植面积与产量

单位：千市亩、千市担、市斤/市亩

年份	1928	1929	1930	1931	1932
面积	3072	3925	6060	7384	6338
总产量	726	1419	2542	2521	2070
亩产量	24	36	42	34	32.66
年份	**1933**	**1934**	**1935**	**1936**	**1937**
面积	4961	5087	1668	5659	5575
总产量	1719	1561	476	2095	1630
亩产量	34.65	29.80	28.54	37	29.24

1922年全省美棉面积仅占棉田总面积的0.7%，到1930年，已猛升为47%。1918—1930年，全省棉田面积由226.1万亩发展到606万亩，总产由

① 参见山东史志编委会、俞宽钟主编：《山东省志·农业志》，山东人民出版社2000年版，第392页。

0.36亿公斤增加到1.27亿公斤，创历史最高水平。1931—1936年，棉花生产较为稳定，6年平均每年植棉面积493.3万亩，亩产16.6公斤，总产0.83亿公斤。①

1928—1937耕地缩小、荒地增加，据1930对全省65县统计，荒地达9118661亩。1934年对49县统计，荒地多达120380332公亩。②小麦、大麦、大豆、高粱、棉花、花生等主要农作物的播种面积和产量都有减少的趋势。

1928年后至抗战前，山东成为全国最重要的产棉区，山东省棉花的种植面积与产量在全国都居于前列。据官方和民间专家统计，山东棉花的种植面积占全国种棉总面积的排序依次是：

1931年占全国总面积的25.5%，居全国首位；1932年占18.45%，仅次于江苏和湖北两省，居全国第三位；1933年占12.81%，次于江苏、湖北和河北三省，居全国第四位；③1934年占全国种棉面积的12.01%，居全国第四位；1935占4%，居全国第六位。

在棉花产量方面，山东棉产量在全国棉花总产量中所占的比重和排序依次是：

1928年占全国棉花总产量的7.02%；1929年上升为15.99%；1930年棉产量为217万零658担，占24.64%，居全国第二位；1931年棉产量为215万4882担，占33.67%，居全国首位；1932年棉产量为176万9236担，占21.83%，居全国第二位；1933年棉产量为146万8932担，占14.12%，居全国第四位；1934年棉产量为131万1835担，占11.5%，居全国第四位；1935年棉产量仅为40万担，占全国总产量的5.1%。④

1936年和1937年棉花生产之种植面积与总产量有较大回升。在20世纪30年代，山东的棉花种植面积除1935年外，大都接近或超过500万亩，

---

① 参见山东史志编委会、俞宽钟主编：《山东省志·农业志》，山东人民出版社2000年版，第393页。

② 参见李逸安：《中国耕地面积渐减的趋势》，《东方杂志》第30卷，第18号，1933年9月16日。

③ 参见《中国实业志》（山东省）（戊），民国二十三年，第115页。

④ 参见方秋苇：《中国棉产之动态》，《东方杂志》第33卷，第七号，第192页；程守中：《山东考察报告》，《山东棉业调查报告》。

1931 年面积达 700 多万亩；1930 年和 1931 年两年的产量达到战前的最高水平，总产量突破 250 万担；1930 年的平均亩产皮棉 42 斤，创战前的最高水平。

在我国棉花种植历史上，种植最多的是 1937 年，达 6000 万亩，产量最高年是 1936 年，达 1600 多万担。1957 年我国棉花种植面积达 8600 多万亩，超过新中国成立前最高年份的 43%，总产量达 3280 万担，超过新中国成立前最高年份一倍。

全国最大的棉花产区是黄河流域棉区，包括山西、山东、河南、陕西、北京五省市，种植面积有 4900 多万亩，占全国种植面积的 57%，产量为 1700 多万担，占全国总产量的 54%。其中河南、河北、山东种植更为集中，均在 1000 万亩以上。山东种植 1178 万亩，占全国棉花种植面积的 13.61%，因受水旱灾害影响，亩产量为 30.7 斤，低于全国的亩产 35 斤水平。①

表 3–36 1931—1943 年山东棉花种植面积产量统计表

年份	种植面积（市亩）	占耕地（%）	总产量（市担）	亩均产量（市斤）
1931	5551000	5.0	1998000	36
1932	5496000	4.9	1869000	34
1933	5442000	4.9	1796000	33
1934	5373000	4.8	1773000	33
平均	5465500	4.9	1859000	34
1939	2820013		1763946	61
1940	2205653		1835143	83
1941	3703086	3.6	2958390	76
1942	2694080	2.6	2060350	76
1943	3513443	3.4	1751847	50
平均	2987255	3.2	2073935	69

资料来源：参见山东农林厅编：《山东省四十九个村典型调查》，1950 年。

① 参见农业部办公厅计划处编：《全国主要农作物分布图集》，内部资料，1961 年，第 188 页。

抗战以前（1931—1936年），山东省植棉632万亩，产皮棉172.6万担，每亩平均产皮棉27.7斤。①

表3-37 民国七年至三十二年（1918—1943年）山东棉花种植面积与产量

年份	种植面积（亩）	产量（皮棉/担）	每亩产量（斤）
1918	2262261	720787	32
1919	3218000	894558	28
1920	428330	126070	29
1921	2333190	304077	13
1922	3534700	1005230	28
1923	3677270	1128366	31
1924		900000	
1925	3099111	995000	32
1926	3284550	520000	16
1927	3172630	709755	22
1928	3317210	620413	19
1929	4130000	1203080	29
1930	6544276	2170658	33
1931	6974094	2154882	30
1932	6844166	1729394	25
1933	5084860	1389859	27
1934	5637615	1360134	24
1935	5493000	1334000	24
1936	6111000	1407000	23
1937	6881000	1803000	26
1938	3024000	1047000	35
1939	1762000	464000	26
1940	1782000	381000	21

① 山东省农业厅统计局编印：《山东省农业生产统计资料（1949—1952）》，内部资料，1955年，第133页。原档案件编号为TD4-497-2。

年份	种植面积（亩）	产量（皮棉 / 担）	每亩产量（斤）
1941	3703086	986130	26
1942	2694080	686783	25
1943	3513443	583949	17

资料来源：民国七年至二十六年根据日人松崎雄二郎：《华北经济开发论》及《中国实业志》制作；民国二十七年至二十九年根据敌伪华北棉产改进会之调查材料；民国三十年至三十二年根据山东省公署工作报告。

抗日战争期间，棉花生产遭到严重破坏，至 1945 年，仅剩棉田 90.7 万亩，总产 0.12 亿公斤。①

抗战胜利后，棉花生产也未能发展。1946—1948 年，棉花面积和产量均比抗战前减少一半以上。

民国时期，全省植棉普及到所有县份，而其中植棉超过千顷的县份有 14 个，即高唐、临清、清平、夏津、恩县、堂邑、冠县、丘县、馆陶、曹县、郓城、巨野、滨县、乐陵，14 县合计棉花田共 10989 亩，占全省棉花种植面积的 97%。②

据山东实业厅 1949 年调查，全省植棉万亩以上的县有 76 个，除了泰沂山区及胶东山地丘陵之外，几乎都有棉花种植。据 1957 年全省农业区划调查，老棉区有 19 个县，种植面积 473 万亩，占全省总种植面积的 47.3%；半老棉区有 18 个县，面积 265 万亩，占 26.5%；新棉区也有 18 个县，面积 132 万亩，占总种植面积的 13.2%；其余 13% 的面积为植棉 5 万亩以下的零星种植县。③

1949—1952 年为经济恢复发展时期。政府采取了一系列措施，建立棉花收购机构。国家向农民发放棉花预购定金和必要的生产生活资料，推广良

① 参见山东史志编委会、俞宽钟主编：《山东省志 · 农业志》，山东人民出版社 2000 年版，第 393 页。

② 参见许檀：《明清时期山东商品经济的发展》，中国社会科学出版社 1998 年版，第 45—47 页。

③ 参见山东史志编委会、俞宽钟主编：《山东省志 · 农业志》，山东人民出版社 2000 年版，第 387—391 页。

种，改进栽培技术，扩大种植面积等，促进了棉花生产的恢复与发展。1952年全省植棉面积比1949年增加52%，亩产增长了33%，总产1.69亿公斤，增长1.09倍，超过1930年的历史最高水平。①1952年粮食、棉花、油料总产都超过了抗战前。丰收的1956年与1931—1936年相比，粮食、棉花、花生分别增长了28.3%、152.3%和100.8%。②

1953—1959年，棉花生产稳定发展，7年平均植棉1071.4万亩，亩产16.8公斤，总产1.8亿公斤。③

山东省棉花亩产，在1949—1979年期间增长缓慢，起伏较大，1980—1990年增长较快。按皮棉计算：1949—1979年平均亩产一直徘徊在10至20公斤之间，30年间亩产不到10公斤的年份有3个，其中1961年仅5公斤；亩产超过25公斤的年份有3个，其中1973年最高为27公斤。到1980年棉花亩产由1979年的21公斤猛增到49公斤。1984—1987年，棉花亩产一直保持在60公斤以上，1987年达68公斤，创历史最高水平。④20世纪80年代，山东省棉花生产进入历史最兴旺的高速发展时期。

滨州的主要经济作物是棉花。境内植棉历史悠久，清代中期已较普遍。民国初年政府倡导种植改良棉种，颁布奖励办法，但落实不力，每年种植100万亩左右。1949年后，棉花生产发展很快，成为山东省重点产棉地区之一。1949年，全区种棉30.88万亩，占总耕地面积的27.14%，总产皮棉244.35万公斤，产值1665万元，占种植业总产值8.87%；1958年种植面积40.71万亩，占总耕地面积的42.63%，总产皮棉719万公斤；1968年种植27.21万亩，占耕地面积的33.46%；1978年种植20万亩，占耕地面积的27.45%；1984年达39.31万亩，占耕地面积的55.04%，总产皮棉1578.35万公斤，占种植业产值的60.12%；1990年种植面积36.72万亩，占总耕地

① 参见山东史志编委会、俞宽钟主编：《山东省志·农业志》，山东人民出版社2000年版，第395页。

② 参见山东史志编委会、俞宽钟主编：《山东省志·农业志》，山东人民出版社2000年版，第273页。

③ 参见山东史志编委会、俞宽钟主编：《山东省志·农业志》，山东人民出版社2000年版，第395页。

④ 参见山东史志编委会、俞宽钟主编：《山东省志·农业志》，山东人民出版社2000年版，第226—227页。

面积的 52.93%。80 年代，棉花总产值占种植业总产值 41%—45% 之间。①

广饶县棉花生产始于清初。民国时期，县境北部已大量种植。1926 年，全县棉花种植面积 6 万亩，总产皮棉 714 吨；1928 年棉花种植面积 6.5 万亩，总产皮棉 994.5 吨；1930 年棉花种植面积 7.02 万亩，总产皮棉 1492.25 吨；1933 年棉花种植增至 8.1 万亩，总产皮棉 1036.4 吨；1935 年，小清河北宜棉面积约占耕地 70%，总产皮棉约为 7461 吨；新中国成立初期，棉区向小清河以南发展，种植面积不断扩大，产量逐年提高；1949 年，全县植棉 15.58 万余亩，单产皮棉 16.4 公斤，总产 2570 吨。

1952 年，广饶棉花种植面积扩大到 25.71 万余亩，亩产 22.9 公斤，总产 5897 吨。

60 年代，广饶棉花生产下滑，1962 年产量最低，全县植棉面积 9.25 万亩，亩产 2.95 公斤，总产 272.36 吨。

70 年代，广饶棉花产量开始回升，植棉面积年均 14 万亩左右；1970 年，全县植棉 18.16 万亩，亩产 23 公斤，总产 4185 吨，出现最高亩产 78.5 公斤。

1982 年，广饶全县植棉面积增加到 39.46 万亩，亩产 46 公斤，总产 18115 吨。1985 年，棉花面积减至 19.78 万亩，而亩产却提高到 69 公斤，为历史最高水平，总产达 14890 吨，比 1982 年略有减少。与 1949 年相比，亩产、总产分别增长 3.2 倍和 4.79 倍。②

惠民境内植棉历史很长。明《(嘉靖）武定州志》载："官民地三十顷四十九亩有奇。"清末境内普遍种植棉花。1922 年，棉花种植面积 12.2 万多亩，亩产 20 公斤（皮棉，下同），总产量 264.9 万公斤。1931—1936 年，棉花年均种植面积 9 万亩，亩产 13 公斤，总产量 117 万公斤。

1950 年后，惠民棉花种植面积迅速增加，成为主要经济作物；1951 年，棉花种植面积 26.9 万亩，亩产 14 公斤，总产量 377 万公斤；1952 年，惠民县成为国家重点植棉县。

1957 年，惠民棉花种植面积 30.8 万多亩，亩产 20 公斤，总产量 616.3 万公斤；1960 年后的经济困难时期，种植面积和产量大减；1962 年，种植

① 滨州市史志编委会编：《滨州市志》，齐鲁书社 1993 年版，第 113—114 页。

② 广饶县史志编委会编：《广饶县志》，中华书局 1995 年版，第 169—170 页。

面积 10.8 万亩，亩产 3 公斤，总产量 32.5 万公斤；1965 年，种植面积恢复到 27.84 万亩，亩产 20.7 公斤，总产量达 575.8 万公斤。此后，种植面积略减。

1980—1985 年，惠民种植面积迅速增加，产量大幅度提高；1984 年，棉花种植面积 57.96 万亩，亩产 70.5 公斤，总产量 4089 万公斤，创历史最高水平；1980 年前，县内均为春播棉；1980 年后，开始推广棉麦套种。①

沾化县境内棉花种植历史虽悠久，但种植面积小，产量亦不高。据统计，新中国成立前棉花种植面积仅 4.3 万亩，分布于沾城、下洼、流钟、黄升一带。1949 年全县棉花种植即达 8.08 万亩，占本年播种总面积的 6% 以上；1950 年，国家公布“棉麻与粮食合理比价”，鼓励农民种植棉花。采取预购、赊销肥料和粮食的方法解决棉农困难，并引进新品种，棉花生产有新的突破；1957 年全县植棉面积达 21.77 万亩；1959—1963 年，由于“左”倾思想影响，致农业生产处于低谷，棉花种植面积与产量都急剧下降。

1964 年，沾化县政府指导棉花生产，提倡合理密植，农药拌种，适时早播，并预付定金以扶持棉花生产。棉花总产从 1963 年的 53.3 万公斤，增长到 1969 年的 123.4 万公斤。1971 年以后，贯彻“以粮为纲，粮棉并举，合理布局，适当集中”的方针，棉花种植面积有所减少。

1980 年农民自主经营，沾化县棉花种植面积逐年扩大。到 1984 年，全县棉花生产达最高峰。全县植棉 32.25 万亩，平均单产皮棉 62 公斤。1985 年、1986 年两年，由于种植业结构调整的影响以及收购政策不落实和卖棉困难等原因，棉花种植量下降近三分之一。1987 年，县政府有鉴于此，认真监督落实棉花收购政策，棉花种植面积始恢复到 32.04 万亩，总产为 1830.1 万公斤。②

泰安市棉花生产。1931—1936 年，全县年平均种植面积为 1.36 万亩，占经济作物面积的 14%。1949 年棉花播种面积 3.7 万亩，占经济作物面积的 14.9%。1962 年棉花播种面积减少到 1.7 万亩，占经济作物面积比例数下

---

① 参见惠民地方志编委会：《惠民县志》，齐鲁书社 1997 年版，第 157 页。

② 参见沾化县史志编委会编：《沾化县志》，齐鲁书社 1995 年版，第 238—239 页。

降到 6.8%。1975 年棉花播种面积增加到 4.6 万亩，占经济作物面积比例数上升到 18.1%。1984 年棉花播种面积减为 1.8 万亩，占经济作物面积比例数的 5.21%。

新中国成立前，泰安棉花亩产一般 10 公斤左右，直到 1965 年亩产仍徘徊在这个水平。1970 年棉花总产 74.8 万公斤，亩产提高到 25.5 公斤。1980 年棉花总产 110 万公斤，亩产 29 公斤。1984 年棉花总产 68.5 万公斤，亩产达 38 公斤。①

菏泽区是山东最早的植棉专业区，19 世纪初期已成为山东省主要产棉区之一。品种大体分为中棉、洋棉两大类。农民称中棉为小棉，称洋棉为大花。洋棉为美国棉，产量较高，一般每亩产量高于中棉 5—15 公斤（籽棉），亩产籽棉 50 公斤左右，最高达 90 公斤。

据史料记载，菏泽、曹县、单县、成武、定陶、巨野、郓城、鄄城 8 县，1914 年共种棉花 753738 亩，单产籽棉 38 公斤，总产 2871.89 万公斤，折皮棉 822.41 万公斤，出绒率为 28.6%。1919 年菏泽等 8 县共种棉花 77.7 万亩，单产籽棉 33.15 公斤。1930 年风调雨顺，棉花大丰收，8 县共种棉花 60 多万亩，单产皮棉 17 公斤，超过当时全省的平均水平。这一年全省棉花总产（皮棉）超过10万担的县共16个，其中就有曹县、菏泽、单县、成武。曹县棉花总产名列全省之首。1933 年黄河决口，棉田大部分被淹，收成大减。这一年全区 8 县种植棉花 50 多万亩，实收面积不足 12 万亩，单产比常年减少 40% 以上。

1949 年后，菏泽区棉花生产得到发展。1949 年植棉 80.22 万亩，单产 10.2 公斤，总产 819.5 万公斤。1958 年棉花种植发展到 103.5 万亩，比 1949 年增加 23.3 万亩，增长 29.05%；单产 14.1 公斤，提高 3.9 公斤，增长 38.24%；总产 1458 万公斤，增加 638.5 万公斤，增长 77.91%。

1961—1963 年经济困难时期，棉花生产跌入低谷，3 年总产均低于 500 万公斤，平均单产 5.7 公斤，最低的 1962 年，棉花单产仅 4.1 公斤，总产 254 万公斤。

1964 年经济调整后，菏泽全区棉花生产才逐步恢复和发展，1968 年，

① 参见泰安市地方志编委会编：《泰安市志》，齐鲁书社 1996 年版，第 135—136、140 页。

棉花种植面积发展到 167.5 万亩，单产上升到 23.6 公斤，总产增至 3953 万公斤。

从 1969—1979 年，菏泽全区棉花生产又开始滑坡。1973 年全区植棉 162.4 万亩，单产 26.5 公斤，总产 4287 万公斤。1979 年菏泽全区植棉仅 152.76 万亩，比 1973 年减少 9.64 万亩，减少 5.9%，单产 14.5 公斤，比 1973 年减 10.5 公斤，减少 39.62%，总产 2415.5 公斤，比 1973 年减少 2096.5 万公斤，减少 48.9%。1980—1985 年，菏泽全区棉花生产空前发展。

棉农中普遍流传着"要发家，种棉花"的俗语。1984 年棉花生产达到了鼎盛时期，菏泽全区种植棉花 587.21 万亩，单产 56.5 公斤，总产 33045 万公斤。1985 年全区棉花种植降为 346.6 万亩，比 1984 年减少 240.61 万亩，总产降为 18240 万公斤，比 1984 年减少 14805 万公斤，减 44.80%。①

烟台境内棉花种植历史悠久，但面积较少，产量不高。1931 年山东省农业厅从北平购入美洲棉种，分发各县种植。1933 年胶东等 8 县种植棉花 9178 亩，亩产 44.75 公斤。1945 年胶东响应政府号召种植棉花，各县均有种植。东部沿海各县秋季温度低，棉桃不能正常成熟，产量低，种植面积较少。新中国成立后，全区一般每年种植二三万亩。最高年份 1952 年达到 10 万亩。亩产一般 10—20 公斤。1967 年后政府强调发展棉花，种植面积有所增加，但终因气温低、产量不高、质量较差，到 1975 年全区基本停种。1978 年以后，每年种植棉花数百亩，至 1985 年，仅种 100 亩。②

山东省气候温暖、干燥，日光充足，砂壤土地多，适宜种植棉花。根据土壤、气候及耕作习惯等条件，全省可划为六个产棉区，如下：

（1）黄河棉区：位于胶济铁路线以北，沿黄河和小清河流域沿岸，包括惠民、乐陵、商河、临邑、济阳、齐东、高青、蒲台、博兴、滨县、阳信 11 县。其中不少都是战前的老棉区，齐东县在 1926 年即从事于美棉的繁殖和中棉的改良工作。由于栽培历史悠久，农民有丰富的植棉经验，棉花产量高，品质好，其中尤以滨县著名。该区土壤多属砂质壤土，适宜棉花生长。

---

① 参见《菏泽地区农业志》，中国农业科技出版社 1989 年版，第 133—135 页。

② 参见烟台市史志编委会编：《烟台市志》（上、下卷），科学普及出版社 1983 年版，第 978 页。

全区棉区面积达246万亩，占全省棉田的22.8%，占耕地面积的18.8%。①

（2）滨海棉垦区：位于黄河下游入海处，包括沾化、利津、垦利、广饶4县，土壤属砂壤土，含盐量较高，战前棉田不足18万亩，战后发展极快，至1952年已发展到73万余亩，增加3倍多，棉田占耕地面积的17.3%，占全省棉田6.6%，由于地处滨海，可垦荒地面积很大，发展前景很好。

（3）运河棉区：本省西北部运河两岸的地区，包括德县、平原、禹城、齐河、恩县、夏津、武城、临清、馆陶、堂邑、冠县、清平、高唐、茌平、博平、聊城、莘县、东阿、阳谷、观城20县。全区属黄河冲积平原，壤土最多，盐碱土亦占相当比重。气候较黄河棉区更炎热干燥，对棉花成熟期颇为有利。其中有些县植棉历史悠久，系老棉区。新中国成立后，棉田有向南伸展趋势。1952年全区棉田面积达381万亩，占全省棉田面积35.4%，占耕地面积19.6%，是本省最大的棉区。

（4）鲁西南棉区：位于黄河南岸，运河以西，为旧黄河淤道，包括菏泽、郓城、曹县、定陶、城武、单县、巨野7县。本区植棉历史亦较长，但发展较慢，棉田面积89万亩，占全省棉田的8.3%，由于耕作粗放，农民不讲究修棉技术，棉花产量较低。本区地处黄河南岸，较北部棉区温暖、多雨、棉花成熟期较晚，每年霜后花较多；但本区砂壤地面积较大，适宜于种植棉花，有很大发展前途。

（5）胶莱河棉区：包括平度、昌乐、安邱、高密、诸城5县，地处崂山山脉与鲁山山脉之谷地，土壤绝大部分属壤土，且很肥沃，宜于植棉。本区在1918年即推广棉花种植与生产，但大部分棉田是战后发展起来的，棉田在1952年达94.6万亩，占耕地面积8.8%，且仍在逐年扩大，是一个新兴棉区，该区高密棉是国内优良棉产区。

（6）沂河棉区：包括沂水、沂南、蒙阴、费县4县。土壤多砂质土，带有微碱性，不甚适于植棉，1952年有棉田26万亩，战后也没有发展。②

若从棉田占耕地比重上划分，各地区可以划分为：

① 参见山东省农业厅统计局编印：《山东省农业生产统计资料（1949—1952）》，内部资料，1955年，第36—37页。原档案件编号为TD4-497-2。

② 参见山东省农业厅统计局编印：《山东省农业生产统计资料（1949—1952）》，内部资料，1955年，第37页。原档案件编号为TD4-497-2。

(1) 棉花种植极少的县，是莱阳专区的黄县、栖霞、蓬莱、掖县等8县和文登的威海、文登、荣成、福山、牟平5县，及烟台、青岛、济南市等地，共25县。

(2) 棉花种植较少的县，集中在济宁地区邹县、鱼台、金乡、嘉祥、峄县等13县；泰安专区历城、东平、章丘、长清、肥城、平阴等12县；临沂专区之临沂、沂源、郯城、莒县等10县；昌潍专区之益都、昌邑、寿光、临朐、安邱、昌乐6县，共50县。

(3) 棉田种植比重在6%—10%，即棉花种植一般的县，集中在聊城专区的阳谷、东阿、聊城等4县，和菏泽专区的郓城、城武、定陶、曹县、单县等7县，及临沂专区的费县与蒙阴县，胶州专区的诸城，共14县。

(4) 棉田种植比重在11%—20%，即棉花种植较多的县，共39县。主要集中在惠民专区的阳信、惠民、沾化、垦利、利津等12县，德州专区的济阳、齐河、平原、乐陵等9县及聊城专区的莘县、博平、茌平3县，昌乐专区的昌南县，莱阳专区的蓼兰县。棉田种植比重在10%—20%之间，棉花种植集中的县，胶东半岛只有高密一县。①

将1949年后全省在某一年代区间棉花平均产额加以分组，则单位产额的地区分布与粮食作物情况相反，大致可以分为三个类型：

(1) 以鲁西北地区，尤其是惠民、德州、聊城三地区产量最高，每亩平均产量在30斤以上的县份，有五分之三是在该三专区，其中滨县、蒲台、馆陶、临邑等县，1952年产量都在43斤以上，是全省棉花产量最高的地区。

(2) 菏泽、济宁、泰安、昌潍、胶州、莱阳、淄博等专区则为一般产量区，其中胶莱河谷的高密、即墨、平度等县则是一般产区中产量较高的地区，尤以高密产量最高。

(3) 临沂专区为低产量区，全区12个县每亩产量在20斤以下，是全省棉花产量最低的地区。②

---

① 参见山东省农业厅统计局编印：《山东省农业生产统计资料（1949—1952）》，内部资料，1955年，第37—38页。原档案件编号为TD4-497-2。

② 参见山东省农业厅统计局编印：《山东省农业生产统计资料（1949—1952）》，内部资料，1955年，第140页。原档案件编号为TD4-497-2。

（三）烟叶

烟草的种植历史很早，约在万历年间（1573—1620年）首先传入漳泉二州，然后由福建传入山东，约是在明代中叶后发展起来的。清初首先传入鲁西。

山东是栽培烟草最早的省份之一，到清代中期，烟草成为山东重要的经济作物。据《滋阳县志》“清顺治四年（1647年）城西颜村店、史家村始种之，相习见广，商贩云集，最为民间之利”。

山东烟的品种有土种与美种之别。土种烟明代即有，栽种区域甚广，其主要产地为鲁南地区，以兖州为中心，东湖、泗水、汶河流域，远及沂水、费县，西至济宁、嘉祥、单县等地，成一大产烟区。鲁中著名产地有新泰、莱芜、临朐、安邱、潍县，胶东有栖霞等地。该地区种植区域广，品种多，并出现有独特风味的名烟。

济宁州在顺治年间（1644—1661年）开始种植，至雍正时“遍地种烟”，“田家种之连轸，颇获厚利”。[①] 或谓种烟之利倍于百蔬，五倍于五谷，志书称“淡巴姑稍减于丝，岁进亦数十万，宜沃土，以利厚故，农家多种之，远贾麇集，常以冬月辘轳捆载。是名烟叶，其切如细发丝者，直谓之烟，名色繁多，货贸运及寿光、利津诸县”。农民为种烟之利所诱，纷纷改良田种烟，“齐民趋利若鹜”，“愚民废农多种烟，五谷不胜烟值钱”。[②]“膏腴尽为烟所占，而五谷反皆瘠土。”[③] 烟叶等经济作物的种植，一开始就因其获利远高于粮食种植，因而它排挤粮食作物，也是农民的自然选择。烟叶的种植，出现了专事买卖烟叶的商贩。据称济宁州业烟者6家，“每年买卖至白金二百万两”，[④] 北京烟商“来贩收买者不绝。”

嘉道之际，烟田继续扩大。在临沂蒙阴县的坦埠，出产名坦埠绺子的晒烟。沂水则有沂水绺子，据道光《沂水县志》载：“西南惟烟，西北惟山榆，西山一带惟药材居多……（烟草）其收入占十分之七。”兖州晒烟是制作鼻烟和雪茄烟的主要原料，在20世纪30年代达到极盛期，种植面积达

---

① 参见王士桢：《香祖笔记》卷三，上海古籍出版社1982年版。

② 《济宁州志》卷32，第19页；卷2，第62页。

③ 《(乾隆）济宁直隶州志》卷三。

④ 《安吴四种》卷二十六，农二。

3 万多亩，单产二三百斤。至今沂水农民还有“陈烟如存粮、如存款”的说法。[①]

到光绪年间（1875—1908 年），临朐县烟草种植面积达 2000 亩，年产量达 40 万斤。[②] 据 1887 年英国皇家学会报告：“山东临朐、临淄两县农民有十分之一种植烟草，亩产烟叶 1000 斤（大亩）。每斤平均售银元 6 分，每亩可获 60 元的收益，但每亩地需施 10 元的肥料。”[③]

美种烟的栽培历史较短。英美烟公司为能获廉价优质的原料，先后在山东等省大力推广美种烟叶的种植。1911 年，英国烟草公司派美国人茂恩在威海南 30 里的文登孟家庄试种美种烟，当时因雨量过多而失败。1913 年，英美烟公司在山东坊子开设小烟厂，1914 年英美烟公司租用坊子煤矿空场和原德国医院旧址 180 亩地，作为美种烤烟试验场，由田俊川承租种植，设立办公室、烘烤室，试种美烟成功。

试种成功之后，便教农民仿种，分给农民种子、肥料，然后由该公司按一定等级收购其产品。欧战爆发后，因东方缺乏黄色烟叶，烟叶市场原料紧缺，致价格暴涨，于是山东美种烟种植面积乃逐渐增加。英美烟商采取无偿供种、馈赠卷烟、贷给现金、豆饼、炉具、每座烤房贴补 50 银元及烟叶收获后以每斤高于粮食价 5—10 倍价格收买的办法，诱使农民争相种烟。农民见有利可得，便纷纷与该公司定约承种，坊子附近的麦地几乎全部改为烟田。1915 年烟草种植面积达 0.95 万亩，1917 年即猛增到 2.98 万亩。烤烟种植迅速扩展到安邱、临朐、昌乐、益都、临淄等县。该公司 1917 年在二十里堡建了一座规模宏大的烟厂，每年将烟叶收购后，运往该厂加工生产。30 余家华商亦来收购烟叶，有的还投资建加工厂。到 1920 年，全省美种烟草种植达 14 万余亩，1921 年达 18.3 万亩。[④] 山东的美种烟“20 年内即扩充到 40 万亩。当时产量居全国第一位”。[⑤] 日本的东亚烟草会社，也在坊

① 山东史志编委会编：《山东省志 · 烟草志》，山东人民出版社 1993 年版，第 23—25 页。

② 《物产》，《(光绪）临朐县志》。

③ 《英国皇家亚洲学会中国分会会报》卷二十三，第 85、85—89 页。

④ 山东史志编委会编：《山东省志 · 烟草志》，山东人民出版社 1997 年版，第 30 页。

⑤ 孙敬之：《华北经济地理》，科学出版社 1957 年版，第 122 页。

子设场收购。①

表 3–38 1914—1929 年山东烟草种植面积与产量

年份	1914	1915	1916	1918	1924—1929
面积（千市亩）	59	168	164	119	199
总产量（千市担）	—	101	340	326	518
亩产量（市斤 / 市亩）	—	60	207.3	274	260

资料来源：许道夫编：《中国近代农业生产及贸易统计资料》，上海人民出版社 1983 年版，第 214 页。

自从美种烟引种以后，烟草的种植面积和产量，期间虽稍有起伏，但总体上是呈大幅直线上升趋势。省内英美烟公司和日本厂家的需求量及出口的激增，刺激种植面积和产量的猛烈上涨。1914 出口仅有 11 担，而到 1917 年已达 35000 担，1918 年再跃升为 137383 担，② 成为山东农产品的大宗出口物品。美种烟的种植面积，自 1913 年迄 1921 年一直呈直线增加。但自 1920 年世界经济危机爆发后，输出减少；同时因日本、朝鲜在大战中扩大了烟地，中国烟叶输出减少，烟价暴跌，农民损失颇大。1922 年后，由于军阀混战的影响，烟叶生产大幅度下降，1927 年降到最低点，种植面积仅有 4.8 万亩，较前减少 10 余万亩。随着产量的锐减，价格又再次上腾。

1923—1924 年烟田又形增加。其后 3 年，因气候不良和张宗昌的苛剥，烟产又呈颓势。1928 年因银价低落，加以日商减少国外进口烟叶，转向山东购买烟叶，使国产烟叶大为增加。

进入 20 世纪 30 年代，由于国内卷烟工业形成规模，对烟叶需求量较稳定增长，加以政府限制洋烟进口，提高洋烟进口税，使山东烟叶生产出现历史上空前的繁荣局面。1930 年烟田恢复到 14.38 万亩。1932 年，上海发生战事，上海的烟厂停工三四个月，兼因东北铁路阻断，烟厂倒闭者甚多，以致烟叶滞销，烟田再度减少。1933 年以后，因局势相对稳定，销路畅旺，烟田又逐渐增加，至“七七事变”前，烟田达 61 万亩，产量达 97

① 转引自章有义：《中国近代农业史资料》，三联书店 1957 年版，第 161 页。

② 青岛档案馆编：《帝国主义与胶海关》，档案出版社 1986 年版，第 287 页。

万余担。①

至1933年，全省有37县种植烟草，尤以临朐、潍县、临淄种植面积最大，产量最多。

20世纪30年代，烤烟产区由东向西扩展，弥河流域种植面积逐年增加，其中以昌乐以西、青州以南及临朐一带烤烟品质最佳。20世纪30年代，全省种植面积由以往的10余万亩，猛增至七八十万亩，常年产量也保持以一百数十万担之多。烤烟产地在胶济线西自辛店东至柞山之间120公里之间，形成三大产区：东部为安邱全境及诸城、高密一部；中部为潍县、昌乐；西部为临朐、临淄、寿光、广饶、博兴一带。② 烤烟以青州为中心集散，中外烟商大都在青州设庄收购，胶济铁路线出现七大黄烟交易市场，青州占交易总量的三分之一。

1936年，全省共种植50余万亩，适逢美国烟叶减产，英美烟公司和其他公司竞相争购山东烟叶，价格上涨10%—50%，进一步促进了山东烤烟种植。1937年全省烟叶种植达46万亩，是新中国成立前烟草种植历史上的最高峰。③

表3–39 1933—1937年山东烟叶种植面积与产量

年度	1933	1934	1935	1936	1937
面积（千市亩）	719	823	783	769	821
总产量（千市担）	1571	1454	1652	1620	1509
亩产量（市斤 / 市亩）	218.49	176.67	211	210.66	183.80

资料来源：《中国近代农业生产及贸易统计资料》，第162、214页。

“七七事变”后，日军于1938年占领潍县胶济铁路，英美烟公司受日人挤压，将烤烟厂撤往青岛，烟农减少烤烟种植，全省仅种植烤烟10万亩，为1937年的21.5%。侵华日军对山东烟叶生产实行垄断和统制。日人垄断烟叶价格，非日本公司几乎被迫停止收买，转因风暴危害，农民对伪钞不

① 参见鲁档：《山东省农业生产调查统计资料（1949—1952）》，内部资料1955年，第91页，原档案件编号为TD4-497-2。

② 参见鲁档：《山东省农业生产调查统计资料（1949—1952）》，内部资料1955年，第91页，原档案件编号为TD4-497-2。

③ 参见山东史志编委会编：《山东省志·烟草志》，山东人民出版社1997年版，第31页。

信任，不愿出售烟叶，1939年烟叶产量遂锐减。日寇不得不允许并鼓励外国烟商收买，并限定外商必须将收买的相当数量的烟叶转售于日本。竞买的结果，造成了前所未有的高价，刺激农民增加烟田。于是，1939年后的烟田又猛增到35万亩以上。但同年日寇开始限价。为满足日本卷烟工业所需原料，除在胶济铁路沿线扩大种植面积外，还向鲁南地区扩展。1940年在滕县试种“小黄金”，同时又在滋阳、济宁、邹县等地试种烤烟750亩。太平洋战争爆发后，英美烟公司被日本接管，全省种植面积下降到10万亩以下。①

20世纪的头30年，烟草种植面积和产量因政治动荡和国际需求低昂的影响，呈现剧烈波动。从新中国成立前烟叶种植面积与产量看，经济作物的生产受到国内政治局势的影响，政治局势稳定则种植面积和产量都上升，政治局势不稳定或发生战争，烟叶生产就直线下降；同时，经济作物又受世界经济总局势的影响，如世界经济形势好，出口畅通，工厂需求量大，则烟叶种植面积与产量都上升，否则就下降。经济作物生产还受金融波动的影响，如国际银价及供求关系产量多少的影响。

表3-40　1912—1948年山东烤烟面积产量统计

年份	面积（亩）	单产（斤）	总产（担）	年份	面积（亩）	单产（斤）	总产（担）
1912	256	109	280	1913	238	159.66	380
1914	2384	142.5	3400	1915	9536	142.6	13600
1916	29500	151.1	45000	1917	29800	174.5	52000
1918	57216	125.1	71600	1919	112065	314.28	352200
1920	141500	181.34	256600	1921	183270	151.2	277200
1922	70030	107	75000	1923	120000	1678	201400
1924	125160	139.8	175000	1925	70036	174.2	122000
1926	50660	151.2	76600	1927	47680	185.4	88400
1928	122180	175.15	214000	1929	125300	155.78	195200
1930	148850	179	267800	1931	223500	154.27	344800

① 参见山东史志编委会编：《山东省志·烟草志》，山东人民出版社1997年版，第32页。

年份	面积（亩）	单产（斤）	总产（担）	年份	面积（亩）	单产（斤）	总产（担）
1932	193700	175	339000	1933	159480	294	469000
1934	340200	240	816480	1935	401614	200	803228
1936	410495	151.7	622000	1937	465560	130.5	607800
1938	100000	187.5	187500	1939	156450	139	217500
1940	353130	105	370500	1941	129649	121	151789
1942	107904	108.7	117327	1943	118433	127.5	151001
1944	—	—	49202	1945	—	—	—
1946	80000	162.5	130000	1948	215842	136.77	295200

表 3–41　山东历年烤烟面积及产量统计

年份	1937	1938—1945	1946	1947	1948	1949	1950
面积（万市亩）	51.7	2.3	10	20	22.9	16.1	17
产量（万市担）	61.0	31.8	13.6	27.2	45.8	16.8	8.32

资料来源：摘自中央人民政府农业部编印：《中国农业生产统计资料》（一）1951 年 8 月，第 44 页，第 24 表。

抗战胜利后，由于很快发生国共内战，1946 年全省仅种植烟草 8 万亩，总产 13 万担；1947 年全省烟叶生产基本停顿。1948 年山东农村基本解放，农业生产迅速发展，当年种烟草 21 万亩，烟叶产量达 30 万担。①

山东本地烟种植面积及产量无资料可考，兹据《山东烟之概况》附表所载 1933 年、1934 年山东烟种植面积及产量中，减去美种烟面积及产量，得出土烟数据。

表 3–42　山东本地烟种植面积与产量

单位：市亩、市担、市斤

年份	种植面积（市亩）	产量（市担）	亩产量（市斤）
1933	461000	1102000	239

① 参见山东史志编委会编：《山东省志 · 烟草志》，山东人民出版社 1997 年版，第 30—32 页。

年份	种植面积（市亩）	产量（市担）	亩产量（市斤）
1934	443000	835520	188.6
1939	383760	505566	131.74

资料来源：民国二十八年数据是依据日本特务机关出版的《山东烟之概况》所载及华北产业科学研究所实地调查材料推算出来的。鲁档：《山东省农业生产调查统计资料（1949—1952）》，内部资料1955年，第91页，原档案件编号为TD4-497-2。

新中国成立前，烤烟的等级价格操纵在列强垄断资本家手中，成为他们掠夺中国经济资源剥削烟农谋取暴利的手段。1928年，英美烟公司将烤烟分为9等28级，1至9等每百磅的收购价格依次是70、60、50、42、34、25、18、13和9元（银元），平均40—50元左右。价格不对烟农公开，由烟师和公司随意涨落。1934年烤烟丰产，原先五六十元的等级烟，降为二三十元。1919年南洋兄弟烟草公司在益都设收购场，定为20个等级，而烟农只知有9等，1至9等每百磅收购价依次为：50、40、30、25、18、14、10、5、3元。①

新中国成立后，由于政府大力提倡，并给予烟农多方面的扶持与帮助，烟田迅速扩展，且超过战前最高水平。1952年全省共种植烤烟637283亩，占全国烤烟种植面积的20%。本省所产烟叶多集中于青州附近，故有“青州烟”之称，该地区所产烟叶品质优良，可供制造上等卷烟之用。

山东种植烤烟的有37县，产烟较多的有19个县，主要分布在胶济铁路沿线一带，尤其集中在昌潍专区。以益都县种植最多，1952年计种植150517亩；临朐次之，种植100034亩，临淄又次之，计81611亩；潍县第四，计76539亩；其他安邱、寿光、昌乐、桓台、滕县等县俱在3万亩左右。

山东省产烟区依自然与交通条件，可分为以下几个产区：

① 昌潍区：包括益都、临朐、安邱、寿光、昌乐、潍县、潍坊市及淄川等9县市，烟田面积共529361亩，占全省烟田面积的83.07%，为山东烤烟主要产区。该区土壤为褐色或黄色砂壤土，富含磷钾质，缺乏氮质，排水良好，极适宜于烟草的生长；且系老烟区，农民栽烟、烤烟技术均高，故质

① 参见山东史志编委会编：《山东省志·烟草志》，山东人民出版社1997年版，第72—73页。

量最佳；加以靠近胶济铁路，交通方便，为本省之优良产烟区。

② 小清河流域区：包括广饶、桓台、博兴、长山 4 县。共有烟田 50953 亩，占全省烟田 9%。该地土质棕色砂壤土，下层土有砂薑，排水情况不良，但傍临小清河，颇得灌溉之利。此地区种烟也历年所有，但烟之品质不如青州烟。

③ 津浦铁路沿线区：包括滕县、薛城、济宁、凫山 4 县，种植面积约有 35424 亩，占全省烟田面积的 6.2%。该地土壤属棕壤土和灰壤土，含有机质较多，适宜种植烤烟。该地烟田，绝大部分是战后新开辟的，农民缺乏种烟和烤烟技术，所产烤烟品质较差。

④ 临清、菏泽及临沂专区的某些县份，有部分烟田，数量很少，品质也劣。①

全国烤烟产区分布，可分为豫、鲁、皖地区、东北地区和云贵地区三个主要产区，以豫、鲁、皖三省烟区种植面积最大，占全国种植面积的 59%，产量占全国的 57%。山东烟叶品质较好，是生产高中级烟原料的主要供应地。1952 年山东一省烟叶种植为 125 万亩，占全国总种植面积的 23.42%，亩产量高于全国平均亩产为 107.5 斤。② 安邱青烟的产量一般是每亩（自然亩大亩，合市亩为 3.563 亩）可生产 1000—1500 斤烟叶（连拐子在内）。③

（四）蚕业

山东省蚕业有悠久历史。秦汉时山东桑蚕业相当兴盛。《史记·货殖列传》称“齐鲁千亩桑麻……与千户侯等”。自汉代烟台当地人就摘茧作绵。张崧《山蚕谱序》云：“登莱山蚕盖自古有之，特前此未知饲养之法，任其自育于林谷之中，故多收则以为瑞。宋元以来其利渐兴，积至于今，人事益修，利赖日广。立场畜蛾之方，纺织织纴之具，踵事而增，工埒桑麻矣。”④

清代山东半岛丘陵地带的农民，是因发展山蚕饲养和引进花生、甘薯

① 参见山东省农林厅编：《山东省农业生产统计资料（1949—1952）》，内部资料，1955 年，第 39 页。原档案件编号 TD4-497-2。

② 农业部办公厅计划处编：《全国主要农作物分布图集》，内部资料，1961 年，第 234 页。

③ 山东省地方史志编委会：《山东省志·烟草志》，山东人民出版社 1997 年版，第 26 页。

④ 《艺文志》，《(同治）宁海州志》卷二十五。

品种，而使半岛得以开发利用，解决人口增长的衣食之需的。山地自然生长和人工种植的槲、椿、柘、柞树，便可放养槲蚕、椿蚕、柘蚕和柞蚕，收获槲茧、椿茧、柘茧和柞茧。蚕如树名，茧如蚕名，丝如茧名。放养山蚕，不与农田争地，工省利厚。东省山蚕以沂州府开发最早。“沂多山，山必有场，种勃罗以养山蚕，岁出山蚕、山绸无算。”

王渔洋《山蚕词》记东省山蚕：“曾说蚕丛蜀道难，谁知齐道亦蚕丛”，“春蚕秋丝各自谙，一年三熟胜江南”；沂水一带，“弥山遍谷，一望蚕丛”，“沂水一带多槲叶，养蚕大于常蚕四五倍”；兰山樗蚕“小于常蚕，作茧亦小而坚厚，织紬绸尤佳”。①

康熙年间（1662—1722 年），沂水府山区即弥山遍谷，一望蚕丛，农家养蚕织绸，颇获重利。泰安府的莱芜饲蚕织绸较早，山东地方政府曾推广莱芜的方法，在济南、泰安、兖州三府，由地方政府发放树种，设法劝种，鼓励人民发展山蚕业。泰、沂、青一带樗树饲蚕，养者颇多。②山东的野蚕放养，主要以柞树为主，是国内放养柞蚕最早和最兴盛的地区。柞蚕主要分布于鲁中和胶东一带，主要饲养区以乳山、牟平、栖霞、文登、费县、诸城各县为最盛。③彭泽益称：“山东则出产柞蚕丝，以昌邑、宁海、栖霞、青州、长山为盛。18 世纪 40 年代初，清廷曾命山东将养柞蚕成法移咨各省，依法饲养以取蚕丝之利，曾使柞丝业在西南、西北和东北地区获得推广。”④

青州诸城的山蚕饲养技术，甲于一方。其种树畜蚕的方法，很快传入半岛东部，栖霞县种树养蚕，即由诸城人所教。光绪年间（1875—1908 年），山东临朐县有三分之一的农民种桑养蚕。⑤

山东省蚕业最盛时期是清末的 1910 年，全省有桑树 3044 万株，有柞岚 242 万余亩，1910 年全省产桑蚕茧 4054 万余斤，1920 年全省产柞蚕茧 26.8 亿粒。⑥登莱青三州山蚕饲养，几乎达到了“凡有山谷之处无不种植，不论

① 王培荀：《乡园忆旧录》卷八，齐鲁书社 1993 年版，第 437、454 页。
② 《东方杂志》民国二年五期，第 88 页。
③ 《中国实业志（山东省）》（戊）民国二十三年，第 206—222 页。
④ 彭泽益：《清前期农副纺织手工业》，人大复印资料《经济史》1988 年第 2 期。
⑤ 《英国皇家亚洲学会中国分会会报》卷 23，1938 年，第 85 页。
⑥ 参见山东省农林厅编：《山东省农业生产统计资料（1949—1952）》，内部资料，1955 年，

顷亩，以一人所饲为一把手，有多至千手之家。不供赋税，坐享千金”。烟台、宁海、栖霞等十数州县则饲养蚕。①

山蚕饲养已经成为一种专业化的有相当规模的生产了，小民依之作养生之资，富家赖养蚕入市致富。登州府各地“均以养蚕为业，种柞木为本，依此山蚕以为养生之源”。② 山蚕一年中春秋两收，春蚕成于五月，秋蚕成于八月。清代的牟平、栖霞、乳山、文登一带，放养柞蚕成为农家普遍经营的副业。1921 年柞蚕产量高达 15 万担。20 世纪 20 年代，每年可出口柞蚕丝 140 余万斤。③

养蚕区域以胶济铁路沿线为中心，其中尤以益都、临朐、淄川、桓台、博山、莱芜、新泰、蒙阴、滕县、莒县、菏泽、栖霞、单县、牟平、寿光、广饶等县最盛。④

本省缫丝和织绸工业具有悠久的历史，所产茧绸久负盛名。胶东、鲁中柞蚕、桑蚕很多。蚕丝生产在 1922 年达 11.6 万担，其中临朐产出 4 万担，莱芜产出 1.2 万担，博山 1 万担，新泰 0.856 万担，蒙阴 0.59 万担，益都 0.4 万担多。⑤

清末民国初期丝织业也很兴盛，农民有自养自缫的习惯。桑蚕业以周村为产销中心。据 1929 年统计，全省产丝达 150 万斤左右。又据 1931 年统计，仅胶东柞绸出口的就有 20 万匹，畅销于南洋、欧美各地。据 1938 年统计，全省桑蚕茧产量降为 7743673 斤，出丝仅 60 万斤，较 1910 年产茧量降低 80% 以上。农民养蚕无利可图，遂砍伐桑树改种庄稼，桑树也大为减少，仅存桑树 1663 万株，较最盛时减少了 40%。柞蚕茧产量降为 16 亿粒，出丝 120 万斤，较最高产量的 1920 年产茧量减低了 40%。⑥

第 385 页。原档案件编号 TD4-497-2。

① 日本外务省《清国事情》（上），1907 年，第 302—303 页。

② 孙钟檀：《山蚕辑略序》，民间油印本。

③ 参见山东省农林厅编：《山东省农业生产统计资料（1949—1952）》，内部资料，1955 年，第 385 页。原档案件编号 TD4-497-2。

④ 《中国实业志（山东省）》（戊），民国二十三年，第 222 页。

⑤ 青岛档案馆编：《帝国主义与胶海关》，档案出版社 1986 年版，第 206 页。

⑥ 参见山东省农业厅、统计局编印：《山东省农业生产统计资料（1949—1952）》，内部资料，1955 年，第 385 页。原档案件编号 TD4-497-2。

表 3-43 山东历年蚕茧 / 蚕丝产量统计

单位：公担

年份	家蚕茧	桑蚕丝	柞蚕丝
1929		4500	8500a
1931	65650	4600	8000
1936	46000	3200	7000
1940	29000	2000	
1946	22500	1500	
1947		906	
1948		600	b（1946—1948 年平均为 300）
1949		1300	580

注：柞蚕丝 a 项为 1921 年数字，b 项为 1946—1948 年三年数字平均数。
资料来源：摘自中央人民政府农业部编印：《中国农业生产统计资料》（一）1951 年 8 月，第 49—50 页，第二十九、三十、三十一表。

1921—1926 年是中国柞蚕业之黄金时代，1931 年“九一八事变”后，经日寇统制，产量及出口量大减。家蚕和桑蚕都是在 1931 年达到历史最高值，以后便每况愈下地衰落下去。

据民初山东官府统计，由于政府大力提倡，全省 107 县中有六十余县养蚕，养蚕户 170034 户，每年共收生茧 405472 担。桑树种植遍及全省，各县共种植桑树 3044.7 万株，以胶济铁路沿线养蚕区为最多。① 本省中部益都、临朐、莱芜、蒙阴之间的山谷平原是桑蚕饲养的中心。② 桑蚕盛产于临朐、益都、新泰、蒙阴、莱芜、沂水、栖霞等县，尤以临朐县产量最多，战前家家户户无不栽桑养蚕，全县产茧量占全省产茧量的一半左右，农民饲养一季蚕可收入二三百银元。③

嘉庆年间，山东灾害严重，有人便偷越边禁，到清政府列为“龙兴重地”的宽甸等东北地区垦殖、挖参、狩猎、放蚕。同治元年（1862 年），朝

① 《中国实业志（山东省）》（戊），民国二十三年，第 206—222 页。
② 孙敬之：《华北经济地理》，科学出版社 1955 年版，第 130、137 页。
③ 参见山东省农业厅、统计局编印：《山东省农业生产统计资料（1949—1952）》，内部资料，1955 年，第 385 页。原档案件编号为 TD4-497-2。

廷放宽边禁，山东人大量流入东北。特别是有着缫丝织绸历史传统的昌邑技术工人的流入，使当地柞蚕丝绸业得到迅速发展。到光绪三十四年（1908年），昌邑全县已有蚕区19处，放蚕人数达4959人，产量逐渐增加。民国五年（1916年）蚕业又有较大发展，产茧比光绪三十四年（1908年）增加了57%。① 昌邑的养蚕技术不仅在胶东传播，而且传到了东北，在东北形成新的蚕业中心。

蚕桑之利，厚于稼穑。"计桑之成，育蚕可二十筐，蚕苟熟，丝绵可得三十斤，虽不足，补以二蚕可必也。一家衣食不苦乏"，"蚕不稔，则公私俱困，为苦百倍"，"农家力耕不足糊口，故田收仅足支民间八个月之食，其余月皆易米以供，公私仰给，惟蚕息是赖，故蚕务最重"，"蚕或不登，则举家聚哭。盖农家全恃蚕为耕耘资，蚕荒则田芜，揭债鬻子，惨不免云"。彭泽益精辟论云："蚕丝织业虽是商品性生产，但其性质仍是小商品生产。因为广大农家为此生产的目的，主要是为了养家糊口，为了维持最低生活的需要，而且这种小商品生产还是在农民家庭成员亲身经历和不算工食的条件下进行的，只是求得衣食不虞苦乏，并不奢求什么盈余。"②

第三节 美洲作物品种引种推广对山东农业的影响

自古以来，农业是国家主要的生产部门，人口的增长是劳动力的来源，是国家财赋来源。所以，历代统治者都执行重农抑商国策，努力扩大农业人口来增加农业生产力。从明代中叶到清末，四百余年间山东耕地面积从57万顷增至110余万顷，③ 增加了一倍；而人口则翻了两番还要多，据有关统计称，山东人均土地从明代的7.7亩降至清道光后的3亩。

到了乾隆中后期，一些先知者开始注意到人口大量增长而发生的人与地的矛盾。他们认为土地垦辟基本到顶，而人口成倍的增长，地狭人多，人满为患。

---

① 宋甲其主编：《昌邑织造》，内蒙古科学技术出版社1999年版，第62页。

② 彭泽益：《清前期农副纺织手工业》，人大复印资料《经济史》1988年第2期。

③ 耕地数字，明代据《(嘉靖) 山东通志》卷八《田赋》，清代参见据许道夫：《中国近代农业生产贸易统计资料》耕地表2，上海人民出版社1983年版。

到了近代，特别是晚清和民国初年，人们对于人口与土地、全国和山东省的农业经济性质和农村与农民阶级生存状况，都产生了极大误判。所以会产生这么大的历史扭曲，不是当时统计调查的方法不够科学与精密，而是当时政治界和学术界在农村社会经济调查中，过分强调为政治服务，先定论再搜集资料，有选择性地使用资料。就是说，在20世纪二三十年代可知的几种主要的农村调查资料中，因为思想方法的偏颇，而在有意无意之中，掺入了很多不科学不真实的材料，人们的研究方法也有形而上学的偏片性，这些都是今天的学者必须认真检验批判的。

一、昧于农业革命的农业危机论

20世纪二三十年代，出现了各种政治力量、各派学者众口铄金般的“农业衰退论”和“农村经济破产论”。笔者长时间想不明白，当时的政治家和学问家，也是群贤云集，引领一代风骚，为什么却在中国农村农业和农民问题上，同时出现如此大的误判误读，有如此明显的历史局限性？这是发人深省的。我有一种猜测，认为在中国农村农业和农民问题上，出现如此大的历史局限性的主要原因，在于那个时代，人们的思想聚焦于民主革命，是革命氛围掩盖了农村、农业和农民问题。在于当时的各派政治家和学问家，都集中思考中国民主革命的问题，如何使中国对外争取民族独立，对内扫除封建障碍，使中国摆脱积贫积弱的国运，建成独立富强民主的现代化国家。民主革命成为求解放、求生存的攸关生死存亡的大问题，也成为政治家和学问家思考的压倒一切的头等大事。而当时中国革命的主要问题，被定格为农民问题，农民问题被归结为土地问题。土地问题的症结，被认定为是中国的地权不均，租佃制度成为生产力发展的桎梏。孙中山先生提出解决农民问题的方案是“平均地权”，实现“耕者有其田”，甚至提出过“土地国有”的设想；国共合作的第一次大革命也提出“打倒土豪劣绅”；中共提出“土地革命”，并以武装革命，进行了十年土地革命的红色割据；南京国民政府也在浙江实行过“二五减租”，并颁布《中国土地法大纲》。也就是说，当时的政治家和学问家，都想用暴力革命的办法，对中国农村问题实行外科手术式的处理，毕其功于一役。一种倾向掩盖另一种倾向，革命掩盖了经济，红色革命掩盖了绿色革命。几乎所有的政治家和学问家，都对由美洲作物品种引种推广并不关心，因而对美洲作物品种已经在中国大地上引发绿色农业革命一事，对二百年来中国的土地养活了新增加的几亿人口的事实，视而不见，听而不闻；或者对因种子革命而引发的种植制度与粮食结构的变革，对农业生产力的变化懵然无知，感受到的仍然如清末张之洞所感慨的那样，农村是一潭死水，残破凋零，农民粗放懒散，毫无希望。

直到现在，中外学者中，都还有持自清中期以来耕地减少、产量降低的观点。自农村经济危机论盛行，农村土地使用中的租佃关系被说成是农村主要的剥削制度；土地占有的不平均，即土地所有权的分配，也被说成是土地愈来愈集中、占人口极少数的地主富农，占有农村 85% 以上的土地，而占农村人口 85% 的中农、贫农则少地无地，仅占有农村 20% 的土地；农村社会与官府的矛盾，被说成是农村社会内部地主与农民的矛盾。这种理论，用来作为革命合理性的依据，当然是有巨大号召力的，但用来作为对农村社会经济的科学解释，却是远离事实的。

悲观论者的另一个重要观点，是认为农业是近代改变最少的生产部门，农具自元代以后很少革新，农业技术陈陈相因，粗放经营，农业没有任何进步，土地减少，人口激增，成为沉重的社会负担。悲观论最有代表性的，当属黄宗智先生的“过密论”。

笔者受主流思想的影响，长期相信上述那些观点，认为革命是天然合理的，认为小农经济是封建社会的尾巴，只有公有制大生产才是农村、农业和农民的唯一出路。

笔者自从 1981 年到山东省档案馆编辑档案，接触到农村社会和农村档案后，才觉悟到自己真的应该从教条主义的思想禁区中走出来，重新研究和认识农村、农业和农民。

笔者对有关农业农村和农民的许多事情，也是经历长期的观察、比较和思考，才慢慢有所省悟。笔者 1981 年后，到山东档案馆编辑整理馆藏档案，在看到档案中数千件农村挨村挨户调查原始档案材料后，才知道原来农村阶级关系和土地关系并不像历史书上写得那样，自己以往奉为金科玉律的许多理论，其实是应该进行真理性检验的。

在笔者看到的数千件山东档案中，时间跨度有的长达五六十年，竟然没有发现一件地主与贫农因为经济问题发生严重纠纷的案例。农村人际关系主要是一种宗法关系，富有的家族有义务周济贫寒的族人和村民，没有人愿意背上“为富不仁”的恶名。挨村挨户调查材料显示，农村租佃关系中的主佃关系、雇佣关系中的主雇关系，都是平等的亲如家人的关系；在饭食上，是雇主与雇工同坐共食，好的饭菜多是留给雇工吃，而主家的妇女儿童却吃着较差的饭食。大量档案所显示的土地占有关系，很少有土地高度集中的案例，大地主和赤贫在农村中都极少，80% 以上的土地都集中在中贫农手中。就连 1942 年后在第一线领导农村减租减息工作的农村干部，和 1946 年后实地领导土地改革的各级干部，也都屡屡表示所在村庄没有地主。

笔者有二十年接触农村生活的经历，亲眼所见的，是公社和生产队里，农民出工不出力，消极怠工，粗放经营，致使农村大田荒芜、自留地庄稼高产的怪事比比皆是；让人很容易联想到春秋时期井田制下“公作则迟，私作则速”的历史。原先笔者也相信农民贫穷的根子是生产关系落后，可土地改革和合作化、公社化等生产关系的革命，并没有使农民脱贫。笔者所见的农村，有的一个劳动日，只有 8 分钱，年底还发不出钱。据统计，山东省 1980 年人均粮食比 1948 年才增加了 1 斤。可见政治革命不能解决农村贫穷的问题。笔者后来才慢慢明白，原来农村的贫穷，不在于租佃制、雇佣制的存在，不在于土地所有权和土地使用权是集中还是分散，不在于公有制还是小农私有制，而在于农民有没有独立经营权，农民经济是不是综合性发展的立体农业。农民没有自主经营权的生产，农民不会把它当作自己的事来做，没有工副业的单纯粮食生产，不可能使农民致富。而清代和民国时期美洲作物引种与推广，是农民自己的选择，而所选美洲作物品种的好处，恰恰是与工业和商业相联系，具有很强的商业价值。美洲作物引种与推广引起了粮食生产和经济作物生产的大幅进步，使农业结构和粮食结构趋于合理，使新的耕作制度形成并完善，使土地得到开发利用，使粮食单产和总产基本上满足了人口增长的需要，因而完善和强固了小农经济，使小农经济在近二百年中不是消灭了，而是更加成为小而全的有生命力的经济形态。

经济的问题，只有经济的办法才能解决。20 世纪 80 年代后在山东胶东各地的联产承包责任制的推行，使农村发生了翻天覆地的变化。让笔者大惑不解的是，笔者所在的福山县城关的那几个村，还是那些土地，还是那些村民，还是那些工具，还是那套生产技能，粮食生产和工副业生产却在短时间内发生了巨大的进步。过去那些“吃饭靠救济，花钱靠贷款”的穷村子，变成了富村；那些整劳力拼命干一年还要欠着生产队口粮钱的村子，都仿佛一夜之间变了天，出了不少万元户；好做小生意的农民，也不必担心在自家屋后种一垅葱被揪出游街批斗。事实告诉我们，农业经济的大变，不必等着生产工具的革命性变化，不用等着科学技术的飞跃，不用等着生产关系公有制。农业经济相关的任何一个关键因素的启动，都有可能使农业经济产生巨大效益。20 世纪 80 年代的变化，仅仅是当局的一个政策的变化，把土地经营权还给农民，就使农业生产翻了几番，让 9 亿农民受惠。农业是一个有机体，是一个牵一发而动全身的生命体，我们应该把农业当作一个有机生命体加以研究，而不应拘泥于某种理论作茧自缚，自己蒙蔽双眼。

诚然，近三百年中国的农业技术，按传统观点看，真的是没有重大突破，甚至被公认为是技术停滞，资本投入也未见明显增加，农药、化肥只是零星出现而没有成为农民种植业必需品。以近代城市工业的开工、计件、计时生产、产品标准化、上下班交接、就业、失业的观念看中国的传统农业，真的只能把农业人口都看成是只会吃饭的饭桶，把理论上土地经营之必要劳动之外的人口和劳动力，看作是隐蔽性失业，断定农业生产力边际生产率为零，甚至连零也不如。

土地后备资源和总量增加不足，传统农业技术未见改进，资本投入不足，国外粮食进口微不足道，是当时中国和山东的农业家底。在这种一穷二白的情况下，单靠投入大量劳动力，显然不足以使粮食供应量增加到大体满足人口增长的程度。

人们可以用任何科学的和经验的方法，可以举出千百个实例来证明清末民国时期农村经济衰退，证明土地减少，粮食亩产和总产都降低了。但在清朝中期之后到民国时期，在没有大量粮食进口的情况下，增加的二三亿人口，是靠什么维持生命，靠什么维持生产力的再生产？

人口不是任何时候都可以增长的，战争和灾荒的摧残，会使人口大量死亡和减少。如元末明初的战争，明末清初的战争，使人口十存二三，要经过六七十年才能恢复到战前水平；清末洪杨之役使江南人口死亡两千万人，都是经过几十年甚至上百年才恢复到战前的旧观。

光绪初年的“丁戊奇荒”，让我们真切知道粮食是民之司命。粮食短缺会引起营养不良，大灾荒引起的粮食极度缺乏，会使现有人口大量非正常死亡，社会劳动力就食他方，即历史上屡见不鲜的“老弱转死沟壑，青壮就食他方”，更导致人口出生率大幅下降。我们亲身经历过1959—1962年的大饥荒，对饥荒更是有切肤之痛，触目惊心。粮食短缺，口粮不足以维持生命，大量人口饿死或非正常死亡，人口出生率大为降低甚至是负增长，就根本谈不上人口增长。

学术界对土地经济一般的说法是，到了乾隆中期，土地垦复基本完成，其后没有大面积的荒地开垦，反倒是政府豁除了一大批劣质土地，实行了新垦土地永不升科的政策。这些豁除的沙荒湖荒海荒地盐碱地，本来就难以耕作，收获不稳定，就算当年不被沙压水淹，有的也就能收一季小麦或高粱。

人口的增长，必定要以粮食的相应增长为基础。从粮食来源上看，不外是三个来源，一是从国外进口，这个来源在清末和民国都为数甚微，不能成为全国和山东人口的粮食重要来源；其二是从外省调运，山东确实每年从东北进口一些粮食，但这也只是烟台等少数县份接受的部分高粱大豆等粗粮，也不成为各县粮食的主要来源。所以，各州县的粮食，主要还是本地生产出来的。如果不是借助于神奇的力量，山东的粮食问题的解决，只能从山东的后备土地资源，从山东的粮食作物的种植制度，从农业科技上找原因。

众所周知，直到清末和民国时期，中国的粮食进口在粮食供销中比例很小，而土地垦殖的增长赶不上人口增长的速度。自清初至1933年，人口增长了三倍，而中国农村的人均收入并无明显下降。这其中必定有一种或多种因素使粮食产量的增长能基本适应人口大量增长，而不致使人均粮食大幅减少。粮食供给少于人口生存的最低需要，就会出现高死亡率低出生率，则人口增长就会停止，就会有大量人口非正常死亡。

人活着就要吃饭，吃饭的粮食只能从地里长出来。养活几亿新增人口的粮食从何而来？要维持最低生存的需要，单是按一人一年口粮300斤算，每增加一亿人就是300亿斤粮食，这些粮食从哪里来？如果不是因为粮食总产提高到可以基本可以维持二三亿新增人口的生存需要，有什么神奇力量可以解决几亿人吃饭的大事？在两百多年间人口能够持续增加，说明事实上是土地生产出了可以养活新增人口的最低限度的粮食。至于统计数字的差异，某人推算的多少，据已有资料推论土地亩产总产的升降，甚至以片面资料证明清中期后亩产降低，土地减少等观点，都无法驳倒人口持续增长而没有发生大饥荒的事实。

所以，我们可以说，清中期以后的人口增长本身，就是一个无可辩驳的事实，证明清中期后无论全国还是山东，都可以认为基本解决了维持人口生存的最低需求的粮食问题。

美洲作物是作物品种，而品种则是一定的科学技术的产物，是一个时代农业科技生产力的凝聚与结晶。所以，引进美洲作物品种，实质上是拿来了一种新的科学技术。这种新品种所具有的生物学特性，又使它可以把本来不生五谷的洼地和高地沙土等废地变成了良田，等于使可耕地因美洲作物引种而大幅扩张。一面是新品种产量高于原有作物，一面是可耕地大量扩张使粮食总产大量提高，引种美洲作物一举解决了土地垦殖困难和粮食产量提高困难两大难题。美洲作物虽然不是新工具，但它具有新工具的力量，可以向荒山盐碱海边开垦土地；它不是新科技，但它具有新科技的先进性，可以因品种之优而增产粮食，可以加入山东本地的粮食系列而造成新的作物种植制度，从而提高复种指数，间接扩大耕地。

可以毫不夸张地说，美洲作物品种，就是几百年来中国和山东人终于找到的一种新的生产力，一种可以缓和人地矛盾，可以发展农业生产的新的生产力。这个新的生产力的出现，较之投入新的资本，投入肥料和农药更有效地产生了革命效应。清中期后美洲作物的引种与推广普及，直接结果就是大量不宜耕种的土地得以开发，耕作面积得以大幅扩大，粮食总产量大幅提高，这就是清中期后中国为几亿新增人口提供口粮的关键。

从某种意义上说，没有美洲作物的引种与推广的关键因素，没有美洲作物品种加入粮食系列所引起的种植制度和粮食结构的改变，就不会有粮食产量的大幅提高，也就不会有清中期后几亿新增人口的赖以生存的口粮。美洲作物，是近代山东乃至全国找到的解决几亿人吃饭所需粮食问题的秘密武器，舍此就无法解释近二百年人口爆炸而没有出现人吃人现象的千古之谜。有人将美洲作物引进和推广称为第二次农业革命，或称为绿色革命，是有道理的。

据何炳棣研究：自北宋真宗大中祥符五年（1012 年）后，中国经历了两次农业革命，或者称为两次绿色“革命”。他说：“近千年来，我国粮食生产史上曾经有过两个长期的‘革命’。第一个革命开始于北宋真宗1012年后，较耐旱、较早熟的占城稻在江淮以南逐步传播。……这不但增加全国稻米的生产，并因早熟之故，不断地提高了稻作区的复种指数。虽然农业生产的进步经常是逐渐、缓慢的，但是早熟稻在近千年中对粮食生产积累影响深而且钜，不愧生产‘革命’之称。”

对于第二个绿色“革命”，他论述称：“我所认为近千年来，我国第二个长期粮食生产的革命，就是本文所讨论的对象。这个革命的开始是16世纪，比第一个革命要晚600年。”美洲四种农作物，花生、甘薯、玉蜀黍、马铃薯传华四百余年来，对沙地、瘠壤、不能灌溉的丘陵、甚至高寒山区的利用，作出了很大的贡献力量。

“今日的中国是全世界最大的甘薯生产国，产量占世界的百分之八十三；是仅次于美国的玉蜀黍生产国；是仅次于苏联的马铃薯生产国；是仅次于印度的花生生产国。二十世纪90年代中期，中国花生产量已超过六百万吨，超越印度居世界首位。我国玉米产量超过三千万公吨，是次于稻米和小麦的第三重要粮食作物。以新折算率（每五斤薯芋才折成一斤粮食）折算，甘薯的产量相当二千二三百万公吨粮食，马铃薯相当七百几十万吨粮食。这三种美洲种的杂粮作物总共相当六千万吨粮食，占全国广义粮食总产量的百分之二十以上。1973年花生产量是二百七十万吨，比油菜籽的产量多一倍多，花生与大豆同为我国最主要的食油来源。这四种美洲作物长期间对我国农业生产的积累影响，不得不谓是‘革命’性的”。①

从历史发展的角度看，这个第二次绿色农业革命，一直延续到20世纪末和21世纪之交，何时完成，尚无法预料。

二、美洲作物品种引进扩种的动因

清中期以后，清统治者出于救荒护民目的，自上而下地推动与民生相关的粮食作物与经济作物的种植。美洲作物引进与推广，在经历了二百年的自流传播之后，从农民自愿引种的自发行为，变为政府用行政力量干预的农

① 参见何炳棣：《美洲作物的引进、传播及其对中国粮食生产的影响》，《历史论丛》第5辑，齐鲁书社1985年版。

业政策。这不但加速了美洲作物引种推广，使美洲粮食作物成为山东粮食作物的主要品种，也进而因美洲作物加入作物系列，对耕作制度多有改变，促成农业内部结构的调整。

美洲作物经历了三百多年后，直到在20世纪初，还没有进入大发展的时期，因为美洲作物中的甘薯、花生、玉米引种推广得好些，其中以可以作为救荒作物的甘薯在鲁中南和鲁东山区丘陵地种植较多，各种美洲作物基本还是种植在原先不宜五谷的洼地沙碛废地里。直到道光年间（1821—1850年），甘薯、玉米、马铃薯还没有进入大田生产，没有进入粮食种植系列，因而其品种优越性很大程度上未被发现。只有花生因为出口贸易刺激，在一些县大量种植，成为当地出口大宗。20世纪初，美棉、花生、烟叶等，因为当时加工工业和口岸贸易的发展，作为重要商品经济作物，率先进入大田生产，山东很多农村由此成为棉花、花生、烟叶生产的专业区。经济作物专业区的小农经济，也隐然转型为“耕织工商型”了。

从山东的农业史看，20世纪二三十年代，玉米、甘薯、花生、马铃薯引种推广进入了新的阶段。中经多年战争以及多年土地改革、合作化的试验，玉米、甘薯、花生、马铃薯的大发展期，是六七十年代以后的事，成为主要的粮食作物；而这些美洲作物在播种面积和产量上达到高峰，甚至已经是八九十年代的事了。所以，我们可以把美洲作物引发的农业革命，看作是始于明代中晚期，中经清朝和民国，完成于20世纪末和21世纪上半期的延续四百多年的历史进程。

美洲作物品种引进扩种的动因，可以归纳为以下几个原因：

（一）人与地的矛盾

中国古代的统治者都知道：民以食为天，国以民为本；有民斯有国，有食斯有民。民食问题是一切生产活动，一切政治、经济、军事、科学、文化、艺术赖以存在和发展的基础。一个国家，一个社会，不解决粮食问题，一切无从谈起。历史上因为粮食恐慌，导致强军溃败，城堡自破，天下大乱，国亡家破的事实屡见不鲜。所以，解决粮食问题，是上至庙堂，下到茅屋，无论贵贱贤愚的共识。人与地的矛盾激化，迫切需要解决粮食问题。

美洲作物新品种能在山东迅速传播推广，最终成功普及的原因与条件，是值得深入研究的。据庄维民研究，新品种引进之所以能够获得成功，其根本动力，归根结底来自于当时的社会经济变迁，并受近代化为取向变迁的制约。而新品种推广一旦形成规模，又会反过来对经济变迁，尤其是对农业经济产生广泛影响，并最终促进农业经济沿着近代化的趋向发展。①

综合已有的研究成果，我认为这个引起山东农业革命的美洲作物的推广成功，是由多种社会的与经济的原因促成的。从远因上说，近代化的历史潮流所代表的大方向，中国农业经济融入世界经济的大潮流，都决定了美洲作物品种所代表的新的生产力，一定会冲破古老中国的千年障碍而壮大成长。而从近因上说，在千头万绪的原因中，最显著的原因，则是被老百姓当作“天”的头等大事——粮食问题的迫切需要。如果没有吃饭问题的紧迫性，也就没有那么大的动力了。

人口粮食问题的压力，成为美洲新作物品种特别是高产耐旱作物推广普及的根本原动力。

明清时期人口增长，粮食需求量成倍增长。山东人口从洪武二十六年（1393 年）的 525 万人猛增到同治元年（1862 年）的 3400 多万人，但是人均耕地从顺治十八年（1661 年）的 8.43 亩下降到同治十二年（1873 年）的 2.79 亩。山东的人口在清中期以后急剧增长，而山东的土地垦殖基本完成，近代以来，地少人多，人满为患，成为社会共识。

人口不断增长，人与地的矛盾加剧，如何解决新增人口的口粮问题，成为社会难题。省内有相当多的低洼地、沙渍地、山荒河荒，高山废田，不宜播种原有的五谷，却亟需对这些废地加以利用。强大的人口压力，使农业和社会都迫切需要新的粮食品种，适应土宜，以增加耕地面积，增加粮食总量，为日益增加的人口提供口粮。这就顺理成章地成为高产、稳产的美洲作物的迅速引种推广提供了巨大的发展空间。

人口增加，是生产力的再生产，会源源不断提供新的劳动力；而人口的增长，也会给社会和家庭带来吃饭的压力和“多余”人口的问题，因为传统种植业结构无法吸纳“多余”的劳动力。而美洲作物开辟了新的粮食来源，

① 参见庄维民：《近代山东农作物新品种的引进及其影响》，《近代史研究》2006 年第 2 期，第 203 页。王宝卿在其著作中，专门研究美洲作物引进推广，论证精缜，笔者从中获益良多，在此谨致谢忱。

改变了传统的种植制度和粮食结构，使土地轮作间作套种成为常态。大批农户受经济效益驱动，纷纷种植玉米、花生、甘薯等粮食作物及美棉、美烟及美种大花生等经济作物。这个争相引种美洲作物新品种的趋势，与当时的农村经济状况有着密切关系。美洲品种的玉米、花生、甘薯等粮食作物，和美棉、美烟和美种大花生等经济作物，一方面是有其生物特性的优势，产量较高，收益较大；一方面新经济作物在栽培管理方面需要有更多的人工，需要这些人工有较多栽培管理技术。这就促使主要粮食种植的农户，将一部分劳动力转向劳动集约程度较高、收益更大的经济作物，迫使这部分从事经济作物生产的劳动者学习栽培管理知识。这种经济作物对劳动力的更多需求，在生产过程种植管理环节对劳动者栽培管理知识的要求，使一批有农业知识的新的生产力投入美洲经济作物种植。这样便出现了一石三鸟的效果，一是从有更多劳动力投入方面成就了美洲经济作物的传播，二是在经济作物生产过程中吸收了大量“多余”劳动力，三是使新的劳动力养成了专业的栽培管理知识。

总之，明清时期急剧增加的人口压力，转变成美洲作物品种特别是高产耐旱作物推广普及的原动力；人口迅速增加，为美洲作物的推广提供了足够多的劳动力；而美洲作物种植面积加大，为急剧增加的人口提供了必要的食物，两者存在着天然的互动依存和相辅相成的关系。①

（二）美洲作物的品种优势

美洲作物中的甘薯、花生、马铃薯等作物，自身具有强势的品种优势，具有超强的耐旱、耐瘠薄性的生物适应性。以山东为代表的北方旱作区与南美洲的地理、气候等自然条件有相似之处，这就使这些引种进来的美洲作物能够适应山东土壤条件和气候条件，易于在山东移种成功，并在品种竞争中显示其优势。

如甘薯，在山东甘薯主要作为杂粮以供平时和灾荒期间人民口粮的需要。由于甘薯系高产作物，其单位面积产量远超过稻谷若干倍，并且同样面积养活人数较稻谷为多，故16世纪以来为我国人民所重视。在引种过程中，

---

① 王宝卿：《明清以来山东种植结构变迁及其影响研究：以美洲作物引种推广为中心1368—1949》，中国农业出版社2007年版，第141页。

甘薯的食用价值也有了具体的科学的分析，其适应性也得到完满的阐明："甘薯的适应性很广，山地，沙地、旱地、水田等各种土壤，都可以种植。抗逆能力很强，主要表现在能抗旱、耐瘠、耐酸、耐碱、抗风，虫害少、具有高产稳收的优点"。甘薯耐瘠、耐旱、病虫害较少，又能避免风雨灾害，故高地、瘠土、隙地皆可栽植，并能增产。"人家凡有隙地，悉可种藷……即市井湫隘，但有数尺地仰见天日者，便可种得石许。""甘薯又可制干成粉充作干粮，酿之为酒以供饮料，其茎叶藤蔓复可饲禽畜。至20世纪又发现了甘薯的工业用途，价值大增。甘薯易种易活易产，全身是宝。其种也，不与五谷争地。凡瘠卤沙冈皆可以长，粪治之则加大，无雨根益奋满，即大旱不粪治，亦不失径寸围。泉一鬻之，斤不值一钱，二斤而可饱矣。继而认识其产量，一亩得数千斤，二十倍于稻谷，其根系分布土层中，遇蝗害，茎叶虽尽，可复生，其块根供食外，藤蔓都可供畜食，于是甘薯无遗用。"①

这种品种优势，使美洲作物适于在大量盐碱地、边缘地、沙渍废地种植。美洲作物落地生根，成为开发土地的利器，本来需要投入大量资金和人力开发而不宜五谷的废地，却因为美洲作物的引种而变废地为良田，扩大了耕地面积，增加了粮食。美洲作物在荒地上的丰产丰收，使农民认识了其优越性，逐渐接受这些外来品种并大量扩种，这是外来作物能够在山东推广普及的关键因素。

与传统地方品种相比，美棉、美烟及美种大花生不仅具有产量高、适种性强等优点，而且品质更适合机器生产的要求。引进最早的美种花生，与土种相比，即具有"发育迅速，容易栽培，产量极丰，食料及制油用皆甚相宜"等品种优势。②

美棉、美烟、大花生，自清末民初引进山东后，经过数十年的推广种植，到20世纪30年代中期，其经济意义已普遍超过当地传统品种，成为主要的栽培品种。而20世纪20年代后改良后的美棉、美烟品种，其对比优势更为突出。

新品种的技术优势克服了地方传统品种的缺陷与不足，而新品种的大

---

① 唐启宇：《中国作物栽培史稿》，农业出版社1986年版，第235—236页。

② 刘家潘：《中国落花生之生产情形》，《农商公报》第7卷，第11册，第83期。

规模推广则在传统种植业与近代工业与市场建立了桥梁，成为相辅相成的共生关系。正是由于这一缘故，美洲作物（特别是花生、棉花和烟草）本身具有的商品价值，吸引广大农民竞相种植；中外工商资本也才不惜投入资金和人力，热衷于新品种的引进推广。

（三）官府和民间的倡导

从清乾隆初年起，从中央到地方政府开始重视新品种的作用，政府当局作为倡导者和组织者，以行政命令推行农业改良政策和各项新品种的引种推广措施，地方乡绅和热心公益事业的商人，也积极示范和推动新品种的引种普及。官府和民间人士的倡导及组织都对新品种大范围长时间地普及推广，并保持政策长期连续性起到了重要作用。

引进品种之所以能在较短的时间内大范围地传播普及，是由当时多方面的社会经济因素所促成。而引进品种的生物技术优势、政府的农业改良政策，农家增加粮食产量和提高效益的经营需要，则为引进推广获得成功提供了社会经济条件。

第一，中央和地方政府推行的农业政策和农业改良措施，则为美洲品种引种推广最终取得成效提供了政策保障。在美洲粮食作物和经济作物的引种推广中，官府行政指导与命令都起到了相当大的作用。

在粮食作物引种推广过程中，民间的有成效的救荒措施得到官方的认可，由此变成官方的政策。

乾隆年间，山东省自然灾害造成连年饥荒，民间人士在胶州试种甘薯成功后，引起官方注意，认识到甘薯超常的耐瘠、抗灾、高产的特征，一些勤政爱民的地方官员把广种甘薯作为减灾救荒的良策。乾隆十七年（1752年），山东布政使李渭颁布《种植红薯法则十二条》，对整地、栽植、管理、贮种、食用之法都有详细说明，尤其强调种薯之利，劝导各地积极引种甘薯。①

乾隆十七年（1752 年）劝种令可能在全省贯彻得颇有成效，省内各州县方志显示，不少州县都是在乾隆十七年李渭劝种令下开始甘薯栽培的。泰

① 参见李渭：《种植红薯法则十二条》，见陈世元：《金薯传习录》，农业出版社 1982 年影印本。

安府“乾隆十七年各县奉文劝种，于高阜沙土地依法种植，最易生存，啖之可以代食，今所在有之”。①

乾隆十七年（1752 年）后官府持续提倡各州县种植甘薯，并解决了甘薯越冬留种的技术问题。山东按察使陆耀于乾隆四十一年（1776 年）颁刻《甘薯录》，教导山东省人民广种甘薯。② 乾隆五十年（1785 年）乾隆帝本人也亲自提倡良种传布与推广，命令毕源将《甘薯录》多为刊布传抄，全国推广。③

美棉引进与推广更是政府重视的项目。清末民初新品种的引进、改良、推广、示范作用，是美棉迅速推广的关键因素。农作物新品种的引进肇始于清末，民国建立后引进规模有相当扩大，晚清政府和民国政府都作出相当大的行政推动。其中影响最大的是经济作物美棉、美烟和美种大花生的引进和推广。

美棉种植能在 20 世纪 30 年代普及于多数宜棉地区，地方政府的政策举措起了相当大的推动作用。山东地方当局的棉业政策和改良措施对美棉引种的成功更是起了至关重要的作用。以美棉为例，也可以看出美洲作物引种推广过程中各种推力的作用。

官方的试验、示范。新作物的推广需要较长的时间，推广期间往往有官方的试验、示范等手段，也有个人看准商机，抢先种植以获取高利润的带动作用。美洲作物中以美棉为例，在民国时期，经历了反复引种、试验、示范的过程，在一定程度上促进了美棉的普及、推广。

山东省利用近代科学方法选育推广良种，是从 1918 年成立的临清棉业试验场开始的。首先，从全省收集中棉品种。1926 年，山东省又成立了齐东棉作育种场。④ 山东省实业厅及临清棉业试验场也先后引进美国“脱字棉”、“金字棉”等品种，进行驯化、育种工作，逐年选优汰劣，将优秀品种推广给广大棉农。⑤

---

① 《物产》，《（乾隆）泰安府志》卷二。

② 参见陆耀《甘薯录》跋，见《昭代丛书》，上海古籍出版社 1990 年版。

③ 参见《（乾隆）清高宗实录》卷一二三四。

④ 参见《事变前推广棉蚕的情形》，山东农科院档案资料。

⑤ 参见舒联莹：《山东之棉业》，《棉业文摘》1937 年。

政府部门在推广美棉的同时，也注意介绍美棉的栽培方法。例如：民国二十三年（1934年）《夏津县志续编》详细介绍了种植美棉的方法与好处，以便宣传推广：

① 收获多。你种本地棉花能收二百多斤，那么种美棉就能收二百多斤。我十年以前种本地棉花要收一百多斤就算顶好的，……就算一棵结二十个桃子，一个桃子籽棉重一钱，乘起来尚合一百八十多斤哩。所以收二百多斤不是容易的么？

② 耐旱涝。美棉根子长入土深，所以能耐旱。若是雨水多的年头，本地棉花收不好，美棉就能收好。……美棉能耐涝。

③ 价钱大。美棉的绒毛柔软细长能跟绸一样，纺极细的纱线布出来，所以各大纱厂争着购买，它的价钱当然就高了。再一说美棉种普及了以后，洋纱洋布就不能向我们中国来了，那么多少万万的利润也不至于外溢了。那么种美棉，道德上不就是爱国的人吗？又爱国又发财何乐而不为呢？

政府也从自然条件方面说明了种植美棉的好处：

① 土性。本地棉花非种在花地不可。所说的花地就是半砂半黏土，性稍瘠薄的地。若种在很肥的地里，就要长疯了。但是美棉不择土性的，凡可以种谷子、豆子、瓜菜的地都可以种美棉，不过比较着说起来，总是以半砂半黏而且肥美的地最好就是了。

② 耕地。耕地平常分作两回，开春一回，秋后一回。秋后耕地越深越好，顶少也要五寸。耕后耙不耙不很要紧，因为第二年春天还耕呢，并且可以受些风吹日晒的好处，就是有害虫。春耕地不要很深，有三四寸就得，耕后必耙平，预备下种。若是冬天雪很少土地很干燥，那么在春天化冻的时候赶快多耙几遍是最好的计策，也就不必再春耕了。

③ 灌溉。棉花用水比别的庄稼少些，花开絮以前可以浇二三次，开絮以后不可再浇了。

④ 施肥。土粪种美棉的肥料都可使可用，上等地能收麦一石的每亩用饼肥五十斤或菜籽油四十斤就行了，不必用底肥。

⑤ 播种期。“小满不种花，种花不回家”，按著者在北方种美棉的经验，总要在谷雨节前后七天内为最合适。

《夏津县志续编》还详细介绍了美棉的播种和田间管理的方法，如：

① 播种法。美棉下种的法子有点播和条播两种，撒播是不能用的。播种的深浅、下种的籽量，点播一亩地四斤就行了，条播得用五斤。可是不要省种，俗语说“有钱买种，无钱买苗”。

② 浸种。

③ 苗间定棵。

④ 距离。距离有行间距离和棵间距离的分别。

⑤ 锄地。

⑥ 摘心即打尖。若是教它随意去长，桃子是开不了的。从前种美棉的都说桃开不了就是不打尖的过错。农家常说到“立了秋，把头揪”，但是本地棉花还要打尖呢，何况美棉。收获的晚呀，更得要打尖了。打尖好的时候就是在立秋前七八天，但是打尖宜晴天不宜阴天，阴雨天千万不要去做。

⑦ 去蘖即劈叉。一名打杈或名除明条去蘖，是北方要紧的工作，美棉常生出不带花蕾（俗名花鼓突也叫花蘖子）的枝子，不能直接长桃子，它叫明条……俗名也叫疯枝儿。它是没有用处的，而且长得很快，吸收养分很多。

⑧ 摘花即拾花。七天一回或十天一回为最好。棉花总要桃开好再摘，不要生拉硬扯。摘花分三等收藏，不要好坏放在一块，那三等花的分法就像左边写的样子：头等籽棉，朵大色白没有夹着黄棉、碎棉叶片、没有僵瓣而且干燥不湿；二等籽棉，色少带红、微有碎叶片。

按播种美棉，自清末即迭经官府及关心地方人士极力提倡并散发籽种及传播种法等，终以收花较迟获利微薄，致种植未尽普遍。究其原因不外不得其法之故，故附录前说以备热心美棉者择取云。①

《夏津县志续编》详细记录了当时官方利用报刊、杂志推广美棉的过程。高度评价了美棉的三大好处，并介绍了美棉栽培的十三个关键步骤。

民国二十三年《长清县志》也记载了种植美棉的过程：种植方法仍按旧习所需，农具亦系旧式，肥料有豆饼、厩肥及土肥等，一切情形较诸往昔无甚改良之处，惟农民近来勤于耕耨，多凿井眼，及时灌溉，所获产量比较增加，此为当时农业概况。将来改良农业之法拟由农事试验场试验各种农作

---

① 参见《（民国）夏津县志续编》。

物，首先注重选种，并大批试验美棉，依次推广指导农民渐进改良。[①]

早在清代中叶，棉花已在鲁北和鲁西沿黄地区广为种植。但是，迄于清末，山东各地栽培的棉花，多数品种已经严重混杂退化。光绪三十年（1904年）山东农工商务局“以千数百金购入美棉大宗、散布产棉各县试种”，试种的美棉有乔求斯、皮打谅、奥施亚等品种。[②]这是山东首次引种美棉。因购入种子不纯，未获成功。光绪三十二年（1906年）山东商务局再购美棉种子，发交产棉区东昌府试种，获得成功。[③]光绪三十三年（1907年）再购美棉种六十包分发多处，同时刊印《植美棉简法》一同分发，以便依法种植。[④]民国初年，山东农事试验场着手美棉引进，在场内培育乔求斯棉等品种。试验结果以“舶来种质量最良，其纤维洁白细长，虽秋末梢被霜害，然收益尚多，尤以海门特产棉为最”。[⑤]农场还成立种子交换所在历城等县推广美棉。

但由于该时期美棉品种引进基本是以直接引种为主，推广方法简单粗疏，即逐年输入大批棉种，未经驯化便行分发，缺乏科学的选优去劣程序，以致数年后品种逐渐退化，加之买卖价格与土种不相上下，美棉推广进度迟缓。

至20世纪20年代前后，各棉作区开始了新一轮的美棉引种与推广。民国七年（1918年）北京政府农商部购进大批美棉新品种——脱字棉，大宗拨发山东，以供棉区推广。同年在临清设立的棉业试验场专门试验。驯化和繁育引进的美棉，其品种计有脱字棉等八类，而重点驯化繁育的品种为脱字棉。在连续繁育成功后，实业厅又于民国十一年至十三年（1922—1924年）间陆续购进多批脱字棉新棉种，集中在鲁西，鲁北棉区推广。

到30年代，脱字棉逐渐成为栽培面积最广的美棉品种；同时，金字棉也获得了推广，为适应青岛日本纱厂及日本国内对优质棉花的大量需要，民

---

① 参见《（民国）长清县志》。

② 参见杨熙光：《山东种植美棉之经过与将来》，《中华农学会报》第三卷第十期（民国十一年）；舒联莹：《山东之棉业》，青岛工商学会棉业试验场《棉业特刊》，（民国二十三年）。

③ 参见《东方杂志》第四卷第四号，实业。

④ 参见《山东官报》第七十六期，实业。

⑤ 《山东农事试验场成绩报告》，《农商公报》第一卷第十期，民国四年五月。

国七年（1918 年）日商和顺泰洋行自朝鲜购进美国金字棉种籽六十万斤，在邹平、张店、高密等地免费分发给当地农户种植。同年，实业厅也向农商部领到金字棉种，在临清、齐东产棉区分发推广。民国十一年和十二年（1922—1923 年），和顺泰洋行又先后两次购进大批金字棉种，在更大范围推广，民国十年（1921 年）金字棉种植面积一万余亩，第二年增至十万余亩，民国十二年（1923 年）达到六十万亩。此时，金字棉已成为胶济路沿线农村种植最广的美棉品种。①

地方政府的棉业改良政策促进了美棉的推广，而南京政府的关税改革则带动了 30 年代初美烟种植业的大发展。1926 年国内美烟种植面积平均每年增长 7.6%，而 1931—1934 年年增长率急剧上升至 31%。同一时期，山东美烟的种植面积也由 20 年代末的 20 多万亩扩大到 40 余万亩。②

第二，美种大花生和美烟引进与推广，则主要是外国传教士、外商与技术人员的辅导而大见成效。

花生种植在山东始于嘉庆初年。道光年间（1821—1850 年），花生种植逐渐传至鲁东地区。当时山东各地种植的花生品种为龙生型品种，即小粒种。

19 世纪 60 年代，美国普通型大粒花生开始传入山东。最先引进美种花生的是美国长老会传教士。据文献记载，光绪十三年（1887 年），美国长老会传教士梅里士曾将大粒花生在平度引种，教人试种美种大花生，收成颇佳，遂致推行全境，旧种小粒种花生被淘汰。③

美种大花生较旧种有明显的优势，小粒种花生生长迟、产量低，适种性差，因而在很大程度上限制了种植规模与发展。美种大花生产量高、品质优，获得了较快传播。光绪末年（1900 年前后）美种大花生即已在临沂、莱阳、东平、冠县、阳信、沂水、成武等多县种植，并逐渐普及于鲁北地区，成为该地区沿黄白沙地的“大宗出产”。“光绪末年，种植尤多，占全境

① 参见张玉法主编：《农业志》，《(民国）山东通志》卷十五，（台北）山东文献杂志社 2000 年版，总第 1476—1477 页。

② 参见陈翰笙：《帝国主义工业资本与中国农民》，复旦大学出版社 1983 年版，第 18—19 页。

③ 参见《(民国）平度县志》第二卷。

农田十分之一”。[①]可见，山东花生种植的引种推广也与甘薯的引种推广有异曲同工之妙。

山东原产烟草，以安邱、昌邑、昌乐、潍县为中心。但土种烟叶小，产量少，加之调制不良，仅供本地之用，并无外销。民国二年至三年(1912—1913 年)，英美烟草公司又在潍县坊子租用房屋和 180 亩农地，开始试种弗吉利亚种和舆林诺科种黄色烟草，进展顺利，烟叶生产兴盛，产量和质量超过了当地土种烟叶。[②]

第一次世界大战期间及战后，国内外烟叶价格腾涨，促使英美烟草公司加紧美种烟叶的推广。公司每年免费分发价值 2 万元的烟种，并扩大了烟农烤烟资金的贷放规模，同时还采取了贷放肥料款、烤烟铁管及温度计等做法，以吸引更多的农民种植美烟。[③]民国六年（1917 年）又在坊子附近二十里堡设立了干燥工场收购烟草，其制成品由青岛输往上海、欧洲等地卷烟厂。在各项推种措施的影响下，美烟种植面积逐渐扩大。民国四年至五年推广至安邱，民国七年至八年推广至临朐、昌乐，后又向西推广至益都。以产量而论，安邱第一，潍县第二，益都第三。[④]民国八年，华商南洋兄弟烟草公司仿照英美公司做法，以青州为中心大面积推广种植美烟。此后，美烟种植区沿胶济铁路向西扩展，达于辛店、临淄等地。20 世纪 20 年代中后期，受美烟需求和价格持续上扬的影响，美烟种植业进一步扩大。在若干传统产烟区，美烟已基本取代土烟，成为当地烟草种植的主要品种。[⑤]美烟栽培面积和产量的演变，以胶济铁路沿线最具代表性。

（四）工业和贸易的需求

美洲作物迅速传播的重要原因，是这些新品种的粮食作物和经济作物，都可以产生极大的商品价值。

---

① 《(民国）朝城县续志》第一卷。

② 参见陶昌善、谢恩隆：《调查山东坊子烟叶情形报告》，《农商公报》第二卷第十八册第二十期，民国五年三月。

③ 参见《山东种植美国烟叶》，《中外经济周刊》第九十五期，民国十四年一月。

④ 参见张玉法：《中国现代化的区域研究・山东省（1860—1916)》，台湾“中央研究院”近代史研究所 1982 年版，第 613—614 页。

⑤ 参见庄维民：《近代山东农作物新品种的引进及影响》，《近代史研究》1996 年第 2 期。

美洲作物中的经济作物（美棉）、油料作物（花生）、嗜好作物（烟草），玉米、甘薯等大宗粮食作物，由于其极高且稳定的产量，可以产生极大的商品价值，成为传统小农经济发生变迁的一个重要诱因，也是美洲作物迅速传播扩种的重要原因。①

新品种引进与推广的经济诱因，是国内工业化进程和口岸贸易对经济作物棉花、花生、烟草等农产品的大量需求，促使农业生产结构发生相应变动。工业与贸易的大量需求，对经济作物棉花、花生、烟草等的大面积推广具有很强的拉动作用，使美洲经济作物迅速引种和推广开来。

美洲作物的引种，在嘉道年间进展缓慢，而道光之后，先是粮食作物的甘薯、玉米快速推广，到了19世纪六七十年代，西方的机器输入中国，中国本土也出现洋务运动之后，特别是19世纪末20世纪初，随着胶济铁路的开通，机器工业与口岸市场的发展，品种引进推广与机器工业及口岸市场相联系，棉花、烟叶、花生均为近代工业的重要原料，这就为棉花、烟叶、花生的大发展奠定了基础。

第一次世界大战后，国内纺纱、卷烟、榨油等机器工业的兴起与发展以及口岸市场农产品出口的增长，一方面刺激、加大了市场对优势棉花、烟叶和花生的需求，同时也凸显了新的市场需求与传统农业生产结构之间的矛盾，而迅速增长着的需求压力，通过中外工商资本对农业生产流通领域的介入渗透，不仅推动了国外良种的引进，而且在市场价格机制的长期作用下，对引进后的推广过程也产生了持久影响。

因为工业需要和出口贸易，外资商人的试验、示范、劝种作用也起了很大的作用，其中日商、美商、英商都对推广美棉、烟叶生产做了很多功课。

1920年，日商在坊子、昌乐、蚱山、蔡家庄一带推广美棉。1922年在平度、安丘、高密一带推广种植“金字棉”种6万斤，在张店一带推广棉种4万多斤。1932年则将12万斤美棉种子在张店、昌乐一带无偿地分发给农民种植，日本商人这种奖励性的劝种，对美棉的推广起了很大作用。②

---

① 参见王宝卿：《明清以来山东种植结构变迁及其影响研究：以美洲作物引种推广为中心1368—1949》，中国农业出版社2007年版，第133页。

② 参见天野元之助：《中国农业地域的展开》，龙溪书舍1979年版，第69、78页。

美国的传教士和农业家也在中国各地推广棉花和花生的种植，山东各地所产的大花生就是美国品种。“德人占据胶州时，英国纸烟公司，曾在坊子地方，设立美国烟草种植试验场，地由德人拨给，……将美国烟种，散给当地农民，劝其种植，教以各种改良树艺方法，并许以收获之烟叶，可由公司收买；如需资本，公司亦可借垫，以将来所收烟叶价抵算。”①

康熙《曹县志》称，植棉之利“几与九谷平分轻重”。在郓城，粮作与棉作相比，“五谷之利不及其半矣”，说明棉作在兖州府地区的种植业中占据了重要地位。益都“长生果，一名落花生，宜沙地。光绪二十年（1894 年）民间种者甚广，工省而易收，亦贫民所利也”。② 泰安废地种花生，获利甚丰，被认为提高当地民间经济力之大，前所未有。

以花生为例。花生市场的分布：花生出口市场早期多在华南各口岸、长江口岸如广州、镇江、南京等地，以后始集中于青岛，内地较大的花生集散市场有济南、徐州、汉口等。

交易方法：青岛市场交易时期从 10 月底至第二年的 8 月，花生行多在产地设分栈收购现货，一般均为现货交易。1916 年，日商办期货及样品交易。③

烟台开埠最初 30 年间，土种花生几无出口。美种大花生引进推广后，很快便成为外商和粤商抢购的对象。1891 年烟台花生出口只有 2250 担，随着大花生在主产区的普及，1903 年出口量增至 22.7 万担。1907 年，德国商人首次从青岛输出花生，数年之后，大花生竟成为青岛最重要的出口土货。1924—1932 年，青岛平均每年出口花生 248 万担，若与烟台、龙口两口岸的出口合计，约占全国花生输出总量的一半以上。④

山东胶州的花生出口具有一定代表性。“据宣统二年（1910 年）报道，山东种植花生尤盛，经青岛一处出口者，即达一千四百余吨，价值在一千五百万元左右。花生已经成为胶州重要的输出品。从 1908 年起，以马赛为主要目的地的花生输出，已经从九万五千担上升到 1911 年的

---

① 章有义：《中国近代农业史资料》，三联书店 1957 年版，第 156—161、506—507 页。

② 《(光绪）益都县图志》卷十一。

③ 参见山东省粮食局编：《粮食史料选编》，《交易类》（四），内部资料，第 27 页。

④ 参见烟台港务管理局编：《近代山东沿海通商口岸贸易统计资料》，对外贸易教育出版社 1986 年版，第 190—193 页。

七十九万七千担。今岁（1913 年）（花生）收获甚丰，查青岛一处出口，已将近一万四千吨，价值约在一千五百万元左右，而经台儿庄运往江南，经德州运往津沽，及零星运往各处，尚不在此数，其利益之厚概可想见。”①

花生油出口为青岛和山东大宗。欧战期内，花生出口虽减，而花生油则增加。民国五年（1916 年）较民国二年（1913 年）增加一倍有奇，民国六年（1917 年）虽略有减少，而民国七年、八年（1918—1919 年）又为猛进。战前转香港者，占十分之七，由香港转口运往欧美、南美及南洋一带。欧战以后，销路颇有变更，战前较少的日本、法国、英国、美国，乘战争之机，突为增加。日本增加尤多，其中胶州出口最多，约占全数十分之五，上海约占十分之三有奇。花生油产地以山东为第一。②

山东花生出口路线图，显示出民国时期山东花生的集散路线。山东花生产额冠于各省，据日本调查，平均每年约为 550 万担，其集散路径有五条：

① 由烟台出口者，为文登、莱阳、福山一带所产，每年集散约 20 万担内外。

② 由青岛出口者，此中又分四路：(1) 泗水、滕县、莱芜、新泰、蒙阴、泰安、大汶口所产，集于泰安，由津浦路运至济南，然后改道胶济铁路运至青岛；(2) 齐东、博山、安邱、昌邑、诸城、王台、平度所产，由胶济铁路运至青岛；(3) 日照一带所产，由海路民船，运至青岛；(4) 莱阳、海阳、即墨所产，集于金家口，由海路民船运至青岛。上述四路聚集，年约百余万担。

③ 由上海出口者，为曹县、济宁、兖州一带所产，由津浦铁路经浦口运往上海，多属花生仁，年约 20 万包（即 24 万担）。

④ 由天津出口者，为德州、平原一带所产，由津浦路及运河运往天津，多属未去壳者，年约 60 万担。

⑤ 由青岛运往上海者，为沂州一带所产，年约三万担。③ 欧战以前，青

---

① 李文治：《中国近代农业史资料》第一辑，三联书店 1957 年版，第 437 页。

② 参见山东省粮食局编：《粮食史料选编》，《交易类》（四），内部资料，第 71—72 页。

③ 陈重民：《今世中国贸易通志》，商务印书馆 1927 年版，第 126—130 页。转引自山东粮食局编：《粮食史料选编》，《交易类》（四），内部资料，第 83—84 页。

岛花生出口最盛，多由德商输出。

花生是传统外贸出口商品，山东也成为我国花生出口大省。新中国成立前，山东花生就已出口德国、法国、荷兰、英国、美国、丹麦、日本等国家和香港等地区。据1924—1932年统计，经青岛出口的花生，年平均为12.39万吨，其中花生仁10.56万吨，占全国出口总量的58.76%；花生果1.83万吨，占全国出口总量的34.08%。新中国成立后，山东出口更居主导地位，60年代的出口量占全国的90%，最高年出口量28万吨。①

潍县以烟草为重要物产。民国初年《潍县志稿》记载："烟草为潍县重要物产，自民国初年培种以来，生产日增。民国二十二年（1933年），县境种烟面积为八万五千余官亩。每亩所产烘干后可得重烟二百斤，共产干叶约一十七万余市担。县境内二十里堡坊子、潍县虾蟆屯等站，上海南洋、英美、华成各公司等商均设庄收买。农民出售烟叶，有直接投收买处出售者，亦有售与小商人转售于烟公司者。"

胶东地区的烟草种植以潍县较早。清中叶前后，高密、宁海、黄县、栖霞等州县也都陆续引种烟草。《宁海州志》记载，"园户多莳种以为利"。②据称：潍县的二十里堡只是胶济铁路上的一个小村庄，但作为英商颐中烟叶公司在中国重要的原材料供应地，建有两个规模齐整、技术精良的烤烟厂，每天可以烤出烟叶20多万磅，雇用临时工人一千六百多名，收烟款每年达到近千万元，该站的货运收入在胶济路上仅次于青岛和博山。③

经青岛的烟叶出口，据民国七年（1918年）山东《胶澳志》记载："烟叶出口以民国七、八年为盛，达三、四百万两，嗣前［后］减至三百万两以下。惟十六年出口十八万担，值三百万两，大都由南洋、英美、米星、山东、南信五公司所收买。其产于潍县、安邱、临朐、昌乐、昌邑、益都、临淄者，集中于潍县、产于泰安、莱芜、新泰者集中于大汶口。此外则宁阳、桓台等处亦以产烟著名，而坊子站并有英美烟公司之种烟试验场颇有成效。"

---

① 参见山东农科院、省计委会编：《山东农业概况（1949—1990）》，山东科技出版社1993年版，第96页。

② 《（同治）宁海州志》卷四，《食货志》、《土产杂品》。

③ 参见张伽陀：《鲁东种烟区三个月观感》，《东方杂志》1936年第33卷，第6号。

（五）小农经济的需要

小农经济虽然是一家一户的个体私人经济，但却并不是一种固化的经济。小农经济的传统经营方式，是以种地打粮为第一位，但也不排除务工经商，事实上农村的不少农民，也都在农闲时做着小生意。农民从有限的土地里辟出土地种植棉花、烟草和花生，则是小农生计攸关的大事，一定会经过反复地比较与盘算。农民从切身经验知道，能多打粮食的品种才是好品种，能带来胜过五谷利益的经济作物才是好庄稼，利益第一，没有不可改变的种植品种和经营项目。当种桑养蚕有利时，农民会纷纷种桑养蚕；而当蚕业不振时，又可以砍树种棉或砍树种烟；当烟叶滞销价格大落时，也可以锄掉烟苗改种粮食。

在高唐，康熙时期“秋成棉市”即为本州“八景”之一。乾隆以后，更出现了棉田压倒粮田的倾向。道光《高唐州志》在记述本地种植业状况时称，本州“种花地多，种谷地少”，一般“上田皆种木棉”，植棉业作为高唐农家“恒产”。棉花集市有“数十”处，“每集贸易者多至数十万斤”。①

在阳信，棉产已列为本地各种农产之首。② 在齐东，农家“一切公赋，终岁经费，多取办于布、棉”。③

康熙《曹县志》称，植棉之利“几与九谷平分轻重”。在郓城，粮作与棉作相比，“五谷之利不及其半矣”，说明棉作在兖州府地区的种植业中占据了重要地位。蒲台县农民种植棉花，“工本较之五谷费重，其获利亦丰”，“闾阎生计多赖焉”。④

小农，不是抱残守缺的一批愚民，而是精于经营管理，且对能增加土地收益的新作物、新事物颇为敏感又敢于出手的群体。

近代以来，山东的小农经济也在发生着人们不易觉察的变化。小农经济的生产性质随着经济作物的种植而发生变化，蜕变为与原先的纯粮食生产很不一样的带有浓厚商品化色彩的小农经济。小农经济的结构不再是“耕种粮食型”和“耕种粮棉型”，而在山东省的很多县份演变成“耕种粮副工

---

① 《诗纪》，《（康熙）高唐州志》卷一二。《田赋考·物产》，《（道光）高唐州志》卷三。

② 《物产》，《（康熙）阳信县志》卷六。

③ 《杂录编》，《（康熙）齐东县志》卷八。

④ 《物产》，《（乾隆）蒲台县志》卷二。

商型”。

对于美棉、美烟及大花生在引种、贷款、销售及价格上显而易见的益处，当地农民不可能不为所动。经济利益的驱动，是农民接受新品种并扩大种植、长期种植的原因。随着社会经济的变化，特别是美棉、美烟及大花生有较高的收益，成为出口大宗，省内很多种植美棉、美烟及大花生的小农，从原先的单纯的粮食种植，改变为耕织粮棉型，耕织粮油型，耕织粮烟型，棉、烟和花生种植取代小麦大豆，成为农民的首选。

美洲新品种得以推广普及，正是经济效益的驱动才使农户改变以往的经营方向。在当时农村经济条件下，美棉、美烟及大花生在栽培、销售以及价格等方面的优势，对小农具有相当大的吸引力。据调查，花生种植之所以在山东部分地区取代小麦、大豆而大面积种植，较高的收益是其中最主要的原因。

20 世纪 20 年代中后期，胶济沿线大批农户放弃土烟改种美烟的原因，同样也是出自经济效益上的考虑。当时普通烟农种美烟一大亩，“可收三百余元，除去成本，剩二百余元，可购地一亩”，因而形成“小农多趋之”的状况。①

临朐县人视烟叶为大利所在，人争趋之。民国二十四年（1935 年），《临朐续志》记载：“烟叶，宜沃土，利较谷类为厚，故农家多种之。在昔卷烟未兴，烟叶贸易不过及于寿光、利津等县，岁入已达数十万。近以欧美路通，辄得高价，大利所在，人争趋之，故种烟比于昔日之养蚕，倘能培壅得法，烘制合宜，其利殆不逊于蚕丝。”

正是由于这种经济效益支配下的农户自发自觉引种，美棉、美烟等新品种才有可能从起初的小块试种地拓展至广大农村。

洋货输入使传统手工业产品日益受到排挤，纺纱织布等家庭手工业日渐消歇，农家生活资料不得不越来越多地依赖市场，从而加大了农户对现金的需要。这种来自生活消费上的压力，也同样促使农户调整种植结构，扩大商品性经济作物的种植。正是由于上述两种压力的作用，农村产业结构开始悄然发生变化，而新品种的引进推广恰与这种变化相辅相成，为这种变化提

① 石晓钟：《山东胶济路沿线烟区调查报告》，《中华农学会报》第 134 期，1935 年 3 月。

供了契机和条件。①

三、美洲作物引种对山东农业经济的影响

（一）扩大耕地面积

清代中晚期垦殖的重点多是土壤贫瘠的丘陵山地，美洲粮食作物的传入有利于山区开发。在这些贫瘠的丘陵山地地区种植黍、稷、高粱、荞麦等传统旱作物，由于这些作物对土壤、气候条件要求相对较高，一般产量都较低，甚至不能正常生长。原有黍、稷、高粱、荞麦等传统旱作物无法在山区大量种植，山区粮食问题不能解决，自然难以实现山区经济开发，而美洲粮食作物的传入刚好解决了这一问题。美洲粮食作物引进，开发了山区和荒废地，扩大了引种所在地的耕地面积。

玉米、甘薯、马铃薯由于耐旱、耐瘠又高产，能够在山区栽培。甘薯产量很高，但对气候要求相对暖湿，适合于低山丘陵地带。而玉米的产量不低于麦粟，却更耐旱，能在高山贫瘠的土地上生长。马铃薯适应力最强，能生长在山区的高寒地带。当时流民垦荒多是种植这些作物来解决粮食问题。山区一般在低处种甘薯，高处种玉米，更高的山上，连玉米、甘薯都不适于栽培，则种耐“地气苦寒”的马铃薯。但一般山区地带，“山居则玉蜀黍为主”。

有学者推测，如按乾隆时期全国有 9.5 亿市亩耕地、粮田 8 亿亩计算，玉米占 6%，为 0.48 亿亩；甘薯占 2%，为 0.16 亿亩，共计占地 0.64 亿亩。其中一部分是因栽培玉米、甘薯而新辟的耕地，山地、丘陵、滨海沙地等，另一部分是改种玉米、甘薯的旧有耕地。由于不知道新辟和改种各占多少，目前我们很难确定当时因推广美洲粮食作物所扩大耕地面积的具体数字。

从清初至乾隆、嘉庆的一百七十多年间，华中、西南各省耕地面积扩大近一倍（增加了约 0.64 亿亩），也正是在这一时期，玉米、甘薯在这些省份迅速推广。因此可以说，在扩大耕地范围的过程中，垦荒种植玉米、甘薯发挥了较大作用。作物的引种是当时农业垦殖扩张的重要条件，如果没有玉米、甘薯、马铃薯的种植，山区农民的基本生存条件就不具备，山区经济的

---

① 参见庄维民：《近代山东农作物新品种的引进及其影响》，《近代史研究》2006 年第 2 期。

发展更是无从谈起。美洲粮食作物的传入，使山区经济进一步开发成为可能，而流民垦殖山区也促进了新作物的推广传播。①

明末，因为天灾人祸，山东耕地大量抛荒。据乾隆《济阳县志》记载，该县在崇祯年间出现了“十三年大饥，民殍地荒，止遗熟地二千余顷”。②抛荒了三分之二的耕地。直到顺治年间，山东仍然是“十亩之田止种一二亩者”。

满族入主中原后，为了把荒芜的土地利用起来，也为了稳定清政府的统治，清廷采取了各种办法鼓励人民垦殖荒田。如把“州县卫所荒地无主者，分给流民及官民屯种，有主无力者官给牛种，三年起科”。

清初的垦荒政策是有成效的。从顺治十八年（1661 年）的 74133000 亩扩大到康熙二十四年（1685 年）的 92526000 亩，24 年间新增加耕地 18393000 亩。至此，山东地区的宜开垦耕地基本垦殖完毕。康熙八年（1669 年）又实行“更名田”政策，利用民间力量复垦前明藩王土地，耕地面积不断扩大。③

雍正朝继续执行垦荒政策。雍正帝曾命令山东开垦闲旷之地，然而垦殖边缘老荒土地的尝试却是以失败告终。

荒废地开垦，是在特定条件下才会发生的事。当肥美的土地足可使用时，农民会大量利用好地，而不会去开垦荒废地；在有大量熟荒没有垦复之前，也不会去开垦生荒地；没有稳定的社会经济环境，没有足够的资本与劳动力，也不会去垦复荒废地。逼迫人们不得不开垦荒废地，要将荒废地变为可耕地的条件，必定是人口压力加大，好地所产不足用度，对扩大耕地有迫切社会需要之时。但开垦荒废地不是件容易的事，这是因为，一则闲旷边缘老荒土地的垦殖，较之熟荒地要投入更多的资本与劳力作为清理成本；二则，这些新垦的山荒地，贫瘠不堪耕作，种植原有的五谷收成极低甚至绝产无收，往往得不偿失；三则，农民也怕耗费金钱与大量劳力开垦出来的闲旷边缘荒地，不等收回成本就要升科纳税；四则，这些荒废地，有时单纯依靠

---

① 曹玲：《美洲粮食作物的传入对我国农业生产和社会经济的影响》，《古今农业》2005 年第 3 期。

② 《田赋》，《(乾隆）济阳县志》卷三。

③ 《清世祖实录》卷十三，《清世祖实录》卷七。

增加劳动力和增加农具肥料投入难以奏效。总之，多种因素使得荒废闲旷地长期被撂荒，得不到开发利用。如果不是用极少的资本和劳力投入就可以变荒废地为沃壤，如果没有一种或多种新的优良作物品种，像美洲作物中的玉米、花生、甘薯等可以在山荒沙砾地上种植且能有保证获得高产，确实能打出救荒济贫的粮食，这些荒废地还会千百年地被撂荒下去。

清朝中后期出现了巨大的人口压力，人均耕地占有量急剧下降。统计材料显示，清初的人均土地 8.43 亩，到同治年间人均只有 2.79 亩。光绪十三年（1887 年），山东人口达到清代最高值 36694000 人，比同治十二年（1873 年）的 35129000 人多 150 多万人；而光绪时期的人均耕地 3.43 亩，却比同治时期 2.79 亩多了。是什么原因使得山东在人口继续增长，原本土地资源近于垦殖完毕，按常规已经无地可垦的情况下，又开发出来新的土地了呢？答案只有一个——美洲作物迅速推广，玉米、花生、甘薯等美洲作物在岗地、盐碱荒滩等荒废地栽培成功，使原本的荒废地变成了可耕良田。

乾隆朝制定了一系列新的垦殖措施，对开垦的瘠薄地亩减则起科，还免除了大量河荒山荒低洼地的税赋，规定对不足一亩地的畸零地亩永不征粮。这些措施，使得农民免除了赋税的后顾之忧。恰在此时，美洲作物玉米、甘薯、花生的引进和扩种引起各方注意。这些外来作物品种特别适宜山荒废地上种植，省工省力，不需要在闲旷荒废地上投入很多劳力和资本，就可以得到比原先种五谷更多的粮食，甚至比好地上种五谷的产量更高。所以说美洲作物对开垦荒废地起了很大作用。美洲作物，作为一种最先进的生产技术结晶，使得未被开垦的荒废土地成为可耕地被利用起来了。①

清政府的这些优惠政策都促使清中期后山东土地垦殖有一个大的发展，青登莱三府由此再次成为山东垦殖中心。开垦荒废地不是简单地增加耕地，因为伴随这种垦殖的，有美洲作物作为新的生产力开路，所以它引导山东的垦殖向纵深方向发展，引起山东新经济区的形成。在山东，在平原沃壤土地垦殖大体完成后，发展方向是向着鲁中南和鲁东南胶东山岗丘陵与低洼沙碱

---

① 王宝卿：《明清以来山东种植结构变迁及其影响研究：以美洲作物引种推广为中心 1368—1949》，中国农业出版社 2007 年版，第 111—112 页。

地的空间推移，深化垦殖时期，山东省垦殖中心逐渐转移到鲁中南和胶东山地广大地区。正是因为有玉米、甘薯、花生、马铃薯等美洲作物，可以使山地荒滩等荒废地化腐朽为神奇，变废地为良田，才使开垦闲旷老荒山地荒废的新的垦殖使命得以达成，使胶东成为新的经济区。

如乾隆之十七年（1762 年）山东省报垦旱地 1951 亩，乾隆四十四年（1779 年）报垦旱地 2732 亩，报垦州县多集中于鲁东南丘陵山区与鲁北滨海平原。垦殖耕地多是劣等岗地、盐碱荒滩地。到道光末年，山东省多数湖泊河洼、盐碱荒滩地得到开发，而山岗丘陵林地也被耕种出来，全省耕地面积达到 12090 万市亩，较雍正二年（1724 年）增加了 2562 万市亩，这是清中期土地深化垦殖的成果。①

甘薯、花生、玉米引种的历史，就是美洲作物使山岗地、盐碱荒滩等废田变良田的过程。

我国丘陵、山地占耕地面积的三分之二以上，许多干旱贫瘠山区，山坡地种植禾本科粮食作物，收获极少或根本不能种植。美洲作物中的甘薯、玉米、花生等具有极强的耐旱、耐瘠薄性能，决定了其对山区荒地广泛的适应性，对山区荒地开发利用具有良好作用，使山区开发成为可能。

山东的小丘岭地带和干旱的土壤条件地多沙土，不蕃五谷，而特别适合花生和甘薯的栽培。正如有的县志所说："荒沙汗漫，春苦风而夏苦雨，十耕而九不获者，得种落花生之法，昔无食而今果腹矣，昔无衣而今裤襦矣。"

山东引进了甘薯、玉米、花生，其抗旱、耐瘠、高产稳产的优良特性，具有播种期长、可以与多种作物轮作的特点。使荒废地开发成为可耕地，耕地面积、粮食总产不断增加。特别是旱灾、洪灾之年，甘薯、玉米、花生更能以救荒作物的功能，帮助灾民渡过灾难，恢复生产和生活。

甘薯具有抗涝、耐旱、适应性强的特性，明人何乔远《闽书》中称甘薯"瘠土沙砾之地，皆可以种"；王象晋《群芳谱》也称，"凡有隙地，但只数尺，仰见天日，便可种得石许"，甘薯能够"不与五谷争地，瘠卤沙冈皆可以长，大旱，不粪治亦长大"。且"薯苗入地即活，东西南北无地不宜，

① 李令福：《明清山东农业地理》，台湾五南图书出版公司 2000 年版，第 359—360 页。

得沙土高地结薯尤多，天时旱涝俱能有秋”。① 在耕地少、人口密集的传统农业区，农民在作物布局上充分利用甘薯的适应性，以提高土地利用率。

《(光绪）费县志》记载：“薯，俗呼为地瓜……中土向无此种，康熙年间（1662—1722 年）洋船从海外带来，道光以后，始盛行种植，同治六年（1867 年）荒歉人赖全活。”

“落花生一名长生果，蒙山以南浚河以北，地多沙土，不蕃五谷而宜此种，百年前仅少种者，今则连阡累陌，每亩可得三四百斤，取其仁打油与贩四出”。从清末到 20 世纪 20 年代，农户利用大花生栽培技术上的优势，大量在丘陵地、沙地等低产地及废隙地上种植大花生。

花生同甘薯一样，“工省而易收”，与其他农作物相比，不争地，不争肥，凡“地多沙土，不蕃五谷”之地，“皆宜此种”。“力省而易收”，成为“贫民之利”。不宜五谷的废田，因种植花生获利，反而被视为“尽成膏沃”的好地了。②

因此花生在山区丘陵地区传播种植极快，道光以后，胶东及鲁中南地区已成为山东花生的主要产区。

光绪《文登县志》记载：“番蓣，今竞种之山田沙土，无不蕃育，所获可敌良田。”光绪《馆陶县乡土志》：“甘薯，各州县奉文劝种于高卜沙土地，依法种植。最易生成，啖之可以代食。”光绪《肥城县乡土志》之输出品：甘薯、长生果，每届冬春以牛车肩挑贩运于济南东昌等处，岁约进银万余两。

美洲作物优良的生物学特性和良好的经济价值，是这些优异的特性决定了其广泛地适应性和普及性。甘薯、花生使许多荒废的土地，或种其他作物少获无获的土地得到充分的利用。这不仅提高了土地利用率、增加了粮食产量，而且成为解决洪涝灾害导致土地沙化的救荒措施。

清人包世臣在《齐民四术》中称：“玉黍，……生地瓦砾山场皆可植，其嵌石罅尤耐旱，宜勤锄，不须厚粪，旱甚亦宜溉，……收成至盛，工本轻，为旱种之最。”玉米的传入使传统作物黍、稷的种植量大为减少。受经济条

① 参见陈世元：《金薯传习录》上卷，农业出版社 1982 年影印本。

② 周亮工：《闽小记》。《物产志》，《(道光）胶州志》卷十四。

件所限，我国自古以来着力发展产量高的粮食作物，劳动人民以食为天，以果腹为第一要义。产量高、适应范围广、具耐旱、耐瘠特性，有救荒裕食之功的玉米，很自然以很快的速度在广大山区普及开来。

如鲁中山区的沂水县，道咸时期，“荒山不宜五谷”，而“只宜种包谷”，“取其易于成熟，亦不大需粪力也”。① 文登县“高田多包谷，洼地多穇，终岁之计，二者居其半焉”。②

清后期至民国年间，华北平原上玉米种植面积不断扩大，其他传统杂粮作物的种植面积则迅速缩小。20 世纪 40 年代，国民政府中央农业实验所《农情报告》中的一系列数据，证明了这一点。20 世纪 30 年代前七年玉米的平均栽培面积小于谷子和高粱，十年后的 1946 年，玉米的栽培面积上升，而高粱的栽培面积下降，玉米超过了高粱，位于谷子之后。③ 随着玉米栽培面积的扩大，在黄河以北的广大地区，也逐步取代了原有的低产作物，成为主要的旱地农作物。④

明清以来，农民逐渐地认可、接受了这些优秀的外来美洲作物。玉米、甘薯、马铃薯这些适应性较强、耐旱、耐硗的作物的引进，使过去并不适合粮食作物生长的砂砾瘠土和高岗山坡地成为宜农土地。甘薯和玉米在山东的引进与扩大种植，不仅丰富了粮作的品种，也对耕地面积增加，提高单位面积产量具有一定作用，为缓解因人口增长所造成的粮食不足的矛盾，发挥了重要作用，这在山东农业发展史上具有重要意义。⑤

（二）造就种植业专业区

中国传统农业，也有经济作物，如桑麻、茶叶、蓝靛；也有国内外贸易，如丝绸、土布、土特产、盐铁、粮食之类的长途贩运，但没有经济作物种植区域专业化。这是因为，传统农业的首要目标是种地打粮，国策重点是重农轻商，驱民归南亩，以耕织供养天下。小农经济是自给自足的经济，虽然也有副业，但都是作为农业的辅助和补充。经济作物种植区域专业化，是

---

① 吴树声：《沂水桑麻话》（咸丰四年刊本），《山东史志》总 26 卷。

② 参见《食货志・物产》，《（道光）文登县志》卷三。

③ 参见章楷、李根蟠：《玉米在我国粮食作物中地位的变化》，《农业考古》1983 年第 2 期。

④ 参见赵岗等：《清代粮食亩产量研究》，中国农业出版社 1995 年版，第 61、63 页。

⑤ 参见陈冬生：《明清山东种植结构变化及对农业的影响》，《古今农业》2001 年第 2 期。

美洲经济作物引种开其端。之所以如此，是因为棉花、花生和烟草等经济作物，是适应近代工业生产和国内外贸易需要应运而生并受国际贸易影响和制约的。没有美洲经济作物引种扩大，没有近代工业与国内外贸易的推动，没有较比粮食生产更大的商业利润，农民不可能拿出十分之一甚至一半的粮田来种植经济作物，也就不会有经济作物种植专业化，更没有种植专业区。

所以，我认为美洲作物引发的绿色农业革命的标志之一，就是经济作物种植区域专业化。经济作物种植区域专业化的性质与特点，应该具有以下几个方面：其一，经济作物专指引种的美洲经济作物，如美种棉花、美国大花生、美种烟草等；其二，经济作物种植区域专业化的前提，是国内外近代工业的发展及国际贸易的需要，这些经济作物成为重要的工业原料，成为国内外贸易出口的大宗商品；其三，在经济作物种植的集中区，该经济作物的种植面积和产量占种植业的比率都远高于非专业区，成为当地农业经济的支柱产业；其四，种植专业区中经济作物生产是商业性生产，农民是为市场而生产，而不是传统的副业辅助性生产；其五，经济作物的种植较比其他农产品商品性有更大的利润，成为农民经济新的经济增长点，新的财利来源。

如果一个地区的经济作物生产大体符合以上五条，就可以看作是经济作物种植专业区了。

1. 棉花种植专业区

山东西部地区的东昌、兖州两府，地处京杭大运河两岸，运河纵贯南北，境内是黄河冲积平原，土质砂壤、地势平坦、河泊纵横、日照充足，适宜植棉。优越的自然地理条件，促使东昌、兖州两府运河地区成为明代山东主要植棉区。

大运河是当时中国经济的大动脉，对棉花等经济作物的种植与商业生产的拉动是巨大的。胶济铁路修通之后，烟台青岛海港崛起，海路的开通，山东的商业网络在全省东西均衡。由于运河的淤塞，山东的经济中心由大运河两岸转移到烟台青岛等东部沿海地区，加之棉纺工业、卷烟工业、榨油工业及经济作物远洋出口贸易的兴起，对山东的农业经济和棉纺织业具有重要意义。

本省地处黄河下游，土壤多为肥沃的砂质壤土，气候温和、干燥，光照充足，适合棉花尤其是美种棉的生长。自输入美国棉种以来，中棉的种植面积为美棉所夺，棉花种植面积逐年增加，特别是黄河西岸。其主要产地可分为四个大区：

鲁西区：临清、高唐、恩县、夏津、清平、馆陶、堂邑、冠县、邱县等区；

鲁东区：以高密为中心；

鲁南区：曹县、钜野、定陶、单县、郓城、菏泽；

鲁北区：禹县、德县、高苑、广饶、博兴、利津、蒲台、滨县、邹平、惠民、商河、齐东等县。

战前（指“七七事变”前）鲁西、鲁南两区产棉约为全省总产半数以上。战时（1937—1945 年）山东解放区抗日民主政府大力提倡种棉，以往不产棉的地区也渐次种棉了。本省所产棉花，除一部分农民自用，制作土布及做衣被外，大部分销往济南、天津、青岛供纱厂纺纱之用；向国外出口的棉花，除用于纺织者外，纤维粗短而富于弹性的中棉，多供填充或作脱脂棉、制作火药用。①

山东棉花的种植面积占全国种棉总面积的名次排序是：1931 年占全国总面积的 25.5%，居全国首位；1932 年占全国总面积的 18.45%，仅次于江苏和湖北两省，居全国第三位；1933 年占全国总面积的 12.81%，次于江苏、湖北和河北三省，居全国第四位。②

在棉花产量方面，山东棉花产量在全国棉花总产量中所占的比重和排序依次是：1928 年占全国棉花总产量的 7.02%；1929 年上升为 15.99%；1930 年棉产量为 217 万零 658 担，占全国棉花总产量的 24.64%，居全国第二位；1931 年棉产量为 215 万 4882 担，占全国棉花总产量的 33.67%，居全国首位；1932 年棉产量为 176 万 9236 担，占全国棉花总产量的 21.83%，居全国第二位；1933 年棉产量为 146 万 8932 担，占全国棉花总产量的 14.12%，居全国第四位；1934 年棉产量为 131 万 1835 担，占全国棉花总产量的 11.5%，居全国第四位；1935 年棉产量仅为 40 万担，占全国棉花总产

① 参见山东省农林厅编印：《山东省农业生产统计资料（1949—1952）》，内部资料，1955 年，第 89 页。原档案件编号为 TD4-497-2。

② 参见《中国实业志（山东省）》（戊），第 115 页。

量的 5.1%。①

在 20 世纪 30 年代，山东的棉花种植面积除 1935 年外，大都接近或超过 500 万亩，1931 年面积达 700 多万亩；1930 年和 1931 年两年的产量达到战前的最高水平，总产量突破 250 万担；1930 年的平均亩产皮棉 42 斤，创战前的最高水平。其后有所下降，1936 年和 1937 年棉花生产之种植面积与总产量有较大回升。

在我国棉花种植历史上，美棉的种植比重一直在稳步上升，从 1923 年的占全部植棉的 0.37%，经 14 年推广，上升到 1937 年的 60.41%。种植最多的年份是 1937 年，达 6000 万亩；产量最高年份是 1936 年，达 1600 多万担。1957 年我国棉花种植面积达 8600 多万亩，超过新中国成立前最高年份 43%；总产量达 3280 万担，超过新中国成立前最高年份一倍。

根据土壤、气候及耕作习惯等条件，山东全省可划为六个产棉区。

1. 黄河棉区：位于胶济线以北，沿黄河和小清河流域沿岸，包括惠民、乐陵、商河、临邑、济阳、齐东、高青、蒲台、博兴、滨县、阳信等 13 县。其中不少都是老棉区，齐东县在 1926 年即从事于美棉的繁殖和中棉的改良工作。由于栽培历史悠久，农民有丰富的植棉经验，棉花产量高，品质好，其中尤以滨县著名。该区土壤多属砂质壤土，适宜棉花生长。全区棉区面积达 246 万亩，占全省棉田的 22.8%，占耕地面积的 18.8%。

2. 滨海棉垦区：位于黄河下游入海处，包括沾化、利津、垦利、广饶等 4 县。土壤属砂壤土，含盐量较高。战前棉田不足 18 万亩，战后发展极快，至 1952 年已发展到 73 万余亩，增加三倍多。占耕地面积的 17.3%，占全省棉田 6.6%。由于地处滨海，可垦荒地面积很大，发展前景很好。

3. 运河棉区：本省西北部运河两岸的地区，包括德县、平原、禹城、齐河、恩县、夏津、武城、临清、馆陶、堂邑、冠县、清平、高唐、茌平、博平、聊城、莘县、东阿、阳谷、观城等 20 县。全区属黄河冲积平原，壤土最多，盐碱土亦占相当比重。气候较黄河棉区更炎热干燥，对棉花成熟期颇为有利。其中有些县植棉历史悠久，系老棉区。建国后，棉田有向南伸展趋

① 参见方秋苇：《中国棉产之动态》，《东方杂志》第 33 卷，第七号，第 192 页；程守中：《山东考察报告》，《山东棉业调查报告》，1935 年。

势。1952 年全区棉田面积达 381 万亩，占全省棉田面积 35.4%, 占耕地面积 19.6%，是本省最大的棉区。

4. 鲁西南棉区：位于黄河南岸，运河以西，为旧黄河淤塞河道，包括菏泽、郓城、曹县、定陶、城武、单县、钜野等 8 县。本区植棉历史亦较长，但发展较慢，棉田面积 89 万亩，占全省棉田的 8.3%。由于耕作粗放，棉花产量较低。本区地处黄河南岸，较北部棉区温暖、多雨、棉花成熟期较晚，每年霜后花较多；但本区砂壤地面积较大，适宜于种植棉花，有很大发展前途。

5. 胶莱河棉区：包括平度、昌乐、安邱、高密、诸城等 7 县，地处崂山山脉与鲁山山脉之谷地，土壤绝大部分属壤土，且很肥沃，宜于植棉。本区在 1918 年即推广棉花种植与生产，但大部分棉田是战后发展起来的，棉田在 1952 年达 94.6 万亩，占耕地面积 8.8%, 且仍在逐年扩大，是一个新兴棉区。该区高密棉是国内优良棉产区。

6. 沂河棉区：包括沂水、沂南、蒙阴、费县等 4 县。土壤多砂质土，带有微碱性，不甚适于植棉，1952 年有棉田 26 万亩。

清代后期，山东植棉业即已显露出区域专业化的发展趋势。后来随着美棉的引种推广，棉作区的规模逐年扩大，1933 年全省棉田面积由 1918 年时的 226 万亩扩展至 535 万亩，产量也由 72 万担增至 147 万担，而且增加的面积和产量大部分为美棉。

清末，原先已具雏形的鲁北、鲁西及鲁西南三大棉区，生产专业化的特征也日臻成熟。

鲁北棉区包括津浦路以东、黄河以北的齐东等 13 个产棉县；

鲁西棉区包括津浦路以西、黄河以北的临清等 11 个县；

鲁西南棉区包括津浦路以西、黄河以南的曹、单县等产棉县；

最大的鲁北棉区约有棉田 350 万亩，占全省棉田总面积的 65% 左右，其中美棉约为 200 万亩。

在部分专业化程度较高的地区，棉作面积甚至超过了粮作。

在鲁北棉区，专业化植棉趋势很明显。植棉作为一项重要种植产业，棉花种植超过粮田，成为农产之首，棉花收益成为鲁北棉区农家经济收入的主要来源。在大清河流域的滨州，植棉农户已占到了本地农户总数的十分之八九。

例如，临清县棉作面积常年保持在 60 万亩以上（其中美棉约占二分之一），相当于全部粮作面积的 1.7 倍；清平县棉作面积约占全县耕地总数的十分之七。

高唐县美棉种植面积约 40 万亩，相当于小麦、玉米、大豆及甘薯四种粮作面积的总和；夏津棉作面积年平均近 30 万亩，大体与小麦、高粱和谷子三种粮作面积之和相等。

专业化程度的提高、使专业产区对农业生产的意义和影响益形重要。据 1934 年有关调查统计，鲁西棉区年产棉 80 万担，鲁北棉区年产棉 30.5 万担，分别占全省棉花总产量的 61% 和 23%，其中单是临清一县，年产棉即达 16.7 万担，占全省总产量的 12.7%。

专业产区的形成，一方面促使“为市场而生产”的经济作物产量大幅度增长，另一方面产区自身生产地域集中、农户种植比例高以及产销量大的特点，也为近代农产品流通格局的变化提供了条件。①

清代末叶，山东商业性棉植业又有了进一步发展，特别是鲁西和鲁北棉区，在清代后期，美棉的引种扩大，更促进了商业性植棉业的发展。

植棉已达相当集中的程度，有些县区的植棉比重已超过了其他农作种植面积，明显带有了专业化色彩，如在鲁西的东昌府棉区，该府所属十余州县几乎无一不大面积种植棉花。道光《武城县志》载，乾嘉以后，棉花已是本地“生产之最大者”。② 博兴县的“物产广为民赖者，尤以棉花为最”，棉花遂成当地主要农产。③

专业化植棉生产的发展，可为社会提供更多的商品棉，因而在本地区有众多的“木棉花市”应需而设，以便利大宗棉花交易。如在临清，乾隆时期城内设有两处常日棉花市，“日上（棉花）数万斤”。④

据宣统三年（1911 年）农工商部的调查统计：光绪时期，山东三大棉区（鲁西、鲁北与鲁西南）共计棉田 200 多万亩，其中，鲁西东昌府棉区的临清、高唐、清平、堂邑、恩县、冠县、武城、邱县、馆陶 9 县的棉田近 125 万亩，占棉田总数的 62% 以上；鲁北的蒲台、滨州、利津、沾化、乐

---

① 参见庄维民：《近代山东农作物新品种的引进及其影响》，《近代史研究》2006 年第 2 期。

② 参见《物产》，《（道光）武城县志续编》卷七。

③ 参见《宦绩志》，《（道光）重修博兴县志》卷十。

④ 参见《（乾隆）临清州志》卷一。

陵、商河6县及鲁西南曹州（清代由兖州府析出）的菏泽、曹县、郓城、城武、定陶、巨野6县的棉田，分别是34万亩与29万亩，分别占棉田总数的17%与14.5%。

山东的三大棉区，运河地区独占两区。在棉田集中县区，棉田占耕地的比率已高达30%—50%。

以宣统调查棉田数与宣统《山东通志》所载耕地数计，表明清代山东专业化植棉趋势又有了进一步扩大。①

2. 烟叶种植专业区

烟草是明代时由福建传入，山东是大陆栽培烟草最早的省份之一。山东烟草的品种有土种与美种之别。烟草最初传入山东的时间，土种烟明代即有，应该在19世纪中叶或更早的时间。山东栽种区域甚广，其主要产地为鲁南地区，以兖州为中心，东湖、泗水、汶河流域，远及新泰、莱芜、沂水、费县，西至济宁、嘉祥、单县等地，成为一大产烟区。山东地方志中较早的烟叶种植记载，是济宁州。到清代中期，烟草成为山东重要的经济作物，各地种植区域广，品种多，并出现有独特风格的名烟。

生于明末清初的蒲松龄对农业也颇有研究，成书于康熙年间的《农桑经》详细介绍了烟草的栽培、田间管埋及烟丝制作技术等。②

烟草种植业。早在清康熙时期，鲁西南烟草种植区就出现了因大面积种植烟草而排挤粮食作物用地的专业化生产倾向。乾隆以后，烟草种植专业化的趋势有了进一步扩大。

康熙《滋阳县志》记载："烟叶即焉，按烟之为物，滋阳旧无其种，自顺治四年间，城西三十里颜村店史家庄创种，相习渐广，至今遍地栽焉，每岁京客来贩收买者不绝，各处因添设烟行稍为滋民一生息云。"

如在鲁中地区的寿光，乾嘉时期，烟草已成为"乡村遍植"的经济作物。潍县的农民因大量种植烟草，致使城内"烟行经纪"应运而生。

乾隆二十五年（1760年）《泰安县志》记载："物产货，处处有之，南乡独盛"；"货称丝绢山稠，以出岱东麓者佳，徂徕北麓多棉，西南乡盛蓝

① 参见陈冬生：《明清山东种植结构变化及对农业的影响》，《古今农业》2001年第2期。

② 参见蒲松龄撰，李长年校注：《农桑经校注》，农业出版社1982年版，第119—121页。

靛、烟。”泰安县西南乡农家种植烟草“独盛”，已是名副其实的烟农了。

乾隆四十三年（1778年）《济宁州志》记载：“新谷在场欲糜烂，小麦未播以晚，问何不敛复不耕，汲水磨刀烟上版。”当地农民废农遍种烟，把粮田改为烟地。

光绪《菏泽县乡土志》记载：“烟叶，即淡巴菰，刮为丝及食，除供本境用外，兼为东明长垣烟客采卖。”

在胶东地区的黄县、栖霞，鲁东南地区的日照，鲁中南地区的淄川、长山、沂水等地，也都出现了以营利为目的的商业性烟草种植业。种植烟草的烟农为了获得较高的经济收益，往往比对其他种植业投入更多的资本与劳力，精耕细作，集约经营，即所谓“上地膏腴，豆饼粪田，悉为烟叶”。①

“种烟者其工力与区田等，而不畏其难者，为利也”。②据当时人的估算，种植烟草所投入的人力与物力，分别是稻作水田的6倍、旱作粮田的4倍。③

由于种植烟草付出的劳动多，投入的成本高，因而获得的经济收益也较丰厚。如在鲁中南的沂水县，“民间好种烟叶，必择肥田，用十成粪，一亩之入，值数十车焉”。烟草是本地农家“恃以营生”④的主要种植产业。同样，在其他烟草种植地区，烟草在农家经济中也占有重要地位，商业性经营非常明显。

清代后期，随着商业性烟草种植业的发展，各烟区烟草的产量与商品化程度都有了较大的增长提高。光绪时期，仅临朐一地年产烟叶即达70万斤。所产烟叶吸引“远估麇集，常以冬月轴轳捆载是名烟叶；其切如细发者，直谓之烟，名色繁多，贷贸远及寿光、利津诸县”，仅烟草一项，年进银两“数十万”，是本地进项最多的产业之一。

另外，像潍县、邹县、菏泽、金乡、济宁、宁阳、滋阳等地，烟草的外销数额也都在百万斤以上，是本地外销大宗商品，烟草种植业已成为当地经济的主要支柱产业。⑤

---

① 郝懿行：《征俗文》卷一。

② 《舆地》，《（乾隆）济宁直隶州志》卷二。

③ 参见包世臣：《齐民要术》，《安吴四种》卷二六。

④ 《食货志·物产》，《（道光）沂水县志》卷三。

⑤ 参见陈冬生：《明清山东种植结构变化及对农业的影响》，《古今农业》2001年第2期。

沂源县是山东省主要烤烟产地之一，所产烟叶组织细腻、光泽鲜明、油分足、香味醇和燃烧力强，灰白火亮，色、香、味居全省烤烟之首。全县有适宜烤烟栽培的淋溶褐土及典型棕壤30万亩。1984年山东省烤烟种植区划最佳乡（镇）共47个，其中有三岔、南麻、张庄、土门、石桥、燕崖、中庄、张家坡、东里、梭背岭10乡（镇），占全省适宜烤烟区的21%。被列为全省5个烤烟开发县之一。三岔乡是驰名中外的"青州烟"的产地。1980年起，烤烟生产列为全县农业经济翻番的短线项目，所产烤烟销往全国几十家著名烟厂。

烤烟种植始于1928年，三岔乡郑家庄6户农民，种植烤烟18亩，时称"洋烟"。1948年扩展到悦庄、南麻、土门等地。1950年全县烤烟面积0.03万亩，亩产56.5公斤，总产1.7万公斤。1955年烤烟面积发展到0.61万亩，亩产90公斤，总产54.5万公斤。1960年种植0.81万亩，亩产45公斤，总产36.65万公斤。1970年种植0.5万亩，亩产91.5公斤，总产41.85万公斤。①

20世纪30年代，山东烟草出现了一个跳跃式发展阶段。

美种烟的栽培历史较短。山东黄烟产地主要是青州，青州烟闻名于世。英美烟公司及日商为了其设在中国的烟厂能获廉价优质的原料，先后在山东等省大力推广美种烟叶的种植。民国二年（1913年），英国烟草公司在坊子站原德国医院旧址设立办公室、烘烤室，试种美烟，结果良好。试种美种烟成功之后，便教农民仿种，分给农民种子，然后由该公司收购其产品。开始农民不愿种植，后见有利可得，便纷纷与该公司定约承种，坊子附近的麦地几乎全部改种烟叶，变为烟田。该公司1917年便在二十里堡建了一座规模宏大的烟厂，每年将烟叶收购后，便运往该烟厂。于是该公司开始向农民推广，并按一定等级收买烟叶。后来日本的东亚烟草会社，也在坊子设场收购。"胶济路中段沿线的烤烟，则是在英国烟草公司筹划下发展起来的。1913年试种成功，1917年成立烤烟厂，供给农民种籽、肥料，二十年内即扩充到40万亩。当时产量居全国第一位。"②

欧战爆发后，因东方缺乏黄色烟叶，致价格暴涨，于是山东美种烟种

① 山东省沂源县志编委会编：《沂源县志》，齐鲁书社1996年版，第126页。

② 孙敬之：《华北经济地理》，科学出版社1957年版，第122页。

植面积乃逐渐增加，其产地在胶济线西自辛店东至柞山之间一百二十公里之间，形成三大产区：东部：安邱全境及诸城、高密一部；中部：潍县、昌乐；西部：临朐、临淄、寿光、广饶、博兴一带。①

自从美种烟引种以后，烟草的种植面积和产量，中间虽稍有起伏，但总体上呈大幅直线上升。省内英美烟公司和日本厂家的需求量及出口的激增，刺激种植面积和产量的猛烈上涨。1914 年出口仅有 11 担，而到 1917 年达 35000 担，1918 年再跃升为 137383 担，成为山东农产品的大宗出口物品。

20 世纪的头 30 年，种植面积和产量因政治动荡和国际需求低昂的影响，呈现剧烈波动。进入 20 世纪 30 年代，由于国内卷烟工业形成规模，对烟叶需求量稳定增长，加以政府限制洋烟进口，提高洋烟进口税，使山东烟叶生产出现历史上空前的繁荣局面。至 1933 年，全省有 37 县种植烟草，尤以临朐、潍县、临淄种植面积最大，产量最多。20 世纪 30 年代，全省种植面积由以往的十余万亩，猛增至七八十万亩，常年产量也保持一百数十万担之多。

据庄维民研究，20 世纪 20 年代中期，美烟种植业逐渐普及于鲁东传统的土烟种植区。在相互毗邻的临淄、安丘、临朐、潍县、益都、广饶、寿光、昌乐 8 个县，美烟种植面积已达 245600 亩，总产量达 6759 万磅，在此基础上形成了以胶济铁路为纵轴的美烟生产区。② 美烟产区沿铁路东起山，西抵辛店，为一长约 400 华里的狭长地带，分东部、中部和西部三个毗连区域，共 32 个县。迄于第二次世界大战前（1936 年），整个烟区的美烟栽培面积约为 46.7 万亩，产量为 8054 万斤，总产值达 2577 万元。③ 在这一区域，美烟不仅是最重要的经济作物，而且对农户生计的影响也最大。据 1934 年有关调查，临淄烟产区的美烟产值已超过了小麦、谷子和高粱等传统粮作，而在潍县和益都，烟产值也近乎可以与小麦产值相当。美烟引种初期，潍县“种植烟草者，大抵十之二三”，到 30 年代，当地已有近 60% 的农户从事美

---

① 参见山东省农林厅编印：《山东省农业生产统计资料（1949—1952）》，第 91 页。原档案件编号为 TD4-497-2。另见章有义：《中国近代农业史资料》，三联书店 1957 年版，第 156—161 页。

② 参见《山东种植美国烟草》，《中外经济周刊》第 95 期，1925 年 1 月 10 日。

③ 参见李心扭：《山东美种烟草调查报告》，《国际贸易情报》第 2 卷第 9 期，1937 年 3 月。

烟种植，种植面积占耕地面积的 13.5%，产值占同期农业总产值的 30% 左右，同时出售美烟也成为烟农现金收入的主要来源。上述事例表明，作为生产区域专业化的标志，美烟种植业已成为烟产区农业经济的支柱。①

民国二十二年以后，因局势相对稳定，销路畅旺，烟田又逐渐增加，至日本侵华战争发动“七七事变”时，烟田达61万亩，产量达97万余担。②

从烟叶种植面积与产量看，经济作物的生产受到国内政治局势的影响，政治局势稳定则种植面积和产量都上升，政治局势不稳定或发生战争，烟叶生产就直线下降；同时，经济作物又受世界经济总局势的影响，如世界经济形势好，出口畅通，工厂需求量大，则种植面积与产量都上升，否则就下降。经济作物生产还受金融波动的影响，如国际银价及供求关系产量多少的影响。烟叶种植面积与棉花种植面积有很大相似性。

至 1936 年，全省共种植烟草 50 余万亩，后因战争摧残破坏，外销停滞，种植面积缩减了 80% 左右。新中国成立后，由于政府大力提倡，并给予烟农多方面的扶持与帮助，烟田迅速扩展，且超过战前最高水平。1952 年全省共种植烤烟 637283 亩，占全国烤烟种植面积的 20%。

山东种植烤烟的有 37 县，产烟较多的有 19 个县，主要分布在胶济铁路沿线一带，尤其集中在昌潍专区。以益都县种植最多，1952 年计种植 150517 亩；临朐次之，100034 亩，临淄又次之，计 81611 亩；潍县第四，计 76539 亩；其他安邱、寿光、昌乐、桓台、滕县等县俱在 3 万亩左右。

烟草与花生不同，并不能作为食物或榨油，纯粹是一种经济作物，烟草的种植，也不是为了自家吸食，而是为了作为商品出卖。它与工业及国际贸易相联系，受国际贸易制约，成为出口大宗，也与国际经济同进退。省内英美烟公司和日本厂家的需求量及出口的激增，刺激种植面积和产量的猛烈上涨。

20 世纪初，自从美种烟引种以后，烟草的种植面积和产量，总体上是呈大幅直线上升。烟草种植面积在全国及山东各地烟草引种传播的快速与种

---

① 参见庄维民：《近代山东农作物新品种的引进及其影响》，《近代史研究》2006 年第 2 期。

② 参见山东省农林厅编印：《山东省农业生产统计资料（1949—1952）》，第 91 页。原档案件编号为 TD4-497-2。

植面积之广，证明巨大的商业利益是烟草种植业迅速发展的原动力。

烟草的种植与出卖，对农户生计的影响很大，主产区有一半以上的农民都参与了烟草种植，种植烟草的耕地不是荒废地，而是挤压了粮田面积，并且烟草种植面积占了耕地面积的10%—30%以上；种烟利润超过传统粮作收益，卖烟收入成为当地农民现金收入主要的来源。美种烟草生产已成为全省烟产区农业经济的支柱。

3. 花生的区域专业化

花生是我国主要油料作物之一，其种植面积和产量在油料作物中占有较大比重。花生的经济价值很高，其含油量一般为45%—50%，出油量可达40%—44%，是很好的食用油，也是重要的工业用油，花生饼含有很多蛋白质和碳水化合物，是很好的饲料。

花生自清初传种山东后，很快就发展成一种商品性经济作物。

乾隆时期以后，花生在泰安、青州，莱州、沂州等府所属部分县地已是“连阡累陌”商业性大面积种植了。同治以后，美种大花生品种的引种发展，更促进了商业性花生种植业的扩大。

嘉庆年间（1796—1820年），胶东地区开始引种花生。青州府安丘县“嘉庆十年（1805年）以后始有种者，获利无算”，以至于泗汶河两岸原不宜五谷的“废田”因种植花生获利，反被视为“膏沃之地”。①

据《海阳县志》记载，嘉庆十年（1806年）夏，“闽商庄慕陶自福建带来长生果一袋，献给归省知府李宜升为寿礼，李家植于黄金洼，为本县花生种植之始”。②

同治年间（1862—1874年），登州府平度州人又从传教士手中获得美国花生种，子粒硕大，该地遂多改种美种花生，到光绪时已是“连阡陌矣”。③

胶州花生种植业发展也较快，1845年的州志即称，州境“南鄙以甘薯为食，东鄙以落花生代稼”，该志将花生列入“货属”，说明花生已有外销。④

---

① 张柏恒纂：《安丘新志·方产》卷10，清道光二十二年（1842年）张氏式训堂稿车。

② 荆浦斋主编：《海阳县志》大事记，内部资料，1988年。

③ 保忠等纂：《平度州志》卷10《物产》，清道光二十九年（1849）刻本。

④ 《物产》，《(道光）胶州志》卷十四。

近代，在国外市场较大需求的影响下，胶东地区的种植面积不断扩大。据《牟平县志》记载，“落花生装运出口，种者颇多”。①

文登县农户以玉米为主要食粮，“有耕地 5 亩以上之农民（无论自耕农、半自耕农与佃农），往往能种 1 亩半以上之花生”。②

花生种植主要集中在渤海沿岸，以山东、河北、河南、广东、江苏、辽宁为最多，山东一省种植面积达 1064 多万亩，占全国花生总种植面积的 27.91%，亩产量达 128 斤。“山东大花生”驰名全国，以胶东半岛最为集中，有的地区花生种植面积几达作物种植面积的 40%。山东大部分是春播花生，也有部分麦茬花生。③

山东中南部山区和东部半岛丘陵区，砂质土壤多，宜于花生的栽培。所产花生栽培几遍全省，主要产地为莱芜、曲阜、邹县、滕县、郯城、沂水、诸城、日照、高密、乐陵、莱阳、冠县、恩县、武城、朝城等地。种植面积在事变前为 440 余万亩，产量达 1400 余万担。④

据 1908 年《山东实业统计》对兰山、新泰、莱芜、费县等 18 处部分花生种植县的调查，共计种植面积近 27 万亩，其中，兰山、新泰、莱芜、费县、成武、冠县 6 县花生的种植面积和年产量分占 18 县地总额的 91.8% 和 86.7%，出现了相对集中的趋势。与此同时，花生还作为大宗农产品开始运销海外市场。

据清末山东海关统计，到宣统时期（1908—1911 年），山东花生的年外销额已占全国外销总量的 50% 以上。另外，还有相当数量的花生被加工成花生油、花生饼等产品运销国内外各大市场。花生作为商业性农业经营已颇具规模。⑤

“花生种植在 30 年代已达六百万亩，年产一千万担以上，成为山东最主

---

① 《地理志，物产》，《(民国）牟平县志》卷一。

② 隋德民：《山东文登县农村市场概况调查》，《中国农村经济论文集》，中华书局 1935 年版，第 361 页。

③ 参见农业部办公厅计划处编：《全国主要农作物分布图集》，内部资料，1961 年，第 138 页。

④ 参见山东省农林厅编印：《山东省农业生产统计资料（1949—1952)》，第 89 页。原档案件编号为 TD4-497-2。

⑤ 参见陈冬生：《明清山东种植结构变化及对农业的影响》，《古今农业》2001 年第 2 期。

要的出口物资。”[①] 民国《莱阳县志》记载：“落花生俗名长生果。清康熙初，闽僧应元得其种于扶桑，渐传北方，光绪末年又有自外洋来者，颗粒较大种植尤多，占全境农田约十分之一，为出口大宗。”

1952 年全省种植花生 8179754 亩，占全国花生种植面积的 30% 以上，占全省耕地面积的 5.19%，山东花生粒大、质高、含油量多，适宜于榨油。

省内花生种植面积虽广，但地区间分布很不均衡。占全省耕地面积三分之一的鲁中南山区和胶东丘陵区，却占全省栽种面积的 71%，而占全省耕地面积三分之二的鲁西北平原和鲁中山麓冲积土灌溉区仅占花生栽培面积的 29%。从花生种植面积占耕地面积百分比来看，也以胶东丘陵区和鲁中南山区为高，前者达 13.62%，后者达 11.63%；而鲁西北平原仅占 2.35%，鲁中山麓冲积土灌溉区仅占 2.95%。种植最多的是临沂专区，共种植 1764488 亩；其次为文登专区，共种植 1332689 亩；再次为莱阳专区，共种植 1327436 亩；第四为胶州专区，共种植 1155286 亩。该四个专区共种植花生 6679899 亩，占全省种植面积的 68.21%。花生大县是临沭、沂南、即墨、胶县、日照、昆嵛、牟平、沂水、平邑、胶南、莱西、文登、荣成、乳山、海阳、莒县、莱阳、栖霞、莒南等县，一般在 15 万亩—25 万亩之间。特别是莒南县花生种植面积更为集中，多达 30 万亩以上。

山东花生多属春季种植，晚秋时间收获；麦后伏花生不多。春花生占花生种植比重的 78%，麦茬花生仅占 32%。[②]

20 世纪初，山东大花生产区专业化已略具雏形，经过民国初年新种替代旧种的演变发展，形成了数个种植面积广、专业化倾向突出的集中产区。

当时以津浦路和运河为轴线，在黄河以南形成了以泰安、新泰、莱芜为中心的汶河流域产区，在黄河以北形成了以德州、恩县为中心的鲁北集中产区，在鲁南则形成了邹滕峄集中产区。此外，胶莱地区和胶东半岛丘陵地区，也是特征较明显的专业化集中产区。

在这些集中产区，花生种植比例远远高于全省平均水平。20 世纪 30 年

① 孙敬之：《华北经济地理》，科学出版社 1957 年版，第 122 页。

② 参见山东省农业厅、统计局编印：《山东省农业生产统计资料（1949—1952）》，内部资料，1955 年，第 39 页。原档案件编号为 TD4-497-2。

代前期，山东全省花生种植面积约占耕地总面积的3%，而在胶东集中产区，花生种植约占耕地面积的10%以上，其中种植比例最高的海阳、栖霞分别为34.3%和19.8%；胶莱产区花生种植平均约占耕地总面积的11.3%，其中高密约占22%；在汶河流域产区，花生所占农田种植比例在7%以上，其中著名产地泰安约为20%，费县则高达26.2%；鲁南邹滕峄产区的种植比例约8%左右，而后来这一比例又有所提高。①

烟台青岛花生出口成为清末民国时期山东经济的大事。

同治年间，由于引种籽粒硕大的美国大花生，其产品深受国外市场的欢迎，至少有80%的花生出口到国外。②

牟平县“山田颇多，最宜花生，故每岁产量，实为出口大宗”。③1932年至1935年期间，牟平县每年花生产量为三十余万斤，全部行销到烟台、青岛和金口。④

民国初年，花生已经成为胶县重要的输出品，“从1908年起，以马赛为主要目的地的花生输出，已经从九万五千担上升到1911年的七十九万七千担”。⑤

烟台“农民从花生得到的收益，据说比任何其他作物更为有利。用于花生生产地土地占耕地的三分之一……1922年，（出口）带壳花生56837担、花生仁85168担；1931年，（出口）带壳花生186435担、花生仁93769担”。⑥

青岛地区花生种植面积比烟台略有减少，“每年所种之数，约占全部田地十分之一”。⑦花生出口市场早期多在华南各口岸、长江口岸如广州、镇

① 参见庄维民：《近代山东农作物新品种的引进及其影响》，《近代史研究》2006年第2期。

② 参见许道夫编：《中国近代农业生产及贸易统计资料》，上海人民出版社1983年版，第197页。

③ 《政治志·财政·杂税》，《（民国）牟平县志》卷四。

④ 参见《胶东各县物产调查》，《工商半月刊》1933年第5卷第20号。

⑤ 《1902—1911年海关贸易十年报告》，李文治主编：《中国近代农业史资料》第1辑，三联书店1957年版，第437页。

⑥ 参见《海关十年报告》（1922—1931），转引自章有义编：《中国近代农业史资料》第2辑，三联书店1957年版，第207页。

⑦ 《胶澳全区之农业概况》，《中外经济周刊》1927年第214号。

江、南京等地，以后始集中于青岛，内地较大的花生聚散市场有济南、徐州、汉口等地。

青岛为我国花生重点市场，其货源除来自山东外，还来自河北及河南，1932 年青岛有花生行 24 家，在 1914 年前，日商在青岛只设有两家商行，经营收购及出口业务，他们将花生仁运回日本加工成花生油。以后在青岛设立油厂达 20 家，以花生油销售欧美。①

表 3-44　青岛海关册中所见的出口花生品

单位：担、公担、元

农产品	输往国内口岸	输往海外口岸
花生	14712445	9560068
花生油	5298406	3547451
花生饼	40368	778929

资料来源：《二十二年度青岛海关表册》底册。转引自山东省粮食局粮食志编纂办公室编：《粮食史料选编》，内部资料，《交易类》（四）第 95 页。

1917 年出口增长以专业产区农产品商品率的提高为基础。在商品化程度较高的地区，农产品流通结构也发生了较大变化。例如章丘、齐阳、益都三县生产的花生，远地市场的运销量则达 90% 和 80%。②

花生油出口为青岛和山东出口大宗。欧战期内花生出口虽减，而花生油则逐年增加。民国五年较民国二年增加一倍有余，民国六年虽略有减少，而民国七年民国八年又为猛进。战前转香港者，占十分之七，由香港转口运往欧美南美及南洋一带。日人在青岛设有制油厂二十余所，青岛花生油在美国市场最为著名，大都由青岛出口最多之故，实非尽属青岛所产，亦可想见其盛况矣。③

① 参见山东省粮食局粮食志编纂办公室编：《粮食史料选编》，《交易类》（四），内部资料，第 27 页。

② 参见庄维民：《近代山东农作物新品种的引进及其影响》，《近代史研究》2006 年第 2 期，第 210 页。

③ 参见山东省粮食局粮食志编纂办公室编：《粮食史料选编》，《交易类》（四），内部资料，第 71—72 页。

表 3-45　山东民国初年花生输出①

输出港别	1913 年		1918 年	
	数量（担）	价值（两）	数量（担）	价值（两）
甲 . 花生				
出口总额	1977758	8494366	71545	248393
烟台	51740	202820	10411	35917
胶州	1025486	5116408	138	483
乙 . 花生仁				
出口总额	343869	1786510	1540032	6944289
烟台	140788	708693	67808	291867
胶州	—	—	494736	2226312
输出港别	1919 年		1920 年	
	数量（担）	价值（两）	数量（担）	价值（两）
甲 . 花生				
出口总额	158595	616198	125574	493526
烟台	30115	136120	37688	152259
胶州	622	2015	1254	3238
乙 . 花生仁				
出口总额	2342105	10850187	3176217	15305230
烟台	58837	345981	65686	334342
胶州	1030107	4635481	1236866	5988431

资料来源：陈重民：《今世中国贸易通志》，1927 年版，第 127—129 页。

花生产量全国首推山东，凌驾于全国各省之上，而消费方面又是分散于海外。……山东花生的出口产品，有三类：花生仁、花生（带壳）、花生油。

花生市场，首推青岛，烟台威海次之，济南仅为内地的集散中心，在

① 山东省粮食局粮食志编纂办公室编：《粮食史料选编》，《交易类》（四），内部资料，第 86 页。

济南集中向东运往青岛；外输国则为英、美、日、法、荷、德、意。

出口统计量上看，从民国二十年（1931 年）后，竟一泻千里；市价的惨跌，更是不堪。此六年中，青岛花生仁市场，自每担十七元，竟跌至四元；带壳花生自每担八元，跌至两元；至于花生油，外销命运，不绝如缕。花生仁以美国为最大的主顾，自从发生经济危机后，花生仁出口，顿形减缩。海外市场更有印度、非洲两地花生放价倾销，山东花生的外销不堪言状了！①

表 3-46 青岛和烟台两港口花生出口量统计表

单位：担

年份	青岛港		烟台港	
	出口量	占全国出口总量的百分比	出口量	占全国出口总量的百分比
1921	10798	24.8	103302	23.7
1922	148421	32.8	56837	12.5
1923	239819	27.8	76607	8.9
1924	397145	38.8	116126	11.3
1925	366755	33.6	178406	16.4
1926	362044	30.0	237469	19.7
1927	266397	27.4	178445	18.3
1928	323409	32.6	180001	18.2
1929	299028	37.2	180592	22.5
1930	307546	30.0	198268	19.3
1931	720409	43.2	227154	13.6
1932	247404	30.2	165349	20.2
1933	218816	30.5	262524	36.6
1934	108458	29.9	108044	29.8
1935	107875	30.0	128988	35.9
1936	68098	22.5	175928	38.4

资料来源：交通部烟台港务管理局编：《近代山东沿海通商口岸贸易统计资料（1859—1949）》对外贸易教育出版社 1986 年版，第 191—192 页。

① 参见：《海关中外贸易统计年刊》。单位以担计，惟民国二十三年度，以新标准制，单位为公担，每公担合旧地制担为 1.654 担。1936 年《实业部月刊》第一卷。转引自山东省粮食局粮食志编纂办公室编：《粮食史料选编》，《交易类》（四），内部资料，第 95—98 页。

20 世纪 30 年代前 6 年，我国在花生仁、花生、和花生油输出量上，全国出口前四位的港埠，青岛实执全国输出量的牛耳，除第二、第三位为大连、上海、天津、威海四埠互相分占外，第四位又是归烟台和威海。青岛、烟台、威海，都是山东的花生市场，全国前四位的花生市场，竟被山东三个市场所占。在全国各口岸输出花生总额中，常占六成以上。①

花生出口在国际市场上的大起大落，说明山东农业种植专业化已经与国际经济休戚相通了。从上页表 3–47 可知，1931 年青岛港的出口达到了一个高峰，其后的世界性经济萧条，对青岛港的出口影响较大，而对于烟台港的出口影响较小，这可能与出口地有关。烟台港的出口在 1935—1936 年还一度超过青岛港。相对于 20 年代，外贸出口还是向前发展的。1921—1936 年间，青岛和烟台两港口每年出口的花生总量基本上占全国的 50%，最低的是 1923 年，花生出口量也占到全国出口量的 36.7%。青岛烟台两港出口，占到了全国出口总量的百分之六十以上，最高达 67%。

胶济铁路沿线美烟产区的烟产量占全省美烟产量的 95% 以上，而胶东、胶莱、汶泗、邹滕峄、鲁北 5 个花生集中产区的花生产量占全省总产量的 70% 以上。可以说，近代山东棉花、花生和烟草的生产水平，基本是取决于这类专业产区栽培面积的多寡和收成的丰歉。②

从以上棉花、烟叶和花生几种经济作物的种植面积、产量、商品率、农民收益、出口比例及作为农业支柱产业等方面的考察，可知在山东形成棉花、烟叶和花生几种经济作物区域专业化是确定的事实。

4. 桑蚕业专业化

桑蚕业是山东本土由副业发展而来的新型产业。山东桑蚕业，就其主流性质说，算是山东本土的传统产业，但在近代受国外桑树种植的影响，具有相当工业生产能力，并参与了国际贸易，而成为本省部分地区农村支柱产业。山东桑蚕业也因外资的需要与出口规模，而形成专业化产业。

山东省蚕业有悠久历史，秦汉时山东桑蚕业已相当兴盛。《史记》称：

---

① 参见山东省粮食局粮食志编纂办公室编：《粮食史料选编》，《交易类》（四），内部资料，第 95—98 页。

② 参见庄维民：《近代山东农作物新品种的引进及其影响》，《近代史研究》2006 年第 2 期。

“齐鲁千亩桑，与千户侯等。”本省桑蚕业最盛时期，是清末的1910年，全省有桑树3044万株，有柞岚242万余亩，1910年全省产桑蚕茧4054万余斤，1920年全省产柞蚕茧26.8亿粒。

光绪年间，山东临朐县有三分之一的农民种桑养蚕。[①]烟台、宁海、栖霞等十数州县饲养蚕。[②]泰、沂、青一带槲树饲蚕，养者颇多。[③]晚清民国时期，在胶东烟台蚕桑品种的引进与推广成功。

民国三年（1915年），山东农事试验场设立种子交换所，选购采集中外农作物良种，供各地农户交换推广，并办理代购外省及外国种子业务。民国六年（1917年）交换所提供农户换购的作物良种共有140多种。蚕桑方面，民国十年（1921年）时，烟台华洋丝业联合会借上海中国合众蚕桑改良会及南京东南大学农科蚕桑系之协助，附设蚕丝学校于烟台之东南山麓的同时，采购柞树种子免费赠送给胶东各县农民栽植。民国十一年（1922年）又在牟平县屯车乔辟蚕桑试验场一处。民国十二、十三年复于牟平县之凤凰崖与广泉寺，栖霞县之桃林，文登县之口子合四处，各设蚕桑试验场一处，分赠无毒柞蚕种子于各场附近农民，颇有成效。

胶东是省内柞蚕主要产区，战前历年春季放蚕人数9500人，秋季放蚕人数38000人，春秋共可收茧15亿粒，每把剪子（一个普通人能放养的面积）可收入300银元。桑蚕盛产于临朐、益都、新泰、蒙阴、莱芜、沂水、栖霞等县，尤以临朐县产量最多，战前家家户户无不栽桑养蚕，全县产茧量占全省产茧量的一半左右，农民饲养一季蚕可收入二三百银元。

1921—1926年是中国柞蚕业之黄金时代，1931年“九一八事变”后，经日寇统制，产量及出口量大减。家蚕和桑蚕都是在1931年达到历史最高值，以后衰落下去。

清末民国初期丝织业也很兴盛。桑蚕业以周村为产销中心。据1929年统计，全省产丝达150万斤左右；又据1931年统计，仅胶东柞绸出口的有20万疋，畅销于南洋、欧美各地。山东的柞蚕茧在国内产量仅次于东北，

① 参见《英国皇家亚洲学会中国分会会报》卷二十三，第85页。

② 参见日本外务省《清国事情》（上），第302—303页。

③ 参见《东方杂志》民国二年第5期。

而超过河南，与辽宁、河南并称为我国三大柞蚕产区。但随后因在国际市场上中国的丝市为日本等国夺去，销路发生困难，加以战火兵患频仍，技术得不到改进，以致蚕业由盛入衰。据1938年统计，全省桑蚕茧产量降为7743673斤，出丝60万斤，较1910年产茧量降低80%以上；农民养蚕无利可图，遂砍伐桑树改种庄稼，桑树也大为减少，仅存桑树1663万株，较最盛时减少40%。柞蚕茧产量降为16亿粒，出丝120万斤，较最高产量的1920年产茧量减低40%。①

（三）改善土地耕作制度

纵观明中期至20世纪末的山东农业产业发展，可以把美洲作物引种后引发绿色农业革命的四百年，以乾隆时期为界，分为前二百年和后二百年。美洲作物传华四百余年来，对中国土地利用和粮食生产确实引起了一个长期的绿色农业革命。粮食生产革命和人口增长确是互为因果的。②

在前二百年间，美洲作物虽然引种到山东了，但美洲作物还没有展示其优长，人们也没有充分认识到美洲作物引种的意义。因此，在前二百年，美洲作物还是处于山东农业产业结构之外，没有进入山东农业主流，更没有成为山东农业产业的支柱。这个时期，还是山东农业产业结构内部自我更新组合的时期，主要表现在山东原有粮食品种内部结构的调整，确立二年三熟制。当然这个过程也一直延续到20世纪。这可以称为山东农业产业的第一层面革命。

接着，在乾隆朝，美洲作物引进山东后，首先是粮食作物中的甘薯在大灾之后崭露头角，得到官府的重视和推介，山东各地大都是在乾隆十七年（1752年）奉文种植。美洲作物玉米、甘薯等以其品种优势，在开垦荒地和提高产量，及作为救荒粮食方面为世人所重。美洲作物从山东农业产业的边缘进入主流，引发了山东农业的绿色革命。这是山东农业第二层面的农业革命。

以垦殖耕地、提高粮食产量、为新增人口提供粮食、使粮食结构和种

---

① 参见山东省农业厅、统计局编印：《山东省农业生产统计资料（1949—1952）》，内部资料，1955年，第385页。原档案件编号为TD4-497-2。

② 参见何炳棣：《美洲作物的引进、传播及其对中国粮食生产的影响》，《历史论丛》第5辑，齐鲁书社1985年版。

植结构发生质变的革命，为美洲经济作物第三层面的革命做好了准备。以美洲粮食作物为代表的粮食结构的农业革命，早于经济作物专业化五六十年，而在20世纪初区域经济作物专业化形成后，与之成为并行的双轨改革，大体完成于20世纪末。

20世纪初，即清末民初，因为受近代工业生产原料需求和国际贸易出口的拉动，山东的农业产业发生了第三层面革命。美洲作物中的经济作物棉花、花生和烟叶，在农业种植业中作为独立的产业，迅猛发展，成为山东很多州县的支柱产业，成为区域专业化产业，对山东社会经济带来了不可估量的影响。

1. 传统粮食作物结构的变化

在美洲作物传入山东前，即从明代中期后，山东的农作物结构即发生了渐变，近四百年间，传统的粮食作物种植制度和粮食种植结构发生了重要变化。

明清时期，山东粮食生产的变化是种植结构的调整。在传统农作物中，调整粮食作物种植结构，培育改良优质品种，引入推广高产新兴作物，仍然可以不断地提高粮食的单产与总产，这也是明清山东农业向纵深发展的一个重要特征。①

明代前期，山东粮食作物结构中，粟米是播种面积最大、产额最高的主要作物，是粮作结构中地位最为重要的粮食作物。明末成书的《历乘》也说："北人以粟为主，粟收遂称大稔。"② 其次是二麦、豆类、高粱，曾经地位显赫的黍、稷，仅在个别州县的农作物结构保留了一定地位。

明代中后期，小麦、高粱的播种比率逐渐增加，到明末清初，小麦发展成为山东最重要的粮食作物，播种面积和产量都位居五谷之首，高粱在全省主要农业种植区的鲁西南与鲁西北平原上播种面积超过了粟米，粟的种植地位下降到了第三位。大豆基本完成了由春播向夏播复种的转化过程，随着复种率的缓慢上升，大豆栽培面积也在稳步增加，不过其地位似仍位于四大主粮作物之末。

① 参见李令福：《明清山东农业地理》，台湾五南图书出版公司2000年版，第361—362页。

② 《方产考》，《(崇祯) 历乘》卷十二。

自明中叶前后这一种植结构开始发生变化。粮食种植制度最主要的变化是两年三熟制的普及，而这一制度得以推广又与粮食种植结构的调整密切相关。

清代，山东省传统作物种植结构的调整中，小麦、高粱、大豆的播种比率仍然继续增大，变化的起点是冬小麦播种面积大幅度扩大，清末小麦成为全省种植最多的主导粮食作物。这一变化以农业种植条件较好的鲁西南平原开始最早，也最为显著。冬小麦种植的发展是两年三熟制实行的基础；接着，豆类由春播改为麦后接茬，大豆种植由春播复种的转化，使两年三熟制的实行从可能变为现实。大豆主要是黄豆，在清后期的播种面积随着国内外市场的需求剧增而迅速膨胀，成为麦后复种的最主要作物品种，一般为复种麦地的70%—80%。麦豆复种，使二年三熟制从一般的种植制度，演变为主导的耕作制度，这对于提高了单位面积产量，提高粮食总产量及合理利用土地、搭配作物，都有积极意义。

高粱的播种面积在绝大多数地方超过粟米，成为春播杂粮的首选作物，粟、黍、稷在整个粮食作物结构中的地位越来越不重要。山东两年三熟制的搭配是以麦－豆－秋杂轮种为主，最终成为山东两年三熟制的核心，无论哪一种搭配都是以豆麦复种为中心，即先种越冬小麦，麦收后复种大豆，晚秋收获，翌春种植大秋作物，如高粱、谷子、棉花等。①

种植结构这一变化，在各地的地方志中也有反映。首先是小麦和二麦成为主粮一事，在各地方志中均得到确认。二年三作在地方志中也有所反映。如山东半岛招远县，冬小麦所占比重也已是“大率于百谷居十之四云”。②《巨野县志》载：“种植五谷以十亩为率，大约二麦居六，秋禾居四。”③《峄县志》亦载：“二麦则阖境有之，视他禾十居六七。”④稍晚的记载如乾隆年间鱼台县，“谷之品，惟麦收独厚，小麦尤多”。⑤

鲁北平原种植比例也达百分之五十左右。如嘉庆年间（1796—1820年）

① 李令福：《明清山东农业地理》，（台湾）五南图书出版公司2000年版，第361页。

② 《物产》，《（顺治）招远县志》卷五。

③ 《风俗》，《（康熙）巨野县志》卷七。

④ 《物产》，《（康熙）峄县志》卷二。

⑤ 《物产》，《（乾隆）鱼台县志》卷一。

的寿光县，“十亩之田必种小麦五亩，其收早而利赢也”。①

咸丰年间（1851—1861 年），沂水县令吴树声《沂水桑麻话》记载的是鲁中沂州府一带的情况：“坡地两年三收，初次种麦，麦后种豆，豆后种蜀黍、谷子、黍稷等”；“涝地两年三收，亦如坡地，惟大秋概种豆子……麦后亦种豆”。光绪时菏泽县“通计小麦居十之六七，余谷居十之三四”。②

粮食种植结构的上述变化，使小麦、大豆取代粟谷成为山东主要粮食作物，提高了小农的经济收益。小麦在粮食作物中品位最高。山东民食以高粱、谷粟为主，而小麦主要是作为商品出售的，粜精籴粗正是小农提高土地收益的重要手段，每到麦收季节，外地商人纷纷赴山东收购小麦外运，或籴麦踏曲，故民间多有“一麦抵三秋”，“一麦胜三秋”之谚。③

大豆种植也主要是出售的。如《临朐县志》言，“黄豆、黑豆最为民利，与麦同重。农人有田十亩，常五亩种豆，晚秋丰获，输租税，毕婚嫁，恃以为资。岁偶不熟，困则重于无禾”。④

山东大豆自明代即向江南大量输出，清乾隆年间大豆的输出量每年约在 200 万石左右。

种植制度的变化主要是由作物品种引起的。作物品种的更新必然引起耕作制度的变化，耕作制度变化必然引起复种指数增加，而复种指数增加必然引起亩产量的增加。美洲作物经过几个世纪的传播、推广，到 20 世纪上半叶，特别是民国时期，山东的农业种植结构上出现了以冬小麦为基础，以美洲作物为骨干的两年三熟制的耕作制度。

美洲作物（特别是玉米、甘薯、马铃薯、花生等）则由于其本身的生物学特性（生长期短、播种期长、耐旱、耐瘠薄等）与原来的五谷作物相差较大，容易与传统作物形成年内复种，对传统种植结构形成了较大冲击，大大提高了复种指数，粮食单产和总产快速增加，增加了作物种植面积（主要是开垦的山地、薄地和荒地等），适应了清代人口急剧增加的需要，为清末

---

① 《物产》，《（嘉庆）寿光县志》卷九。

② 《风俗志》，《（光绪）菏泽县志》卷六。另见许檀：《明清时期山东经济的发展》，《中国经济史研究》1998 年第 3 期。

③ 《方产》，《（崇祯）历乘》卷十四；《土产》，《（康熙）濮州志》卷四。

④ 《物产》，《（光绪）临朐县志》卷八。

人口急剧增加提供了坚实的物质保障。原来的传统作物，高粱、水稻甚至谷子、大豆的种植面积在下降，而美洲作物玉米、花生、甘薯、美棉的种植面积在成倍地增加。

美洲作物的传入使得山东以及华北地区原来的种植结构发生了很大变化，导致耕作制度出现重要变革。这些变化的结果是，粮食总产的大幅度增加，促进了人口的增加，从而有力地推动了农村经济的发展和社会的进步。①

种植制度和粮食种植结构的上述变化，使山东农业种植实现了从一熟制向两年三熟制的转变，从而提高了土地复种率，使同样面积的耕地可养活更多的人口。这一方面适应了清代人口增长对粮食的需求，另一方面也为经济作物种植面积的扩大提供了可能。

2. 美洲粮食作物品种的革命作用

农业种植制度调整的第二层面，则是自乾隆朝以后，在粮食结构中，美洲粮食作物甘薯、玉米等，成为粮食系列中的主粮。美洲粮食作物的引种与扩大，使山东种植结构发生了巨大变化。

玉米、甘薯的生物学特性，使其能适宜于贫瘠的丘陵山地，大面积地在荒废地里栽培。因于玉米、甘薯的引种，可以利用品种优势来开发荒废地。因为按传统办法清理这些千百年撂荒的土地，成本太高，且效益也太差，甚至不是投入多量劳动力和资金就可以奏效的。有了这些可以在荒废地种植和丰产的外来作物，就可充分利用这些原来放弃了的低湿与高亢土地，增加土地播种面积，提高了粮食的总产量。玉米、甘薯自清中期后的二百年间，能在山东大规模的推广，是与山东的土地垦复从鲁西、鲁北平原转向山区丘陵高地进军开拓边界土地的方向转变同步的。

山东是一个各种自然灾害频繁发生的地方，历史上大小灾荒不断，所以就要求作物适应性强，对自然条件要求不高，具有抗旱涝、耐瘠薄砂碱、喜砂壤等特征；因为有灾害，就要求作物品种种植期长，生长期短，能在青黄不接时济荒救急；因为山东农民生产粮食，是以能果腹为第一目标，因而

① 参见王宝卿：《明清以来山东种植结构变迁及其影响研究：以美洲作物引种推广为中心1368—1949》，中国农业出版社2007年版，第142、152—153页。

要求这些作物产量要高，且在缺少水肥的情况下也可以有好的亩产量。而新引进的美洲作物玉米、甘薯、马铃薯，恰恰在多方面具有适应山东粮食生产要求的特点：一是美洲作物的生物学特性，是自然适应性强，对土地条件要求不高，有抗旱涝、耐瘠薄的特性，能在不宜五谷的沙渍地荒废地及高寒地生长；二是美洲作物较一般杂粮作物单产高，缺少水肥也能丰产。所以，这些外来品种就很受山东农民欢迎，参与山东原有作物的轮作，改善了山东粮食作物的种植制度。

除上述传统粮产作物结构比率上的发展变化外，美洲作物的引种推广，是以品种技术作为新的绿色农业革命的先锋，经过明中期至清中期二百年的驯化和反复引种扩种，再经过 19 世纪和 20 世纪第二个二百年的推广普及，终于引发农业耕作制度的巨变。

美洲作物的引进，是在几个方向上推进绿色革命的：

其一，是经济作物以棉花、花生和烟叶的推广种植，在全省形成多个专业生产区，成为各专业区的支柱产业，使农村的经济作物种植与近代工业及出口贸易联为一体，将农村商品生产导入世界经济轨道。

其二，是在粮食作物方面，以美洲粮食作物玉米、甘薯、马铃薯的生物学优势，在不宜五谷的低洼地沙渍地上大量繁殖，使千百年无法开垦的荒废地，在不用投入清理土地的劳力和资金的情况下，成为可以丰产丰收的可耕地，进而融入原先的粮食作物系列，改变山东的粮食结构，改善土地耕作制度。而粮食结构与耕作制度的变化，对于扩大耕作面积，提高粮食产量，供给新增人口口粮，都产生了历史性的变化。

美洲作物玉米、甘薯大量推广后，对提高山东土地单位面积产量具有相当大的作用。作为高产作物，玉米本身的亩产量已经较高，平均亩产可达 180 市斤，折合粟 2 石，相当于春粟中产量较高者。在玉米大量推广后，便在大田上作为与小麦、春谷或高粱等轮作倒茬的一种重要作物，其单位耕地产量将比不种玉米或复种低产杂粮提高得更多。甘薯是绝对的高产作物，亩产鲜薯可达千斤，相当于稻谷 500 斤或 3.84 石，粟谷 417 斤或 3.09 石，这是甘薯本身的高产，如与麦、春谷、豆、稻复种，则单位耕地产量的提高会更为显著。

美洲作物的引种，在清代生产技术条件下，种植玉米、甘薯使当时的粮食亩产量提高的斤数，大致是玉米使亩产增加 10.37 市斤，甘薯使亩产增加 10.77 市斤，在这增加的 21.14 市斤中有 2.38 市斤是明代就增加的（玉米 1.3 市斤，甘薯 1.08 市斤）。据有关学者研究显示，乾隆朝时亩产比明代所增加的：玉米甘薯约占一半，其余为南北耕作集约化程度及复种指数提高的作用共占一半。可以看出，玉米、甘薯对粮食亩产增加的作用是较大的。①

美洲经济作物和粮食作物的引进扩种，前后有二十几种，以最为著名的棉花、花生、烟叶等经济作物和玉米、甘薯、马铃薯等粮食作物为代表，每一种作物品种都像是一种神奇的武器，点石成金，让原来的荒废地成为硕果累累的良田，让粮食产量大幅提高，粮食品种更加丰富，使农业种植制度在不知不觉中发生了天翻地覆地变化。在这些前所未有的变化中，改善土地耕作制度是其中重要的方面，主要表现为农业产业结构的调整与作物布局的优化。

民国以后，美洲作物的种植面积有了突破性的增加，促成美洲作物种植面积大幅增加的主要因素，不是生物学特性，而是种植这些美洲作物可观的经济利益。

首先是花生。花生改变了山东农民的作物种植结构。花生获利如此丰厚，使传统的作物受到排挤。被花生排挤的传统作物，不但有黍稷之类，也有小麦、高粱等类。据统计，在民国时期，花生在山东排挤了小麦，在直隶、河南排挤了高粱及小麦。② 花生扩种的直接后果，是华北地区传统的五谷类作物，甚至原来的经济作物二棉花（木棉）的种植面积急剧减少。

花生引起种植结构变化的原因，是花生一面排挤原来作物，占据它们的固有地盘，同时花生也与原来作物能够进行很好地合作，组成新的间套轮作序列。花生与许多的禾本科作物、薯类作物轮作，由于花生与这些接茬作物的生长期、生育特点和栽培管理条件不同，需要养分的种类和数量也有差别，通过花生与这些作物的轮作换茬，可以充分利用土壤中的养分，调节地力，改良土壤环境，因而有利于作物生长，有利于提高土地产量。花生与需

---

① 参见曹玲：《美洲粮食作物的传入对我国农业生产和社会经济的影响》，《古今农业》2005 年第 3 期。

② 参见唐启宇：《中国作物栽培史稿》，农业出版社 1986 年版，第 357 页。

肥不同的作物进行轮作，可以调节土壤中速效氮磷钾的含量，这对花生和其他各类作物的生产都是十分有利的。①

花生引起种植结构变化的另外一个原因，当然与花生的生物特性有关，它适应性强，抗干旱、耐瘠薄且产量高。再是种植花生风险小，花生栽培可以在贫瘠山区，与原有作物实行连种制度。明清时期美洲作物的种植情况，一般都是零星种植，特别是玉米、花生，一般在山丘薄地。②

花生不仅能够和其他作物形成良好的轮作复种，而且还能开阔作物种植面积，充分利用一切可以利用的薄地、荒地等。在花生推广普及以后，不仅与粮食作物及其他经济作物进行了合理地轮作，在一些干旱贫瘠山区，花生栽培也实行连种制度。

花生的种植使原来比较简单的轮作方式变得复杂化、合理化。农业生产结构也发生了很大变化，如直隶河北有的村庄甚至出现了以花生为中心的农业生产结构体系，可见花生对农业生产影响之大。③

其次是玉米。玉米产量高，且有适应范围广、具耐旱、耐瘠的生物特性，有救荒裕食之功。玉米的高产，使玉米传入之后，逐渐进入大田生产，使玉米与原先的黍、稷类作物相比之下有明显的优长，而原先大田中的传统低产作物黍、稷的种植面积大为减少。黍粟类作物已不能满足人口迅速增长的粮食需求，很自然的，后来居上的玉米，便以很快的速度普及开来。

清末与民国年间，华北平原上玉米种植面积不断扩大，其他传统杂粮作物的种植面积则迅速缩小。20 世纪 30 年代前七年，玉米的平均栽培面积小于谷子和高粱，十年后的 1946 年，玉米的栽培面积上升，而高粱下降，玉米超过了高粱，位于谷子之后。

由于美洲作物适播期长，可以与许多作物形成年内复种，使原来的一年一作制变成两年三作制，美洲作物引进并推广以后则形成了多模式、多品种的复种轮作方式，两年三熟制的种植结构也逐渐普遍起来，甚至出现向二年两熟制的多熟制过渡。当然，这个过程需要很长的时间，实际上，许多时

① 参见章楷、李根蟠：《玉米在我国粮食作物中地位的变化》，《农业考古》1983 年第 2 期。

② 据许道夫编：《中国近代农业生产贸易统计资料》有关山东的资料整理而成。

③ 参见王宝卿：《明清以来山东种植结构变迁及其影响研究：以美洲作物引种推广为中心 1368—1949》，中国农业出版社 2007 年版，第 156—157 页。

期都是多种种植制度并存的。花生传播扩种以后，山东轮作方式主要变成如下两种：麦→花生→谷（或玉米、甘薯等）；春花生→麦→夏甘薯（或其他夏作物）。美洲作物的大面积推广，由于其适播期长，改变了传统种植结构，也改变了传统耕作制度，提高了复种指数，增加了土地产出率。玉米大量推广、集中栽培后，便在大田上作为与小麦、春谷或高粱等轮作倒茬的一种重要作物。

清乾嘉年间，美洲粮食作物在全国范围迅速推广，种植面积不断扩大，从而使粮食作物结构发生了变化。

粮食生产革命至今仍未终止。事实上，比较高产的玉蜀黍，自 18、19 世纪，在华北平原上即不断顶替了较低产的，如各种小米、高粱之类的旧作物。甘薯也是不断地顶替了中国土生的山药和他种薯芋。另外，特别是新中国成立以后，随着水利的兴建，水稻的种植面积也不断地扩大。美洲作物中，甘薯的种植面积近年来可能已接近“饱和”，但马铃薯的种植近年来推广相当快，尤其是在东北和北方边疆省区。①

3. 美洲经济作物区域专业化

农业生产结构的调整，主要包括粮食结构的调整和经济作物的发展。中国古代传统农业中，也有桑麻等经济作物；小农经济中占主导的生产方式，也有“男耕女织”。但这种纺织，虽然可以是千家万户都有的事业，但却是一种自给自足的生产，自给有余，才会拿到初级市场上出卖。因此，这种纺织业等，还只是一种辅助性的家庭副业。

美洲作物中经济作物的种植，其种植面积和产量都超过了农民自给的需要，农民将之视为一种新的利源进行大量种植，在粮田上种植棉花、花生和烟叶，其比率甚至超过粮田；棉花、花生、烟叶等经济作物，完全是一种商品化的产物。这些经济作物成为工业原料，也成为与世界经济相联系的国际贸易大宗出口产品，在全省几十个县形成区域专业化。在非专业化的区域，农民也竞相仿效，种植花生、棉花和烟叶，其诱因纯粹是高额的商业利润。

① 参见何炳棣：《美洲作物的引进、传播及其对中国粮食生产的影响》，《历史论丛》第 5 辑，齐鲁书社 1985 年版。

可见，美洲经济作物的种植，不再是一种副业，也不再是粮食种植业中一种可有可无的辅助性的种植，而是从单纯种植业中独立出来，而成为一种区域专业化的种植业，成为与粮食种植并行不悖的农业产业。

正因为经济作物种植是一种商品经济生产，所以农民选择的标准，是以经济利益为唯一标准的。桑蚕业衰退，农民就会砍树种棉；中棉质量差，卖价少，美棉质量好，价值高，农民就会放弃中棉改种美棉；小花生产量低，不合商业需要，农民就会大量种植美种大花生。总之，在新的农业种植结构中，对经济作物的种植也是以最优品种、最佳配合为目的的。农民以利润为导向，作为种植业的调整结构和轮作套种的杠杆，甚至作为农业生产结构的调整杠杆。

从清末到20世纪20年代，美种大花生在相当一部分地区陆续替代土种小粒花生。在这一替代过程中，农户利用大花生栽培技术上的优势，大量在丘陵地、沙地等低产地及废隙地上种植，改变了原先低产地粮作粗放经营的状况，肥料投入、劳力投入都超过了粮作。①

清后期，国际国内商品经济的快速发展，对经济作物棉花、花生、烟草等的大面积推广具有很强的拉动作用。在自然因素、社会经济因素的共同作用下，人口迅速增加，为美洲作物的推广提供了足够多的劳动力；而美洲作物种植面积加大，为急剧增加的人口提供了必要的食物。人口增长与美洲作物两者，在山东存在着一种天然的互动关系。②

从集约经营效益上说，在低产地种植花生的收益明显高于粮作是没有疑义的。20年代中期，章丘农户以种植花生替代小麦或大豆之后，收益增长了两倍，同期济阳、益都等地农户改种花生后的收益也明显提高。另据当时烟台海关报告，胶东丘陵地区农户种植花生的收益，比其他任何作物都更为有利，以致出现了花生种植挤占麦田、豆田的现象。③

美棉、美烟和美种大花生新品种的引进推广，带动、促进了经济作物生产整体水平的提高。迄于第二次世界大战前（1936年），山东棉花种植面

① 章有义编：《中国近代农业史资料》第2辑，三联书店1957年版，第205、207页。

② 参见王宝卿：《明清以来山东种植结构变迁及其影响研究：以美洲作物引种推广为中心1368—1949》，中国农业出版社2007年版，第189页。

③ 章有义编：《中国近代农业史资料》第2辑，三联书店1957年版，第205、207页。

积和产量分别比 1918 年增长了 1.76 倍与 2.54 倍；烟叶种植面积和产量分别比引种初的 1915 年增长了 3.58 倍与 15.2 倍；花生种植面积和产量分别比 1918 年增长了 88.3% 与 57.1%。这表明，作为农业改良的成果，战前农业生产力水平确曾取得了一定的发展和进步。①

（四）小农经济的蜕变

我们把美洲作物的引种与普及，称为中国农业史上第二次绿色农业革命，这是因为，美洲作物的引种与普及，不是一般意义上的粮食作物、经济作物品种的引进，而是如同铁器与牛耕的出现一样，为农业带来了革命性的变化。这也是迄今为止，在农业史上起过革命作用的各种因素中最重要的一种。说它是绿色农业革命，可以当之无愧。美洲作物的引种与推广，可以称为是划时代的大事。

四百年来，特别是清中期以来，甘薯、玉米、马铃薯等美洲粮食作物，及大花生、烟草、美棉等美洲经济作物，所有引进的美洲作物在山东的种植与发展，对山东土地利用及粮食生产的影响，对山东农产品商品化和出口贸易，对山东人口的持续增长，更甚至对山东小农经济内部结构的调整，对小农经济与工商业结合的优化，都有不可估量的意义。

我们认为，以美洲作物的引种为起点的第二次绿色农业革命，是种子革命。以科技结晶的种子为标志，以种子作为农业生产领域近四百年新生产力的代表。

从农业生产本身观察，甘薯、玉米、马铃薯等美洲粮食作物的引种，使传统的不宜五谷的荒废地因美洲作物的引种而成膏壤，从而扩大耕地面积；以种子的生物学优势，淘汰低产弱势作物，改变粮食作物结构；以美洲作物品种参与粮食作物复种系列，优化种植制度，提高粮食亩产量和总产量；美洲粮食作物成为救荒济贫的第一杂粮，成为山东的主粮；以美洲作物的种子革命，是以提高土地生产率、劳动生产率及农业生产率，完成对山东农业的强大拉动。

从社会经济的角度观察，美洲作物的引种，使经济作物棉花、烟叶、大花生等作物的大量种植，形成了专业种植区，为纺织工业、烟草工业、榨

① 参见庄维民：《近代山东农作物新品种的引进及其影响》，《近代史研究》2006 年第 2 期。

油工业及化工业提供了源源不断的原料，为国内外贸易提供资源，也打破了传统小农经济的封闭性，使小农经济进入了工业与商业生物链，小农在从事经济作物种植和工副业过程中，获得了高出单纯粮食种植数倍的利益，改善了生产与生活条件；经济作物种植与工商业的联系，也潜移默化地改变了农民的思想，打开了农民的眼界，使他们在传统的集市之外，开始接受新的市场经济与新的科技成果。新物种、新品种、新生产方式、新交易、新利益，都开启了民智，提高了农民的进取性，使他们自愿跟着国际市场的需要种植棉花、花生，经营桑蚕丝业和花边、发网等工副业，为商品交易而生产，而不是仅仅为打粮糊口而生产。

农民在他们生产和交换领域是精于盘算的，利之所在，无远不届。昌邑柳疃人因为到南洋、西洋、东洋和东北等地从事蚕丝业，人们的价值观、人生观也发生了变化，乡里的民俗也变了，鼓励青年人走出家乡，到外地和世界各地创业，甚至认为好男儿就应该到海外闯荡。这和传统的固守乡里、安土重迁、父母在不远游等旧观念都是格格不入的。可以说，美洲品种引进所引发的种子革命，优化了小农经济，对中国的社会经济也产生了不可估量的影响。

自清乾隆十七年（1752 年）奉文引种甘薯起，经过官方的推动，商人的引导，中经民国，直到 20 世纪 90 年代，美洲新品种的引进推广，在山东农业与近代化之间架起了桥梁。民国时期棉花、花生和烟叶的专业化生产与工商业联为一体，农产品的商品化，已经使山东农民经济成为国际经济的一部分，受价值规律的支配。在第二次农业绿色革命中，美洲新品种的引进推广，具有引导农业经济大方向的特点，其持续时间之长，涉及地域之广，涉及农户之多，对山东农村社会经济影响之深远，都是史无前例的。